21世纪新闻与传播学规划教材

传播学概论
（第三版）

许 静 编著

3rd edition

Introduction to Communications

北京大学出版社
PEKING UNIVERSITY PRESS

图书在版编目（CIP）数据

传播学概论/许静编著.—3版.—北京：北京大学出版社，2023.11
21世纪新闻与传播学规划教材
ISBN 978-7-301-34583-2

Ⅰ.①传… Ⅱ.①许… Ⅲ.①传播学—高等学校—教材 Ⅳ.①G206

中国国家版本馆CIP数据核字(2023)第198460号

书　　　名	传播学概论（第三版） CHUANBOXUE GAILUN(DI-SAN BAN)
著作责任者	许　静　编著
责 任 编 辑	韩月明　董郑芳
标 准 书 号	ISBN 978-7-301-34583-2
出 版 发 行	北京大学出版社
地　　　址	北京市海淀区成府路205号　100871
网　　　址	http://www.pup.cn
新 浪 微 博	@北京大学出版社　　@未名社科-北大图书
微信公众号	北京大学出版社　　北大出版社社科图书
电 子 邮 箱	编辑部 ss@pup.cn　　总编室 zpup@pup.cn
电　　　话	邮购部 010-62752015　发行部 010-62750672 编辑部 010-62753121
印 　刷 　者	天津中印联印务有限公司
经 　销 　者	新华书店
	650毫米×980毫米　16开本　24.5印张　374千字 2004年9月第1版　2013年8月第2版 2023年11月第3版　2025年2月第4次印刷
定　　　价	66.00元

未经许可，不得以任何方式复制或抄袭本书之部分或全部内容。
版权所有，侵权必究
举报电话：010-62752024　电子邮箱：fd@pup.cn
图书如有印装质量问题，请与出版部联系，电话：010-62756370

目　录

第一章　导　论 ……………………………………………………… 001
　第一节　传播与传播学 ………………………………………… 002
　第二节　传播学的产生与特点 ………………………………… 006
　第三节　本书的基本内容与学习目的 ………………………… 009

第二章　内向传播 …………………………………………………… 014
　第一节　认识你自己 …………………………………………… 014
　第二节　人的内向传播过程 …………………………………… 028
　第三节　内向传播的影响因素 ………………………………… 035

第三章　人际传播 …………………………………………………… 043
　第一节　人际传播的定义与特点 ……………………………… 044
　第二节　言语行为论 …………………………………………… 048
　第三节　关系传播论 …………………………………………… 055
　第四节　人际冲突的管理 ……………………………………… 065

第四章　群体传播 …………………………………………………… 070
　第一节　群体的概念、特点与分类 …………………………… 071
　第二节　群体的互动发展与传播网络 ………………………… 078
　第三节　领导决策与冲突解决 ………………………………… 085

第五章　组织传播 ... 101
第一节　组织与组织传播研究 ... 102
第二节　组织的内部传播过程 ... 112
第三节　组织的外部传播过程 ... 119

第六章　符号、语言与传播 ... 127
第一节　符号化与传播 ... 127
第二节　语言传播的功能与特性 ... 137
第三节　语言传播的应用 ... 148

第七章　非语言传播 ... 157
第一节　非语言传播概述 ... 158
第二节　与身体相关的非语言传播 ... 164
第三节　空间与时间 ... 171

第八章　大众媒介与大众传播 ... 176
第一节　大众传播的技术变迁 ... 176
第二节　媒介技术对人类传播的影响 ... 191
第三节　大众传播 ... 198

第九章　大众媒体的专业化生产 ... 204
第一节　大众媒体的基本结构和特性 ... 204
第二节　新　闻 ... 213
第三节　公共关系 ... 218
第四节　广　告 ... 224

第十章　大众传播的管理和规范 ... 229
第一节　大众媒介的管理模式 ... 230
第二节　媒介规范理论 ... 234
第三节　媒介的自律、他律与合律 ... 241

第十一章　国际传播与全球传播 ········· 252
　　第一节　国际传播的开启 ············· 252
　　第二节　冷战中的国际传播 ··········· 258
　　第三节　冷战后的国际传播 ··········· 267

第十二章　大众传播的直接效果研究 ····· 273
　　第一节　宣传研究 ··················· 275
　　第二节　说服与态度转变研究 ········· 281
　　第三节　两级传播和人际影响 ········· 295
　　第四节　创新扩散 ··················· 301

第十三章　受众研究 ··················· 310
　　第一节　对受众的界定 ··············· 310
　　第二节　使用与满足研究 ············· 317
　　第三节　关于受众的其他研究传统 ····· 324

第十四章　大众传播的宏观效果研究 ····· 330
　　第一节　议程设置理论 ··············· 331
　　第二节　沉默的螺旋 ················· 338
　　第三节　培养分析 ··················· 342
　　第四节　知识沟假说 ················· 347

第十五章　传播的社会科学研究方法 ····· 355
　　第一节　社会科学研究的基本要求 ····· 356
　　第二节　实验研究 ··················· 364
　　第三节　调查研究 ··················· 367
　　第四节　内容分析 ··················· 374

参考书目 ··························· 379

后　　记 ··························· 383

第一章 导 论

本章教学目标：
1. 准确理解传播学的研究对象和知识范畴
2. 理解传播学发生的社会历史背景和跨学科建构的特点
3. 掌握学习传播学的基本方法、路径

与"传播"相对应的英语单词是"communication"，它在英文中是一个常用词，含义非常丰富，具有连接、传递、沟通、交流等多种含义。传播学作为一门基于讯息和媒介而对人类社会交往行为加以观察和研究的学科，产生于20世纪40年代的美国，并于20世纪70年代末逐步进入中国。最初引介的主要是传播学中与广播电视有关的大众传播（mass communication），而传统广播电视信号的传送，有一个从中心向周边扩散的过程，所以翻译成"传播"是恰当的。但是，总体上传播学的研究范围极其广泛，除大众传播外，本书所介绍的内向传播、人际传播、小群体传播、组织传播等，都属于传播学研究的领域。以互联网为代表的传播技术的发展，使得传播的双向互动、聚合分享的特点愈发凸显，因此对传播概念的理解不应拘泥于翻译的字面意思，而应当更宽泛一些。

传播学研究还具有鲜明的跨学科特点，不同学科的学者从问题出发，进行合作，形成丰富的传播学研究成果，以至于有学者说，传播学处于各学科研究的十字路口上。那么，借助传播学的学习，在比较中感受不同学科的研究视角和理论方法，并进而形成一种学术发展的整体观，是很有意义的。本书主要从有效沟通的角度,向初学者系统地介绍一些相关的传播学基础概念和理论方法,以便更好地理解人类传播过程。

传播学的初学者可能首先想知道的是:传播学是研究什么的?包括哪些基本内容?为什么要学习传播学?应该怎样学习传播学?因此,在本书的开篇,我们就围绕这些基本问题展开讨论。

第一节　传播与传播学

先说一个关于中国禅宗的著名故事。

在一次灵山会上,有位信徒向释迦牟尼献了一束花。释迦拈起一朵花,但并未说话,各大弟子皆不懂这是什么意思,这时有一个弟子大迦叶(Mahakasyapa),乃向佛微微一笑,释迦乃说:"达迦依(Kashima)懂了!"乃以密偈和佛法(所谓"正法眼藏")传给了大迦叶。据说这个有名的"拈花微笑"的故事便是禅宗的开始。[1]

佛祖"拈花微笑",体现出人神之间的非物质的心灵对接,可以说是最高境界的互动交流。但是在现实中,人与人之间则要借助各种符号、制作各种讯息、利用各种媒介进行互动交流,以实现有效告知、有效说服以及有效协作,从而让世界变得更美好。

一、"传播"一词的基本含义

把 communication 翻译成"传播"是一种颇具时代感的误译,而从日常使用的角度来说,"交流"一词才恰如其分。美国学者约翰·彼得斯(John Peters)指出,"交流"是20世纪出现的各种典型观念中的一种。它对我们反思民主、反思"爱"这一情感,以及反思这个变化的时代,都至关重要。古希腊的亚里士多德早就说过,"人是会说话的动物",但直到19世纪后期,"具有相互交流

---

[1] 潘平、明立志编:《胡适说禅》,东方出版社1993年版,第1页。

的能力"才成为一种重要的自我描述的定义。①"拈花微笑"的境界似乎是无法企及的乌托邦,在传媒高度发达的现代社会,人们面对面时仍会觉得仿佛相隔万里,担心"交流"的问题。

彼得斯指出,"communication"一词来自拉丁词"communicare",意思是"告知、分享、使之共同"。"Communication"的主要意思与"传授"相关,也有"取走一份共享物"的意思,比如在宗教仪式中作为 communicant(参与者)去领取一份圣餐。在基督教的弥撒仪式中,牧师会边给信徒们分发葡萄酒和面包,边代表主耶稣说道:"This is my blood. This is my flesh."("这是我的血。这是我的肉。")。正是通过这样的共享仪式,参与者可以与神沟通,也彼此确认共同的身份。在这里,to communicate 主要是指接收而不是发送,或者准确地说,是借助"接收"来发送信息,因此并没有太多交换的含义。

"Communication"还有连接(connection)或链接(linkage)的意思。比如在 19 世纪,steam connection(蒸汽连接)可以指铁路,由此发展出的第二层意思就是迁移、传输或发射,因此后来 communication 就转指交通。交通银行的英文翻译就是"bank of communications"。交通和人类传播有联系吗?当然有。人类最初的信息传递,总是与人员的流动和物品的传输相伴相随,而现代交通工具的发展则极大地拓展了人类的传播活动。从瓦特发明的蒸汽机,到今天的动车、高铁、航天飞机,各种现代化的交通工具带动了物与人的迁移流动,从而也便利了思想的传播。交通的便利也扩大了传染病的扩散范围,所谓"病毒式营销"就是指从事公关、广告工作的人很想让他们的讯息能像传染病一样在社会上流行,这倒是和"传播"一词的字面意思很接近。

"Communication"的第三层意思是"交换"(exchange),也就是不同层次的互动沟通。在通信技术层面,可以是两个终端的成功对接。而在人际层面,则用来指一种特别的交谈,其特点是亲密无间、袒露心扉。而且它干脆假定两个心灵能相会、实现精神语义上的(psychosemantic)共享,甚至是意识上的相互融合。

---

① 〔美〕约翰·彼得斯:《对空言说——传播的观念史》,邓建国译,上海译文出版社 2017 年版,第 2 页。

最后,"communication"还可以作为一个高度概括的词,用来指称人类社会各种象征性的符号互动。就像古希腊文里含义最丰富的词语"逻各斯"(logos)一样,它是人作为"会说话的动物"所具备的一切能力。如雷蒙·威廉斯(Raymond Williams)所说,传播"是观念、信息和态度借以传输和接受的制度与形式",包括文字、钱币、各种节庆仪式、报刊书籍、广播电视、智能手机、互联网、虚拟现实或者其他任何可用于人类互动交流的技术、制度和形式。①

二、传播学的研究范畴

传播学的开创者威尔伯·施拉姆(Wilbur Schramm)指出,"传播是社会得以形成的工具。传播(communication)与社区(community)一词有共同的词根,这绝非偶然。没有传播,就不会有社区;同样,没有社区,也不会有传播。人类传播的独特性,使人类社会区别于其他动物社会"②。因此,传播学所探究的,是"最根本的人类社会过程"(fundamental human social process)③。更进一步地说,传播学是对人类社会中各种传播机制的研究。借助什么样的传播机制,人与人之间才能实现有效的互动沟通与协作,这才是传播学研究的核心。

社会是各种关系的总和,而各种社会关系的形成正是传播机制作用的结果。早在1909年传播学正式创立之前,社会学家查尔斯·库利(Charles Cooley)就将传播界定为一种机制,"是人类关系存在和发展的机制——包括心灵中的所有象征符号,及其通过空间传达和通过时间保存这些符号的手段"④。在那个年代,媒介的发展还不像今天这么引人注目,因此学者们最为关注的是各种符号,以及借助符号所形成的人的各种社会关系。正如人类学家爱德华·萨丕尔(Edward Sapir)所说,社会"并非一个由传统所限定的静止的结构",而是借助传播机制,"由各种规模和复杂程度不同的组织化的单位

---

① 参见〔美〕约翰·彼得斯:《对空言说——传播的观念史》,邓建国译,上海译文出版社2017年版,第2—15页。
② 〔美〕威尔伯·施拉姆、威廉·波特:《传播学概论》,陈亮、周立方、李启译,新华出版社1984年版,第2—3页。
③ 〔美〕威尔伯·施拉姆、威廉·波特:《传播学概论(第二版)》影印版,北京大学出版社2007年版,第2页。
④ Charles Cooley, *Social Organization*, Charles Scribner's Sons, 1909, p. 61.

成员之间部分或完全理解所构成的一个极其错综复杂的网,其范围从一对恋人或一个家庭,到一个多国集团,甚至到报纸通过其跨越国界的影响所能触达的越来越多的人群",社会实际上也"正通过参与社会的个体中带有传播性质的特定行动而重获活力或被创造性地肯定","每一种文化形式和每一社会行为的表现都或则明晰或则含糊地涉及传播"。①

因此,传播研究归根结底是对人(people)的研究,是对人与人所形成的社会关系(relations)以及由此形成的人类社会(human society)的研究。传播是人类所行之事。传播本身没有生命,也没有魔力,除非传播关系中的人们使之有魔力。符号本身没有意义,除非人们赋予其意义。因此,施拉姆提出,"我们研究传播时,我们也研究人——研究人与人的关系以及与他们所属的集团、组织和社会的关系;研究他们怎样相互影响;受影响;告知他人和被他人告知;教别人和受别人教;娱乐别人和受到娱乐。要了解人类传播,我们必须了解人是怎样互相建立起联系的(how people relate to each other)"②。从这个定义可以看出,与其说传播是研究信息的"传"和"播",不如说传播本质上是研究连接的。人与人之间,借助符号化讯息和媒介而相互连接,形成某种社会关系,进而形成社区与社会。因此,借着 *Men, Women, Messages and Media: Understanding Human Communication* 这个书名,施拉姆将对人类传播的研究概括为三个 M,即对人(Men & Women)、讯息(Messages)和媒介(Media)的研究。但是在本书作者看来,传播研究还应该有第四个 M,即使命感(Mission)。只有怀着使命感,才能充分发挥传播的力量,努力实现构建人类命运共同体的理想。

由于"传播学概论"是绝大部分新闻传播学专业的学生都要学习的基础课程,因此经常有人问笔者,传播学和新闻学的关系是什么？简单来说,新闻学的产生要早于传播学。1900 年,美国的大学就开设了新闻学专业。1918 年 10 月,北京大学也创立了中国第一个新闻学研究会,开设了第一门新闻学课程。一般而言,与"新闻"对应的有两个英文单词。一是 news。有人说,news

---

① Edward Sapir, "Communication," in *Encyclopedia of the Social Sciences*, 1st ed., Macmillan, 1935, Vol. Ⅳ, p. 78.

② 〔美〕威尔伯·施拉姆、威廉·波特:《传播学概论》,陈亮、周立方、李启译,新华出版社 1984 年版,第 4 页。

这个词看起来像是由英文里北(north)东(east)西(west)南(south)四个词的第一个字母组成的,意思是四面八方汇聚来的会引起人们广泛关注的消息。二是 journalism,也就是新闻业或者说是传媒业。汉语中的"新闻"一词其实是外来语,来自日语对 journalism 一词的翻译。在日语中,新闻就是指报纸,比如《读卖新闻》《朝日新闻》等,因为早期的传媒业主要是报纸和杂志,后来才逐渐扩展到广播、电视以及互联网传媒。由此一来,新闻学就主要围绕新闻的内容生产特别是新闻事业(传媒业)的发展而建构相应的知识体系。[①] 但是,传播学以人类的传播活动为研究对象,围绕着人类传播活动建构的知识体系就更为复杂多样。新闻活动属于人类传播活动的范畴,传播学的发展则为新闻学提供了新的研究视角和理论方法。

第二节 传播学的产生与特点

传播是人的基本行为和人类社会的基本现象。对人类传播现象的关注,在中西方都有悠久的历史。古希腊的亚里士多德写过一本《修辞学》(*On Rhetoric*)来系统考察公共演讲如何达到期望的效果,因此被认为是传播学的鼻祖。中国历史上也有先秦诸子关于论辩的种种著述,还有《鬼谷子》一书,某种程度上也构成了传播学的中国传统。[②] 但是,如果按照学科创立的几大制度性标志,如专业的课程设置和学位授予、专业的著作出版和学术期刊的创办,以及专业的学术共同体的活动等来衡量,那么传播学的正式创立是在 20 世纪四五十年代的美国。

一、传播学产生的社会历史背景

传播学研究强调问题解决(problem-solving)导向,是在回应社会重大问题的过程中逐步发展壮大的。要理解传播学的产生,就必须把握其特定的社会历史背景。

---

① 参见李良荣:《新闻学概论》(第七版),复旦大学出版社 2021 年版。
② 参见龚文库:《说服学——攻心的学问》,东方出版社 1994 年版。

首先是媒介技术的发展，特别是电子媒介技术的发展，学者们基于研究兴趣，开拓出了新的研究领域。从20世纪30年代开始，对传统报纸的研究逐渐扩展到对广播和电视等媒体的研究。今天，数字媒体技术日新月异的发展，同样激发着传播研究的创新发展。

其次是两次世界大战的影响。与以往历次战争最为不同的是，20世纪的两次世界大战都是以全民动员为基础的总体战。战争中，交战双方都充分利用各种媒介进行了大规模的战争宣传、社会动员和舆论操纵，这些新现象为传播研究提出了新的课题。受战争的影响，大批欧洲学者流亡到美国，充实了美国社会科学研究的力量。美国政府则在战争中大批招募文职官员，包括众多的社会科学家。在战时的华盛顿，围绕着美国陆军信息与教育研究处、战时新闻局和农业部项目调查处，形成了众多的研究小组，每个小组由近100名社会科学家组成，努力用跨学科的方法，围绕诸多问题，例如如何向美国公众告知战时目标、如何激励公众购买战争债券、如何抵制谣言等展开研究。战时美国联邦政府涉及的几种类型的传播研究，为传播学的发展锚定了方向。在华盛顿形成的一个跨学科的社会科学家网，成为传播学研究难得的人力资源库，而来自美国军方、情报和宣传部门的大量科研经费，直接或间接通过民间基金会（如洛克菲勒基金会），资助了战后十年几乎所有重大的传播学研究[1]，为传播学研究的制度化提供了保障。

最后是战后市场经济和选举政治的发展。市场经济的发展使产品供应商更注重市场需求并极力开拓新的市场，广告业和公关行业在促进市场经济发展的同时，也对传播研究起到推动作用。在政治方面，从1870年到1971年，美国先后通过了四个与选举权有关的宪法修正案，由此完成了现代普选制的进程。以普选制为代表的政治更关注公众舆论和投票行为，为传播研究提供了许多新的课题。

---

[1] 许静：《"心理战"与传播学：美国冷战时期传播学研究的一大特色》，《国际政治研究》1999年第1期。

二、传播学产生的学术背景和奠基者

传播学之所以产生在美国,主要还是得益于美国实用主义的哲学传统以及当时美国社会科学诸学科为传播学的诞生所做的准备。

回顾传播学的学科发展史,从19世纪90年代到20世纪初,美国芝加哥大学的社会学家乔治·米德(George Mead)和库利,哲学家约翰·杜威(John Dewey)以及罗伯特·帕克(Robert Park)等人发现,人类传播与大众媒体的功能极其重要,于是开始第一次广泛研讨现代传播,由此而形成的芝加哥学派对于传播学的发展产生了极其重要的影响。他们构建了一个以人类传播为中心的人格社会化的理论体系,提出了符号互动论(Symbolic Interaction Theory)的基本思想,构筑了后来的以媒体效果为重点的大众传播研究的模型。①

20世纪20年代至30年代,工业化和城市化带来了人口的快速增长和教育的普及,传播技术的发展推动了商业广告和战争宣传的发展,西格蒙德·弗洛伊德(Sigmund Freud)关于自我—本我—超我的理论和行为主义心理学广受欢迎,促使传播研究从人文哲学领域转向社会科学领域。政治学家哈罗德·拉斯韦尔(Harold Lasswell)于1927年出版的《世界大战中的宣传技巧》(Propaganda Technique in the World War)开创了宣传研究的先河。沃尔特·李普曼(Walter Lippmann)于1922年出版的《舆论》(Public Opinion)将新闻学与心理学结合,首次对美国报业的经济运作、新闻检查等进行了分析,提出了"拟态环境"(pseudo-environment)和"刻板印象"(stereotype)等概念。

20世纪40年代以来,出现了一批从不同学科角度进行传播学研究的著名学者,如通过大规模调查开创传播学效果研究传统的社会学家保罗·拉扎斯菲尔德(Paul Lazarsfeld),提出群体动力学的心理学家库尔特·勒温(Kurt Lewin),以态度转变和说服研究闻名的实验心理学家卡尔·霍夫兰(Carl Hovland),控制论的提出者诺伯特·维纳(Norbert Wiener),还有信息论的开创者

---

① 参见〔美〕E. M. 罗杰斯:《传播学史——一种传记式的方法》,殷晓蓉译,上海译文出版社2002年版,第142页。

克劳德·香农（Claude Shannon），以及为传播学科的创立立下汗马功劳的施拉姆。他们不仅推动了传播学研究的发展，而且推动形成了传播学跨学科研究的传统。

总结起来，传播学承继了美国实用主义的哲学传统，强调从实际效果出发，以回应社会发展为目标，以问题解决为导向，整合各学科的资源谋求自身的学科发展。本书所介绍的传播学基础知识，就广泛吸纳了心理学、社会学、符号学、语言学、文化人类学以及新闻学和政治学等相关学科的研究成果。现代社会的人类传播现象纷繁复杂，传播学研究只有坚持跨学科的视角和问题解决导向，充分利用各学科的学术资源，才能对传播现象有较为全面的把握和深入的了解。与此同时，也应立足当下，面向未来，做到知行合一，学以致用，真正体现传播研究的社会效果。

第三节 本书的基本内容与学习目的

由于传播现象的普遍性，各个学科都对传播现象进行研究，使得目前的传播学领域比较分散。正如前文所述，有学者指出传播学很像是学术性的奥林匹克运动会。在被称为"传播研究"（communication studies）的比赛场地（field）中，有不同的区域划分以开展不同的比赛，而每一项比赛又有各自的名称和规则。有的人仅仅是为了自己感兴趣的比赛而来，还有一些人则会关注整个场地的各种比赛。也有学者提出，人类传播行为的复杂多样性，会激发很多人的探究兴趣，也能包容各种各样体现人类智慧的探究方法。因此，传播学科永远不会被一种理论或理论体系统一起来。研究的目的不是寻找一种标准化的模式和建立一种单一的理论体系，而是要加强对不同学科和理论流派的共同理解。本节先介绍传播学的基本结构，然后将之简化为本书的基本内容，并进一步明确学习目的。

一、传播学的基本结构

学习传播学的方法之一就是把握传播学领域的统一性和多样性。在此

介绍学者约翰·鲍尔斯(John Powers)关于传播学领域知识结构的基本构想,见图1-1①:

  第一级——讯息的形式和内容
  第二级——传播者的行为
  (a) 个人
  (b) 社会关系的参与者
  (c) 文化群体中的成员
  第三级——传播的层面
  (a) 公众
  (b) 小群体
  (c) 人际
  第四级——各种情境下的传播,如医疗传播、组织传播、庭审传播、宗教传播等

图1-1　鲍尔斯关于传播学知识结构的基本构想

  第一级是讯息(messages),包括讯息的形式和内容两部分。所谓讯息的形式,主要指讯息如何由语言文字以及其他非语言符号所构成并组合起来,各种符号的组合以何种方式生成了讯息及其意义。所谓讯息的内容,就是讯息意义的生成和解读,涉及以下问题:人类如何理解讯息?意义如何在我们与他人的互动中产生?意义在多大范围内,以何种方式成为文化的产物?我们如何创制讯息,并以口头或书面的方式传递给他人?讯息形成和发展的过程在不同文化背景下有何不同,其中有哪些文化机制在起作用?

  第二级是传播者的行为。传播者是指传播活动的参与者,简单地说就是既包括讯息的发出者也包括讯息的接收者。对传播者行为的考察也分为不同的层面。一是作为生理学和心理学意义上的个人,如何接受内在和外在刺激并作出特定的行为反应。二是个人作为特定社会关系的参与者,其传播行为如何受到他人以及特定社会关系的影响,并作用于社会关系;三是个人作为特定文化群体中的成员,其行为如何受到文化的影响,如文化认同、集体无意识等。

  第三级是根据参与者的数量多少确定的传播的层面,分为公众(公共)传播、小群体传播和人际传播三种。公众传播考察消息和意见如何在较大的社

---

① 〔美〕斯蒂芬·李特约翰:《人类传播理论(第七版)》,史安斌译,清华大学出版社2004年版,第18页。

会范围内公开、迅速传播,以及传播产生的社会影响。它涉及的人数最多,范围最广,可以涵盖各种传播形式,其中最主要的是借助大众媒体所进行的传播,如新闻传播、危机传播、风险沟通等。小群体传播则探讨特定群体范围内的信息传递模式和人际互动现象。它将人际传播包括在内,因为群体传播不仅涉及群体中共享的传播活动,也涉及群体内部人与人之间的互动传播。人际传播主要探讨两个人之间在面对面或者借助媒介情况下的互动交流和关系的建立。

第四级则涵盖了不同情境下的传播,如医疗传播、组织传播、庭审传播、宗教传播等。这些特定场景下的传播活动更受研究者的关注,因此形成了特定的研究成果。

二、本书的基本内容

对于新闻传播学专业的学生来说,学习"传播学概论"这一课程,有助于搭建合理的知识结构,也有助于提升传播能力,增强传播效果。因此,本书将传播学知识简化为关于三个 M,即人(Men & Women)、讯息(Messages)和媒介(Media)的知识构建,并希望读者从对效果的关注出发,对传播学知识做系统而深入的学习。

关于第一个 M,即人的研究,主要分为内向传播、人际传播、小群体传播和组织传播。其中,内向传播侧重于个体对各种符号化讯息的接收、处理和行为反应以及相关的影响要素;人际传播侧重于人际互动和人际关系的发展;小群体传播侧重于打造一个有效的团队;组织传播则侧重于组织中的传播行为和组织传播过程。

关于第二个 M,即讯息的研究,包括语言传播和非语言传播,侧重于讯息意义的产生和共享。

关于第三个 M,即媒介的研究,范围相对较广,包括媒介技术的发展、媒介的组织形式及内容生产、媒介的管理规范,以及媒介传播的效果研究。

最后是关于传播研究方法的介绍,目的是让读者更好地理解作为社会科学的传播学研究与日常的传播之不同。

笔者在此还要强调学习传播学的第四个 M,即使命感(Mission)。学习传播学,就是要增强传播能力,发挥传播效用,以促进人与人的相互理解、沟通和社会的和谐进步。

三、学习本课程的目的

一是理解和洞察人的行为。传播的一个关键作用就是理解自己和洞察他人。按照符号互动论的观点,自我是在与他人的互动中形成的。当你开始认识另一个人的时候,你也开始认识你自己。内向传播、人际传播、小群体传播、组织传播以及媒介传播,给了我们无数个认识自己和他人的机会。通过对这些传播过程的观察和参与实践,我们可以更深入地理解人的基本行为,学习换位思考和共情,更理性而有效率地观察和处理问题。

二是建立有意义的关系。研究表明,与他人隔离的人(通常是那些缺乏良好社会关系的人)最容易罹患各种疾病,而且总是比那些拥有良好而丰富的社会关系的人更缺乏安全感和幸福感,也更短寿。传播给我们每个人提供了机会,可以通过有效的互动沟通来建立有意义的关系。在这种关系中,我们能感受到被别人接受和欣赏,感受到彼此间的相互信赖和支持,也感受到我们对具体事物的处理能力和对环境的某种程度的掌控性。传播也使我们有机会与来自不同文化背景的人分享信息。我们可能使用不同的符号,采取不同的策略,期待不同的结果,但我们所怀有的动机和所进行的传播过程却可能有着惊人的相似性。在经由传播所产生的弱连接和强关系中,我们更能感受到人类传播的独特功能。

三是社会影响和社会动员。古希腊哲学家亚里士多德曾经说过,"人类自然是趋向于城邦生活的动物"[1]。所谓城邦就是共同体的意思。这句话不仅说明人类具有群居的特性,而且说明,相对于一般动物,人类具有特殊的文明智慧,可以团结起来,共同应对外部世界的不确定性。共同体是公民"能借以全面实现其精神、道德与理智能力的唯一框架"[2]。传播学最初的发展,就是为了研究如何利用大众传播来影响大众,实现社会动员,反对法西斯战争,捍

---

[1] 〔古希腊〕亚里士多德:《政治学》,吴寿彭译,商务印书馆1983年版,第7页。
[2] 〔英〕H.D.F.基托:《希腊人》,徐卫翔、黄韬译,上海人民出版社1998年版,第94页。

卫社会民主。今天,为构建人类命运共同体,我们仍然需要借助各种有效而适当的传播活动,发挥社会影响,进行各个层面的社会动员,通过国家与社会的协同治理,抵御各种自然的和人为的风险。

小　结

与"传播"一词相对应的英文单词是"communication"。作为一个长期使用的日常词语,它包括连接、传递、沟通、交流等多种含义。传播是自有人类以来就一直存在的人类行为和人类社会的基本现象,但是传播学的创立却发生在 20 世纪 40 年代第二次世界大战后的美国,具有非常强的跨学科性和问题导向性特点。与新闻学围绕新闻事业的发展建构学科知识不同,传播学侧重于研究人类社会形成过程中的种种传播机制。当前对传播的研究比较分散,我们可以把传播学研究简单概括为三个 M,即对人(Men & Women)、讯息(Messages)和媒介(Media)的研究。同时,学习传播学应有第四个 M,即使命感(Mission),即应努力加强不同学科和理论流派之间的相互理解和联系,提高对自我和他人的理解能力,建立有意义的社会关系,增强媒介素养,充分理解和把握传播的社会影响和动员能力,为社会进步助力。

◆ 推荐阅读

1. 〔美〕威尔伯·施拉姆、威廉·波特:《传播学概论(第二版)》影印版,北京大学出版社 2007 年版。
2. 〔美〕E. M. 罗杰斯:《传播学史——一种传记式的方法》,殷晓蓉译,上海译文出版社 2002 年版。

◆ 观察与思考

1. 学完此章,请列举一些你所观察到的传播现象,以体现"传播"一词的多义性。
2. 如何理解传播学的跨学科性? 传播学与哪些学科最为相关?
3. 什么是传播学的四个 M?

第二章　内向传播

本章教学目标：
1. 理解与"自我"相关的概念和理论
2. 理解动机、需求与行为之间的关系
3. 理解内向传播的刺激反应模式

　　传播学以人的社会交往过程为基本研究对象，而社会是由作为意识和行为主体的个人所组成的，因此对个体传播行为的观察成为研究的起点。内向传播（intrapersonal communication）是指个体接受内在和外在的讯息刺激并作出反应的过程。本章基于社会心理学的相关理论，侧重考查自我概念、动机需求、刺激—反应模式等与个体传播行为相关的概念和理论，以在必要的情况下，可以据此对个人决策行为，如健康行为、消费行为以及社会参与行为等进行一定的有效干预。

第一节　认识你自己

　　我是不是一个庸人？我想了又想，正如钱（锺书）先生所说，这还是个问号，而不是个句点。沈从文先生说过，一个人应该平庸一点，不应该脱离人生，而应该贴近人生。我脱离人群，和别人不投机，总觉得格格不入，这是不是脱离人生呢？张佛泉先生讲政治课时引用巴斯卡的话说,"我思故我在"。又说,"我思想,所以我是人,不是达到目的的工具,而是目的本身"。我是工具,还是目的呢?我来联大目的是做一个能够自立的人,工具却是读书学习,而我又是一个读书人,一个学生。读书人或学生是不是庸人?是人中人还是人上人?俗话说:读书要吃得苦中苦,方为人上人。可见读书人自立之后就不是庸人了。但自立之前呢?这还是个问号,不是一个句点。①

这是翻译家许渊冲先生在西南联大求学时写下的日记。这位"书销中外百余本,诗译英法唯一人"的大翻译家,直到生命的最后一天还在彻夜工作,然后安然长眠,用他的百岁人生完美阐释了他送给年轻人的一首译作——"好上加好,精益求精,不到绝顶,永远不停"(good better best, never let it rest, till good is better, and better best)。

"认识你自己"(know yourself, γνῶθι σαυτόν),这句刻在古希腊德尔斐的阿波罗神庙上的箴言,反映出人类探索世界过程中的人本取向。内向传播以人为主体。人对自我的认识和评价,在很大程度上会影响其传播行为和传播效果。

一、自我

内向传播从认识自己开始。"Who am I?"对这个问题,你能给出多少答案?实际上,我们有好多个"自己"或"自我"(self)。

(1) 生理自我(physical self)。一般包括内在功能、外部活动和身体概念。内在功能(internal functions)包括消化、呼吸、血液循环等内部器官的一切活动,以及对身体内在功能的反应,如笑、打哈欠等。我们接收来自身体各部分的信息并作出相应的反应,比如感觉饿了就会去找吃的,感觉冷热就会加减衣服,或者测试体温,等等。外部活动(external movements)既包括走路、说话、写字、吃饭、骑车等有意识的行为,也包括无意中接住空中飞来物或自言自语等行为。在这些活动中,信息由大脑传向身体各部分,从而引发某种形式的外部

---

① 许渊冲:《西南联大日记》,云南人民出版社2020年版,第115页。

反应。身体概念(body concept)指个人对自己身体形象的感知。婴儿最初并不能把自己与环境分开,而是直到出生9个月后才逐渐学会感知自己的身体。身体概念对正常的思维和情感发展极为重要。一般人对自己身体的认识是稳定的,但是在不同时期这种认识也会发生变化。如果受了伤害或情绪低落,就会觉得自己变小了,变脆弱了。对减肥者来说,增一斤或者减一斤,都可能改变对自我的认识。所以有健康人格的人应当有一个健康的身体概念。

(2)情感自我(emotional self)。情感是指伴随着生理变化的有意识的情绪感受,以及一段时间内的情绪状态。有时人的情绪会突然失去控制,比如突如其来地狂喊乱叫,或者大笑不止等。因为情绪常常伴随一定的生理反应,比如愉快时表情肌放松,血压平稳,而紧张时会心跳加快,血压升高,所以控制或调整生理反应,往往能收到控制情绪的效果。比如上舞台之前深呼吸、重大考试之前进行催眠按摩等。

(3)智力自我(intellectual self)。智力与人的大脑思维活动相联系,像记忆力、抽象概括的思维能力以及对比和分析能力等,都与智力自我有关。

(4)习惯(habit)。每个人都有一些行为习惯。有的习惯无伤大雅、无关紧要,但有些习惯却可能带来严重后果,比如吸烟、熬夜等不良生活习惯会影响健康。在互联网时代,对消费者的购物习惯、阅读习惯以及媒介使用习惯等都有越来越多的研究,以用于人工智能算法推荐。

(5)自我的同一性(self identity)。为什么有这么多"自我"但我们平时并没有感觉到冲突呢?原因在于,除去人格分裂的精神病患者,正常人都需要保持一个统一一致的自我概念体系。这一概念体系建构所有与我相关的概念,如我的身体、我的头脑、我的所有物、我的社会关系等,使我们既与他人相区别,又保持自我认同的协调一致,并通过各种行为来增强对"我是什么样的人"的认识。

现代社会有很多企业或机构法人,组织在形象建构中,常常借助自然人的自我同一性原理,注重品牌形象的高度一致性。

二、自我概念

"我是一个什么样的人?"面对这个问题,你会给出多少答案呢?

从对这一问题的回答中,我们可以看出人们的自我概念(self-concept)。自我概念是个人对自我的一种主观认识,包括对自己的觉察、理解和评价。自我概念集中于对个性特征及个人社会角色的认识和总结,并以归类的方式逐渐形成。

美国心理学家威廉·詹姆斯(William James)最早认识到自我具有主客观二元性,提出用主我(I)和宾我(me)来区分自我的两个方面。主我是自我中自觉思考的部分,宾我则是自我中被关注和思考的客体。比如在"发现自己"这句话中,发现者是"主我",是自觉的主动的自我,"自己"则是"宾我",是把我客体化,变成观察与思考的对象。人格心理学注重客体化的我,强调客观性,主张科学的发现与测量。自我心理学则更关注主体体验,强调自我的主动性和自觉性。

詹姆斯用"经验自我"来指代人们对自己的各种各样的看法。经验自我包括物质自我、社会自我和精神自我。物质自我可以分为躯体自我以及躯体外自我,如我的家人、我的宠物、我的财产、我的家乡、我的作品等诸多方面。要确定这些物质实体是否是延伸的自我,就要看我们对它是否特别关注,是否愿意花大力气去得到它或提升它。社会自我指的是我们如何被他人所看待和承认。在不同的社会情境中,我们所扮演的角色是不同的,这集中反映了社会对我们的看法。但本质上,我们如何看待别人对我们的评价更重要。精神自我则包括物质自我或社会自我之外任何被认为是"我的"东西。我们所感知到的自我的能力、态度、情绪、兴趣、动机、意见以及欲望等,都是精神自我的组成部分,代表了我们对自己的主观体验。

自我心理学与现象学(phenomenology)相关。现象学认为,是主观感觉而不是客观世界本身主导了人类的心理。客观世界很重要,但只有在它影响了人们的主观感知时才重要。因此,现象学关注的是人们对现实的感觉,即世界所显现的样子,而不是世界真实的样子。同样的道理,自我心理学也更关注人们对自我的感知和评价,而不是自我"真实的样子"。在自我心理学看来,个体的行为更多依赖其对自我的感知和评价而不是自我的真实情况。研究表明,大多数人对自我的认识都存在偏差。因此,有些学者认为,正确认识自我是心理健康的必要条件。举一个极端的例子,厌食症患者对自己的体像(body image)认知不正确,总觉得自己体重超标,因此努力使自己处于饥饿状态来减轻体重,导致了不良后果。但是,另一些学者却认为,大部分人的自我感觉都比真实的自我要好。相比于抑郁症患者对所谓真实自我的过度关注和消极思维,积极的错觉往往更有利于心理健康。

自我概念存在文化差异。在北美和欧洲等强调个人主义(individualism)的文化里,个人被视为基本的行为体,被鼓励通过自我奋斗实现成功,因此自我概念就极其重要。但是在集体主义(collectivism)文化中,家庭、集体组织等才是最重要的行动单位。人们不会像在个人主义文化中那样把成功与个人奋斗联系起来,而是将个人的成功与集体的团结相联系。集体主义文化认为过于讲求自我利益和自我成就是"自私",而强调个人对集体的忠诚,主张低调处理个人目标而突出强调集体的目标。

自我概念也存在性别差异。很多女性的自我概念不如男性积极,女性也比男性更容易自我批评和自我怀疑。作家约翰·格雷(John Gray)认为:"一个男人的意识是通过他取得成果的能力来定义的。一个女人的意识是通过她的感觉以及她所处关系的质量来定义的。但值得注意的是,与女性特点相比,男性的特点更多地被我们的社会所认同。因此,男性总是比女性感觉好。或许这就是为什么许多女人不懈努力,通过变得像男人一样来取得成功。"[①]

简而言之,心理学家把研究重点放在人们如何思考和感觉自我,以及由此产生的想法如何影响和塑造心理的其他方面,而哲学家更关注对自我中直接体验世界的那部分的理解。无论是在现实空间还是在网络环境下与他人交流,自我意识会一直陪伴着你,你会不断通过与他人的比较,以及对他人对你的评价的思考,来修正自我意识。从这个角度来讲,自我是在与他人的互动中逐步形成的。

[①] 转引自〔美〕特里·K.甘布尔、迈克尔·甘布尔:《有效传播(第七版)》,熊婷婷译,清华大学出版社2005年版,第51页。

三、镜中我与约哈里窗户

(一) 镜中我

美国芝加哥学派的社会学家库利在1902年出版的《人类本性与社会秩序》(*Human Nature and the Social Order*)一书中最早提出了"镜中我"(the looking-glass self)概念。他认为,"人们彼此就是一面镜子,映照着对方"。他人对自己的评价、态度等,是反映自我的一面"镜子",个人透过这面"镜子"认识和把握自己。库利的"镜中我"概念由三个阶段或三重含义构成:(1)我们所想象的我们在别人面前的形象,这是感觉阶段,是我们设想的他人的感觉;(2)我们所想象的别人对我们这种形象的评价,这是解释或定义的阶段,即我们想象的他人的判断;(3)由上述想象产生的某种自我感觉,这是自我反映的阶段。

因此,人的自我是在与他人的联系中形成的。自我意识也就是通过费孝通先生所谓的"我看人看我"的方式形成的。

(二) 约哈里窗户

美国学者约瑟夫·卢夫特(Joseph Luft)和哈里·英格拉姆(Harry Ingram)共同提出"约哈里窗户"(Johari Window)概念,来研究我们如何看待自己,以及他人如何看待我们。[①]

约哈里窗户包含四个区域。

(1)开放区域(open area)。开放区域代表自我中所有自己了解并愿意与他人共享的内容,如性别、年龄、外貌以及个人职业、志趣爱好等。生活在社会中的个人总要有所开放而不可能完全掩盖自己,开放区域的存在有一定的强制性。网上的虚拟自我可能和现实中的真实自我有很大差别,但个人的网名、头像,以及在网上发表的言论等,显然属于自知并且愿意与他人共享的开放内容。

(2)隐秘区域(private area)。隐秘区域代表自我中自己知道却不愿意与

[①] Joseph Luft, *Of Human Interaction*, National Press Books, 1969.

人分享的区域。从理论上说,人总是有一些不便或不必告诉别人的情况。"隐私权"是个人基本权利。隐秘区域是永远存在的。

(3)盲目区域(blind area)。盲目区域代表自我中自己不了解但却被他人了解的区域。在社会生活中,由于受各种条件的限制,特别是受主观因素的干扰,人对自身的认识和评价很难做到完全客观公正。相比起来,他人对自己的把握和判断可能更冷静、客观一些,也就是所谓的"旁观者清"。在网络环境下,很多互联网平台给用户打上各种标签,以进行算法推荐。有些时候,可能卖家比你自己还了解你。盲目区域的出现会使人感到尴尬,但却无法消除。

(4)未知区域(unknown area)。未知区域属于自我当中自己不了解,别人也不了解的内容。未知区域的存在表明,自我是一个不断发展和创新的过程,人的潜能、未知的灵感和预感等,都有待于在日后的交往中不断被感知。见图2-1。

图2-1 约哈里窗户①

"约哈里窗户"中这四个区域并不是如图2-1所示的那样等分的,而是会根据个人对自我的认识和人际传播的发展发生相应的变化。个人经历越多,社会交往越多,人知和己知的开放部分就越大,反之则开放的部分就越小。而在各种社会交往中,从家人、朋友,到同事,再到关系更为疏远的他人,对不同关系的人来说,你的开放区域和盲目区域的大小也是不同的。关系的远近显然意味着人知成分的多寡。因此,个人的社会交往是形成开放区域、增加人知因素的必要条件和基本方式。正是在社会交往中,我们让别人增进了对自己的了解,同时也得到了别人关于自己的反馈信息,促进了个人对自身的了解。

---

① Larry L. Barker, *Communication*, Prentice-Hall, 1990, p.112.

社会交往的过程正是开放区域不断增大、人知因素不断增多的过程,同时也是自我认识不断成熟的过程。

(三) 符号互动论

符号互动论是美国芝加哥学派关于传播的重要理论。芝加哥学派代表着美国社会科学的第一次繁荣。该学派将传播置于中心地位,构建了一个以人类传播为中心的人格社会化的理论概念体系[①],对传播学的发展产生了重大影响。符号互动论强调人类传播的主动性,并认为所有社会结构和意义都是由社会互动所创制和维持的。具体而言有以下几个重要观点:

(1) 社会生活是由互动过程而非社会结构所组成的,因此社会生活总处在不断变化中;

(2) 每个人的自我都是一个有意义的客体,自我通过与他人所进行的社会性互动得到定义;

(3) 人们的行为以他们的主观阐释为基础,通过阐释,人们对相关事物与行为进行思考和界定;

(4) 人们是按照他们对所处情境的主观理解也就是情境定义(situational definition)来做出决定和实施行动的;

(5) 人们是通过其所属群体共享的符号的意义来理解他们的体验的,语言是社会生活中最为重要的部分。[②]

符号互动论的奠基者是芝加哥学派的代表人物米德。他是一位哲学系教授,却开创了社会心理学研究传统,同时在传播学研究中产生了重大影响。他关于自我和社会互动的理论是整个美国在 20 世纪三四十年代最辉煌的社会学研究成果。"社会""自我"和"心灵"是米德的理论中最为核心的三个概念,这些概念构成其代表作《心灵、自我与社会》(*Mind, Self and Society*)一书的标题,体现的是社会行为(social act)这一整体性过程的不同侧面。社会,或者说群

---

① 〔美〕E. M. 罗杰斯:《传播学史——一种传记式的方法》,殷晓蓉译,上海译文出版社 2002 年版,第 142 页。

② 参见〔美〕斯蒂芬·李特约翰:《人类传播理论(第七版)》,史安斌译,清华大学出版社 2004 年版,第 170—171 页。

体生活,是由社会成员经过合作而完成的行为所组成的。合作包含两个方面:一是"读解"他人的行为和意图;二是以恰当的方式作出回应。人也可以采用他人的视角,把自己当作一个对象来作出回应,这就导致了自我概念的产生。

受库利"镜中我"概念的影响,米德认为,没有人天生就有一个自我,自我也不是本能地发展起来的,而是通过与他人互动的社会过程形成和发展起来的。自我的本质是反省,是将自我作为思考对象的能力。米德继承并发展了詹姆斯的主宾二元论。"宾我"(Me)是自我的客体化,是个体对他人评价和社会期待的认知和认同。"主我"(I)是自我作为意愿和行为主体,要对他人作出反应的冲动性趋势。而"心灵"(Mind),或者说思想之源,则是在"主我"与"宾我"之间的一种自我的反思性运动,也就是"主我"与"宾我"之间的内在对话过程。个体将各种他人评价内在化,形成一个普遍化的他者(the generalized other),因此"主我"与"宾我"之间的互动也就是与他者互动,从而就具有了社会互动性。"主我"体现自主性,是社会创新的主要源头,是我们最重要的价值所在。因为有"主我",我们都发展出独特的个性。"主我"和"宾我"共同构成了自我,使得自我既有被动受控的一面,又有积极进取创新的一面。

米德认为,个人首先要参与到各种社会生活中去,然后在体验中领会种种来自他人的观点,最后才能形成自我意识。个人的社会存在先于个人的自我意识。而所谓个人在社会中的存在,也就意味着各种社会互动。社会互动是借助具有共享意义的意义符号(significant symbol)来实现的。意义符号使社会的形成成为可能。借助共享的意义符号,人类才可以各自表达并彼此回应。人人都是信息的发出者,也是接收者。借助意义符号,人们给自己和他人的行为赋予一定的意义,完成互动过程,形成社会网络和互动机制,最终形成社会。

米德的思想被他的学生赫伯特·布鲁默(Herbert Blumer)确定为符号互动论,并加以传播和捍卫。受米德和布鲁默的影响,美国社会心理学家欧文·戈夫曼(Erving Goffman)于1959年出版的《日常生活中的自我呈现》(*The Presentation of Self in Everyday Life*)一书,通过研究一个共同体中的谈话互动将符号互动论推向前进。总之,符号互动论是一个宽阔的理论视角,而不是一种特殊的理论。它认为人类传播通过符号及其意义的交流而产生,因此,可以通过认识个体如何赋予符号信息以意义,从而理解人类行为。①

四、印象管理与自我防卫机制

(一) 自我概念对认知和行为的影响

自我概念有力地影响着我们的社会信息加工,即我们如何感知和评价他人和自我。当信息与我们有关时,我们会对它进行快速的加工并形成很好的回忆,这种现象叫作自我参照效应(self-reference effect)。比如,当无意中听到有人提起我们的名字时,我们的听觉会变得格外敏感。当评判他人的表现和行为时,我们会本能地将其与我们自己的行为进行比较。在和某人谈话之后,我们对他所说的与我们有关的话会记得更牢。自我参照效应说明,我们常常倾向于认为自己是世界的核心和生活的主角,虽然在很多时候,我们只是诸多事件中的一个小角色而已。自我参照效应也意味着在加工相关信息时会出现自我服务偏见(self-serving bias),即在很多情况下会认为自己比别人好,接受荣耀时觉得理所应当,遭遇失败时则习惯于归咎于他人或者客观条件。

自我概念还会影响到我们的自我效能(self-efficancy)感并影响行为。自我效能是指在多大程度上感觉自己有能力去做一些事情。根据心理学家阿尔伯特·班杜拉(Albert Bandura)的自我效能理论,积极的自我意识,即对自己的能力与效率的乐观信念,可以获得很大的回报。② 自我效能感高的人更有韧性,较少焦虑和抑郁。他们还生活得更健康,并且有更高的学业成就。当出现问题时,自我效能感高的人会保持平静的心态并寻求解决方案,而不是自怨自艾。但是,自我效能的主要来源是对成功的体验,而不是故意吹捧或盲目地自我说服("我认为我能")。自我效能感也和自尊(self-esteem)有关。自尊是我们对自我的全面评价。每个人会选择不同的标准来确立自尊。有人可能因为

---

① 参见〔美〕E. M. 罗杰斯:《传播学史———一种传记式的方法》,殷晓蓉译,上海译文出版社 2002 年版,第 175—176 页。
② 〔美〕戴维·迈尔斯:《社会心理学(第八版)》,侯玉波、乐国安、张智勇等译,人民邮电出版社 2006 年版,第 41 页为

自己聪明漂亮而确立自尊,也有人会感觉自己更有道德而确立自尊。但总体上,与将自尊建立在个人品质等内部因素上的人相比,将自尊主要建立在外貌、金钱、分数或他人赞美等外部因素上的人,会经历更多的压力、愤怒和人际关系问题,甚至面临酗酒、吸毒或饮食障碍等过失行为的风险。高自尊的人自我效能感要强于低自尊的人,但是自尊过高的人,在自尊受到威胁时,比低自尊的人反应更强烈,甚至更易选择暴力行动。因此,在儿童教育中,与其过度培养孩子的自尊,不如通过一些挫折训练,让孩子增强自我效能感和自我控制(self control)的能力。

(二)印象管理

印象管理(impression management)或者说自我展示(self-presentation)是美国社会心理学家戈夫曼于1959年提出的,是指我们想要向外在的观众(他人)和内在的观众(自己)展现一种受赞许的形象,显示出自我认识高度社会化的一面。很多个体都十分在意自我形象,并在不同程度上管理自己给他人造成的印象。人们自觉调控自己的仪表、体态、言谈等方面,以得到别人乃至社会的认可、赞同,并期望能够控制社会交往的结果。印象管理是自我调节的一个重要方面,也是与他人进行社会互动的一个根本方面。

戈夫曼提出:"'人'(man)这个词,最初的含义是一种面具,这也许并不是历史的偶然,而是对下述事实的认可:无论在何处,每个人总是或多或少地意识到自己在扮演一种角色……正是在这些角色中,我们互相了解;也正是在这些角色中,我们认识了自己。……从某种意义上来说,如果这种面具代表了我们已经形成的自我概念——我们不断努力去表现的角色——那么这种面具就是我们更加真实的自我,也就是我们想要成为的自我。最终,我们关于自我角色的概念就成为了第二天性,成为我们人格中不可分割的一部分。我们作为个体来到这个世界上,经过努力而获得了性格,并成为了人。"[①]

不同的人进行印象建构的意识和能力是不一样的。一般而言,人们总是渴望被别人积极看待,而尽可能弱化自己的不足,避免被别人消极看待。前者

---

① 转引自〔美〕欧文·戈夫曼:《日常生活中的自我呈现》,冯钢译,北京大学出版社2008年版,第17页。

属于获得性印象管理,后者属于保护性印象管理。对某些人而言,有意识地自我展示也许是一种生活方式。他们格外关注他人的反应,不断校正自己的社会行为以获得他人赞许。那些可能比别人更善于建构自我形象的人被称为高自我监控(high self-monitoring)者,他们往往倾向于成为人们希望的样子。为了让自己的行为与环境合拍,他们很可能会支持一些实际上并不赞成的观点。由于总是意识到他人的存在,他们很少会依据自己的态度行动。在高自我监控者看来,个人态度具有社会调节功能,有助于适应新工作、新角色和新的人际关系。那些低自我监控的人则很少关心别人怎么想,而更多按照自己的感觉来行事。

印象管理被广泛地应用于求职面试中。应聘者的印象管理包括语言的呈现和策略性行为,目的是在短期内树立良好的形象。美国某著名形象设计师曾对美国 100 位 CEO 进行调查,结果显示,93% 的人相信,在首次面试中,求职者会由于不合适的穿着和举止而遭到拒绝,而有相当多的求职者会在面试之前预先准备问题的答案,然后对着镜子精心"演练"自己的一言一行。还有研究表明,在使用印象管理技巧的求职者中,关注自身优点(自我抬高)的求职者得到的评价,高于那些关注面试考官(抬举他人)的求职者。例如,一个很想谋得某销售部门职位的求职者,如果在面试时强调他如何擅长与人打交道、与人交流时多么具有说服力的话,就要比只是在现场恭维考官的人,面试效果更好。也就是说,凸显自己优势的这种做法(自我抬高)可能比抬举考官更有效。当然,无论什么样的策略都应适度,过度使用则会适得其反。

印象管理和自我展示也存在文化差异。在一些以自制为美德的国家,如中国和日本,人们更多展现出谦虚、自制和乐观。而在那些重视个人成就的西方国家,如美国,个人往往有很强的自我效能感,更乐于展示自我。

(三) 自我防卫机制

自我防卫机制(self-defense mechanism)来自弗洛伊德的精神分析理论。他的女儿安娜·弗洛伊德对此进行了系统研究,并出版了《自我和防御机制》

一书。与行为主义不同,弗洛伊德的理论不相信人类能够通过意识或理性对自己的行为进行有效的控制,而认为人类行为是个体的本我(id)、自我(ego)和超我(superego)相互斗争的产物。自我是人格中的理性部分;本我是人格中自私自利、按快乐原则行事的部分,也是自我必须努力施加控制的部分;超我是内在化的一整套文化规则,可以指导自我。

当本我的冲动彼此冲突,当本我与超我的价值和信念冲突,以及当外在威胁强加于自我时,一般人会无意识地采用各种心理策略,以避免精神上的痛苦、紧张焦虑、尴尬、罪恶感等心理,并保持一种社会可接受的自我形象。每个人在生活中都会有不同程度的焦虑和挫折感,这源于心理需求与外部现实之间的矛盾。这种焦虑和挫折感如果过强,就会妨碍个人进行正确的自我认识和对环境的正确把握,从而影响传播活动。

解决心理挫折问题的办法是自我防卫。自我防卫可以帮助个人调整与外部世界的关系,但如果过度应用或错误应用,则会有碍于对现实的正确认识,甚至引发心理疾病。传播学研究自我防卫机制,正是为了用自觉的内向传播方式鼓励积极的防卫效应,克服消极的防卫效应。

自我防卫主要有以下几种形式:

(1) 合理化解释(rationalization)。当个人遭遇失败或个人需求因种种原因得不到满足时,很多人会找出一些于己有利但实际上可能站不住脚的理由,以对现实加以解释,或者为自己的难以为一般人所接受的行为或动机辩护,通过合理化解释来缓解心理压力。比如当某名校大学生求职屡屡遭拒后,其认为不是自己能力有问题,而是认为自己名牌大学的身份给对方造成了一定的压力,因此自己应该选择更高一点的职位。合理化解释是一种使自己内心平衡的归因方式。

(2) 投射(projection)。投射也称外射,是主观地将自身的一些不良的思想、动机、欲望或情感,赋予他人或他物,或者推卸责任,把自己的过错归咎于他人,从而得到一种解脱。有时我们会否认自身的某些特点、动机或行为而把它们归结为别人的特点、动机或行为。俗语说"以小人之心度君子之腹",就属于一种心理投射。在对一些敏感问题进行调查时,有时会使用投射法。比如调查者想了解人们对色情网站的浏览情况,会把问题设计成"就你的观察,你的同伴多久会浏览一次色情网站?"这时得到的回答往往是答题者本人的情况。投射有时也表现为严重的偏见、因为猜疑而拒绝与人亲热、对外界危险过分警觉等,如性侵犯者会辩解说是因为受害者穿着暴露他才会犯罪。

(3) 隔离(insulation)。隔离是将部分事实在意识中加以隔离,以免引起精神上的不愉快。所谓部分事实是指整个事情中的一部分,而最常被隔离的是与事实相关的感觉部分。比如把人死了说成"仙逝"或"上天堂"等,这样不会感到太悲哀或不祥。失去亲人的人会把遗物收藏起来,或把环境改变一下,就是用隔离的方法进行自我防卫。有时当内心发生矛盾冲突,我们也会把对立的情感或信息隔离起来,以使内心的紧张得到缓解。

(4) 反塑(reaction formation)。反塑或称"矫枉过正",是指当真实意识表现出来不符合社会道德规范或引起内心焦虑时,故意采取某种与真实意识完全相反的看法和行动。如有的人求爱不成,就转而诋毁对方。又如对丈夫的前妻留下的孩子怀有敌意的继母,往往特别溺爱孩子,以证明她没有敌视孩子。再如,过分热情或自我吹嘘的行为是对被压抑在无意识中的那种人交往障碍或自卑的一种反应;"恨"自己真正喜欢的人或事物,或者"爱"自己所恨的竞争对手或不喜爱的职务;等等。

(5) 认同(identification)。认同是指一种无意识的,有选择地吸收、模仿或顺从自己尊崇的人或团体的态度或行为的倾向,学习对方之长,以此吸收他人的优点,增强自己的能力、自身的安全感以及被接纳感,遮掩自己的短处。认同在自我认识的发展中非常重要,同时,认同也可以作为一种防御机制来抵制不安全或不足感。比如,青少年在成长中不能确定自我,就通过模仿影视歌星和体育明星的方式来寻求安全感。一般说来,认同的动机是爱慕,是正常的心理现象,但也可以是儿童早年的心理防御机制,是未成熟的心理活动。认同有两种。一种近似模仿。模仿有出于喜爱、羡慕的模仿,也有反感性模仿,即一方面感到反感,另一方面又去仿同,如反感霸凌者和恐吓者,但自己也同样地去威胁或欺负比自己更弱小的人。另一种认同是利用别人的长处,满足自己的愿望和欲望。例如,一个不帅气的男孩子喜欢和漂亮的女孩子交往,他可能因为别人夸奖他的女友而感到自豪。

（6）压抑(repression)。压抑是指当一个人的某种观念、情感或冲动不能被超我接受时,下意识地把不愉快或不被接受的情感、愿望或体验置于意识之下,以使个体不再因之产生焦虑和痛苦。比如,如果一个孩子自小家教严厉,一哭闹就会受到严厉惩罚,久而久之,这个孩子就学会了压抑愤怒。压抑会表现为一种不自觉的主动性遗忘(不是否认事实),有时表现为口误或笔误。例如,一位妇女的独生女在十八岁时死于车祸。事情发生在十月,当时她非常痛苦,但经过一段时间以后,她把不堪忍受的情绪抑制住,存放到潜意识中去,"遗忘"了。但值得注意的是,压抑在潜意识中的这些情绪还会不知不觉地影响她的情绪。她每年一进入十月就会陷入抑郁情绪,药物治疗也无效。

除以上几种情况外,自我防御还有其他一些形式,如转移注意力、过度的心理补偿、升华和幽默等。虽然我们时常会做一些有意识的努力来面对对自我的威胁,但真正的防御机制是无意识的或至少是部分无意识的。防御机制本身不是病。相反,它们在维持心理健康状态方面起着重要的作用。只要能够运用这些防御机制来维持平衡,而没有表现出不良的行为,那就不能将其看作病态。只有在不适当的时机,不适当地应用防御机制,以致无论在保持内心安宁还是与他人交往方面都出现了不和谐、不恰当的情况,才可以称之为病态。

第二节 人的内向传播过程

传播是一个过程。按照行为心理学刺激—反应论的观点,内向传播是个人接受内在或外在刺激,经大脑处理,最后作出反应的过程。那么这个过程会经过哪些环节,包含哪些主要因素,又是如何发生的呢？图 2-2 是有关内向传播过程的模式图,包含若干要素。

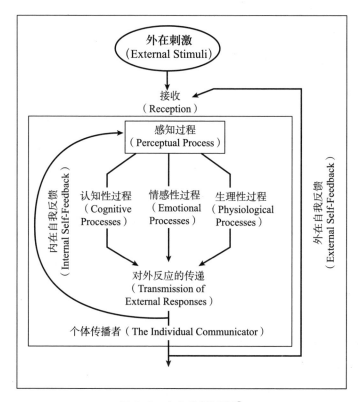

图 2-2 内向传播过程①

一、刺激与接收

刺激包括内外在刺激。内在刺激(internal stimuli)来自身体内部,通过神经传导至大脑并完成相应的处理过程,最终使你得知身体的状况,并作出相应的反应。比如说,如果在流感季节,你感到肌肉酸疼,发高烧并且精神倦怠,很可能会自我怀疑得了流感,因此选择去医院看病并注意休息。内在刺激会导致一系列的信息处理过程和外在行为反应,即内向传播的发生。

外在刺激(external stimuli)是指来自身体外部环境的刺激。有两种外在刺激。一是在意识层面上被感知的显性刺激(overt stimuli),它们被身体的感

---

① 转引自 Larry L. Barker, *Communication*, 5th ed., Prentice-Hall, 1990, p. 119。

觉器官所接收,然后被传向大脑。在很多情况下,个人会同时接收到多种外在刺激。比如在麦当劳餐厅,人们会听到欢快的音乐,看到点餐员迅速的动作,还会闻到热汉堡和咖啡的香味。另一种外在刺激则是在潜意识水平上被感知的隐性刺激(covert stimuli)。所谓隐性,并不是说它隐藏起来不显示,而是说它的刺激程度较弱,处于人的意识阈限(threshold of consciousness)之下,所以人并没有清醒地意识到,但仍有可能作出反应。比如20世纪50年代,曾有某些广告主在电影放映期间,让可乐和爆米花的广告极快速地闪现在屏幕上,以致观众都没有察觉出来。但是在六个星期内,爆米花的销量提高了58%,可乐的销量则提高了18%。所谓意识阈限,其实就是指人们能感受与否的临界点。比如在商品促销"打折"时,就需要考虑消费者的意识阈限。折扣少了人意识不到,没有效果;折扣多了则利润会降低。因此,要使折扣的幅度以刚好达到消费者的意识阈限为宜。据零售商的经验,打折幅度至少在原价的15%才有效果。

接收过程(reception process)是指内外部的接收器把内外在刺激传向中枢神经系统。外部接收器以看、听、嗅、尝和触等五种方式接收外部刺激,并将其以神经脉冲的形式传向大脑。这些外部接收器位于或接近身体的表面,能对各种生理的、化学的和机械的刺激作出反应,为人提供有关外部环境的诸种信息。内部接收器如神经末梢等,则传递有关身体内部状态的刺激,比如口渴、胃胀等。

二、处理过程

虽然人体在特定情况下可以接收很多刺激,但是所有接收的内外在刺激都需要经过同一中枢神经系统进行处理,因此会存在某种选择性过程,导致只有一部分刺激会引起注意。决定选择结果的主要因素是刺激强度,比如巨大的声音、明亮的色彩、刺鼻的气味,还有"雷人"的语言表达等,常常能引起注意。无论是平面广告、电视广告还是户外广告,都是在和其他刺激相伴随的情况下投放的,因此一定要选择一些有吸引力的方式,以提升刺激强度,为人们所感知。

对内在和外在刺激的处理有三种过程,即认知性过程(cognitive processes)、情感性过程(emotional processes)和生理性过程(physiological processes)。在每一种处理过程中,都有某些刺激比其他刺激得到更多关注,这是由特定刺激的功能和刺激所发生的场合所决定的。有些刺激能被完全有意识地关注,比如交通信号灯、汽笛、电影大屏幕等,而有些刺激却很难被有意识地觉察到,比如房间里荧光灯的微弱嗡鸣等。被有意识或被部分有意识地注意到的刺激会被优先处理,而被潜意识地接收到的刺激则常常会被储存在记忆中,留待以后处理。

（一）认知性过程

认知性过程是指个体对感觉信号的储存记忆、检索、分类、吸纳,以及概念形成、判断和问题解决等信息加工处理过程。我们并不能准确地了解这些过程是如何发生的,因此只能简单描述其基本功能的体现。

1. 记忆

记忆(memory)就是人将从外部获得的信息贮存和累积起来并在后来加以运用。记忆将人的心理活动的过去、现在和未来连成一个整体,使心理发展、知识积累和个性形成得以实现。记忆可分为三种。一是瞬时记忆,即当外部刺激直接作用于感觉器官后所产生的感觉滞留。比如人在看电影、电视时,会将相继出现的静止画面看成运动的。感觉滞留是感觉信息的瞬间贮存,其作用时间比短时记忆更短,所以称为瞬时记忆,主要包括图像记忆和声像记忆。二是短时记忆。如翻看通讯录上的电话号码后去打电话,打完电话以后,电话号码也就忘记了。在短时记忆中,信息被分析、确定和简化从而便于储存和处理。三是长时记忆,即持续时间很长的记忆。短时记忆的内容如果有用,则可能转为长时记忆。

2. 检索

记忆是将信息储存起来以便与下一条信息建立联系,但如果不能从记忆中被检索(retrieve)到,那么储存起来的信息相对来说就毫无用处。检索表现为识别(recognition)和回忆(recall)两种方式。识别就是意识到某一信息似曾相识,但回忆则要把储存的信息加以重组,所以更为困难。比如,我们可能发现某个概念是以前见过的,但是进行完整表述却很困难。

3. 分类

大脑中贮存着数不清的信息片段,在特定的处理情境下,我们必须从所知中挑选出最相关的内容,以确定意义,这就是分类(sorting)。比如在阅读中,我们需要从书中按顺序挑出单词,并且从头脑中找出恰当的意义与单词相配,以形成理解。在写作时,我们也需要从头脑中搜寻适当的词用于表达。

4. 吸纳

除了记忆、检索和分类等过程外,认知处理还包括吸纳(assimilation),即将环境中的一些因素协调进大脑处理活动中,以理解全部情境。比如在阅读中,除了识别单词的意义外,人还会整合单词的意义以形成句子和篇章的意义,从而实现对全文的理解。

(二)情感性过程

情感性过程是指感觉器官对刺激的非逻辑性反应。情感是一种不同于认知的信息范畴。达尔文在《人与动物的情感表达》一文中最早描述了人的情感。"情绪"和"情感"两个词一般可通用,但也有相对的区别。情绪一般指短暂而强烈的具有情景性的主观反应,带有冲动性,有明显的外部的表现,往往随着情境的改变和需要的满足而发生改变,如愤怒、恐惧、狂喜等。情感一般指稳定而持久的深沉体验,如亲情、友情等。情感要情绪来表达,情绪则体现着复杂的情感。期望已久的目的达到了,内心深处会产生满意、愉快甚至狂喜等快乐的情绪。喜爱的事物消失或者被毁灭了,则会引起悲伤和哀怨。许多情绪还可以派生或者复合,出现难以言状的复杂情绪,而使内向传播更加微妙。

情绪还可以分为心境、激情和应激。工作顺逆、事业成败、人际关系的好坏以及个人健康状况和自然环境的变化等都能引起不同的心境。激情是由生活中的重大事件引起的大悲大喜或狂怒以及极度恐惧等强烈的情感反应。应激则是突发事件引起的情绪状态。比如突然发生火灾,有的人目瞪口呆,不知所措,有的人则会迅速采取措施。

美国学者罗伯特·扎荣茨(Robert Zajonc)认为,"情感支配着社会互动,情感是社会互动交易中的硬通货。我们日常交谈中的绝大部分包含着关于意见、偏好以及评价的信息交换。而交谈中的情感不仅以语言而且以非语言暗示的方式进行传递,非语言实际上传递着最主要的情感信息。别人究竟是说'你是朋友'(you are a friend),还是说'你是魔鬼'(you are a fiend)并不重要,而对方是以轻蔑的口气还是以戏谑的方式来说却非常重要"①。研究表明,情绪和认知可能不是分别的系统,而是一前一后地激发我们的态度与行动。一个人在对某件事情产生深思熟虑的意见之前的很长时间,就已经对它有情绪了。

还有一些社会学家认为存在所谓"社会情绪",如尴尬、自豪或者羞耻等。库利最早描述了情绪的社会作用。他把自豪和羞耻看成维系社会纽带甚至维持社会系统运行的两大管理机制。研究发现,许多情绪实际上是社会情绪,常常产生于与他人的互动中。这些社会情绪依赖他人暗示性的在场和关注,依赖我们关心别人如何看我们。如果我们不知道别人在场,或者不在乎他人的看法,那么这些社会情绪就不会产生。

(三) 生理性过程

生理性过程对维持生存的重要性显而易见,而它对于内向传播的重要性则刚刚开始受到重视。在生理性过程中有一些如前所述的意识阈限下的因素,如心跳、肌肉紧张、血压和体温升高等。对生理因素的监测使我们有可能控制内向传播过程。首先,我们必须知道个人的生理状态。大多数人仅限于简单地感觉痛苦、欢乐、紧张、放松等基本状态,但有些人却很善于利用各种生物反馈信息(biofeedback)来更精确地把握个人生理状况。当然,现在还可以借助各种先进的医疗设备来进行身体检查。其次,由于生理反应往往与各种情绪相伴,所以控制或调整生理反应,往往能收到控制情绪的效果。比如上舞台之前深呼吸以减少紧张感,重大考试之前通过按摩来放松心情,通过体育锻炼来减轻失恋痛苦、摆脱抑郁等。

---

① 侯玉波编著:《社会心理学》,北京大学出版社2007年版,第104页。

三、传递、反馈与干扰

传递(transmission)指讯息从信源发送给接收者。在内向传播中,信源和接收者是同一人,因此讯息的传递依赖神经传导而不是空气中的声波或光波。大脑对这些神经脉冲作出反应,然后发出信息使肌体完成特定行为,就完成一个传播过程。比如,当手碰到热锅,触摸接收器就会通过神经传导将信息传递给大脑,大脑会立刻发出指令,使你迅速把手缩回来,同时可能伴随一声惊叫。我们常常是先缩回手,然后才听到叫喊声,这是因为神经传导的速度远远超过了声音传递的速度。

反馈(feedback)不是反应,而是对效果的监视和纠正。在内向传播中,存在两种自我反馈信息——外在的和内在的。外在自我反馈(external self-feedback)是个人发出的讯息被自己觉察到,能使人修正自己的错误。比如听到自己说错了话,就会及时纠正。内在自我反馈(internal self-feedback)通常来自骨骼传导、肌肉运动或神经末梢反应等。比如,当看到一个意想不到的场面时,你虽然看不见自己的表情,但也会感觉到自己面部肌肉僵硬,表情尴尬。同样的,接收到这些反馈信息有助于个人的自我修正。

干扰(interference)是传播过程中的另一个重要因素,是指任何对传播效果有否定性影响的因素。它可以在传播过程中的任一点出现,并作用于任何信息处理方式。比如你的阅读受到干扰,原因可能是楼下广场舞的强烈音响声,但也可能是自己的偏头疼。还有一种干扰在于采取了一种不恰当的处理方式。比如有些癌症患者,一听到自己罹患癌症,就立刻陷入负面情绪难以自拔,这对于治疗毫无益处。也就是说,面对疾病这一难题,应该用认知性方式进行处理,如果选择了非常情绪化的反应,结果当然无助于问题的解决。当然,认知性处理方式也不是永远优于情感性处理方式,有时候痛痛快快地大哭一场,更能迅速缓解压力。

以上介绍的内向传播过程,依据的是行为心理学的刺激—反应模式。它是行为心理学家约翰·华生(John Watson)受苏联生理学家巴甫洛夫条件反射理论的启发而提出的。华生早期从事学术研究,后来经营广告事业,但仍著书立说介绍行为心理学。华生认为"人和动物的全部行为都可以用刺激与反应模式加以分析",因此要查明刺激与反应之间的规律性关系,从而根据刺激预知反应或根据反应推知刺激,以预测和控制动物和人的行为。早期的传播学研究深受行为心理学的影响,刺激—反应模式也成为传播学的主导模式之一。

第三节　内向传播的影响因素

内向传播侧重于个体对信息的接收、处理和行为反应过程。这一过程会受到很多因素的影响,由此产生了大量的心理学特别是社会心理学理论,本节略作介绍。

一、态度与行为

传播学的发展深受行为心理学的影响。行为心理学产生于20世纪初的美国,由美国心理学家华生在巴甫洛夫条件反射学说的基础上创立。他一反传统心理学的做法,主张对人的行为进行研究,只研究观察到的并能客观地加以测量的刺激和反应,而不理会中间环节。华生认为,行为就是有机体用以适应环境刺激的各种躯体反应的组合。这些反应不外乎是肌肉的收缩和腺体的分泌,有的表现在外表,有的隐藏在内部。具体的行为反应取决于具体的刺激强度,因此,他们把"S—R"(刺激—反应)作为解释人的一切行为的公式。心理学的任务就在于发现刺激与反应之间的规律性联系,这样就能根据刺激推知反应,反过来又可通过反应推知刺激,从而达到预测和控制行为的目的。

(一)古典条件论

要理解和预测人的行为,就应该研究人的态度,因为态度是行为的准备阶段。古典条件论(classical conditioning theory)从刺激—反应角度考察态度转变。刺激—反应理论认为,如果大脑接受的刺激可以被控制的话,那么态度结构、人格甚至人的行为也就能被控制。如果最初的一个有条件刺激(conditioned stimuli)和另一个无条件刺激(unconditioned stimuli)相联系,而无条件刺激内在地或者通过以前的条件,和一些无条件反应(unconditioned response)相联系,那么刺激—反应成立。

以巴甫洛夫试验为例。饥饿的狗得到了一块肉,肉这一无条件刺激导致了狗分泌唾液这一无条件反应。如果进行设定,铃响之后狗就会得到一块肉,那么通过重复响铃,重复给肉,就得到一个有条件的反应,即铃声作为有条件刺激,导致分泌唾液这一反应。在此,狗的唾液分泌是"铃响"这一条件刺激的结果,而不是把最初的无条件刺激(肉)与无条件反应(分泌唾液)相联系的结果。

同样的道理,一个姑娘本来并不喜欢某位追求者,但是这位追求者带来的不是浪漫的烛光晚餐,就是令人兴奋的时尚服装发布会,或者时髦、刺激的旅游探险,久而久之,姑娘可能因为喜欢这些约会,而改变对这位追求者的看法。在广告推广中,策划者也总是将广告产品同许多美好的、令人向往的刺激联系在一起,以激起人们对广告产品的积极态度。

华生式行为心理学的影响在 20 世纪 20 年代达到最高峰。它的一些基本观点和研究方法渗透到很多人文科学中去,从而出现了"行为科学"这一名称,但华生的刺激—反应模式过分简化,不能解释行为的最显著特点,即选择性和适应性。

(二) 操作条件论

从 1930 年起出现了新行为主义理论,该理论修正了华生的极端观点。研究者指出,在个体所受刺激与行为反应之间存在着中间变量,这个中间变量是指个体当时的生理和心理状态,它们是行为的实际决定因子,包括需求变量和认知变量。需求变量本质上就是动机,它们包括性、饥饿以及面临危险时对安全的要求。认知变量就是能力,它们包括对象知觉、运动技能等。由此也产生了操作条件论。

操作条件论(operate conditioning)属于新行为主义理论,又称强化论,其基本假设是:人们总是追求行为的积极后果的最大化和消极后果的最小化,因此我们会坚持能获得奖赏的态度而放弃会导致惩罚的态度。

20 世纪 50 年代末到 60 年代,大量的研究侧重于考察社会强化(social reinforcement)对于态度表达的影响。其中最著名的是格林斯普试验。在试验中,当被试使用复数名词时,试验人员就频繁地报以"好的""mmhmm"以及赞许式的点头等回应。而当被试回答错误,如使用单数名词时,试验人员则报之以"不好""humph"或者摇头等反应,结果证明试验人员的反应影响了被试的态度表达。后来这一方法被大量应用于相关试验。在一些试验中,被试被要求造句、与试验人员进行非正式的交谈,或者回答试验人员提出的一些特定问题。研究结果都表明,人们确实因为试验人员的操作而改变了态度,尽管无法确切解释为什么如此。

有人认为,态度改变不是强化作用的自动和无意识的结果,而是因为"认知性介入产生了社会影响",比如通过文化所表现的信息或规范。也就是说,人们并不是对刺激作出直接反应,而是非常策略地思考该如何行动。思想过程和社会因素等都会影响刺激和反应之间的联系。操作条件可能并没有改变态度,但是增强了顺从。比如被试可能实际上并没有改变意见,但是却"跟着试验人员走了"。

这种操作条件反射在范围更为广阔的舆论场中也同样存在吗?有人认为,在20世纪30年代的纳粹德国,许多德国人能因一些特定行为获得很多奖赏,例如把自己当成一个爱国者,行党卫军礼,参加一个政党,参加政治集会,感受历史的伟大时刻(接受中世纪习俗)等。在当时的情况下,"不正确"的反应(如反对希特勒和纳粹)会招致严厉的惩罚。无论这些舆论的公开表达代表的是顺从,还是真正的态度转变,它们所支持的政策本身对德国及世界都产生了重大的影响。

(三)社会学习论

社会学习论(social learning theory)是由美国心理学家班杜拉于1952年提出的。班杜拉认为,刺激—反应理论不能解释为什么个体会表现出新的行为,即学习行为。以往的研究通常是用物理的方法对动物进行实验,并以此来建构理论体系,这对于研究生活于社会之中的人的行为来说,不具有科学的说服力。人总是生活在一定的社会条件下的,因此班杜拉主张要在自然的社会情境中而不是在实验室里研究人的行为。

社会学习论强调以下几点。一是观察学习。人的多数行为是通过观察别人的行为和行为的结果而学得的,因此依靠观察学习可以迅速掌握大量的行为模式。二是榜样的作用。人的行为可以通过观察学习过程获得，但是获得什么样的行为以及行为的表现如何，则有赖于榜样的作用。榜样是否具有魅力、榜样行为的复杂程度、榜样行为的结果以及榜样与观察者的人际关系等，都将影响观察者的行为表现。三是自我调节。人的行为不仅受外界行为结果的影响，更重要的是受自我引发的行为结果的影响，即自我调节的影响。自我调节主要是通过设立目标、自我评价，从而引发动机功能来调节行为的。四是自我效能感，即个人对自己应对各种情境能力的自信程度。自我效能感在人的能动作用中起着重要作用。它将决定一个人在困难的情境中应对困难的程度以及个人面临困难情境的持久性。如果一个人对自己的能力有较高的预期，在面临困难时往往会勇往直前，愿意付出较大的努力，坚持较久的时间；如果一个人对自己的能力缺乏自信，往往会产生焦虑、不安感并做出逃避行为。因此，要改变人的回避行为，建立较强的自信心是十分必要的。

二、动机与需求

心理学认为，人的行为经常受到动机的驱使。动机是一个或一系列心理过程，它以某种方式引发、促进、保持并最终终止一连串导向目标的行为。从生理上说，人体是一个自组织系统，具有能让体温、血糖水平、体液含量、酸碱比例等处于相对平衡状态的自动平衡机制。当某些方面出现失衡时，就会产生恢复平衡的需要。它会导致个体产生内驱力，即满足需求、恢复平衡的内在力量。在现代心理学中，需求、内驱力和均衡作用这三个概念由生理层面延伸到心理层面，成为动机的心理基础。除了需求、内驱力和均衡作用这些内在因素可以引发个体的行为动机之外，外在刺激物也可以引发动机。例如，吃的动机，可能是饥肠辘辘的内在匮乏状态，也可能是美味当前这一外在诱因。围绕动机说，心理学中产生了很多相关理论。

亚伯拉罕·马斯洛（Abraham Maslow）曾任美国心理学会主席，是著名的"人本心理学之父"，也是积极心理学的先驱。他赞成行为主义的实验精神和精神分析学对人的内心深处的探索，但却反对它们以分析—分解—原子论的方法理解人。《动机与人格》（Motivation and Personality）是马斯洛的代表作，体现了他的人本主义和整体论的科学观,包含了他的主要思想,如需求层次论和自我实现论等。

马斯洛的需求层次论(hierarchy of needs)认为,如果像列购物清单一样列出个人需求清单,就会发现人们具体的需求是多种多样的,由此导致了人们的各种行为动机。马斯洛通过一些调查统计,确定人的各种不同需要可以分成5种,后来修订为7种,并形成一个金字塔型的需求层次体系。

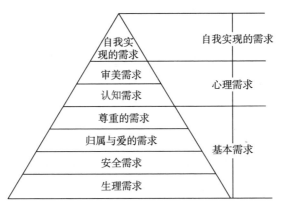

图 2-3 马斯洛需求层次图

(1) 生理需求。

生理需求也称"自然需要",直接与生存有关,如饥、渴、睡眠、性的需要等。马斯洛认为,人的需要是由低级到高级逐层发展的。生理需求是人最基本、最强烈的一种需求。如果你饿了一整天,恐怕很难去专注地看书学习或打网球;如果你长途跋涉回到家,很难设想你不去休息而是立刻去参加朋友聚会。在图2-3中,生理需求处于最基本的层次,占据的面积也最大。大量的商业营销都针对生理需求设计诉求。比如把外卖应用程序命名为"饿了么",宣称"某某药物能有效改善睡眠"等。在生理需求得到基本满足后,其他更高级的需求才开始支配生命有机体。

(2) 安全需求。

安全需求是比生理需求高一级的需求,包括安全、稳定、免受恐吓和混乱的折磨,也包括对生活无威胁、能掌控以及环境有秩序的需求。许多人努力工作攒钱是希望退休后能免于贫困。为了安全,人们可能会购买人寿保险,安装防盗门和烟尘监视器。有许多广告基于安全诉求设计文案,比如"饮用瓶装水更安全""某某快餐保证食用安全""某某牌汽车安全性能第一"等。

（3）归属与爱的需求。

许多人把爱视为最重要的人类需求,但实际上,生理需求和安全需求常常是第一位的,或者与其他需求相互结合。比如,有的人离开了家人就感到不安,在这里,安全需求与爱的需求相互结合。归属的需求是指需要被别人接纳、爱护、关注、欣赏、鼓励和支持。归属的需求常常体现为对亲情、友情和爱情的渴望。人们渴望同他人结成一种充满感情的关系,否则就会产生孤独感。归属与爱的需求是个人寻求社会归属的体现,这种需求的满足常常通过个人参与群体活动、建立情感关系等来体现。也有许多广告基于归属和爱的需求进行设计,比如"孔府家酒,让我想家""为了您的家人,请注意交通安全"。

（4）尊重的需求。

获得了归属感和爱之后,人们开始着力寻求自尊和来自他人的尊重。自尊需求可以表现为对成就和地位的渴望,以及对来自他人和社会的高度评价和赞扬的期待。为了满足这种需求,我们要维护自己的人格、名誉,追求更高的学历,勤奋工作以赢得业绩奖励和同事们的尊敬,确认自己的存在价值。有很多广告都诉诸人们对成就、地位和自我价值的渴求。比如,"某某西服,成功男士的标志""某某牌轿车,专为成功人士订做"等,又如以高端聚会为场景,美女模特在众星捧月之中打开某名酒,以象征事业发达等。

（5）认知需求。

认知需求是指满足好奇心,寻求了解、解释和理解的需要。人们在各种观察和体验中形成认识,并不断地使孤立的认识系统化、理论化,通过进一步的思考来寻求意义,这些都受到认知需求的支配。许多健康科普机构都以调动人们的好奇心和讲道理的形式来进行劝服,以促进行为改变。比如很多健康类科普公众号,就是通过介绍各种健康知识,满足读者的认知需求,强化读者的健康观念,最终促进行为改变。

（6）审美需求。

审美需求是指人人都对真、善、美的事物具有内在需求。美的事物不仅能陶冶情操，调节心理，也常常和其他基本需求，如爱的需求、尊重的需求等相结合，形成新的动机。很多广告都制作得非常精美，具有审美价值。但无论如何，广告的目的还是营销，广告设计常常通过迎合其目标受众的一般审美趣味来达到营销的目的，和纯粹的艺术作品有很大区别。

（7）自我实现的需求。

这是最高阶段的人类需求，是指个人调动全部潜能，在特定领域发展，以实现长期目标。个人的自我完善是自我实现的一种方式。个人接受挑战，比如赢得某项比赛、完成一部小说，或驾车周游世界等，都是寻求自我实现的方式。自我实现的最终目标，就是竭尽全力实现个人理想。

需求层次论表明，人的需求是多样的、持续发生的，在同时存在的各种需求中，如果第一需求得到满足，那么新的需求又会上升为第一需求以寻求满足。需求层次论还表明，人的生存和发展遵循一种上升的逻辑，在基本需求得到基本满足之后，人们就会尽力寻求满足更高层次的需求，而最高层次的需求则体现为个人理想的实现和个性的充分发展。马斯洛认为，"如果不考虑到人生最远大的抱负，便永远不会理解人生本身。成长，自我实现，追求健康，寻找自我和独立，渴望达到尽善尽美（以及对"向上"的努力的其他说法），这一切现在都应该被当作一种广泛的，也许还是普遍的人类趋势而毫无疑问地接受下来"①。马斯洛的思想超出了心理学领域，在管理学、经济学、教育学、社会学、哲学、美学等领域都很有影响力。

小　结

内向传播是一切人类传播的基础。我们把个人接受内外刺激并作出反应的过程看成人的基本行为，而人的行为在很大程度上受个人自我概念的影响。自我概念是自我认识的发展，它是在人的社会交往中逐步确定的，存在着性别和文化差异。自我概念对人的认知和行为都有影响，如自我参照效应、自我服务偏见、自我效能和自尊等。一般而言，人总是期望被他人接受和赞许，因此

---

① 〔美〕A. H. 马斯洛：《动机与人格》，许金声、程朝翔译，华夏出版社1987年版，第5页。

高自我监控者会自觉地进行印象管理。为了维护自我,免除内心的焦虑和挫折感,健康的人会无意识地采取一些自我防卫策略,但自我防卫过度,也可能是病态人格的表现。早期的传播学深受行为心理学的影响。建立在刺激—反应论基础上的早期行为主义开辟了心理学实证研究的路径,但存在过于僵化、机械的问题。社会学习理论则更强调不是在实验室而是在社会环境下研究人的行为。心理学的研究表明,人的行为受各种动机驱使,而动机背后则隐藏着各种需求。马斯洛更强调从人本主义和整体论出发研究人的行为,他的需求层次论强调了人类需求的多样性和一致性以及逐步上升的特点。

◆◆ **推荐阅读**

1. 〔美〕特里·K.甘布尔、迈克尔·甘布尔:《有效传播(第七版)》,熊婷婷译,清华大学出版社2005年版。
2. 〔美〕戴维·迈尔斯:《社会心理学(第八版)》,侯玉波、乐国安、张智勇等译,人民邮电出版社2006年版。
3. 〔美〕A.H.马斯洛:《动机与人格》,许金声、程朝翔译,华夏出版社1987年版。
4. 〔美〕欧文·戈夫曼:《日常生活中的自我呈现》,冯钢译,北京大学出版社2008年版。

◆◆ **观察与思考**

1. "我看人看我",尝试用20个词描述一下自己,再分别采访自己的家人、朋友和竞争对手对自己的看法。比较一下,他人对你的看法和你的自我判断有什么异同。谁是最了解你的人?
2. 采访一个你所关注的人,看看他的成长受到哪些动机—需求的影响,有哪些社会学习行为。
3. 观察一些广告,看它们如何诉诸人的认知、情绪或生理反应,又如何针对人们的需求设计文案。

第三章　人际传播

本章教学目标：
1. 理解人际传播的循环模式
2. 理解言语行为论及意义的协调管理理论
3. 理解关系传播的三种维度和关系发展诸阶段的相关理论
4. 理解冲突管理和冲突归因理论

　　在农村当医生 11 年的经历，对韩启德的人生影响巨大，他深刻体会到："人活在世界就要为别人做事。"因此，他忘不了那个年代："我二十几岁时就被农民叫'老韩'了，那是出于对医生的尊重。那时从来没有人带红包来看病，但当我早上推开房门出来时，常常会看到窗台上放着几个馒头、几个鸡蛋，没有人留名，他们是发自内心的感谢。"

　　有一天，来了个患了肺炎的新生儿，已经呼吸衰竭并发心力衰竭，全身发绀。韩启德没有放弃，他让患儿睡到自己床上，一晚上起床好多次观察、救治患儿。经过三天三夜的抢救，终于救活了那个孩子。他母亲非常感动，牵着大女儿对韩启德说："家里太穷，我没法感谢你，你就把她领走吧。"女儿可是母亲的心头肉啊，这让韩启德感动的不知所措，至今提起，仍唏嘘不已。[①]

——《医学的温度》

[①] 韩启德:《医学的温度》，商务印书馆 2020 年版，第 219—220 页。

人际传播指个人和个人之间发生的信息传播、情感交流和关系发展。人际传播可以是面对面直接进行的,也可以是借助媒介进行的,如书信、电话、网络等。人际传播具有场景化的特点,场景决定了人际传播的规则和内容,也决定了具体的文化特性。网络虚拟环境下的人际传播也会产生实际效果,因此具有真实性,但也受媒介技术特性的影响。对人际传播的研究主要侧重于人际互动与人际关系的建立和发展。

第一节 人际传播的定义与特点

一、人际传播的定义

人际传播(interpersonal communication)一般特指在两个人之间进行的信息交流活动,形式包括面对面或借助手机等技术媒介。传播学以人类传播过程(human communication process)为研究对象,将两人之间的传播定义为人际传播,只是为了研究的方便。群体传播中也存在二人间互动(dyadic interaction),所以人际传播是群体传播的基础。

另一种定义认为,应当基于人际互动据以发生的讯息来判断,也就是说,当人们主要依赖有关个人的信念、态度、人格特征等心理层面的讯息开展传播活动时,就是人际传播,因为这时讯息的剪裁是专门针对个人(personal)的,而不是针对具有相同特征的文化群体或组织群体的。所以,即使在大众传播的背景下,比如在电视上面对百万观众,如果公众人物吐露高度个人化的信息(如个人的抑郁症经历等),也属于人际传播。像《吐槽大会》《奇葩说》等脱口秀节目,嘉宾经常讲述他们的私人故事,因此带有很强的人际传播特性。

第三种定义则强调传播双方的"互动"和"相互影响"。如果一个人的传播行为对另一个人下一步的行动产生了影响,或者说一个人的后续行动是以另一个人的传播行动为基础的,那么人际传播就发生了。

二、人际传播的过程模式

传播是人的基本行为,人际传播则是一种符号化的互动过程。我们借用语言学家查尔斯·奥斯古德（Charles Osgood）和施拉姆的循环模式（图3-1）来加以说明。

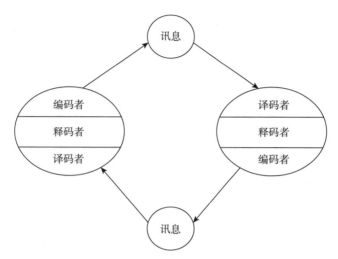

图3-1　奥斯古德-施拉姆循环模式①

如图3-1所示，人际传播是两个人之间借助讯息的传递所实现的一种循环互动过程。把人和人连接起来的是符号化的讯息。借助讯息多次往复的传递，传播关系得以建立。因此施拉姆说，"最好把这一过程认作一种关系，而不是A对B或B对A的某件事情"②。在这种关系中，有一些传播行为和一套信息符号。传播行为最明显的特征是这些行为是信息加工行为，即图3-1中的译码（decoding）和编码（encoding）行为，这两种行为统称为释码（interpreting），因此传播中的人即释码者（interpretor），他同时也是编码者（encoder）和译码者（decoder）。通过对符号化讯息的译码和编码，人们结成某种传播关系，逐步实现符号意义的交流以及对其的理解和共享。

在人际传播中，编制的讯息是否能被对方正确地编码和解码，是能否实现传播效果的关键。

---

①　转引自〔英〕丹尼斯·麦奎尔、〔瑞典〕斯文·温德尔：《大众传播模式论》，祝建华、武伟译，上海译文出版社1987年版，第22页。

②　〔美〕威尔伯·施拉姆、威廉·波特：《传播学概论》，陈亮、周立方、李启译，新华出版社1984年版，第49页。

多年以前网上曾流行一个笑话帖子——一个英国小伙参加了《非诚勿扰》节目：

一女首先发问：是独生子吗？

答：不是独子，有个哥，刚结婚。（数盏灯灭）

又有女问：有房吗？

答：有房，不过是上世纪的老宅子。（数盏灯灭）

又有女问：婚后住哪？

答：和奶奶、爸爸、后妈、哥哥、嫂子一起住。（数盏灯灭）

又有女问：你干啥的？

答：我是大兵。（数盏灯灭）

又有女问：你爹在哪个单位？

答：我爸没工作。（只剩一盏灯）

最后一个女孩问：结婚有宝马、奔驰接吗？

答：没……我奶奶肯定不同意，一般是用马车的。

女孩嗤之以鼻，答曰：宁在宝马里哭，不在马车上笑！（灯全灭）

英国帅哥羞臊难当，泪流满面离开现场。

次日，英国《泰晤士报》头版头条新闻标题为：我王室成员哈里王子参加中国电视征婚节目首轮即遭淘汰。

从这个笑话帖子中可以看到，虽然对话中你来我往，有问有答，貌似人际传播，但实际上是缺乏沟通的，因为并没有实现真正意义上的讯息编码和解码。

总之，人际传播是一个讯息化的行动过程，人与人之间的连接是通过讯息实现的，但对符号意义的共享却不是直接的，而是需要更多的外在条件和内在努力。

三、人际互动的特点

面对面的互动交流是最基本的人际传播形式。在当前的互联网环境下，借助新媒体技术，我们得以越来越多地与他人，甚至陌生人进行互动交流。为

实现有效沟通,我们应该把握人际传播特别是面对面传播的特点:

1. 多种信息形式,社交线索丰富

在面对面交流的情况下,不但可以听到对方的声音,还可以看到对方的表情、眼神、手势,同时能感受到环境、距离和关系气氛等。这种全身心、全方位的交流能使人通过各种感官同时得到更多、更全面的信息,特别是非言语信息,从而有利于综合各种信息形式加以判断,增强沟通效果。但是在通过网络媒介进行人际传播时,常常会觉得与面对面相比有很多缺失,这是因为社交线索(social cues)不足导致沟通效果不够理想。一方面,媒介技术的发展越来越人性化,各种辅助性的表情符号、音响效果以及可视软件被开发出来促进交流;另一方面,传播者也尽可能地在技术环境下寻求其他社交线索,如沟通反应时间等来帮助实现沟通。还要注意的是,在面对面交流中,人们虽然使用多种感觉器官接收信息,但却通过一种渠道即中枢神经来处理信息,主要信息反而有可能因其他信息的干扰而给人印象不深。因此有目标的人际传播,应根据传播的目标要求,选择恰当的传播形式,以减少干扰,提升效果。

2. 及时获得大量反馈

传播学中反馈的概念来自维纳的控制论(cybernetics)。通俗地说,信息反馈就是指由控制系统把信息输送出去,又把其作用结果返送回来,并对信息的再输出产生影响,起到制约的作用,以达到预期的目的。在面对面交谈中,信息的双向流动最易实现,交流双方凭借对方传递的语言或非语言符号获得各种反馈,及时把握自己的传播效果和对方的态度,然后加以纠正、解释、补充或回答,从而为迅速交换信息提供了最充分的机会。及时而大量的反馈,使人际传播特别准确、快速、高效。借助通信技术和人工智能等进行的人际传播,同样应重视反馈,以便有效沟通。

3. 双方共同负责,传受角色互换

人际互动的二人性,意味着讯息的发出、接收和评价都由两人共同承担,传与受的位置也常常互换。传受双方都发挥着发出和接收讯息的作用,但又不能承担全部责任。如果传播过程中只有一方主动发出讯息,而另一方毫无反应,那么交流很快就会停止。认识到人际传播的双向互动性,使得我们无论是在现实生活中,还是在从事与人际传播相关的工作中,都应该有意识地承担传播责任,通过充分而有效的讯息接收和发送,实现传播效果。如果只是一方单向传输信息,缺乏互动性,人际传播的效果也就不存在了。

4. 目标在于意义共享

与小群体传播以解决问题为目标不同,人际传播的目标在于意义共享,寻求共同的理解和感受。人际传播也可能为解决一些问题而作出决策,但是在人际传播中,人们交换的是来自个人经验的大量讯息而不是干巴巴的事实材料。把内在思想翻译成语言或非语言并加以表达的过程,增强了传播者对自我思想和情感的认识,而听者的回应则加强或改变了这种认识,因此人际传播的讯息有很强的感染性。有效的人际传播,能通过意义和情感共享来增强认同和人际影响力。

5. 受情境影响

人际传播具有场景性,总是在特定场合、特定环境下发生,会受到各种环境因素和社会因素的影响。传播情境(context)往往决定传播内容。是两位好友独处还是有其他人在场旁听、是面对面还是隔屏对话、是在快餐厅吃饭还是在私密的茶室闲谈,以及谈话时各自的心情是愉快还是抑郁,都会影响话题的选择和交流的效果。人际传播还会受到诸如文化规范、社会角色期望、权力地位差别(酬报权力、惩罚权力、专家权力、法定权力)等潜在因素的影响,这也属于广义上的传播情境。

第二节 言语行为论

来自湖北恩施的刘俐俐应邀参加了天津卫视一档名为《非你莫属》的求职类节目。她在节目中与主持人张绍刚之间的争执引起关注。

张:欢迎刘俐俐,喜欢莎士比亚的什么?

刘:喜欢他的英雄双行体 Heroic Couplet。

张:莎士比亚?

刘:对,莎士比亚的一个英雄双行体。

张:是……?

刘:是一个写作形式,是一种诗的写作形式。

张:是十四行诗吧?

刘:I'm…no…I'm… it's a kind of like……哦,我不是故意的。

张:不,你可以不在乎,我无所谓听懂听不懂,但是你说到莎士比亚创制了一个文体叫英雄双行体。

刘:不是他创制的,这个是他有写过,但是一般人很少读到过。

张:哦,是很少有人读到,那你能通俗地跟我们分享一下能读到的事儿吗?

刘:可以。

……

张:稍等,稍等,稍等,刘俐俐,为什么我在和你沟通的时候,我浑身一阵一阵地犯冷呢?我很少……

刘:您在生我的气吗?

张:我很少会和我的朋友们沟通说:"Hello,你觉得中国怎么样?"这是我们自己的国家,我们待在自己家里面,还需要用大写来称呼吗?

刘:那请问您跟别人说(话)的时候都说我的祖国吗,祖国也是个大写啊。

张:我说我们这儿。

刘:哦,我以为在这儿要说很书面的语言,这是为什么我刚才用敬语的,比如说我跟您称您。

张:你刚才的这个交流方式又让我开始觉得有点冷。

……

张:我不知道是我的问题你听不太懂呢,还是我哪个问题伤害到了你,使得你开始具有了攻击性。

刘：老师，我觉得是您具有攻击性，不是我具有攻击性。
……

从以上对话中可以看出，语言的使用和其他行动一样会形成积极或消极的后果，由此产生了一些有关言语行动的理论。

人际传播中最重要的是言语行为，围绕言语行为有一些相关理论值得介绍。

一、言语行为

瑞士语言学家费尔迪南·德·索绪尔（Ferdinarnd de Saussure）对语言（langue）和言语（parole）进行了区分，其目的在于将语言研究的对象从混沌中凸显出来。语言是社会成员共有的符号表达系统，是存在于人们头脑中的相应的语音、词汇系统和语法系统，具有完整的结构，形成一套完整的规则或惯例。同一社团中的人之所以可以互相交流，就是因为有统一的语言。但是个人使用的语言总是带有个人发音、用词、造句的特点，因此属于言语活动。言语活动是异质的，而语言却是同质的。这就是说，每个个体对语言的运用千变万化，但还是属于同一种语言。索绪尔认为，语言学可以不包括言语活动的其他要素，而且正因没有这些要素掺杂在里面，语言学才能够建立起来。

德国哲学家路德维希·维特根斯坦（Ludwig Wittgenstein）却指出，语言的意义有赖于它的实际运用。与扑克和象棋之类的常见游戏一样，在日常生活中，语言的使用包含着一定的规则，实际上是一种语言游戏。当你描述事件、发出和接受命令、提出和回答问题时，就加入了语言游戏。

英国语言哲学家约翰·奥斯丁（John Austin）把这种对语言的实际应用称为言语行动（speech act），认为人们说话实际上也是在实施一种行动。奥斯丁把言语行动分为三类：一是语意行动或言内行动，即使用语言传达某种思想；二是加强语意的语旨行动或言外行动，即用语言表达某种力量；三是语效行动或言后行动，即让语言产生一定的效果。言语不仅仅是用语言指代特定事物，而且做特定的事情，所以说言语是一种行动。奥斯丁还提出了五种言语交流行为：一是断言式，包括陈述、肯定、下结论和确信等言语行为，表明说话人坚决维护意义的真实性;二是指令式,包括命令、请求、呼吁、祈祷、恳请和邀请等,旨在促使听话人做某些事情;三是委托式,包括许诺、发誓、保证、订立合同和担保等,旨在使说话人承担起对未来某种行为的义务;四是表达式,包括感谢、祝贺、道歉、慰问和欢迎等,旨在表现说话人心理状态的某个方面;五是宣告式,包括任命、主婚、解雇和辞职等,旨在提出意见陈述,并通过肯定和强调等手段使之成为现实,比如,当会议主持人说"我宣布此次大会胜利闭幕!"之后,会议代表才应正式退席。

美国语言哲学家约翰·塞尔(John Searle)继承和发展了奥斯丁的理论。他指出,言语行动是用来表达一定意义和意图的最基本的语言单位,通常是一个句子,但只要遵循那些能够实现意图的规则,也可以是一个词语或短语。比如,车站或机场用"exit"来引导旅客。塞尔提出,语言的使用要遵循一定的规则。有两种类型的规则很重要。一是构成性规则(constitutive rules),二是规范性规则(regulative rules)。构成性规则是关于意义的,人们利用它来阐释和理解事件的性质。就好像比赛规则构成了足球游戏本身一样,人们根据比赛规则来判断玩的是英式足球还是美式足球。同样,在言语行动中,人们也是根据一些构成性规则来判断言说者的言语意义是许诺、请求还是发号施令。规范性规则是关于行为反应的规则,它为人们参与言语游戏提供了行动指南。人们根据规范性规则来决定如何作出反应和采取什么样的行动,比如当对方提出请求时,规范性规则提醒你是否可以拒绝以及如何拒绝才恰如其分。

二、意义的协调管理

意义的协调管理(Coordinated Management of Meaning, CMM)理论是由巴尼特·皮尔斯(Barnett Pearce)和弗农·克龙恩(Vernon Cronen)等人提出的。[①] 按照这一理论,一切传播都可以被看成人们依照一定的规则进行的互动合作,它阐明了人们如何以规则为基础来进行意义阐释和言语行动。处于特定社会情境中的个人会运用相应的规则来对情境进行阐释,并在此基础上,依

---

① Barnett Pearce and Vernon Cronen, *Communication, Action, and Meaning*, Praeger, 1980.

据相应的规则来行动。

比如初次见面,你可能采取以下一系列的行动:(1)微笑,并说"你好";(2)礼节性地握手以表示友好;(3)在对话中保持目光接触。但对方的言语规则可能是:(1)双手合十,颔首行礼;(2)保持恭敬的表情,避免直视。这时,我们该如何采取相应的行动并取得传播效果呢?

按照意义的协调管理理论,有两套特定的规则帮助我们协调行动,即构成性规则和规范性规则。处于某种社交情境中的个人首先要理解所发生的事情,因此他们会运用构成性规则确定某一个特定行动的含义。在意义的协调管理理论中,构成性规则用图 3-2 表示:

图 3-2 构成性规则

其中,符号"⎡⎤"表示传播发生的情境,"→"表示特定行为的含义,"⊃"则表示对某种行为的规定性反应。

对讯息的解释离不开情境(context)。比如在游戏的情境下,辱骂会被视为玩笑而被原谅;但是在对立冲突的情境下,辱骂则会被视为诋毁而激起愤怒。一旦确定了信息的意义,人们就会运用规定性规则来确定回应方式。比如,在游戏的情境下,如果把对方的辱骂视为一种玩笑,就可能以调侃的方式回应,表示理解并原谅对方的玩笑;但是在冲突的情境下,对方的辱骂就有可能招致愤怒的言语反击甚至对其身体的攻击。规范性规则是对行为的规范,告诉我们在特定的情境下,哪些是合乎逻辑的、适宜的行动。如果理解了人们的行为规则,就能理解其行为的逻辑性。在跨文化的背景下,我们有时会觉得对方的行为不可理喻,就是因为不理解其行为背后的规则。

每个人在社会化的过程中,都会通过参与社会群体中的互动而习得一些规则。在长期的社会交往中,人们把规则内化于心并形成习惯,有时甚至意识不到自己的行动是在遵循一定的规则。按照意义的协调管理理论,人际传播是一种互动管理,是对个人行为规则和规则下的行动意义的协调。有效传播的实现有赖于两个方面:一是共享的规则体系;二是对行为意义的协调管理。如果人际互动没有达到预期的效果,我们就需要反思,是否因为传播双方所依据的规则具有本质上的差异。要善于识别和理解互动规则,并依据规则调整自己的行为,直到获得某种程度的协调。见图3-3。

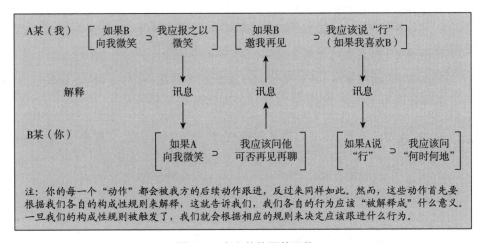

图 3-3　意义的协调管理①

图3-3反映的是一个日常生活中比较常见的事例。首先是路人B对路人A微笑,路人A对其报之以微笑是符合规范性规则的。随后,路人B依据A的回应性微笑发出进一步的邀请,A根据构成性规则理解了B的邀请,并针对邀请进行了一番思考后,依据规范性规则作出了回应。B同样理解了A的意思,并作出进一步的行动。这一系列的互动过于日常,以至于人们注意不到其中暗藏的规则。只有当规则被打破,比如对B的微笑,A的回应不是微笑,而是颔首低眉双手合十,这时候B就需要判断一下对方的行为规则是什么,以便作出相应的反应。

再举一个简单的例子。一个孩子不小心把球踢进了邻居家。这时出现以下对话:

---

① 转引自 Larry L. Barker, *Communication*, 5th ed., Prentice-Hall, 1990, p. 142。

邻居:这是你的球吗?(邻居很愤怒的样子,实际意义是:我很生气,你应该道歉。)

孩子:把球还给我!(他明明看见是谁把球踢进去的,为什么还要问我?实际意义是:是我的球,他应该把球还给我。)

邻居:还给你,说得轻巧。球都踢到我家里了,你知道吗?(实际意义是:这孩子真不懂礼貌。)

孩子:把球还给我,不然我告诉爸爸。(实际意义是:他不想把球还给我了,那我要叫爸爸来帮我。)

邻居:这个小鬼,马上给我滚。(实际意义是:你不道歉,真让我生气。)

显然,从表面来看,邻居和孩子都没有得到预期的回答,也就是说,他们相互之间的互动没有协调好。要实现意义协调,双方应适当调整自己的言语行为,比如:

邻居:你必须向我道歉,难道还要你爸爸来向我道歉吗?(指令式,提醒孩子该怎么回应)

孩子:对不起,先生!我不是故意的。下次我一定注意。(孩子接收到指令,想起之前学过的道歉模式并选择了顺从表达式和许诺委托。)

邻居:那好吧,把球拿去吧,别在我家附近玩球了。(宣告式和指令式)

以上对话构成了一个以规则为基础的言语行动的协调管理过程。说话人清晰地陈述,听话人也准确理解了对方的意图,实现了传播意义的协调管理。

意义的协调管理理论对人际传播的一大贡献是:它揭示出人们可以在彼此不了解的情况下实现令双方满意的沟通协调。换言之,交流者可以运用双方共享的规则,合乎逻辑地组织他们的言语行为,实现沟通效果。但在有些情况下,貌似协调的意义管理行动却可能引发不同的理解和判断。比如在演讲现场,演讲者热情洋溢,充满活力,听众的反响也很热烈,双方都感到满意,因此可以说实现了意义的协调管理。但演讲结束后,演讲者的期待却落了空——他以为自己教育和说服了听众,但听众只是一时感到振奋而已,很快就把演讲要点忘得一干二净。

意义的协调管理理论对理解人际传播非常重要。它一方面明确了人际沟通中的情境和情境下的规则因素,另一方面又强调,行为的协调并不一定意味着对意义理解的一致性,这导致了大量人际传播的表面化,难以达到真正的效果。同时,特定场合下的规则不确定也常常造成传播困难和传播失效。

对此,常人方法学(ethnomethodology)认为,在日常生活中人们的行动具有权宜性,即行动并不是按照事先规定的规则进行,而是行动者根据局部情况和场景条件,并依赖自身的努力完成的。规范只是行动者理解与说明实践行动的参照。场景本身是行动的一部分,它与行动一样是社会成员通过努力获得的"成果"。人们日常生活中的沟通和社会行动具有"索引性",即当事人的实践活动基于共同建立的且未经申明的假设和共享知识进行。由于日常语言和实践行动是以"索引性表达"的方式进行的,所以仅从遵守规则的角度来考虑行动问题并不合适。行动(或表达)的"无尽索引性"表明,对它们的意义必须诉诸索引及其行动表达的意义才能理解。比如,社会学家哈罗德·加芬克尔(Harold Garfinkel)发现,在日常谈话中,人们的互相理解不仅基于当事人说出来的东西,而且基于大量谈话中未提到的因素,即言外之意。对这些言外之意的理解要依赖对话所涉及的当事人最近的互动发展过程及前景预期、对话进行中的连贯表达的具体语境以及对话过程等。

第三节 关系传播论

对关系传播(relational communication)的考察,至少可以追溯到20世纪60年代由人类学家格雷戈里·贝特森(Gregory Bateston)领导的帕洛阿尔托小组(Palo Alto group)的研究。[①] 该小组以帕洛阿尔托城的退伍军人管理医院的精

---

① 参见〔美〕E. M. 罗杰斯:《传播学史——一种传记式的方法》,殷晓蓉译,上海译文出版社2002年版,第91—106页。

神研究所为基础,但相对于弗洛伊德精神分析法对个体内在动力的侧重,该研究将个体与他人的传播关系视为理解个体行为的重要手段,将焦点个体与其他个体之间的关系网络作为分析单位,并引入了控制论的思想。

按照关系传播论,关系总是与传播联系在一起。每一次传播互动都包含了内容信息和关系信息。关系通常是以含蓄而非明显的方式来确定,并在参与者之间长期谈判和协商的过程中发展起来。因此,关系是一个动态的过程,是通过交流和互动建立起来的。比如,如果夫妻中的一方总能控制另一方的行为,那么他们之间就建立起了控制—顺从的关系。在群体或组织中,成员之间的长期交流也会导致某种地位关系,即某些成员比其他成员更受人尊敬。无论是合作、互助,还是友谊或恋爱,关系的建立中有无数隐含的潜规则,使传播双方处于一种与众不同的关系体验中。

一、关系传播的三种维度

按照米拉尔夫妇(L. Edna Rogers-Millar & Frank Millar Ⅲ)的研究,人际关系中有三种维度至关重要,即控制(control)、信任(trust)和亲密(intimacy)。这三个维度主要通过人际互动的话语模式创建并保持,它们反映并界定了人际关系的基本性质。[①]

让我们借助以下一段夫妻间的对话进行分析:

Bob: (slamming door) Honey, I'm home…Is anybody here?

Sandy: (coming through living room door) Hello, sweetheart. Yes, I'm home.

Bob: Good, I was hoping to find you here. We only have a couple of minutes before we have to go!

Sandy: Before we have to go where?

Bob: Let's talk while we're getting ready. The boss has invited us out to dinner at 7:00, and it's already 6:30. I can't believe he expected

---

[①] F. E. Millar and L. E. Rogers, "A Relational Approach to Interpersonal Communication," in Gerald Miller, ed., *Explorations in Interpersonal Communication*, Sage, 1976, pp. 87-103.

us to go on such short notice.

Sandy: That's O.K., honey. Dinner here can wait until tomorrow. I'll go and put it in the refrigerator before I change.

参考译文：

鲍勃:(砰地关上门)亲爱的,我到家了……你在吗？

桑迪:(从起居室出来)甜心,我在家呢。

鲍勃:太好了,我正要找你呢。我们过几分钟出发。

桑迪:出发？去哪儿？

鲍勃:边收拾边说吧。老板7点要请我们吃饭,现在已经6点半了。真无法理解他这么仓促地通知我。

桑迪:好吧,亲爱的。我做好的晚餐可以留到明天。我先去把饭放到冰箱里,然后换衣服。

从以上对话中我们可以很清楚地体会到控制、信任和亲密三种人际关系的维度。

控制是第一个也是最重要的一个维度,表现为支配性讯息的发出和接受,反映了人际传播中的权力分配。比如"我实在太累了！今天晚上咱们哪儿都别去,就在家看碟好吗？"这句话,包含的其实是对双方的下一步行动施行控制的建议内容,因此是控制性讯息。在上例中,鲍勃发出一系列讯息来施行控制,他根本没询问桑迪的意见就改变了两人晚上的行动计划。

但是,传播关系中的控制不是仅由一方的行动所确立的。针对一方的主张,另一方可以有三种回应方式。一是顺应接受的"下策式"(one-down move)讯息。上例中桑迪发出的一系列回应性讯息都是下策式讯息,完全顺应地接受了鲍勃的支配。二是反驳或拒绝等"上策式"(one-up move)讯息。比如针对对方"今晚在家看碟"的提议,另一方可以回应说"不行,我今天过生日,还是出去吃饭吧"。三是既不接受也不拒绝对方控制的"中策式"(one-across move)讯息。比如,针对对方"今晚在家看碟"的提议,另一方回应说"那我的生日还怎么过呀？"

如果在一段时间里,在双方的互动中一方的上策式信息一直占据主导地位,那么这个人就具有主导性,但只有在对方以下策式顺应接受的情况下,其主导性才真正确立。如果在交流中,针对一方的上策式讯息,另一方的回应常常是拒绝性的"上策式",那么这可能意味着双方关系中存在消极因素,需要认真审视双方关系并调整话语策略。

信任是反映关系水平的第二个变量。人际传播中的信任更多地体现为"对控制的负责任的接受"。如果在双方关系中一方具有主导性,那么这种主导性是以对方的信任性顺应接受为条件的。信任本身意味着一种义务,一方保证不滥用主导力,而另一方则完全确信这一点。因此,信任是一种互动,是一方的信任与另一方的值得信任的行为之间的互动。在上例中,鲍勃毫不犹豫地发出控制性讯息,并且显得对桑迪的顺应早有预知,而桑迪的顺应性回应也显得非常习惯和自然。可见双方对彼此的信任度是非常高的,并且是在长期互动中发展而成的。信任关系的发展包括三个方面。一是信任他人一般而言会鼓励他人回报以信任;二是信任应表现为对他人的合作与支持态度;三是信任行为恰当与否有赖于交往情境,但只有个人能决定,是否以及如何信任对方。

亲密是反映关系水平的第三个变量。作为社会性动物,我们有强烈的归属和爱的需求,也就是需要与他人建立持续且亲密的关系。关系的亲密度不仅仅表现在称呼语和情感依恋上,而且表现为一方在多大程度上能满足另一方独特的需求。

二、弱连接与强连接

由于新媒体技术极大地便利了人与人之间的联系,有关人际关系弱连接(weak ties)的理论也颇受关注。弱连接理论由美国社会学家马克·格拉诺维特(Mark Granovetter)于1974年提出。在哈佛大学读博士期间,格拉诺维特在调查麻省牛顿市的居民如何找工作时惊讶地发现,找工作的人更多地是通过那些很少见面甚至一年才可能见一次面的人获得职位信息。

因此,弱连接理论认为,在传统社会,每个人接触最频繁的是自己的亲人、同学、朋友、同事……这是一种十分稳定然而传播范围有限的"强连接"（strong ties）现象。与此同时，还存在另外一类相对更为广泛然而却肤浅的社会关系，即"弱连接"。强连接关系通常代表行动者彼此之间具有高频率的互动，在某些存在的互动关系型态上较亲密，因此，基于强连接所产生的讯息通常是重复的，容易自成一个封闭的系统。网络内的成员由于具有相似的态度和较高的互动频率，通常会强化原有的观点而削弱了与其他观点的融合性，因为在组织中强连接网络并不是一个可以提供创新机会的管道。"弱连接"虽然不如"强连接"那样坚固，却能够在不同的团体间传递非重复性的讯息，因此可能有着低成本和高效能的传播效率。研究发现：与一个人的工作和事业关系最密切的社会关系并不是"强连接"，而常常是"弱连接"。

关于强、弱连接的界定，格拉诺维特设计了四个指标，分别是互动时间、情感强度、亲密程度和互惠行动。有的研究将强连接视为一种互惠性或回报性的互动行为，弱连接是非互惠性或非回报性的互动行为，而无连接则代表无互动关系存在。事实上，在互联网传播方面，弱连接的概念比强连接的概念似乎更加重要，因为强连接者的信息源可能重叠较多，而弱连接者的信息源则更为广泛，重叠较少。弱连接虽然不如强连接那样坚固，却可能具有低成本和较高的传播效率。

强连接和弱连接在知识和信息的传递中发挥着不同的作用。强连接是在性别、年龄、受教育程度、职业身份、收入水平等社会经济地位特征相似的个体之间通过互动发展起来的，弱连接则是在社会经济特征不同的个体之间发展起来的，跨越了不同的信息源，能够充当信息桥，将其他群体的信息资源带给某个个体。因此，相对于强连接，弱连接较易在不同的团体间传递非重复性讯息，使得网络中的成员增加认知。但是，资源不一定总能在弱连接中获取，强连接包含着某种信任、合作与稳定，能传递高质量的、复杂的或隐性的知识，因此往往是个人与外界发生联系的基础与出发点。

有关强连接和弱连接的概念与社会网络理论（social networking theory）紧密相关。巴利·威尔曼（Barry Wellman）提出，"社会网络是由某些个体间的社会关系构成的相对稳定的系统"①。他把"网络"视为联结行动者(actor)的一系列社会联系(social ties)或社会关系(social relations),它们相对稳定的模式构成社会结构。随着应用范围的不断拓展,社会网络的概念已超越了人际关系的范畴。网络中的行动者既可以是个人,也可以是集合单位,如家庭、部门、组织。社会网络与企业知识、信息等资源的获取紧密相关。网络成员有差别地占有各种稀缺性资源,关系的数量、方向、密度、力量和行动者在网络中的位置等因素,都对资源流动的方式和效率产生影响。

三、人际关系的发展

(一) 关系与资本

中国社会是一个重"关系"的社会,近年来流行的"社会资本"(social capital)的概念似乎使中国式的"关系"有了科学性的外衣。对于"社会资本"这一概念,尚没有为人们普遍认同的定义。微观上的社会资本存在于人际关系的结构之中,与物质资本、人力资本一样,可以通过个人与他人之间的联系带来收益。微观层面的社会资本研究,主要关注个体行动者的关系指向特征、社会地位状况对个人所能获取的社会资本的影响、行动者所处的社会网络的结构性特征,以及网络间的互动和制约对个体社会资源获取能力的影响。

宏观上的社会资本主要是针对某种组织或者区域发展而言的。弗朗西斯·福山(Francis Fukuyama)认为,社会资本是促进个人之间合作的一种非正式规范。一个组织的社会资本的多寡,反映了该组织内部所共同遵守的规范的强弱和成员之间凝聚力的大小,换句话说,是组织对成员影响力的大小。政治学家罗伯特·帕特南(Robert Putnam)在对意大利中北部地区的研究中发现,这些地区有浓厚的信任与合作风气,这种丰富的社会资本能协调人们的行动、提高物质资本和人力资本的投资收益、推动区域经济发展。

总之,相对于经济资本和人力资本的概念,社会资本是指社会主体(包括个人、群体、社会甚至国家)间紧密联系的状态及其特征。其表现形式有社会

---

① B. Wellman, "Structural Analysis: From Method and Metaphor to Theory and Substance," in B. Wellman and S. D. Berkowitz, eds., *Social Structures: A Network Approach*, Cambridge University Press, 1988, p. 19.

网络、规范、信任、权威、行动的共识以及社会道德等。社会资本存在于社会结构之中，是无形的，它推动人与人之间进行合作，进而提高社会的效率和社会整合度。本节主要在微观层面考察人际关系的发展变化及有效管理。

（二）自我展露

人们进行人际传播的动机多种多样，其中一个重要的动机是获得对自己以及对他人的准确理解，而这种理解只有基于真实的自我信息透露才能实现。自我展露（self-disclosure）就是在人际传播中，通过各种方式把有关自我的信息，包括自己的想法、情感和关切等，传递给别人，让别人尽可能地了解自己。

实际上，自我展露并不是那么容易进行的。自然天性和我们的社会化过程，使得我们在与人交往之初，常常习惯隐藏内心。然而，一定程度的自我展露会使对方本能地感到满足，因而也会报答性地展露自我。这种敞开自我的方式导致进一步交往，使双方进一步放松，更大胆地展露自我，从而增进感情和关系。

适当的自我展露在人际传播中居于中心地位，是人际传播的重要内容。自我展露可以让别人了解自己，同时使自己了解别人，因此是增进人际关系的有效手段。有研究表明，自我展露对增强朋友以及夫妻之间的亲密度有非常明显的效果。但作为一种交流的手段，自我展露应该适度。有时为尽快增进了解，人们会突然深度地讨论自己，刚认识即和盘托出，这非但不利于建立人际关系，反而容易使对方产生警惕心理。在交往之初，最好避免否定性的自我展露，而尽量展现自我中较为积极或有吸引力的一面，这样才有可能促进关系的建立和发展。自我展露是促进社会渗透的关键。

（三）社会渗透

关系发展中得到最广泛研究的是社会渗透（social penetration）过程。它是指随着时间的流逝，交流双方会透露越来越多的有关个人的信息，因此双方的关系也越来越亲密。社会渗透就是关系中增进亲密感和信息透露的过程。社会渗透理论的提出者欧文·阿尔特曼（Irwin Altman）和达尔马斯·泰勒（Dalmas Taylor）指出，关系的发展是一个传播过程，一般经过四个阶段。一是定向阶段（orientation）。此时的传播是非个人的（impersonal communication）。

双方相互审察和正面进行自我表现,只向对方透露一些有关自己的公共性信息。如果双方觉得这个阶段能带来一些益处,就会进入下一个阶段,即探索性情感交流(exploratory affective exchange)阶段。在第二阶段,最初获得的信息得以扩展,信息的透露进入一个更深的层次,关系变得自发的友好、轻松和随便。第三个阶段是情感交流(affective exchange)阶段。只有在前期的交流中,双方都能感知到实质性的回报,才会进入这一阶段。这个阶段双方聚焦于更深层次的评估性和批判性的情感交流,可以更自由地相互称赞和批评。四是稳定交换(stable exchange)阶段。交流的双方具有十分亲密的关系,会相互触及非常私人的情感秘密和所有物等,可以较为准确地预测对方的行动和反应。经过这几个阶段的循环辩证的发展过程,双方的关系会发生质变。

所谓关系的循环辩证的发展过程,是指社会渗透并非沿着一条单一的路线向着更强的开放性发展,而是因为私密需求和互动需求之间存在矛盾,因此人际关系在共享和疏离间摇摆,并形成一种可预测、可协调的信息透露循环圈。为了检验上述理论,亚瑟·范·李尔(Arthur van Lear)找来一些学生配对进行实验。每对受试者每周进行半小时的谈话,一共持续五周。他基于自我展露的类型和数量,对谈话录音进行分析,并运用统计学方法来考察循环的模式,发现谈话中确实存在开放性的循环圈,也存在谈话双方之间进行的协调。为了把上述研究与现实中的真实关系进行比较,李尔又进一步观察和记录了另一些学生与其实际关系对象(如朋友、恋人、配偶等)之间的谈话。这次研究进行了十个星期,每对被试被要求进行至少十五分钟的对话,然后再填写一份"谈话控制表",回答有关满意度和他们所感知到的开放性/封闭性等问题。结果再次表明,谈话中确实出现了循环圈,谈话双方也能识别出这些循环圈,并进行协调。但是对不同的谈话者来说,协调的程度不一。[①]

(四)人际关系发展的诸阶段

社会渗透理论强调了人际传播内容的逐步渗透性,体现出人际关系的逐步发展过程。正如人格要随生活经历、知识水平等的变化环境因素而逐渐形

---

① 参见〔美〕斯蒂芬·李特约翰:《人类传播理论(第七版)》,史安斌译,清华大学出版社2004年版,第293—294页。

成和发展，人际关系也会伴随着时间的推移而发展。一见钟情毕竟少而又少，真挚的友谊也要经历时间的考验。在人际关系发展中，对对方行为和反应的预测性以及对双方关系的灵活性的要求，使得人际关系暂时或长期停留在不同的阶段，每一阶段都有其特点。

在此，可以回顾一下你的人际关系，选取不同的人为代表，如新认识的人、老朋友、恋人与家人，还有疏远了的朋友、害怕见面的人、已经断交的人等，看看你和他们之间的关系各有什么特点。人际关系的进步与衰变，可以像台阶一样，逐级上升或者逐级下降。美国学者马克·纳普（Mark Knapp）最早提出了人际关系五阶段论，当你读到下面的每一个阶段时，想想你的某段人际关系是否符合其中的描述。

（1）初见（initiating）。初见是指两个毫无关系的人处于一个交往环境中，彼此察觉到对方的存在，开始注意对方，寻找对方有意无意发出的非语言信号。如果决定要开始联系，又会寻找合适的开场白，比如"你要喝点什么吗？""第一次来这儿吗？"研究认为这个过程至少需要15秒。

（2）尝试（experimenting）。发起第一次互动之后，双方就开始进入尝试接触阶段。双方会互相询问或自我介绍一般情况，比如告诉对方自己是哪里人、认识谁等。表面看来这些话无关紧要，但却可以创造友好的气氛。它提供了一个开启话题的过程，这一过程可以逐步深入。如果彼此觉得尝试互动很好，也可以借此为将来的关系做好铺垫。总之，这一阶段的交流是肤浅而平常的，由此形成的关系也是缺乏深度的。大量的人际关系就停留在这一阶段，带有简单社交的性质。

（3）强化（intensifying）。随着交往的加深，双方开始互相帮助，遇到困难时互相安慰，并共同完成某项任务。这种以共同行动连接起来的人际关系，外部接触多于内心沟通，感情依赖尚不强。此时的关系已经带有友谊的性质，关系双方的参与感增强，了解也日益增多。自我展露的增多和信任的增强，让关系变得亲密、随意，比如使用昵称或互取绰号等，也推动双方更多地分享个人经验和未来理想。很多同学、同伴关系就稳定在这一阶段。

（4）一体化（integrating）。在这个阶段，双方不但可以共同行动，而且有较多的心灵沟通，在财物、朋友、兴趣和态度观念等方面高度相互认同。虽然在这一阶段双方各自仍保持独立，但已经开始主动取悦对方，愿意按对方的愿望行动。不仅彼此视对方与众不同，而且在外人看来两人也成为一体，聚会时总被同时邀请。

（5）契约化（bonding）。这是关系发展的最高阶段。当一方有难时，另一方会作出牺牲，不惜花费时间、精力和钱财帮助对方。婚姻是能被社会普遍接受和支持的形式，商业合同也有同样的作用。契约化可以强化关系，防止没有契约时的花言巧语和诡辩，而交流策略则可以建立在对契约所包含的约定条款的读解和执行上。

人际关系除了会得到维持和发展外，还会出现破裂。儿童时代，我们会认为友情天长地久，但实际上随着时间的推移和环境的改变，人际传播发生变化，人际关系也会发生阶段性变化。关系的破裂一般也有五个阶段：

（1）差异化（differentiating）。尽管人际关系在发展的每一个阶段都可能出现差异和分歧，但在差异化阶段，双方不再强调"我们"，而是努力重建"我"的意识。在这个阶段，双方会思考"我们之间有什么不同？"，"我们的朋友"变成了"我的朋友"，"我们的钱"变成了"你和我的收入"，"我们的孩子"变成了"你的儿子"，特别是当孩子做错事的时候。或许我们不必对此大惊小怪，因为自我意识本来就是关系的一部分，但如果这种现象不受控制地持续发展，或许意味着解散的过程已经在酝酿之中了。

（2）限定（circumscribing）。在这一阶段，双方关系表面上一切如故，实际上危机四伏。全身心的沟通已然消失，充满激情的对话几乎停止。虽然话题的广度并没有发生明显变化，但是交谈已经不那么深入了。交谈者有时会小心翼翼地限制交谈的范围，以减少冲突和紧张。虽然在他人面前双方依然表现出表面的友好，但常常发觉和另外的人相处反而更愉快。比如情侣小王和小李在朋友的生日宴会上依然谈笑风生，但是在回家的路上两人却保持沉默，难有任何语言或非语言的表达，爱的感觉仿佛已经随风飘散了。

(3）停滞（stagnating）。在停滞阶段,所有交流、沟通的努力都被最终放弃了,双方认为最好的办法就是什么都不说。双方在行动时偶尔还会想到对方,但是想起的时候却什么感觉都没有,维持关系是一件难堪的事。交往时的气氛非常冷淡、可怕,双方会用一些非语言行为来表达情绪,比如"冷冷的一瞥""重重的一摔门"等。之所以没有终止关系,或者是想惩罚对方,或者是为了避免最后的痛苦。

（4）回避（avoiding）。在这一阶段,双方都开始为分离做准备。双方主观上认为对方已经不存在了,如夫妻实行分居,不得已才通一次话,而且口气冷淡。他们尽最大可能避免见面和交往,以避免一问一答的尴尬场面。如果需要见面,也总安排他人在场。有时不得已有直接的对话,但主导信息仍是"我不想再继续这段关系"。因此,关系的结束指日可待。

（5）结束（terminating）。任何一种借口都会成为关系最终破裂的理由。关系最终破裂的方式可能与关系的性质以及双方未来的目标和期待相关。结束可能会很委婉而诚恳（通过电话、信件或法律文件,甚至面对面交谈）,也可能采取激烈冲突的方式。关系终于结束了,但这并不意味着再见能让人愉快。

如同个人的身体健康状况,人际关系也有好坏和健康与否之分。除了重视生活中各种人际关系外,在工作中我们也需要重视人际关系,比如部门同事之间、批发商与零售商之间、广告营销人员与客户之间等。审视一下你现有的人际关系,看看对方和你的关系分别处在哪个阶段,对人际关系发展诸阶段特点的考察是否有助于你准确把握人际关系和对人际关系进行有效管理。

第四节　人际冲突的管理

人际关系中的冲突、矛盾,即感知到意见、兴趣和目标的不一致,是人际关系中不可或缺的一部分,因此关系传播在很大程度上是一个冲突管理的过程。关于冲突管理的理论非常多,如面子管理、文化管理、边界管理以及目标竞争管理等。在此我们简单介绍艾伦·塞勒斯（Alan Sillars）的冲突归因理论（conflict contribution theory）。[①]

一、回应冲突的三种策略

塞勒斯指出，在人际关系中，对待冲突的策略有很多，大体上可以分为三种：

一是回避行为（avoidance behaviors）策略，即为避免或减少冲突而不进行交流，比如直接否认、含糊其词、转移话题或报之以玩笑等；

二是竞争行为（competitive behaviors）策略，比如明确的批评，带有敌意的询问、陈述或争辩，责任推定和推卸责任，以及恶意嘲讽等；

三是合作行为（cooperative behaviors）策略，即通过更为开放和积极的交流获得"双赢"结果，如就事论事以限定问题范围，不带敌意的征询，向对方表示理解、支持，乐于让步和承担责任等。

比如夫妻俩在度假的问题上发生了冲突，妻子想去南部海滨度假，丈夫则想去北部山区爬山。丈夫率先去买了登山靴、通过旅行社订票、提前通知亲朋好友并寄养宠物等，希望既成事实能让对方改变主意。这就是竞争行为策略。合作行为策略则可能是夫妻双方进行交流，通过全面沟通来说服对方，或者争取一个"双赢"的结果。还有一种办法就是回避冲突即采用回避行为策略，比如含糊其词、开玩笑或直接回避讨论等。

二、冲突归因

根据塞勒斯的观点，首先，个人对冲突的归因即责任归咎，决定了他对策略的选择。这不但是因为归因会影响一个人的情感和反应，而且因为过去发生的事情在很大程度上让个人形成了对未来的期待。比如，你如果视对方为竞争对手，那么就会选择竞争性策略；而如果视对方为合作伙伴，那么就会选择合作性策略。责任归因影响对冲突的判断。如果你觉得自己应当受到责备，那么你会采取更为合作的态度；但如果你觉得对方应当负责，那么你就会

[①] 参见〔美〕斯蒂芬·李特约翰：《人类传播理论（第七版）》，史安斌译，清华大学出版社 2004 年版，第 301—304 页。

采取与之竞争的态度。此外,如果你觉得对方身上有某种负面人格特征,那么就不太可能采取合作态度。

其次,归因当中存在种种偏见。比如,如果是自己作出了错误行为,我们通常会归因于客观条件而认为自己仅仅是对条件刺激作出反应。但如果是别人作出了错误行为,我们就会归因于主观问题,比如对方可能有恶意或缺乏考虑等。比如,学生不交作业会强调时间紧迫、作业太难;而老师则会认为学生不努力或不尊重老师等。

最后,人们所选择的策略会影响冲突的结果。合作行为策略鼓励双方交换意见,用整合的手段来化解冲突;竞争行为策略则会加剧冲突,并导致不太令人满意的解决方式;而回避行为策略则可能导致冲突悬而不决,甚至恶化。

除冲突归因外,关系性质、互动水平乃至性别、文化等,也都会影响冲突的化解。

三、以沟通方式处理冲突

人际传播专家甘布尔夫妇(Teri Gamble & Michael Gamble)建议依据一些交流原则来有效地处理人际冲突。这是因为,第一,交流是在符号层面上进行的,因此不会产生实际的"出招"行为所导致的种种后果。交流的过程可以检验想法是否可行。这样一来,就不会做出悔之晚矣的蠢事。第二,交流可以改变冲突的发展方向。对发生冲突的各方来说,交流减轻了竞争的激烈程度。比如,夫妻俩可以各自给出要去海边或者山里度假的理由,以便让对方理解。第三,交流也会改变对方看问题的视角。直接劝说也许能让对方改变态度。

理性讨论的开展可以遵循以下步骤:

(1)认识到冲突可以被理性地化解。不要假装没有冲突,害怕争论或举手投降,而应找出分歧,发现错误,努力使对方接受你的看法。

(2)确定冲突。问问你自己,为什么会有冲突?冲突的性质是什么?对冲突问题谁感觉更强烈?然后再努力找出"双赢"的办法。

(3)由于个体之间存在差异,对对方的行为和动机等会形成自己独特的理解,因此要自我检查,以确定未产生明显的偏差。

(4) 提出可能的解决办法。双方可以碰个面,提出一系列解决办法。但是任何一方都不要对这些办法加以评价或者谴责。

(5) 评估所提出的每一种办法,并选择最佳方案。看看哪一种办法会使一方赢,而另一方输,而哪一种方法可以实现"双赢",然后选择"双赢"的办法。

(6) 实施所选择的办法并加以评估。确定所选择的办法在什么范围内可行、什么范围内不可行,然后对办法进行进一步的修改。

小　结

人际传播主要可分为人际互动和人际关系两大部分。本章首先借奥斯古德和施拉姆的循环模式描述人际传播的二人互动过程,并介绍了面对面交流的基本特点。人际互动体现为一种言语行为,本章介绍了言语行动论,并着重介绍了意义的协调管理理论,其核心内容是强调人际传播中的规则性。在特定的社交环境下,人们通过构成性规则理解情境意义,并按照规范性规则作出协调性行为反应。人际传播还包含对人际关系传播的考察。帕洛阿尔托小组的关系传播研究最早提出,传播互动同时包含了内容信息和关系信息。米拉尔夫妇的关系理论突出强调了关系传播中的控制、信任和亲密等三个基本维度。格拉诺维特则提出了强连接和弱连接理论。社会渗透理论强调人际关系的渗透式循环辩证的发展过程,其中自我展露发挥突出作用。人际冲突是人际关系中的必然现象,因此有很多人际冲突管理理论。塞勒斯的冲突归因理论列举了回避、竞争与合作等三种冲突处理策略,并强调人们对冲突的归因会影响其策略选择。专家建议以理性交流的原则来处理冲突,并提出了一系列相关建议。

◆ 推荐阅读

1. 〔美〕斯蒂芬·李特约翰:《人类传播理论(第七版)》,史安斌译,清华大学出版社 2004 年版,第 5 章、第 9 章及第 12 章。

2. 〔美〕特里·K. 甘布尔、迈克尔·甘布尔:《有效传播(第七版)》,熊婷婷译,清华大学出版社 2005 年版,第 8—9 章。

观察与思考

1. 观察你身边的人,记录他们之间的一段对话,看能否从中判断双方关系中的控制性、信任度及亲密度等若干变量。
2. 选取自己认识的三个人,判定自己和他们的关系分别处于什么阶段。你对双方关系的未来发展有何预测?如果愿意施行一定的关系调整,你会采用什么方式?
3. 你和你周围的人发生过人际冲突吗?如何化解冲突呢?试举一例加以分析和说明。

第四章 群体传播

本章教学目标：

1. 群体动力学
2. 群体互动的影响因素，如群体规范、功能角色与群体网络
3. 群体传播中的领导行为与群体决策
4. 群体极化与群体冲突

亚里士多德曾说："我们见到每一个城邦（城市）各是某一种类的社会团体，一切社会团体的建立，其目的总是为了完成某些善业——所有人类的每一种作为，在他们自己看了，其本意总是在求取某一善果。"亚氏论述了从家庭、村坊到城邦等不同形式的社会团体。他认为，"人类生来就有合群的性情"，"凡隔离而自外在于城邦的人——或是为世俗所鄙弃而无法获得人类社会组合的便利或因高傲自满而鄙弃世俗的组合的人——他如果不是一只野兽，那就是一位神祇"。① 群体传播（group communication）以群体中的人际互动、人际影响和群体决策为主要内容。如何打造一个有效的团队，以完成非个人所能完成的任务，这是我们研究群体传播想解决的主要问题。本章以群体动力学为基础，深入理解小群体传播的基本过程和影响因素，再进一步考察群体传播的过程及影响要素。

---

① 〔古希腊〕亚里士多德：《政治学》，吴寿彭译，商务印书馆1983年版，第1、9页。

第一节　群体的概念、特点与分类

一、群体的概念与特点

我们常见各种对社会成员进行的划分，如 65 岁以上的老人、家庭主妇、大学生等。这些分类中的成员，虽然具有共同的特征，却可能彼此不认识，也没有产生互动，因此仅仅属于某类人群，并不构成群体（group）。群体动力学（group dynamics）认为，群体并非一定个体的简单集合，而必须在成员之间存在互动。因此，群体是指由相互依赖、相互影响的人组成的集合，群体的成员间通常有面对面的接触或互动的可能性。按照这一观点，在同一个计算机房各自做自己事情的学生们并不能称为一个群体，而身处各地却共同参加一场网络会议讨论的人，则可能构成一个无形的但却具有心理联系的群体。

群体动力学是由传播学的奠基者之一勒温提出的。他是现代社会心理学、组织心理学和应用心理学的创始人，常被称为"社会心理学之父"。勒温的群体动力学理论认为，一个人的行为，是个体内在需要和环境外力相互作用的结果。他借用物理学中"磁场"的概念，提出"场"论，用以说明群体中成员之间各种力量相互依存和相互作用的关系，而个人的行为动向则取决于群体内部力场与情景力场的相互作用，即个人行为是个体与环境中各种有关力量相互作用的函数。用公式表示是 $B=f(P,E)$。其中，B 代表行为，P 代表个体内在需要，E 则代表环境外力。最初这个公式只用于研究个体行为，后来则扩展到描述群体行为。不过，描述群体行为时，B 代表群体行为的方向和强度，P 代表群体的内部特征，E 则代表群体所处的环境。

我们都知道群体确实存在，但学者们在定义上难以达成一致。大部分定义都关注群体的如下几个特点：

（1）目标。群体可以定义为为了同一个目标集合在一起的一群个体。人们加入群体是为了实现一些他们独自无法实现的目标。

（2）相互依赖。群体可以被定义为在某些方面相互依赖的一群个体。换句话说，成员会感觉彼此依赖，某个事件一旦影响了群体中的一个人，就很容易影响到所有人。群体作为一个整体的动态系统,实际上却基于成员之间的相互依赖。

(3) 人际交往。群体就是相互交往的个体的集合,正是这种交往过程令群体区别于随意聚集的一群人。群体也可以被看成一个开放的社会交往系统,成员之间不断的交往行动催生了对系统的认同,也决定了系统的结构。

(4) 群体身份的感知。群体可以被定义为一种由独立的个体构成的社交联盟,其中的个体都感到自己属于这个群体,并且有能力以团结的方式在环境中行动。

(5) 结构化的关系。群体不是一群分散的个体,而是一群有交往的个体,这种交往是有结构的、受一套规范的约束。群体成员之间有一套标准的角色关系,并有可以保证群体功能和成员正常行动的一套价值和规范。

(6) 相互影响。群体可以被定义为彼此影响的一群个体。只有相互交流,影响他人,也受他人影响的一群个体,才能被叫作一个群体。人际影响是群体的典型特征。

(7) 动机。群体可以被定义为一群为了满足某些个人需要而联结在一起的个体。根据这个定义,个体归属群体是为了满足个人需要,因此,除非群体成员在关系中能满足个人需要,否则能否结成一个群体就很成问题。

上述内容强调了群体不同于任意一群人的主要特点。总结起来,群体是一定数量的个体,基于某些因素和目的,以特定方式组合而成的系统。在这个系统中,各成员遵守一定的结构化的角色关系和行为规范,彼此交流,因而相互影响和相互依赖,以实现系统功能,并使个人需求得到满足。

根据以上定义,我们有必要区别群体(group)和集群(crowd)。集群又称乌合之众,是指无组织的、非持久的个体的聚合,其行为往往无视社会行动惯例和社会共识。其中的领导和下属之间的关系常常有着细微而迅速的变化,内部没有稳定的结构或分工,并且往往会在几小时或几天内解散。但是,这种集群的成员的心理往往有着高度的一致性,而且它们的态度和行为往往是有敌意的。

考察一下你所属的群体,具有以上哪些特点呢?

二、群体的分类

群体分类的方法有很多,参照不同标准,我们提出以下几种分类并侧重考察其传播特点。

1. 正式群体与非正式群体

正式群体和非正式群体是按照构成群体的原则和方式来划分的。正式群体根据定员编制、章程或正式文件而建立,对成员的地位和角色、权利和义务等有明确的规定,具有稳定性和正式性。例如,军队中的师、团、连、排的建制,企业中的车间、班组,以及学校里的学部、学院、专业和年级班组等。与正式群体中人际沟通要依据特定的规章制度进行不同,非正式群体具有自发性,以共同利益、观点或兴趣为基础,以情感为纽带,有较强的内聚力和行为一致性。非正式群体的形成一般基于以下三种原因:一是有相同的价值观或共同的兴趣爱好,如各种兴趣小组;二是成员之间有相似的经历或背景,如各种同乡会、同学会;三是有共同的利益。实际上,在正式群体中往往有大量非正式群体的存在。特别是当正式群体的目标与其成员的需求、愿望不一致,正式群体不能发挥正常功能、缺乏合理的领导机构时,非正式群体就更容易产生。

2. 大群体与小群体

按照规模大小,群体可以划分为大群体和小群体。群体规模的大小会影响到群体沟通的形式和效果,并影响成员的行为。在大群体中,成员之间常常以间接方式建立联系。群体规模越大,成员平均参与群体活动的次数就越少。群体规模大还会增强成员的约束感,促使成员收敛自己的行为,从而影响参与度。群体规模大,则可能需要领导以及正式规则来维持秩序,会导致机会分配的不平衡,这种少数人主导的趋势越明显,羞怯或不善言辞的人就越会有挫折感并选择退出。因此,群体规模越大,成员间相互沟通的机会就越少,人际关系就越难以协调,越容易分散成小群体,从而妨碍大群体的整体工作,影响任务的完成,使得群体功能难以正常发挥。

相比之下,小群体是人数不多、成员可以直接沟通、相对稳定的联合体。一般认为,三到二十人的群体为小群体,其中五到七人是比较理想的规模。小群体规模小，结构松散，人员交流比较非正式，无须领导即能有效行动。小群体可能是一个独立的共同体，也可能是大群体中的某个小群体。理想化的小群体，在一定的价值观和规范的引导下，成员各自扮演着不同的角色，成员之间彼此依赖、相互影响，能达到最充分的互动，传播效果好，有助于群体目标的实现。

3. 成员群体和参照群体

成员群体（member group）是个体为其正式成员或实际参与的群体，如个人所在的班组、团队等。参照群体（reference group）则是个人期望成为其中一员，因此会自觉接受其规范和准则并以此来指导自己行为的群体。成员群体以特定的群体内部规范来影响其成员，而参照群体则为个人提供了比较的标准和行为准则，通过激发个人心理认同等方式对个人行为产生影响。例如，一名要求入党的大学生会以党员的标准来严格要求自己，但如果发现身边党员的行为并不符合其所认同的党员标准，则可能产生内心的冲突。再比如在纽约贫民窟生活的黑人孩子，他们的参照群体可能或是那些篮球明星，或是那些平均活不过35岁的吸毒、抢劫的黑帮分子。如果他们将黑帮犯罪团伙作为自己的参照群体，将其规范和规则作为自己行为的标准，则可能出现越轨、犯罪行为。因此，我们需要注重对参照群体的研究，更好地发挥其正面影响功能，及时发现和阻止越轨团伙的破坏作用。现代社会是媒介化社会，借助广播电视等大众媒体和网络社会化媒体，个人可以和外部世界更多、更远处的人产生心理和思想认同，从而形成各种具有心理联系的群体。这些群体成员不仅有思想、态度上的一致，甚至可能有行为上的一致。

4. 首属群体与次级群体

首属群体和次级群体的概念是由美国社会学家库利提出的。他根据群体在个人社会化过程中所起作用的直接和间接程度，将其分为首属群体（primary group）和次级群体（secondary group）。首属群体是指基于面对面的互动形成的、具有亲密的人际关系、存在强烈的群体认同感的社会群体，主要包括家庭、邻里、游戏伙伴等。首属群体的形成一般是一个自然的过程，家庭、伙伴等首属群体是个人所遇到的最初的社会化主体，因此首属群体也被译为初级群体。

首属群体具有非正式性和社交性的特点,成员之间有经常的、直接的、面对面的互动,互动遵循的规范大多为非正式的规范。首属群体的成员之间有大量的情感交流,人际关系具有浓厚的感情色彩,为个人提供必要的社会支持特别是情感支持,能接纳个人的整个人格,对人格塑造具有重要的作用,是人的个性及思想形成的关键因素。首属群体是个人认同感和安全感的首要来源,首属关系的破坏和丧失会使个体遭受巨大痛苦,少年丧母、中年丧偶、老年丧子被认为是人生三大不幸,常常会对个人的成长和生活带来巨大的负面影响。

与首属群体相对应的是次级群体。次级群体是人类有目的以及有组织地按照一定的社会契约建立起来的社会群体。与首属群体相反,次级群体的建立不受自然的血缘或地缘的限制,而是源于一定的社会需要。相比于首属群体,次级群体规模大、人数多,群体内有严格的组织结构和规章制度,成员活动要遵循明确的规范,成员相互间的联系以社会分工为基础,形成特定的角色关系。次级群体中的人际关系是一种特殊的、缺乏感情深度的关系,它对个体人格的接纳非常有限。在现实中,大多数工作群体都是次级群体而非首属群体,是为了实现特定的群体目标或组织目标而形成的,具有非人格特征。但是,在长期的互动协作和关系发展中,次级群体中也可能包含某种程度的首属关系。

但是就工作任务完成的效率而言,互动性很强的讨论群体(discussion group)更受管理者关注和推崇。与首属群体的社交性和非正式性不同,作为次级群体的典型代表的讨论群体具有工作性和正式性,经常要通过群体讨论来解决问题。首属群体中的交谈是一般性的,话题广泛,没有明确的主题,偶尔有不同的人控制话题,也没有特殊含义。讨论群体除正式性外,还有如下一些特点:

(1)面对面互动。在讨论群体中,成员之间必须有直接的应对以及适应性传播。互动必须在群体成员间持续进行,如果只是各谈各的,没有互动,讨论就无法进行。

(2)领导行为。讨论群体一般由一个或几个领导主持。虽然专家认为指派领导会使群体讨论更为有效,但实际上,讨论中即使没有指派,也会有人主动承担领导责任。

（3）共同性。讨论群体与"扎堆儿"人群的区别就在于成员间有一些共同性，如共同的身份地位、宗教信仰、教育背景或生活方式等。共同特征可以是公开的、明确的，也可以是个人所认同的。但无论如何，共同性像群体规范一样确实存在。

（4）共同目标。共同目标是使群体成员紧密联系在一起的力量。目标可以是具体的也可以是宽泛的。目标导向的行为可以团结群体成员。目标越相关，成员越倾向于增强群体认同，保持群体联系。反之，没有目标导向，群体容易涣散。

讨论群体中最重要的是解决问题（problem-solving）群体，其中最基本的有三种，分别是调查小组（fact-finding group）、评估小组（evaluating group）和决策小组（policy-making group）。调查小组的目的是就某个问题或话题尽可能多地收集信息。它带有很强的研究性，所收集的信息可能是未来决策的基础。评估小组则要根据调查所得的信息，确定特定问题的范围，提出相应的解决方案，并将各方案按优先顺序排列后，向决策小组推荐。决策小组的讨论常常导致直接行动，而良好的决策必须以坚实的调查和评估为基础。调查、评估和决策是解决问题的一般步骤，因此这三类小组可能按先后顺序独立开展工作，也可能将这三项任务放在同一个小组中进行。讨论群体的讨论既可以私下秘密地进行，又可以公开进行。像内阁会议，一般没有旁听，更没有听众参与。但是电视座谈则可以是一些专家进行公开谈话，听众既可以旁听，也可以通过热线参加讨论。有观众参与讨论的群体则更有论坛性质。

总之，群体的类型有很多，当你进入一个新群体时，最需要明确的是它的结构特点，比如群体的边界、群体成员联结在一起的理由、成员之间明确的沟通网络模式、成员间的角色和任务分配、对成员行为的规范和期待、处理冲突的程序等。一旦明确了这些基本结构特点，群体中人际关系的性质也就容易把握了。

三、创建并打造一个有效的团队

群体发展的目标是形成有效的团队。团队的创建有很多方式，也有很多原因。有些是虚假的团体,因为成员们虽然在一起工作,但彼此毫无兴趣,不是彼此交流,而是相互竞争。为了击败对手,成员会相互隐瞒和误导,引起混乱和不信任,由此造成的结果是整体的成绩远非全部个体成员的潜力之和。还有一些传统型团队,成员们接受了在一起工作,但彼此独立,对团队的最终评价主要基于个人的表现,因此成员间很少合作,交往仅仅是为了澄清工作该如何完成。成员会主动寻求信息,却不愿主动和其他成员分享自己的信息。有些人会坐享其他成员的劳动成果,而尽职的人也会觉得自己被剥削而不愿再努力奉献。结果,整体的成绩虽然超出有些成员的潜力之和,但还不如让那些努力工作尽职尽责的人单独来做更有成效。效率型团队的成员彼此依赖、相互关心、积极合作,去实现清晰可达的目标。成员们一起工作很开心,他们都认为成功要靠每个人的努力,因此也愿意尽最大努力让别人获得成功。可惜,效率型团队少之又少,大多数群体无法达到这个水平。

具体而言,创建效率型团队应遵循以下几个方面的指导[①]:

(1)建立清晰、可操作的团队目标,以在团队成员中形成积极的相互依赖关系,并激发每位成员的高度忠诚。团队的存在是希望可以实现个人无法实现的目标,因此把目标明确地写出来,使人人都明白目标的意义,并知道如何做才能实现这些目标非常重要。

(2)建立有效的双向沟通机制,使成员之间可以准确、清楚地交流自己的想法与感受。有效沟通是团队顺畅运作从而确保目标实现的基础,有效沟通不仅可以及时传递信息、沟通想法,还可以减少成员之间的误解和意见不和,并淡化竞争关系。

(3)确认所有成员都具有领导和参与的权力。共享领导权和参与权可以保证成员负责任地投入工作,对自己的成员身份感到满意,忠诚地履行团队决策,还可以使团队作为一个整体,利用每个个体的资源,提升团队凝聚力。

(4)确认权力在团队成员之间是平等的,影响力的模式应随团队需求而进行调整。在有效的团队中,为防止权力争夺干扰团队目标的实现,应使成员

---

① 参见〔美〕琼森等:《集合起来——群体理论与团队技巧(第九版)》,谢晓非等译,中国轻工业出版社2008年版,第25—27页。

们基于专业能力获得一定的权力,并根据团队的发展和新目标的设立随时调整权力的分配。团队成员应组成一个联合体,在相互影响和依赖的关系中,帮助个人实现目标。

(5) 决策过程要符合情境需要。团队决策方式有很多,但必须权衡时间要求和可获得的资源,找到合适的决策方法。有些决策需要全体通过,有些则可以实行多数决,但要尽量避免一票否决制,以促进成员参与。

(6) 鼓励有建设性的辩论和对他人意见的大胆挑战,为有创造性的决策与问题解决方案的出现提供良好的环境。为防止决策失误,应尽可能收集所有可能的行动方案来辩证分析,辩论可以确保少数意见和反对意见有机会得到认真的讨论和权衡,也可以促进成员对团队工作的投入,提升决策的质量和创新性。

(7) 直面冲突,并用建设性的方式化解冲突。目标不一致、资源紧张或相互竞争都可能导致冲突。效率型团队不回避冲突,而是用协商的方式来进行有效的处理,从而提高团队效率。

第二节 群体的互动发展与传播网络

一、群体互动过程与个人参与

1. 群体的互动过程

群体的有效工作并非顺理成章,群体成员之间要经过一段时间的适应、协调。大致有以下几个发展阶段,即群体关系发展的"5G"。

(1) 暗中摸索(groping)。当群体初建时,成员彼此之间的了解和理解还不足以支持相互间的信赖,他们小心翼翼地发出某些消息,以试探他人的动机需求、知识和能力,以及情绪状态。这一阶段成员经常感到不适,甚至有失落感。因此,平等、开放、诚恳和支持的态度与行为,对成员间的相互适应及个人对集体的适应都有重要意义。

(2) 苦恼压抑(griping)。在这一阶段,成员之间的不适应感最强,相互协调困难,工作难有进展,经常出现各种失误,因此成员普遍感到沮丧压抑,但实际上,成员之间已经开始了解彼此的差异,寻求相互的接受、适应和欣赏,以努力促进工作。

（3）把握协调(grasping)。在这个阶段,各种意见和建议开始协调,群体活动有了较明确的方向,成员感到愉快。

（4）团体化(grouping)。成员找到了各自的角色定位,对这一位置感到满意,对自己充当的角色更有信心,开始按角色要求和计划行事,群体中士气渐长。

（5）团队行动(group Action)。这一阶段是群体发展最为成熟的阶段,群体活动全面展开,领导有效力,成员积极参与,相互配合,共同决策,形成更浓的民主气氛。

实际上,当群体发展进入后三个阶段时,成员们就乐于承担一些更重要的任务了。有时出于某种原因,比如人员变换或任务改变等,可能群体关系又会回到初始阶段,但随后的关系发展会比以前更顺利也更有效。

2. 个人参与

为保证群体传播的有效性,成员必须具有一定的态度,并作出相应的行为,其中最主要的态度是责任感,而最主要的行为则是听与说具体体现在如下几个方面。

第一,责任感体现为对所讨论的问题和其他成员保持开放心理。在讨论中尽量坚持客观、独立地评价信息和意见。也就是说,要意识到个人可能抱有偏见,因此要避免偏见的干扰,善于倾听他人意见。

第二,责任感表现为对他人以及整个群体的心态和情绪有足够的敏感性。有时候,人们嘴上说的和他们心里真正所想的并不一致,因此如果对他人有足够的敏感,就可以从他们的动作、表情、语气以及其他一些非语言暗示中发现问题。

第三,群体成员有责任让所有人都加入讨论。比如,群体中的新来者可能会羞于表达,特别是如果群体中其他人都彼此熟悉时,新来者更会感觉疏离。一个负责任的人应该有足够的敏感性,主动接纳新来者,让新来者自然地加入讨论。

第四,积极参与也表现在讨论前的准备中。有时在系列讨论中,成员会被要求在下次讨论之前完成一些调查,比如在下一次广告策划会前,收集一些相关的产品价格信息。如果到开会时,只有部分成员收集了部分信息,那么会议效果就会受到影响,部分成员的积极性也会被挫伤。

第五,正确、有效地说与听也很关键。从行动的角度来说,群体传播有赖于成员之间的互动,因此个人应力求准确地表达自己的意见和建议。意见表达要有的放矢,不要漫无边际;发言时应对他人的意见作出适当评价,并把自己的意见和别人已经说过的话联系起来,以保持小组讨论的连续性;尽量做到每次发言都谈一个有针对性的看法,使大家容易理解;把握讨论进程,及时对小组讨论进行总结。有效倾听在小组讨论中也十分重要。听他人发言要全神贯注,调准频道;对发言者要有明显的反应,要有目光接触,用语言或非语言行为表示兴趣;不要边听边说;要尽量创造轻松的气氛;不要过滤掉否定性信息而要平静地接收;在说话人自然停顿时,适当作理解性归纳,从而澄清误解,加深记忆;礼貌提问,让说话人了解到你很认真地对待他的发言,帮助胆怯的发言者增强信心;适当做笔记;用提问传达反馈,注意自己的非语言行为。

二、群体规范与功能角色

1. 群体规范

群体规范(group norm)是在小群体互动过程中自然产生的有关认知、态度和行动的规范、规则和要求等。群体规范一旦形成,就对成员有约束作用。著名的谢里夫光点实验证明了这一点。在穆扎弗·谢里夫(Muzafer Sherif)的实验中,研究者设计了一个实验环境:被试被安排在一个黑暗的房间里,前面有微弱的灯光。由于屋子比较黑暗而光比较弱,于是人会产生光点游动的错觉,即注视光点一段时间后,就会觉得光点移动了一段距离,但实际上光点并没有移动。实验要求当光点熄灭时,被试要告诉实验人员光点大概移动了多少距离。在对被试分别进行了几次实验后,每个被试通常都会形成自己的固定答案。但是,当所有被试同时进行实验时,每个人都能听到其他人的答案。重复几次之后,这个实验群体成员的估计值越来越接近,而最终答案接近所有成员之前的个人答案的平均值。在第三步,那些曾经参与共同实验的人再次单独参加试验时,常常还会提供在共同试验中所形成的答案。由此可见,规范在群体互动过程中自然产生并对个体具有一定的约束力。

丹尼尔·费德曼（Daniel Feldman）认为，基于四种理由的规范容易得到强化和发展：一是有助于群体生存的规范，它们能保护成员免受外在干扰；二是有助于预测成员行为的规范；三是有助于避免令人尴尬的人际关系的规范；四是能确立群体核心价值观、阐明群体一致性的规范，此类规范能使群体行为合理化和权力合法化。

除了明文规定，群体中还常常有一些最初意识不到，直到群体中出现特殊变化才为成员所察觉的规范。比如，每星期参加例会的成员并没有意识到他们之间的座次安排，直到有一天少了一把椅子，座次被打乱，大家才意识到原先的座次是暗中规定好的。除此之外，讨论中也可能存在一些程序规范，比如每次讨论中都有人首先提出话题，然后有人随声附和，有人进一步引申，又有人拉回主题，有人质疑，还有人及时总结等。这些经多次讨论而形成的成员互动的习惯也是被认可的规范，但常常无人注意。群体规范一经产生，便具有一种社会力量，它能够为成员的认知和评判提供一定的标准，并对成员行为起定向作用。借助群体规范，群体增强了结构性和一致性，实现了群体整合。

2. 功能角色

想一想你所在的群体中，每个人都做同样的事情或履行同一种职责吗？显然不是。群体中通常存在一定程度的区分，换句话说，不同的群体成员扮演着不同的角色。角色定义了群体中的人际关系和群体结构。在正式的群体中，一些角色以相对正式的方式来安排，也就是确定岗位和职位，如经理、项目主管、秘书等。对应于角色的是相应的规范，其中包含对角色的行为期待。

在著名的斯坦利·米尔格兰姆（Stanley Milgram）电击实验中，一些被试被要求扮演教师的角色，当由实验员扮演的"学习者"错误回答时，这些扮演教师的人必须以"电击"的方式惩罚学生。随着"学生"错误回答的增加，"教师"被要求增大电击强度，结果，超过60%的被试施加了最高电伏（450瓦）的电击。虽然学习者由实验员假扮，电击设置也是假的，但这个实验表明，当角色压力足够大时，许多人会施行那些艰难的、危险的甚至违法的行为以符合角色规范。

但在群体中，对特定角色的行为期待不同，由此可能产生"角色冲突"。比如，学生对校长的期待和教师对校长的期待可能有冲突，因此某校长可能一方面受到学生的公开追捧,另一方面却被教师私下抱怨。原因可能是学生期待和校长有更多深入交流,而教师却期待校长在校务管理方面花费更多时间。还有一种角色冲突表现为个人分属不同的群体并要"扮演"不同的角色,而这些不同的角色要求之间存在冲突。比如电影中某犯罪分子曾是某警察的昔日好友,但该警察忠于职责,最后还是追捕并枪毙了他。

除正式群体中与职务、职业相联系的角色外,在群体传播特别是非正式群体传播中,还可以按职责和作用来确定功能角色。群体中的功能角色主要有三种:

(1) 任务导向型角色。这一类角色的作用与群体目标的实现直接相关,如信息收集者、意见提出者、督促行动者、分析决策者和智囊人物等。

(2) 关系维持型角色。这一类角色关注成员感受,推动成员间的情感互动,调节群体气氛,有助于群体关系的维持。如积极的倾听附和者、幽默的调侃者、善于妥协的中间派及和事佬、讨论气氛的维持者等。

(3) 利己型角色。关系维持型角色对增强群体传播的有效性非常重要,但有时候群体中会出现一些利己型的角色,阻碍群体实现目标或维持良好气氛。这些人喜欢引人注目,或者夸耀个人成就,或者倾诉个人感受,或者贬低他人人格,却不认真处理群体的任务。在讨论中,他们或者对话题漠不关心,暗自想自己的事,或者发言时总是跑题,或者固执己见,用嘲讽的态度对待他人,使群体决议难以形成。

回顾一下你所在的群体,容易识别这三种功能角色吗?思考一下,自己经常扮演的是哪种角色呢?个人在群体中可以发挥多种作用,可以扮演多种角色,或不断变换角色,从而增加了群体传播的复杂性和不确定性。前两种功能角色总是要努力消除后一种角色的影响,以实现群体目标。

三、群体传播网络

轻松而有效的群体传播能够使观点、知识和其他信息在群体成员之间自由而迅捷地流通,提高群体完成任务的水平,也促进群体的良性发展。群体网络影响着"谁会和谁"直接沟通,或者经由另一位成员沟通。能与他人实现良好沟通的人会成为最有影响力的"群体"成员。不同的沟通网络不仅决定了群体的效能,还会影响士气,当人们彼此的联系都被切断时,个人的满意度就会下降。

社会心理学家艾利克斯·巴维拉斯(Alex Bavelas)最早开始研究群体传播网络。他把群体成员安置在一个小屋里,用一些有缝隙的隔墙把题目联系起来。通过隔墙的缝隙,成员之间可以传递书面信息。当打开所有的隔墙时,每个成员都能直接和其他成员沟通。通过选择某种隔墙,就能形成沟通的网络模式。巴维拉斯针对每一种网络类型分别测量了成员解决一个简单问题所需要的时间,以及成员对该群体运作的满意度。他发现,Y 型最有效率,即成员能在最短时间内解决问题,而环型模式能催生最高的士气。处于群体网络最中心位置的成员对群体运作最满意,而越是处于边缘位置的成员对群体的满意度越低。与此同时,哈罗德·莱维特(Harold Leavitt)也在实验室中进行了交流传播网络的研究。他将被试按环型、链型、轮型和 Y 型模式分组,发给他们一些卡片,让他们找出卡片上有什么共同的代表物。他发现,除环型模式中无特定领袖外,其他群体类型中都有一个清晰可见的领袖,一般占据最中心位置的成员就被称作领袖。

当我们以群体传播中的个人为节点,用线段将信息的发出者和接收者连接起来时,就形成了群体传播的网络结构图。在小群体传播中有五种最常见的信息传播网络模式(图 4-1)。

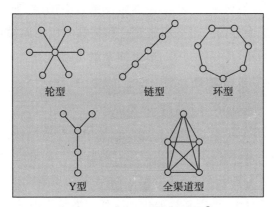

图 4-1 群体传播网络模式①

---

① 转引自 Larry L. Barker, *Communication*, 5th ed., Prentice-Hall, 1990, p. 197。

（1）轮型网络（wheel type）。该模式最为独特地表现出高度集中的信息的流动特点。处于轮型网络中心的人控制了传播流，他和每个成员都有直接的沟通，因此居于领导地位，其他人处于从属地位。由于全部信息都由一个中心源发出和接收，因此传播效率高，速度快，特别适合处理简单问题。但较之环型网络，群体的满意度较低，士气也不高。

（2）环型网络（circle type）。该模式类似于一个圆桌会议或某种议事机构。与聚合性的轮型网络不同，环型网络更具发散性。成员将信息从一方传递给另一方，每个成员在信息传播中都处于相同的地位，没有人获得比其他人更多的信息。没有居于中心地位的领导，领导与被领导的关系不明显，每个人在不同时期都有可能充当领导，因此成员对群体的满意度和工作士气都较高。环型网络在解决复杂问题方面特别有效，但解决问题速度慢，对成员难以进行有效领导。

（3）链型网络（chain type）。在该模式中，信息传播的集中性更为明显。领导者处于信息传播中心，接收和处理全部信息，他人处于从属地位，而且其中一些成员还不能与领导直接沟通。链型网络相当于组织中的中层管理者的权威系统，解决问题较快，准确度高，领导效能比较显著，组织也相当稳定，但成员的满意程度最低，士气低落。

（4）Y型网络（Y type）。该模式也属于聚合型网络，兼具轮型和链型网络的优缺点。居于中心的人也会因其发送和接收的信息而被视为领导。Y型网络具有工作效率高、传播速度快、解决问题的准确度高等特点，但成员满意度低，工作积极性和士气较低。最有意思的是，Y型网络还可以确认结盟关系，因此更类似一种长期发展的群体关系。

（5）全渠道型网络（all-channel type）。在环型网络中，如果每两个成员间都能进行直接沟通，该网络就成为全渠道型网络。在全渠道型网络中，任何人都可以和其他任何人进行交流，这就给了每个个人同等发挥作用的机会。成员享受完全的传播自由，处于平等地位。这种网络结构中信息传播速度最快，成员的满意度也最高，但是它表现为一种无领导的传播状态，经常出现在群体成立之初。

实际上，群体传播网络是经过较长期的群体互动发展而逐步形成的，它只是一般性地揭示了传播路径和结构，传播的有效性还取决于成员参与、领导行为以及群体规范等其他相关因素。

第三节 领导决策与冲突解决

一、领导行为

群体传播中的一个突出现象是领导行为（leadership）的产生。领导即影响，除了具有正式的领导职务或领导地位的人之外，每一个能影响他人的人都可以被看作在释放其领导力。积极的领导会加速任务的完成，消极的领导则会使任务完成受到阻碍。群体，尤其是解决问题型群体，需要有效率的领导来帮助其完成目标。群体中任何一位成员，都可能在没有被任命的情况下发挥领导力，帮助群体完成任务。良好的群体传播应体现领导行为共享。

1. 领导的产生

对选举制的考察发现，领导人物一般经淘汰制而非推选制产生。选举一般经过两个步骤。在第一轮中，那些具有负面传播特征的人被否决，特别是那些消息不灵、过于安静而不积极参与，或者过于教条的人会被淘汰。第二轮历时较长。人们从积极和消极两方面考察候选人。那些过于专制者以及言辞激烈、容易冒犯他人的人会被筛除。被选为领导的人除拥有个人才能外，更多是因为他表现出对群体和成员们的关心。以此为基础，可以进一步确认其他一些相关特征，如能言善辩、幽默等。在多数情况下，特别是在成功有效率的群体中，总是公推出一位领导，然后才有副手。

2. 领导的风格

从拿破仑到甘地，世界各国历史上都有许多具有领导力的人，但他们可能有着完全不同的领导风格。在中国的成功企业家中，柳传志和任正非也显然具有不同的领导风格。风格就是说话办事的方式。对领导风格的研究，就是关注人们在实施领导的过程中所表现出来的行为特征。

早在1939年,传播学奠基者之一勒温就和他的学生们研究过不同的领导风格对小群体的情绪和任务完成情况的影响。他们将一群10—11岁的男孩分为三个五人小组,每个小组由成年人领导做面具,每个领导体现出一种独特的领导风格,分别是权威型(authoritarian)、民主型(democratic)和放任自由型(laissez-faire),以考察领导风格对任务完成情况和群体士气的影响。

权威型领导依靠高度集中化的传播网络,采用指令式管理方式,目标导向强烈,对实现既定目标有坚定的信念。如果群体任务比较简单,领导能力得到成员们的尊重,则小群体的工作会很有效率,否则就容易激发矛盾。研究发现,在权威型团队中,成员更加依赖领导者,在成员中则表现出更多的自我中心性,而出现敌意行为的频率是其他两种团队的30倍。

民主型领导注重指导而非指令,倾向于适度的"身份平等"和"机会均等",尊重成员意见,向成员解释任务,依靠集体决策。其领导的有效性取决于领导力、任务性质以及与成员的人际关系。在民主型领导的团队中,成员会更加主动和负责、更加友好,对工作和产品质量更加关心,在领导者离开时也能继续认真工作。研究表明,此类群体较有创造性和凝聚力,但效率较前者低。

放任自由型领导在管理上实行权力的绝对非中心化,领导主要为群体互动提供信息和反馈,并进行相应的观察和记录,在群体需要时才提供建议。这种领导对进行创造性工作的群体最合适,缺点是效率较低。

研究发现,每十个团队成员中有七个更喜欢放任自由型领导而不是权威型领导。每二十个团队成员中有十九个更喜欢民主型领导而不是权威型领导。虽然民主型领导被普遍接受,但在特定情境下,如当需要做一个紧急决策时,权威型领导风格可能更为有效。而在另一些情境中,比如团队忠于某一决策、拥有实施决策的资源并且只需要最小程度的干预来保证有效工作的时候,放任自由型领导风格似乎更实用。因此,虽然民主型领导被普遍接受,但领导风格的有效性与群体的任务性质和不同时期的群体情境特征尤为相关。

3. 领导力与领导行为

领导力从何而来?为什么有些人能比其他人体现出更多的领导才能?领导才能是天生的,还是后天习得的能力和技巧?或者真有所谓"时势造英雄"?

最早关于领导力的理论是特征理论(trait theory)。该理论认为,领导者具有一些天生的禀赋,伟大的领导者是被发现的而不是被培养出来的。尤其是在社会剧变的年代,很多人特别是社会精英,都急于寻找具有特质的"伟大人物"。特征理论的典型研究方法是比较一个领导者和他的下属的特征差别。大量的研究发现,领导者在很多特征上的得分都高于其下属,包括智力、才能、人格、工作动机、绩效以及社会能力等。马尔文·肖(Marvin Shaw)列举了一些领导特征(表4-1),他认为没有表现出这些特征的人不太可能会当领导。当然,即使拥有这些特征,也不一定会成为领导,不过倒是可以借此评估一下你的领导力。有兴趣的人可以根据下表打分,分数越高,则领导力特征越明显。

表 4-1 领导力评估表①

特征	低				高
可信性	1	2	3	4	5
合作性	1	2	3	4	5
获得成功的欲望	1	2	3	4	5
热情	1	2	3	4	5
动力	1	2	3	4	5
坚忍不拔	1	2	3	4	5
责任感	1	2	3	4	5
聪明才智	1	2	3	4	5
远见卓识	1	2	3	4	5
交流技巧	1	2	3	4	5
受欢迎度	1	2	3	4	5

关于领导力的第二种理论是情势论(situational theory)。该理论不关注领导的个人特质,而是关注有助于群体实现其目标的行为特征。美国俄亥俄州立大学教授保罗·海西(Paul Hersey)和肯尼斯·布兰科德(Kenneth Blanchard)

---

① 〔美〕特里·K.甘布尔、迈克尔·甘布尔:《有效传播(第七版)》,熊婷婷译,清华大学出版社2005年版,第277页。

的研究认为,大多数领导行为都可以分为两个不同的行为维度,即任务行为和关系维护行为。一些领导关注对其下属进行指导和与任务完成相关的活动(高任务—低关系),另一些领导对任务行为和关系行为都关注(高任务—高关系),还有一些领导则关注通过与下属的关系来提供情感支持(高关系—低任务),当然也有都不关注的(低任务—低关系)。以上四种领导行为组合中哪一种更为适当且有效,是由群体的成熟水平决定的。成熟水平只是针对需要完成的特定任务而言,主要包括:制定远大而可行的目标的能力、承担责任的意愿和能力,以及成员的受教育水平和经验等。领导行为有如下四种。

(1)命令(telling)。当群体成员完成特定任务的成熟度低时,领导者应采取命令式"高任务—低关系"领导行为,即领导者通过单向沟通来确定群体角色,告诉成员何时、何地、如何去做各项任务。

(2)说服(selling)。当群体成员完成特定任务的成熟度中等时,领导者应转向说服式"高任务—高关系"领导行为,即领导者主要提供关于角色责任的清晰的指导,但也通过双向沟通和社会支持来获得群体成员对其所做决策的接受和支持。

(3)参与(participating)。当群体成员完成特定任务的成熟度中等偏上时,也可以采取参与式的"高关系—低任务"领导行为。因为成员拥有完成任务的知识和能力,所以领导可以通过和群体成员的双向沟通以及各种支持性行为,共同进行决策。

(4)授权(delegating)。当群体成员完成特定任务的成熟度较高时,就可以采取授权式的"低任务—低关系"领导行为。这时群体成员有安排自己的任务和约束自己的行为的能力,因此领导者允许成员在完成任务方面拥有相当的自主性。

情势论认为,任何一种任务型或维持型的行为都可以被看作一种领导功能。也就是说,群体中的任何人,只要是在发挥帮助群体完成任务或维持群体关系的功能,就是在行使领导力。因此领导力是可以分享的,当然也会有一两个人比其他人发挥更大的领导力。无论如何,领导不是天生的,也不是简单地在关键时刻出现的伟大人物,人们可以通过学习更有效率地扮演群体中的功能角色来提高自己的领导力。领导力涉及以下领导技巧(leading skills)：

(1) 个人行为技巧。成功的领导应当关注群体感受,对群体需要有认同;善于倾听;避免批评或嘲笑成员的建议;使每个成员都感到自己的重要性;不公开争论。

(2) 传播技巧。成功的领导应该使每个成员都理解什么是最重要的以及为什么重要。他还应当使有效沟通成为群体日常工作的一部分。

(3) 平等技巧。成功的领导应该认识到每个人都很重要;共享而不是垄断领导行为;有效领导体现为群体成员的责任共担。

(4) 组织技巧。成功的领导应帮助群体确立长期与短期目标;将大的难题分解成小的问题;共享机会与责任,并切实进行计划、行动以及事后的行动评价。

(5) 自我检查技巧。成功的领导应当了解群体行为的动机以及动机指导下的行动;应当明白成员相互间的敌视程度及容忍程度,以便采取相应的对策;还应当了解成员的自查行为,并能帮助成员把握自己的实力、态度以及价值观。

领导带领成员踏上征途,而管理者倾向于掌控现状。相较于管理,团队更需要的是领导,领导一个团队包括五个基本步骤：

(1) 挑战现状。团队领导一方面要建立和维护有序的规则以维护和保持连续性,另一方面又要有革新举措,增强团队的技能。领导者要挑战现状,而不是进行官僚控制式的管理。技能的提升是一个过程。领导者要强调,如果成员不去努力提升自己的专业技能,就会失去已有的技能。

(2) 激发一个清晰的共同愿景。领导的责任是创建一个关于团队应该和能够做什么的共同愿景、一个所有成员都愿意去争取完成的清晰的任务目标。领导者应经常与成员交流并激发共同愿景,使组织成为大家相互帮助、鼓励和支持成员努力获取成功的地方。

(3) 通过团队给予成员力量。领导者不是依靠个人获得成功,领导者要激发的也不是"我的"最优而是"我们的"最优。团队合作可以导致信任、开放的交流和人际支持,所有这些都是生产力的关键成分。打造高效的团队,加强团队合作,会增强成员的信心,使他们相信只要努力就可以成功。

(4) 通过树立榜样进行领导。领导者以身作则,向成员示范怎样进行团队合作和承担风险,来提升生产力和传播技能。尤其在承担有挑战性的任务和从错误中汲取教训并重新尝试的过程中,要为其他人作出榜样。

(5) 激发热情。成员有时会变得疲惫、沮丧和失去兴趣,甚至可能试图放弃,因此需要领导者"爱他们并领导他们",给他们勇气和希望,激发他们继续前进。领导者不仅要认识到个体对共同愿景所作出的贡献,而且应该经常庆祝个人和团队的成就。肯定个体的贡献并进行集体庆祝,需要一个合作型而非竞争型的组织结构。在竞争环境中,宣布一个人是优胜者就是宣布其他人是失败者,表扬会变成讽刺,被表扬者还可能担心同事的嫉妒和报复。但是,在合作型组织中,真诚的关心和庆祝可以将大家团结在一起,激发成员将越来越多的能量投入工作。创建合作型组织并鼓励发展成员间的关心,是模范领导的优势。

二、群体中的问题讨论

在电影《十二怒汉》中,12名陪审员要对一名少年作出判决。就在他们快要达成有罪判决的一致意见时,其中一人却特立独行,拒绝投票。于是,讨论继续。随着讨论的深入,陪审员一个接一个地改变了自己的决定,最后达成无罪判决的一致意见。群体传播研究的重要方面是群体决策,而小组讨论则是决策的基础。我们常常发现小组讨论十分困难,议而不决的现象常常发生,群体讨论有时甚至不如个人行动更有效率。研究表明,群体讨论的效果常常取决于问题的性质。在信息庞杂因而需要较多知识和多种解决方法时,群体讨论比个人决定更有优势,但前提是讨论中的成员间进行了有效互动。有的人只想逞口舌之威而不重视问题的解决;也有人事不关己、高高挂起,以免得罪人。这样显然不利于问题的解决,而且在根本上损害了个人利益。决策是一个过程,它要求群体成员集思广益、群策群力,在充分掌握信息的基础上,让各种观点交锋,充分讨论,然后作出明智的决定。

群体中的问题讨论通常涉及问题分类、理性思考与决策的步骤、群体极化等问题。

1. 问题分类

群体讨论常常涉及很多问题,但最适合讨论的有三类问题,即事实问题、价值观问题和对策问题。能识别这三类问题至关重要,因为有时候小组讨论很难进行,就是因为成员没有理解问题的性质。

(1) 事实问题。"高速公路上的连环车祸究竟是什么原因造成的?""北京市的空气污染严重到什么程度?""用于广告投放的媒体资源究竟有什么特点?"理论上,在讨论事实问题时,个人的价值观和信仰不能影响结论。对这一类问题的讨论,目的在于澄清事实、纠正错误。群体成员应该像侦探一样,收集全部事实,然后对事实进行逻辑推理和判断,最后的结论应当是对事实的正确和准确的描述。有时候,集体的同意并不能保证决策的正确,因为决策是否正确取决于成员是否对事实进行了认真审查和解读。因此,所有人能应"看到"事实,理解有助于解释事实的特定词语或思想。

(2) 价值观问题。"同性恋者可以结婚吗?""应当向大学生免费发放避孕用具和施行免费堕胎手术吗?""应当对闯黄灯者施以重罚吗?"对这些问题的回答体现了不同的态度、道德观和价值观。因此,讨论的目的和责任,就是寻求在对不同价值观的比照、理解乃至认同基础上的对某一问题的一致意见。价值观深藏于心,并不以逻辑为基础。因此,要关注意见背后的价值观差异,讨论的最终结论可能只是被参与者接受集体决定,而并不意味着它得到了完全的赞同。

(3) 对策问题。"今年的广告预算应当怎样分配?""中日钓鱼岛问题应当如何应对?"对策问题是讨论中最常见的问题,其结果往往涉及进一步的行动。对策性讨论通常都会涉及事实和价值观问题。比如,针对广告预算的讨论,可能涉及对品牌宣传的要求、对消费者群体的定位,以及对消费者媒介使用习惯的考察等。

如果能把不同类型的问题区分开来,逐一讨论,也许能增强讨论的有效性。

2. 理性思考与决策的步骤

当我们面临一个难题时,经常会忘记解决问题、做出决策其实是一个过程。美国学者杜威在《我们如何思考》一书中，提出了目标导向的反思性思考的五步骤：一要识别困难；二要界定或区分困难；三要提出可能的解决建议及合理性解释；四要从许多建议中筛选出最佳办法；五要执行该办法。[①] 杜威这些对理性思考过程的描述影响深远，被后来的传播学者采纳并进一步扩展为有关决策的八个标准步骤。

（1）界定问题。如果小组有一个特别具体而清晰的问题要解决，当然就不需要再界定问题。但是在大多数情况下，小组只是发现自己处在困境中，因此清楚地界定问题所在就是决策过程中的重要环节。要以问题为中心而不是以解决办法为中心。比如关于某品牌产品销售的问题，先要弄清楚该品牌销售中最突出的问题是什么，那么相应的需要思考问题就有：可以有哪些解决办法？广告推广是唯一的办法还是最好的办法？

（2）限定讨论话题。当问题界定清楚后，还需要考虑限制性问题。比如：问题的关键是什么？如果要针对某品牌实行广告战略的话，那么需要达到的具体目标是什么？这些目标是否可能实现？通过什么方法能保证实现？实施方案需要多长时间？

（3）分析数据。在这一阶段，小组需要寻找证据，从庞杂的材料中找出相关性，要找出重要的细节，探求问题间的因果关系。

（4）为可行性方案订立标准。比如广告中最需要体现的产品特点、对所选媒体的基本要求等。

（5）尽可能多地收集可行方案。在"头脑风暴"阶段，解决方案的数量要比质量更重要。所有可行方案都应提出并进行讨论，即使是一些看似不可行的方案，也应该讨论一番，寻找其中的可用之处。

（6）围绕标准考察每一种方案。在这一阶段要着重考察每一种方案是否符合标准，是否有一些方案比另一些方案更好。放弃不符合标准的方案，然后依然以问题为中心，看余下的方案是否忽视了什么问题，而不是看它解决了什么问题。

---

① John Dewey, *How We Think*, Heath, 1933, pp. 106-115.

(7) 实施。选择了最佳方案后加以实施。

(8) 评估实施方案的效果。实施了最后选择的方案之后,要对实施效果进行追踪调查,根据反馈结果进行评估,发现新的问题。

以上是决策过程的标准步骤,但是它只是一份行动程序方法的指南,群体成员都应该知晓并接受这种行动程序方法。然而,即使循序而为也并不能保证决策的有效性,因为还存在一些其他因素的影响。

3. 群体极化

群体极化(group polarization)最早是由詹姆斯·斯托纳(James Stoner)于1961年研究群体讨论现象时提出的。他设计了一些决策时的两难情境,要求被试建议假想的行为者应在多大程度上承担风险。结果发现,群体决策往往会比个人决策更倾向于冒险,由此推动了关于群体冒险性的研究。后来的研究又发现,在另一些关于两难情境下如何选择的讨论中,如果群体中谨慎保守的人占多数,群体讨论做出的决策建议就会比个人更保守。这两种情况都表明,群体讨论可能强化大多数成员最初都赞成或最初都反对的观点,从而使群体决策更偏离理智,背离最佳决策,而向某一个极端偏斜。这被称为群体极化现象。

另一种研究是选择一些观点存在分歧的事件,然后把持有不同观点的人分隔开来,让观点相似的人一起讨论。例如,心理学家戴维·迈尔斯(David Myers)等让相对有种族偏见的和无种族偏见的高中生进行分组讨论。结果发现,分组讨论之后,两个群体之间观点的差距更大了。[①]

在日常生活中,人们往往愿意和与自己观点相似的人交往,这种交往是否会强化一些共同观点呢?研究表明,当男孩儿们一起游戏时,会变得更加富于竞争性并表现出行动倾向,而女孩儿们一起游戏时,则越来越表现出关系倾向。类似的,在对全世界的恐怖组织进行分析后,克拉克·麦考利(Clark Mc-cauley)和玛丽·西格尔(Mary Segal)指出,恐怖主义并不是突然间出现的,而是带有相同不满情绪的人在交流后,逐渐变得更加极端。比如"9·11"恐怖事

---

① 〔美〕戴维·迈尔斯:《社会心理学(第八版)》,侯玉波、乐国安、张智勇等译,人民邮电出版社2006年版,第223页。

件,就是由一群有共同目的的人,在长期互动过程中产生的极化效应所造成的。专门研究中东和斯里兰卡自杀性恐怖主义问题的艾瑞尔·麦若瑞(Ariel Merari)则认为,制造自杀性恐怖事件的关键因素是群体过程。互联网的发展,使得人们更容易与观念或目的相同的人在各种网络空间集结,网络群体极化现象不容忽视。

关于群体极化现象产生的原因有两种主要观点。一种强调信息影响的理论认为,群体讨论可以产生一系列观点,而大多数观点都和主导性观点一致,但其中会包含一些群体成员在此之前并没有考虑到的具有说服力的观点。另一方面,讨论的参与者一旦用自己的话语表达某种观点时,言语的使用会进一步强化其观点。讨论中,同类观点被表述或复述得越多,被认同的程度就越高。随着讨论的深入,个人的最初观点被强化了。另一种强调规范影响的理论则认为,人们常常通过将自己的观点与他人比较,来对自己的观点和能力作出评价。如果人们在比较了各自的立场后惊奇地发现,其他人都对自己最初的意向持支持态度,那他们就会表现得更加坚定。

群体极化现象是群体思维(group think)的极端表现。美国学者欧文·贾尼斯(Irving Janis)分析了美国外交史上的几次重大决策过程,如珍珠港事件、古巴导弹危机和越南战争等,都能发现其中群体思维所导致的决策失败。他提出了关于预防群体思维的几个建议:

(1)保持公平——不偏向任何立场。

(2)鼓励批评性评价——设置"魔鬼代言人",对任何意见都加以反对,以刺激原发性想象,并使群体对反对意见持开放态度。

(3)有时可以将群体划分成几个小组,然后再重新组合,以鼓励表达不同的意见。

(4)欢迎局外的专家和伙伴提出批评。

(5)在方案实施之前,召开被称为"第二次机会"的会议,让大家畅所欲言。

三、群体传播的其他影响因素

《浪潮》是一部根据真实事件改编的德国电影。电影描写一位中学教师,为帮助同学们理解什么是纳粹式的独裁,进行了一场别出心裁的实验。在为期一周的实验中,青年学生们从最初以玩乐的心态体会纪律和集体的重要性,到逐渐沉湎于"浪潮"这一自创的组织,在不知不觉中走向群体极化,酿成悲剧。从群体传播的视角来看这部片子,会发现诸多相关因素,包括以下几点,它们关系到传播形式的选择、传播过程的发展,以及传播能否成功。

1. 人格

有许多因素影响群体中的人际互动,其中最基本的是群体成员的人格(personality)差异。每个成员都会将自己的经历、态度、价值观等带入群体互动。如有的人爱发号施令,而有的人总是消极待命;有的人小心避免冲突,而有的人则愿意引发争议;有的人严肃认真,而有的人幽默诙谐。种种人格,如果配合得当,则小群体的行动会有效;反之,如果出现人格冲突(personality conflict),群体目标的实现就会受到影响。群体成员个性之不同,使群体特性之复杂,远胜于个体的总和。

2. 凝聚力

不同的群体在互动发展的过程中会有不同的表现。有的群体总能顺利开展工作并实现工作目标,而另一些群体则可能矛盾重重、举步维艰,这其中体现出的是群体凝聚力(cohesion)的差别。凝聚力反映出群体成员之间为实现群体活动目标而团结协作,使群体成为一个团队而不是松散的个体集合的程度。凝聚力来自共同的价值观、态度和行为准则,是群体成功的关键因素。凝聚力强的群体,成员满意度高、对群体的忠诚度高、成员互动更为有效,群体行动力更强。

在凝聚力强的团队中,群体传播有几个特点:第一,由于成员在群体中感到安全,因此他们能忍受一定程度的建设性的冲突,成员之间可以自由地彼此批评和表扬。第二,成员能不计个人得失,去为集体争取更大的回报。比如,老师让同学们分成小组完成研究,每一个小组的成员会获得相同的分数。在凝聚力强的小组中,成员会彼此鼓励,去争取更高的分数,而不会斤斤计较谁的工作量更大。第三,成员能获得更多心理回报,如归属感、友谊以及他人的尊重。第四,成员因并肩协作、共同分享集体的胜利和荣誉而备感快乐。

3. 一致性与群体压力

一致性(conformity)是影响群体传播的另一个重要因素,它表示小群体中各成员相互影响、相互吸引和共同性的程度。随着群体活动的展开和群体规范的建立,各成员间逐渐加深了了解,并找到了更多的共同点。起先可能只是由于手段或者目的上的某种一致性而聚合成一个整体,但随着信任和友好关系的建立,人际互动增强,一致性程度逐渐加深,群体的凝聚力也不断增强。一致性是自然产生的,但因为形成思想共识和行动合力会使群体活动更为有效,所以一致性也是群体目标之一。

由于一致性的存在,当成员在群体活动中发现自己的意见与其他大多数人有分歧时,就会感到一种臆想出来的或真实的压力,这就是群体压力(group pressure)。美国社会心理学家所罗门·阿希(Solomon Asch)设计了一个实验。研究者给被试看12套卡片,每套由两张卡片组成,其中一张卡片上有三条长度不同的线,而另一张卡片上有一条线。实验要求被试识别并回答有三条线的卡片中哪条线的长度与另一张卡片中的那一条线等长。在没有群体压力的情况下,绝大部分人都能回答正确。在接下来的实验中,他让8个被试组成一组,判断线条的长度。事实上,这8个人中只有一个是真正的被试,其他的人则是实验助手。在作出一两次正确回答后,助手们开始给出一致的错误答案。实验要观察被试听到其他所有人都给出相同的错误答案后,是否会屈从群体压力。结果发现,在3所大学的123名被试中,有32%的被试遵从了群体的压力,也随之作了错误的判断。

阿希的研究表明,有些人更愿意追随群体的意见,即使这种意见与他们基于自身感觉得来的信息相互抵触。这种迫于群体压力而不由自主地改变自己的认识、态度和行为的现象就是从众。从众有真心从众和违心从众。从众现象的发生与人格特点和个人需求有关,也与传播情境、群体规模以及群体压力的性质有关。有较强的自我意识、自信心和智力水平的人较少选择从众,而尊重权威,或者需要被其他群体成员接纳、注重维持人际关系的人,则可能有较多从众行为。此外,群体规模、群体结构、群体任务的难易程度以及危机的严重程度或突发事件等都可能影响从众行为。如果群体结构紧密、成员之间互动很多,则容易形成较大的群体压力。但随着群体规模的扩大,成员之间的关系变得松散,在大群体中出现许多小群体,则可能分散大群体的群体压力。任务难度大或者在危机状态下,由于不确定性强,很多人会倾向于从众,结果是群体表现出高度的一致性。

四、群体中的冲突

理想的群体应当是成员之间高度一致,凝聚力很强,但实际上,冲突(conflict)现象是群体生活中不可避免的部分,是影响群体传播的重要因素。文化价值观会影响人们对冲突的态度。在个人主义文化(比如美国文化)中,个人的重要性超过集体,冲突被看成彰显差异的方式,因此人们通常不压制冲突,而是以直接和开放的方式化解冲突。但是在崇尚集体主义的文化(比如东亚文化)中,集体一致性的重要性超过个人,冲突被看成对集体的威胁,所以要尽力避免冲突。冲突对群体会产生正面影响还是负面影响,取决于群体成员针对冲突所作出的判断以及理解冲突的方式。

群体间冲突(intergroup conflict)常常被认为有利于群体的生存,能增强群体的目标导向,并使成员高度重视工作。战争可以被视为最极端的群体间冲突。有些管理者会通过树立对立面、指认竞争对手来增强群体传播的有效性。

群体内部冲突(intragroup conflict)一般被认为有负面影响,会削弱凝聚力,造成群体分裂和群体涣散。要想发展并维持有意义的群体关系,我们就必须学会建设性地处理冲突。罗伯特·布莱克(Robert Blake)和简·莫顿(Jane Mouton)提出了冲突坐标模型(图4-2)。在这个模型中,横坐标代表人们对产生结果的考虑,而纵坐标则代表人们为他人的考虑。根据这个坐标,他们提出了五种对待冲突的方式,比较一下,看看你属于哪一种。

1.1风格的人可以被称为"逃避者",总体态度是"放弃并且逃离冲突"。他们可能会认为生活中最好没有冲突,与其承受伴随冲突而来的尴尬,不如赶紧逃离冲突现场。

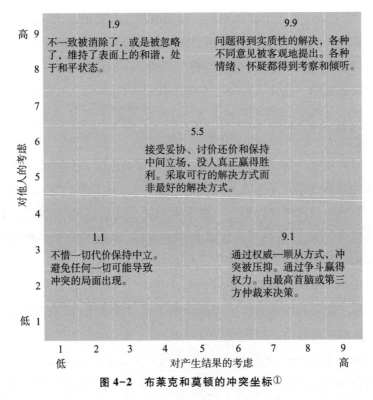

图 4-2　布莱克和莫顿的冲突坐标①

1.9 风格的人是"强迫适应者",总体态度是"妥协加放弃"。尽管生活中确实存在冲突,但这类人却拒绝处理它们,而主要考虑的是确保他人的接受和喜欢,害怕他人的愤怒,愿意做任何事来避免被他人看作麻烦制造者。由于过于看重关系的维持,以至于忽视了个人目标的实现。不惜代价维持和睦的倾向,使得这种人总处在一种紧张状态之中。

5.5 风格的人是"妥协者",总体态度是"寻找中间立场",指导原则一定是妥协。当然,在某些情况下,妥协是有效的策略,但如果总是因为害怕寻求最佳解决方案会导致冲突升级,而努力寻找一种替代解决方案,那也是有问题的。这种冲突解决方式会使双方部分满意,但同时也意味着部分不满意,因此妥协有时候也会被看作"双输"的方式。

---

① 〔美〕特里·K.甘布尔、迈克尔·甘布尔:《有效传播(第七版)》,熊婷婷译,清华大学出版社 2005 年版,第 297 页。

9.1风格的人被称为"竞争推动者"。这种人认为,个人目标比考虑他人要重要得多,因此迫切地需要胜过他人或者统治他人。这种人会采取一种彻底的零和态度,不论付出多少代价或造成多大危害,总要捍卫自己的立场,并与他人竞争,。

9.9风格的人是一个"解决问题的合作者"。他会意识到冲突是正常的,也是有益的,冲突中的任何一方都有其充分的理由,都需要受到足够的重视和考虑,因此会积极地寻求既满足个人目标(结果导向)又满足他人目标(他人导向)的最佳冲突解决方式,能够对事不对人,就冲突进行讨论,探索解决方案。

有效率的冲突处理者主要是问题解决(9.9)和问题缓和(1.9)风格,而无效率的冲突处理者则主要是强迫(9.1)和逃避(1.1)风格。

想一想你属于哪一种?

群体成员在与群体目标有关系的问题上发生争执时,可以遵循理性谈判的步骤。比如先确定症结所在,然后把矛盾化为解决目标,最后决定实现目标的方法和战略。但如果群体成员之间的争论不是因为对问题有不同看法,而是因为彼此在人际交往和个人情感方面存在隔阂,则很可能影响群体传播效果。特别是,由于群体中的交流单元远远多于二人交流中的单元,因此人际冲突不仅可能发生在一对成员之间,而且可能发生在数对成员之间,或一个成员与数个成员、一派成员与数派成员之间。一旦这种情形出现且得不到有效控制,群体的命运可想而知。因此,必须预防和控制人际冲突,在群体成立初期即努力建立积极、诚挚、富有同情心的群体气氛。

在当今的网络时代,虚拟空间中的讨论几乎涵盖了一切话题,众声喧哗之间,意见冲突不可避免地产生,有些甚至上升为网络口水战。口水战本质上是极端个人化的,被激怒的人可能会以更激烈的言辞作出反应,以捍卫个人名誉。口水战还可能影响到本来没有卷入讨论的那些人,并且可能使网络讨论本身变得乏善可陈。对网络冲突应该采取更理性的方式来处理。要知道我们的目标不是尽量减少冲突,而是令冲突的解决变得更具有建设性。

小 结

在本章中，我们首先从群体动力学的角度出发，强调了群体概念的互动性，并提出了七种分别侧重不同特点的定义，这些定义从不同方面反映了群体的一般特点。群体的种类有很多，本章突出强调了带有非正式社交特点的首属群体和带有正式的工作性质的次级讨论群体。群体传播是一个互动发展的过程，在发展过程中会形成特定的传播网络和功能角色，其中个人的有效参与甚为关键。群体传播的特点之一是领导行为的存在，因此本章着重探讨了领导的产生和领导风格与传播效果之间的关系。群体传播研究的重点是以问题讨论为基础的群体决策。问题讨论的有效性取决于问题的性质和讨论的步骤，讨论中要注意防范群体极化的风险。此外，群体中的人格结构、凝聚力、从众现象以及冲突等，也是影响群体传播的重要因素。

◆▪ **推荐阅读**

1. 〔美〕戴维·迈尔斯：《社会心理学（第八版）》，侯玉波、乐国安、张智勇等译，人民邮电出版社2006年版。
2. 〔美〕约翰·杜威：《我们如何思维》，伍中友译，新华出版社2010年版。
3. 〔美〕特里·K.甘布尔、迈克尔·甘布尔：《有效传播（第七版）》，熊婷婷译，清华大学出版社2005年版，第11—13章。

◆▪ **观察与思考**

1. 考察你所在的群体（社团等）中的群体规范，以及成员之间的互动发展。
2. 观察你所在群体的领导及领导行为。群体中存在哪些功能角色？领导风格和工作效率以及成员关系是否存在一定的联系？
3. 集体观看德国电影《浪潮》，讨论其中的群体传播现象及其影响。
4. 如何看待网络讨论中的意见冲突？

第五章　组织传播

本章教学目标：

1. 理解组织传播研究的几大学派
2. 理解组织内的传播过程，如社会化、行为控制、组织决策、冲突管理、多元化管理等
3. 理解关系的外部传播过程，如危机传播与风险沟通等

1987年，华为技术有限公司在深圳创立。经过三十多年的发展，华为现有员工19.7万，业务遍及170多个国家和地区，服务全球30多亿人口，是全球领先的ICT（信息与通信）基础设施和智能终端提供商。除了华为这样的大型民营企业，社会上还存在各种规模大小不一、运作模式各不相同的组织，包括商业的和非商业的、政府组织或非政府组织。

对组织传播的研究始于20世纪中期，并且在六七十年代得以确立。从传播学的角度来说，社会组织是一个通过协调活动来达到个人和集体目标的社会集合体。通过协调活动，某种程度的组织结构得以建立起来，以帮助组织成员处理相互之间以及与更大的组织环境中的其他人之间的关系。组织传播就是要考察组织环境下的各种传播过程以及传播对组织活动的影响。如今，组织传播不仅在学术界站稳了脚跟，而且对私人企业以及公共部门的组织实践者产生了巨大影响。

第一节　组织与组织传播研究

一、组织的定义、类型与特点

1. 组织的定义

传统上对组织的定义是，以社会职能、职业集团为主要侧重点，高度结构化、等级化的正式群体，能完成非个人所能完成的目标。但是，从传播学的角度来说，组织是一个通过协调活动来达到个人和集体目标的社会集合体。组织与群体既有共性，又有差别。某些结构严密的群体也带有组织性，其传播特性可以用组织传播理论来解释，而在组织中又存在自发的非正式的小群体，表现出群体传播的特点。

2. 组织的类型

组织的形式多种多样，划分标准也不同，传播学学者通过对组织目标和权力结构的考察进行划分，以理解组织传播。

一是对组织的目标加以考察，根据组织成员中谁获利最多，划分为以下四种。

（1）共同利益组织：成员通过共同参与共同获得利益。如各种协会和俱乐部、政党、职业团体和宗教组织等。

（2）商业组织：所有者获利最多。如各种商业银行、宾馆饭店、私营企业、私立医院和学校等。

（3）服务性组织：顾客获利最多。如消费者协会、志愿者协会和公立学校等。

（4）带有商业性质的福利组织：如邮政公司、公交公司、国家资助的媒体以及公立医院等。

二是对组织内部的行为控制手段加以考察，可以划分为以下三种。

（1）强制性组织(coercive organization)：对成员施行暴力控制，如监狱、精神病院、国家专政机构等。

(2) 功利性组织(utilitarian organization)：以工资、奖励、职位提升等作为控制成员的手段，如工商企业、政府机关部门等。

(3) 规范性组织(normative organization)：通过对组织规范的共同遵守来控制成员的行为。如一些宗教组织、政治组织和志愿者组织，成员们遵循使命，服务社会。

实际上，现实中的组织形态日益复杂，组织目标也日益多样，很难建立一个单一标准来进行划分。

3. 组织的特点

传统上，工业化时代的组织具有如下特点：

(1) 严密的分工和岗位责任。组织不同于集群，为了进行复杂的劳动，必须实行部门分工和人员分工。比如一家航空公司，就要分成飞行部门、票务部门、行李部门、传输部门以及财务部门和营销部门等。各部门以分工负责和团结协作的方式工作。

(2) 严密的领导体系和权力中心。组织的形成和运行都依赖工作中枢神经——领导体系和权力中心的调节。失去领导体系和权力中心的指挥和调节会出现混乱和瘫痪现象。

(3) 角色的替代或补充。组织的严密性使得每一个角色和岗位都有独特的作用，不能被轻易撤销。角色一旦出现空缺，如成员退休或死亡，就必须有人替代或补充。

(4) 各部门相互依赖和制约，通过传播来协调各种关系。组织目标的实现依赖各部门的协调合作，组织中的单个部门很难充分发挥作用，一个部门工作的好坏常常取决于和其他部门的合作状态。因此，组织的正常运转，各部门之间的关系协调，都要通过多种渠道的传播来实现。

(5) 组织中存在种种正式和非正式的传播网络。组织的传播状况可以通过其传播网络来体现。从传播学角度来看，组织是传播的结果，传播是组织生存和发展的基础，没有传播也就没有组织。以政党为例，从政党的基层组织活动到政党的全国性组织活动，政党的存在常常体现为集会、宣言纲领的颁布以及选举等各种传播活动。传播在组织中发挥着告知、规范、说服以及使组织行为一体化的作用。

在今天的全球化、网络化发展的后工业时代,组织特别是全球工业企业组织的形式有了很大改变。以往的单一权力中心和垂直管理的模式已经为水平式网络化管理的模式所取代,也更倾向于以满足顾客需求为导向,实行弹性生产,并且依工作过程而非任务来组织平行化的层级团队管理。现代组织强调管理责任的分散化、各级员工都掌握充分的信息并接受训练,职工参与和协调管理,在全球范围内建立供应商网络、生产者网络以及顾客网络等,因此全方位的组织传播和企业沟通更为重要。

二、组织传播研究的几大学派

组织传播研究内容丰富,学派纷呈,大体上可以分为基础学派和现代学派两大类。其中基础学派主要包括古典学派、人际关系学派和人力资源学派;现代学派则主要包括系统学派、文化学派和批判学派。

1. 基础学派

(1) 古典学派。

伴随着 19 世纪末工业革命的到来,机械化大生产迅速取代了家庭手工作坊,大批人力集中到工厂和流水线上。为适应这些新的生产模式,一些古典管理理论也相应产生,如亨利·法约尔(Henri Fayol)的古典管理理论、马克斯·韦伯(Max Weber)的官僚理论和弗雷德里克·泰勒(Frederick Taylor)的科学管理理论。

法约尔是 19 世纪末 20 世纪初的一位法国企业家,被誉为"现代经营管理理论之父"。他的理论的影响力体现在两个方面。一是提出管理五要素,即计划、组织、指挥、协调和控制。计划即面向未来,确定达到组织目标的最好方式并促进组织资源的利用;组织侧重于对人力资源的合理配置和对雇员的表现进行评估;指挥是管理层向员工指派任务以达到组织目标;协调能使组织中的个体活动朝一个整体目标努力;控制则通过目标和活动之间的比较,及时调整活动以缩小其与目标的差距,来促进组织按照计划运作。二是为使管理发挥最大作用,提出了一些管理原则,如组织结构原则、组织权力原则、组织报酬原则和组织态度原则等。法约尔的理论是规范性的,而不是描述性或解释性的。他认为员工应公平地得到经济回报,但他只鼓励员工为组织目标而非个人利益而奋斗。

社会学家韦伯的理论集中描述了官僚组织这一特定组织形式的"理想型"。他分析了三种权威类型。一是传统型权威,即不是以实际能力或行为表现为基础,而是职位或地位本身具有的传统权威,如英国女王的权威。二是魅力型权威,其存在于许多崇拜性的组织中,其领袖靠个人魅力吸引追随者并与追随者互动,但魅力并不稳定,因此这种权威也非常不稳定。三是法理型权威,也是在官僚系统中占主导地位的权威。权力依靠的不是个人特质,而是创造规则和规范系统的专门知识和理性,而权威则建立在对规则的理性应用上。他认为法理型官僚组织是一个封闭系统,有着对规则、等级、劳动分工和决策权力集中的严重依赖,因此形成以理性为主导,而个性被压抑的高度非人性化的氛围。

与法约尔的理论相反,泰勒的理论不注重组织结构,而将重心放在管理者和员工的关系以及对员工行为的控制上。他的科学管理理论运用科学方法来确定完成工作的最佳方式,然后再采用科学方法将适合这项工作的人挑选出来,并接受由时间和动作研究所确定的最佳工作方式的训练,从而保证组织的最佳运作效率。

古典学派对组织的核心比喻是"机器",其中包含着专业分工、标准化、可替代性以及可预测性等若干原则。古典学派侧重于对管理要素和管理原则的考察,如等级结构秩序、自上而下的权力集中式管理、个人服从组织等,其管理目标在于用科学管理手段提高工作效率。因此,古典学派的传播内容主要是和工作有关的问题,信息传播流向是沿着组织层级结构等级链自上而下垂直流动。虽然有许多传播渠道可供选择,但在古典学派管理中,书面传播方式最为普遍。由于古典学派理论强调规则和程序在组织运作中的持久性,因此这些组织可能非常依赖如员工手册、操作指南、岗位行为评估等正式的传播手段。古典学派的管理原则在今天的组织中仍然被广泛运用,如军队组织、生产装配车间以及快餐店等,这类组织的核心任务具有高度重复性和例行性,因此对纪律秩序、生产标准及工作效率的强调非常重要。

（2）人际关系学派。

人际关系学派起源于1924—1933年在霍桑工厂进行的一系列调查研究，这些研究后来被称为霍桑实验(Hawthorne Studies)。研究最初的目的是了解工作环境的改变对员工生产效率的影响，但后来却转向对员工的社会需要和情感需要的解释。研究者发现，导致生产效率提高的直接原因是给予员工的关注，由此提出霍桑效应(Hawthorne effect)理论，即对个人的关注会导致其行为改变。后来的研究又进一步发现群体互动等非正式的社会因素以及管理风格的影响，从而促使组织研究摆脱古典学派的机械观点，转向人际关系学派。

人际关系学派的代表性理论包括马斯洛的需求层次论、弗雷德里克·赫茨伯格(Frederick Herzberg)的激励—保健理论(Motivation-Hygiene Theory)以及道格拉斯·麦格雷戈(Douglas McGregor)的X理论和Y理论。马斯洛的需求层次论已经在本书第二章中有介绍。虽然需求层次论是一个与人类动机有关的一般性理论，但也常常被用于对组织行为的研究，认为组织应根据人的不同需求而提供适当的工资和工作条件，而其对自尊和自我实现需求的关注更反映出组织理论的转变。

赫茨伯格的激励—保健理论关注员工对工作的满意度。他认为，某项工作包含的责任、成就、认可、挑战性及个人职位在组织中的提升，属于激励因素，会使个人对工作感到满意。而保健因素则包括物质工作条件、工资福利待遇、公司政策及管理水平等，缺乏这些因素员工会感到不快和不满。

麦格雷戈于1957年提出X理论和Y理论。X理论假定多数人：①天生懒惰，尽一切可能逃避工作；②没有抱负，怕担责任，而宁愿被领导；③天生以自我为中心，无视组织的需要；④天生抵制变革；⑤容易受到骗子和野心家的欺骗。因此管理者要强化管理，主动介入，以说服动员、处罚奖励等多种方式改变员工的消极态度，引导他们努力工作。但Y理论则相反，它认为一般人并不天生厌恶工作，而是愿意对工作负责，并有相当程度的想象力和创造才能。因此控制和惩罚不是实现企业目标的唯一办法。管理者的工作就在于激发这些有智慧、有动力的员工的天生才能，通过满足职工爱的需求、尊重的需求和自我实现的需求，使个人目标和组织目标融合一致，达到提高生产率的目的。

人际关系学派对组织的核心比喻是"家庭"。这一比喻包含着对员工社会需要和情感需要的重视、对组织中各种非正式社会因素的关注以及对管理风格变化的强调等。人际关系理论家强烈反对把个人当作可预测的组织里一个能够随意替换、只受经济因素驱动的齿轮,而要求把员工看作需要关系、社会互动和个人成就的人。在组织这一"家庭"中,管理者像家长一样负责为孩子们提供良机,使他们的需要得到满足,能力得到培养。

从传播内容来看,与工作有关的传播仍然存在,但它必须与有关人际关系的维持性传播形影相随。从传播流向上看,人际关系学派不否定信息垂直流动的必要,但是却大力提倡横向流动,即成员之间的互动,因为它们对实现组织目标同样重要。在传播渠道上,面对面的传播被突出强调,因为它包含更多古典学派中书面传播难以包容的非语言暗示和反馈,因此有更强的社会表现内容,其非正式性也更多地体现了管理人性化的特点。

人际关系学派的理论原则在当今的组织中有多方面的体现。管理者普遍地不再把员工看作可替换的齿轮,而相信员工具有与组织运作密不可分的需要和欲望。管理者在决策过程中通常会考虑员工个人需求及其家庭情况等人性因素,比如破产企业会主动为员工安排就业或开展新的训练。古典学派的分工原则常常导致工作高度专业化、规则化和过分单调,而人际关系学派则强调工作丰富化,突出激励因素,通过工作的技术多样性、工作认同性、工作重要性、自主性和重视反馈等特别设计来满足员工较高层次的需求,如自尊与自我实现。人际关系学派认为,开放式传播能以其社会性和非正式性,来满足个人需要,减少冲突,从而提高企业绩效,但是这种理论也受到了一些质疑。

(3)人力资源学派

人力资源学派开始于20世纪50年代。这一学派既肯定古典学派和人际关系学派对组织的研究,又在观念上有很大不同。古典学派把员工看作可以任意更换的机器零件,仅仅从"工作"特别是体力劳动的角度看待员工。人际关系学派从"员工感觉"的角度,把员工看作有一系列复杂人性需求的个人,这些需求要通过有特色的激励工作和相互理解的管理工作来得到满足。人力资源学派认为,组织里的个人具有重要的感知能力,员工的思想和观念能使组织更好地运作,因此把员工同时看作组织的智力和体力的贡献者。

如果说霍桑实验是使组织思潮从古典学派跃向人际关系学派的跳板,那么从人际关系学派跃向人力资源学派则并没有类似的跳板,而更多是对人际关系学派原则有效性的质疑和改进。比如,人际关系学派强调通过参与管理来满足员工对归属和尊重的需要,并希望满足这样的需求会带来更高的生产效率。但管理者很可能认为员工没有进行高层决策或独立工作的能力和才干,因此会出现虽然征求意见,但决策时根本不予考虑之类的"虚伪性参与"行为。但是人力资源学派把员工看作能促进组织运作、满足个人需求的人力资源,设定参与制度是为了发挥下属的创新观念的作用。因此人力资源管理不是简单地挂一个意见箱,而是实行一套能充分开发组织成员思想和技能的参与形式,如建立自我管理团队或推行全面质量管理,全面吸纳从一线工人到工程师再到各级管理者以及营销人员的意见和建议。因此,人力资源学派需要传播形式有更深层的变化。

总体上来说,人力资源学派对组织的比喻是"团队"。除任务传播和社会传播外,它还强调创新传播,即组织中关于新观念的互动,包括如何把工作做得更好、新产品研发以及不同的组织结构方式创新等。由于人力资源学派特别重视和鼓励员工向组织提出合理化建议,因此创新传播尤为重要,它能使组织效能和个人目标成就最大化。从传播方向上看,人力资源组织鼓励组织中全方位的信息流动,因此,这类组织中的传播包括所有方向——从上到下、从下到上、水平以及交叉方向上的传播。这种多重方向的传播通常发生在人力资源组织以团队为基础的背景下。也就是说,传播不局限在一定的组织层级中,而是倾向于重新配置组织流程图,以促进新观念达到最佳的流动状态。比如,某个由营销、制造、销售、研究和金融等方面人员组成的多功能团队,会聚集所有人讨论新计划或新产品。这种以团队为基础的传播能把组织成员的独特贡献发挥到极致。

为了实现对人力资源的有效利用,使组织生产效率最大化,人力资源组织没有对某种特定传播渠道的偏爱,而是利用各种各样的传播渠道,以便和工作性质相配合。比如,设计一个销售新产品的计划可能需要面对面互动,而确定开会时间则可以通过短信或电子邮件来完成。人力资源的组织人员在选择传播渠道时，会充分考虑渠道特点、个人特性、相互关系以及工作环境等各种因素。由于人力资源学派强调以团队为基础的全方位传播，因此，与古典学派和人际关系学派相比，会偏重非正式传播，但是也不排斥正式传播。

我们可以从对组织的隐喻、传播内容、流向、渠道和类型四个方面比较一下古典学派、人际关系学派和人力资源学派中的传播差异。参见表5-1。

表5-1　古典学派、人际关系学派和人力资源学派的组织传播理论比较

	古典学派	人际关系学派	人力资源学派
组织隐喻	机器	家庭	团队
传播内容	工作任务	工作任务或社交	任务、社交、创新
流向	垂直（自上而下）	垂直和水平	全方位
传播渠道	通常为书面	通常为面对面	所有渠道
传播类型	正式	非正式	兼具正式与非正式

从表5-1中可以看出，除了对组织的隐喻不同之外，人际关系学派比古典学派更重视社会性因素，而人力资源学派则更关注新观念的互动，比如重视和鼓励员工提出合理化建议等，以促进组织效能和个人目标成就的最大化。为此，人力资源学派以团队为基础，避免传播方向拘泥于组织层级，而倾向于重新配置组织流程图，以促进创新观念的最佳传播，如将研发、制造、销售和金融等不同部门的人组成多功能团队来讨论新计划或新产品，以把团队成员的人力资源潜力发挥到极致。创新传播有助于应对像新产品开发这种高度不确定性的工作，因此对传播渠道的选择也会考虑个人、关系结构、任务性质及环境等因素，做全方位的选择。就传播类型而言，古典学派的正式传播能确保组织运行的长期性，人际关系学派的非正式传播则能满足人性需求并激发创意，人力资源学派二者兼具，并以非正式传播为主，因此更适合以团队为基础的全方位传播。

2. 现代学派

（1）系统学派。

"系统"这一概念来源于生物和工程领域，20世纪六七十年代被应用于组

织研究。组织的系统隐喻认为组织不是一部独立自主的机器,而是必须通过与环境互动来求得生存的复杂有机体。作为一个复杂的开放系统,组织依赖各子系统之间的互动以及组织与外部环境之间的互动而生存和发展。一个组织就如同一个人体系统,由许多次级系统所组成,如消化系统、神经系统等。同样,次级系统也是由更次级的系统所组成,如心血管系统就包含了心脏系统和血管系统等。大系统与其所包含的各子系统之间不仅存在层级秩序,彼此还具有很强的相互依存性,一个子系统出了问题,会导致其他部分甚至整个系统的功能受损。此外,系统之间还具有一定的可渗透性,即需对环境有某种程度的开放,以供信息和物质在系统中流动。正是基于系统的可渗透性,系统中存在着输入—中继—输出(input-throughput-output)的过程,其中包含两个最重要的子过程,即交换过程和反馈过程。过程使得系统具有整体性,即整体大于各部分之和。而各部分之间的相互依赖,则使得同一系统可以从不同的起始条件出发,通过不同的途径,达到同样的状态,即殊途同归。系统具有的开放性使其具备让自身免于崩溃和寻求繁荣的能力,即负熵(negative entropy),而外部环境的复杂性也使得系统的内在运作必须和所在的环境一样复杂多元。[①]

许多与组织传播相关的理论都以系统概念为基础,包括开放系统理论、结构功能理论和社会技术系统理论等。网络分析是组织系统研究的重要方法之一,就是以产品服务、信息、情感表达以及控制影响等网络内容为依据,勾画出网络成员之间的来往关系,以反映组织系统的结构功能特点。此外,还可以通过建立模型以及个案分析等方法来观察组织系统的发展和运作。

(2)文化学派。

文化学派将组织看作一种"文化",这一比喻来源于文化人类学的研究。是什么使得华为不同于联想?是什么使得我们所在的高校不同于其他高校?关于组织文化有两种不同的理论观点。规范性理论把文化看作组织的拥有物,探讨什么样的"正确的"文化能使组织成功或者失败。解释性理论则认为组织本身就是一种文化。每个组织都有其行为方式,并对其行为有自己的一

---

① 〔美〕凯瑟琳·米勒:《组织传播(第二版)》,华夏出版社2000年版,袁军等译,第67页。

套说法。要理解这些行为方式和说法,就需要研究组织文化。

在规范性的组织文化研究中,特瑞斯·迪尔(Terrence Deal)和阿兰·肯尼迪(Allan Kennedy)提出,商业成功可以通过发展"强势文化"(strong culture)[①]来实现。如果一个组织具有强势文化的成分,那么它将是一个适合工作的地方,会同时提高个人和组织的绩效。他们提出强势文化的四个关键成分。一是价值观,即组织所提倡并得到员工认同的关键信念和看法。比如华为集团的价值观一共有六条:成就客户、艰苦奋斗、开放进取、自我批判、至诚守信和团队合作。二是英雄,也就是代表了组织价值观的个人神话,如微软公司的比尔·盖茨、华为集团的任正非和孟晚舟。三是礼仪和习俗,是组织用来弘扬其文化价值观的仪式,如每年举办的杰出员工评选活动、反映公司团结友好氛围的运动会或团体野餐会等。四是文化网络,即用于确立和强化文化价值的传播系统,如企业开设微信公众号,以促进价值观的广泛传播。然而,规范性研究偏信"正确"文化对组织成功的作用,有使组织生活简单化的倾向,因此很多研究倾向于放弃以上的简化研究,而转向对组织文化的描述性和解释性研究。

描述性研究者不把组织文化看作可以和应该被"经营"的事物,而是看作一个特定组织"成为它自己"时显现出来的"独特的方位感"。他们强调,组织文化是通过组织成员互动的社会化过程而创造出来的多元复杂现象,价值观信念系统、隐喻、故事、仪式庆典以及传播规则等只是组织文化显现的部分指标,对组织文化的研究应当更多地借助对成员互动的密切观察来进行,要通过"文化故事"的细节化叙述来充分理解组织文化的特性。

(3)批判学派。

批判学派对组织的比喻是政治和权力斗争。批判学派的哲学基础源于马克思。他对资本主义社会的劳资关系进行了考察和批判,认为劳资关系先天失衡,而劳工终将起来反抗资本主义制度。马克思的批判研究方法影响了以

[①] Terrence E. Deal and Allan A. Kennedy, *Corporate Cultures: The Rites and Rituals of Corporate Life*, Addison-Wesley, 1982.

法兰克福学派为代表的传播学批判学派。在组织传播领域,对古典、人际关系和人力资源学派而言,理论的作用一般在于寻找有效的组织管理技巧。对于系统学派和文化学派而言,理论的作用则在于理解或阐释组织传播现象。但是,批判学派将组织视为权力支配的场所,理论的作用在于揭露组织结构和过程所导致的基本的权力失衡现象,以促进某些社会阶层和团体从压迫中被解放出来。因此,批判学派特别关注权力在生产方式、组织话语以及意识形态中的表现,对性骚扰等问题的研究代表了其中女权主义的批判立场。

权力控制及支配问题是所有批判理论的中心。传统的研究经常把权力和组织中的层级地位相提并论,关注权力对工作满意度和表现等结果的影响。文化学派则采用象征性的研究方法,关注权力结构内部和权力结构之间的对立,以及处理这些对立的传播过程。批判学派则以激进的方法,关注组织生活方式赖以产生和再生的"深层结构",并认为权力的"表面结构"和"深层结构"之间存在着天然的对立,必须进行探究。比如,权力对生产方式和方法的控制。当资方管理者控制了工作场所的生产过程和技术时,就会产生被异化和被压迫的劳动力。异化可能源自科技带来的重复、无聊的工作;当工人被机器人或其他科技成果取代或限制时,就会产生压迫。权力也体现在对性别问题的控制上,如性骚扰和性别歧视等。权力关系还会体现在对组织话语的生产和再生产的控制上。

批判学派总的研究方法论是意识形态批判(ideology critique)。他们也常常收集关于语言、动机和行为的文化方面的阐释性论据,对存在于组织中的权力关系作出判断。解构(deconstruction)技巧也很常用,就是通过"分解"文本来揭示其社会和政治意义,从而实现意识形态批判的总目标。

第二节　组织的内部传播过程

一、组织内部的基本传播过程

组织的显著特点是活动不断。人们要了解工作的任务和方向、进行各项决策、处理冲突、为客户服务等,所有诸如此类的传播过程都成为组织传播学者的关注焦点,其中最基本的传播活动包括社会化、行为控制、决策和冲突管理,之所以统称为过程,是因为这些活动都是持续发生的。

1. 社会化

组织中的社会化主要指个人成为组织中的有效一员的过程。当今社会流动性越来越大,人们在组织中"来来往往",因此理解组织和个人之间相互适应的过程,就显得颇为重要了。员工对组织生活的适应是渐进式的,一般包括预期、磨合和转变三个阶段。社会化实际上从员工正式进入组织之前就开始了,实习、招聘面试和岗前培训都是重要的社会化手段,员工在工作中也会不断寻求各类相关讯息。社会化最主要的内容包括与角色相关的和与组织文化相关的各类信息,个人在接受这些信息的同时,也发挥个人作用。

许多传播策略可以用于组织的社会化过程。有的组织将新员工组织起来,进行正式的岗位培训。也有的组织会采用"师徒制",让资深员工指导新成员。研究表明,制度化的社会化过程似乎增强了工作和组织的凝聚力,从而使员工更加忠诚,而个人化的社会化过程则促进了角色转化,使角色有更好的表现。对社会化的研究还包括一些相关模型的建立,如角色发展的领导—成员交换模型等。

2. 行为控制

目标导向是组织行为的重要特征,无论组织本身还是组织中的个人都会有一定的目标,而传播在组织中的重要作用之一,就是对有利于实现组织和个人目标的行为进行协调和控制。举例来说,一个公司的市场部经理想进一步了解顾客需求,因此她可能采取一系列步骤,比如召集下属开会,共同拟订一套方案,包括设计问卷、安排访谈等,然后向下属布置各种具体任务,观察他们的表现,并进行适当的奖惩等。所有这些活动都体现为某种行为控制。"胡萝卜+大棒"是比较常见的奖惩控制方法,在使用奖惩控制时,专家们特别关注奖惩在多大程度上可以激发成员的个人努力,以及奖惩控制如何体现公平性。

除奖惩控制外,组织中的行为控制还包括说服影响、目标设定以及反馈控制等。对说服影响的研究有七种主要策略,即坚决要求、谈判协商、以联盟求支持、友好示意、依靠上级权威、说理以及以制裁相威胁等。目标设定侧重利用设定的目标使员工绩效最大化和激励最大化,其中尤为强调的是目标的明确性、目标难度和目标设定中的参与。反馈控制的主要表现形式是绩效评估。其中最引人关注的有五点:一是反馈的正面价值和负面价值;二是反馈的及时性;三是反馈的明确性;四是反馈的频率次数;五是反馈的敏感性,即反馈是否显示了对接受者内心感受的关注。

3. 决策制定

决策是组织中最重要的活动之一。一些决策可能涉及企业的战略方向,如关于合并或收购的决策;另一些决策则可能仅仅涉及员工的日常活动,如关于如何向客户表达问候等。决策可能是长期研究的结果,也可能是危机状态下的仓促决定。决策可能由一人单独做出,也可能由群体商议决定。不同的决策在效果上存在差异。而关于决策传播的研究有许多相应的决策模型。

传统的组织行为理论把决策看作一个纯粹理性的逻辑过程,其"最优化"的标准模式包括五个阶段:阐述问题、建立概念、仔细论证、评估和实施。但是后来的研究却提出了一些决策替代方案。原因在于,最优化决策可能超出了一般管理者的有限理性,管理者也未必有充分的时间和精力来这样做,管理者对"满意"而不是"最优化"的决策追求,使得大量的组织决策采用非逻辑的"直觉经验"或"类推"甚至是"垃圾桶"模型。

针对小团体决策中可能出现的"群体极化"现象[①],研究者还建议在决策中引入适当的冲突,比如由特别成员提出相反的带诡辩色彩的观点,通过双方辩论来寻求一致。也可以对现有方案"吹毛求疵",以提高决策质量。对决策的传播学研究还包括对员工民主参与的考察和相关模型的建立,而这些是人际关系学派和人力资源学派都甚为关注的传播过程。

4. 冲突管理

两名快餐店的员工为避免自己周末当班而争得面红耳赤,互联网公司职员发起反996运动,甚至一些企业爆发罢工等,都是组织中常见的冲突现象。组织冲突既可能破坏组织关系,又可能成为组织发展的动力,而传播的重要作

---

① 关于"群体极化现象"参见第四章第三节相关内容。

用,就体现为对冲突进行有效管理。

组织中的冲突被界定为"持有相对立目标与价值观的相互依赖的人们之间的互动,他们将对方视为实现自己目标的潜在干扰"[1]。劳资双方在薪酬和福利分配上的冲突、公司高层对下一财政年度企业投资的争论等,都反映出彼此目标的不相容和相互间的依赖、互动。组织冲突会在不同的层面上发生,其中既有人际冲突,又有组织内的团体间冲突以及组织之间的冲突。对组织冲突的管理包括对冲突过程的把控和对解决策略的选择。其中以肯尼斯·托马斯(Kenneth Thomas)提出的冲突管理方格模式最为著名(图5-1),在这一模式中,他以对自身的关注和对他人的关注为坐标,分别说明了从回避、迎合、妥协到合作与竞争等五种策略选择的特点。除此之外,还存在着处理冲突的协调策略以及第三方参与策略等。

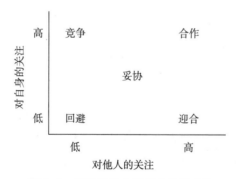

图 5-1　托马斯冲突管理方格模式[2]

二、组织内部的新兴传播过程

随着时代的发展,今天的工作环境正在发生巨大的变化,出现了一些新兴的组织传播过程。

1. 心力交瘁和社会支持

科技进步以及后工业时代的全球竞争,使人们处于更快的生活节奏和更

---

[1] 转引自〔美〕凯瑟琳·米勒:《组织传播(第二版)》,袁军等译,华夏出版社2000年版,第172页。
[2] 同上书,第175页。

大的工作压力之中。有关"过劳死"的新闻越来越多,有关员工"心力交瘁"(burn-out)所产生的严重后果日益引起关注。"心力交瘁"一词由赫伯特·弗罗伊登伯格(Herbert Freudenberger)提出,是指由于工作压力太大而导致的精力耗尽的情形。[1]克里斯蒂娜·马斯兰奇(Christina Maslach)认为心力交瘁由三个相互联系的层面构成。第一层是情绪上的心力交瘁。此时员工会感到劳累、受挫、被掏空而无法面对第二天的工作。第二层是缺乏个人成就感,即将自己视为失败者、不能有效地完成工作任务的人。第三层是个性丧失,仅指那些必须在工作中同特定的人(例如顾客、病人或学生)进行人际交流的人。在"心力交瘁"的状态下,员工可能会透过有色眼镜看人,对别人形成不好的评价,从最坏的角度估量他人,甚至对他们表示厌恶。[2] 因此,组织传播研究致力于研究导致"心力交瘁"的因素和消除"心力交瘁"的传播策略。

研究人员考察了大量导致心力交瘁的组织压力源。最常被确立的职场压力源是工作量、角色冲突以及角色模糊。生活中的压力事件,比如离异、迁居、怀孕、孩子的成长叛逆、亲人死亡以及退休等也会连带影响工作中产生的身心疲惫,但影响最大的是长时期的生活烦恼,以及为保持工作与家庭平衡而产生的紧张情绪。"心力交瘁"极易影响员工身心健康,并导致人事变动和人员流动。

处理员工"心力交瘁"的方法有几种。问题聚焦法直接针对导致心力交瘁的原因;事态评估法主张改变对压力状况的看法,如使员工相信现在努力工作有利于未来的提升;情绪集中法则尝试各种有助于减轻压力感的身体放松方法。一些组织还有专门的社会化项目,通过控制员工工作量、设定休息和休假时间、安排弹性工作等方法来对付"心力交瘁"。研究表明,员工参与决策可以减少角色冲突和角色模糊现象,从而缓解压力。而社会支持是消除"心力交瘁"的第二种传播途径。社会支持的来源很多,主要是上司、家人和同事,最常见的是信息支持、情感支持和手段支持等三种方法。比如上司可以减轻员工的工作量,或者对职责范围进行清晰解释以消除压力源。家人可以通过理

---

[1] Herbert J. Freudenberger, "Staff Burn-out," *Journal of Social , Issues* Vol.30,No.1, 1974, pp. 159-165.

[2] Christina Maslach, *Burnout: The Cost of Caring*, Prentice-Hall, 1982.

解、安慰以及减轻家务负担等办法提供情感和手段上的支持,而同事之间则主要以共鸣、移情和认同等方式给予情感和手段支持。

2. 多元化管理

随着越来越多的企业走向国际化,组织中的多元化管理问题越来越多。文化差异可能会成为组织中有效沟通的障碍。女性及有色人种在组织中可能会遭遇待遇差别和升迁障碍。多元文化管理带来了传播方面的挑战。在多元文化群体形成之初,其工作表现和团体互动过程都可能比单一团体要逊色,但是随着时间的推移,与单一团体相比,多元化团体看待问题会有更多的视角,因此能提出更为多样的选择方案,从而更具有创新和解决问题的能力。

对多元化组织的管理首先要提高员工的跨文化相互适应的意识,其次要为少数文化群体提供适宜的教育培训计划和制度安排,比如增加相应的跨文化团队项目的训练、安排一些非正式的社会交往活动等,最后要审视组织文化,看组织的核心价值观是否可以促进组织的多元文化管理。

三、其他影响组织内传播的因素

1. 组织传播的媒介选择

一百多年来,现代媒介技术的发展使组织中的传播方式日渐丰富。组织内的人际传播从面对面谈话到电话交谈,从手写书信到电子邮件,再到今天的微信视频通话。组织内的群体传播,从文件、备忘录、信函、员工大会,到互联网电子邮件、局域网、远程视频会议以及计算机决策辅助系统。一般说来,我们总是倾向于采用那些最经济、最方便的传播手段,但实际上,除了经济、方便等特性外,不同的传播方式和传播媒介还有许多会影响传播效果的其他特点。一个管理者如果要提醒员工关注即将召开的会议,那么他会选择哪种媒介?如果他要解雇一名员工或者化解两位下属之间的冲突,那么他的媒介选择会和前面一致吗?对于这些问题的思考,专家认为,组织传播的媒介选择应当使媒介特性与传播的任务特性相一致。对媒介特性的考察除了速度、覆盖范围和使用价格外,更重要的还有四项指标,即反馈性、多元讯息性、自然语言性和个人性。能够满足上述所有或多个标准的媒介被称为丰裕媒介(rich media),

反之则被称为匮乏媒介(lean media)。在处理诸如辞退员工或调解矛盾这样的复杂问题时,需要使用丰裕媒介以达到沟通效果,而处理开会通知这样的传播任务时,则应使用丰裕度低的匮乏媒介,以降低传播成本,提高传播效率。

2. 正式与非正式的组织传播

在组织中,讯息的传递可以分为正式和非正式两种。正式的组织传播遵循组织内部结构,有自上而下的,也有自下而上的,还有平行传播,一般以文件、命令、决定、规范或报告的形式出现。如请示汇报、公函、会议制度、责任制度等。正式传播要适当,若过多则会陷入文山会海,过少则会因缺乏必要的信息而降低传播效率。

非正式传播是组织正式传播网络以外的信息交流形式。非正式传播形式多种多样,例如组织成员工作时间以外的私人交谈、非正式群体的私人聚餐及娱乐活动等。非正式的组织传播不限于普通成员,领导者以个人身份参加的交流活动也属于非正式传播的范围。非正式的组织传播可以在任何时间、任何地点以人际互动的形式进行,在正式传播之外发挥以下独特的作用:

(1) 使成员有归属感、安全感,促进成员的相互认识。

(2) 使成员能够公开、友好地讨论他们所关心的问题,释放压力。

(3) 保持成员的自尊和一定程度的自由。

(4) 有助于正式的讯息传递。

(5) 为人际传播和群体传播提供非正式的信息网络。

(6) 提供社交机会。

(7) 为管理层的决策提供实际的信息。

(8) 产生未来的领导者。

组织中的非正式传播通常在很大程度上具有群体传播的性质,可以用群体传播的某些原理加以解释。但它与群体传播又不完全一样,它是作为正式传播网络的辅助系统而存在,而不是独立存在于特定范围内的传播渠道。

3. 雇员表现与办公室政治

无论在何种组织中从事何种职业,雇员们都会逐渐表现出某种职业化的倾向。在强调敬业精神和职业道德的同时,雇员们会有不同的工作表现。

（1）操纵型雇员追求控制人或事。他们总是采用聪明的办法获取所需，比如找替罪羊、推诿或躲避（告病、装没看见等）。比如某人在一年前的一次广告活动中失败。当新雇员来时，其鼓动新雇员再次尝试。如果成功，这个人可以分享成果；如果失败，也可以挽回一点面子。

（2）自私自利型雇员为个人的获利寻找一切机会。他们善于以假乱真，常常表现为一个先进分子，实际上处处找机会，并且四处兜售自己。

（3）劝诱型雇员常常以个人关系为借口劝人妥协，比如和同事说"这事我只和你一个人说，因为我只信任你"。

（4）敬业型雇员很自信，也信任别人。他们能客观地接受他人的评价，也能给他人客观的评价。他们善于让大家分享权力和共担责任，喜欢建设性的工作，相信别人的能力，能发现别人的需要并激励他们，并能分享别人成功的喜悦。

绝大多数员工都可能在不同时期有以上几种行为表现，每一种表现都有着特定场景下的合理性解释，但是为了提升传播的有效性，应尽量追求敬业精神。组织中的有效传播最重要的是人际信任和高昂的士气，各级领导也极力关注下属的自我感受和自尊要求。

除雇员表现外，办公室的人际关系之复杂众所周知，称其为"办公室政治"毫不过分。一些很有才干的人因为不能很好地处理这些问题而无从发挥才干。真正的敬业者应当能对办公室政治有所作为，建立有效的权力基础从而使每一个人都能充分发挥作用。

第三节　组织的外部传播过程

一、组织外部环境

组织外部环境是指由各种机构、团体和公众所组成的更大范围的环境，一个小小的快餐店的运转，就可能受到税收、卫生检查、同行竞争乃至顾客喜好等各种外部因素的影响。良好的外部环境会使组织生存相对轻松简单，而变幻莫测的外部环境则增大了组织发展的成本，甚至使组织处于风险之中。早期的研究侧重于经济环境,现在则更关注社会、政治环境的影响。比如2021年随着政府"双减政策"的出台,大量的课外教辅机构纷纷转型甚至关闭。在互联网传播的环境下,一些组织也因为网络舆情事件而陷入危机。

公共关系学者詹姆斯·格鲁尼格(James Grunig)和托德·亨特(Todd Hunt)将组织环境分为四类,以描述公共关系必须应对的公众类型(表5-2)。

表 5-2 组织环境分类①

环境类型	举例
授权型	政府;管理机构;审查、颁发许可证的机构
功能型	供应商;雇员群体;职业中介机构;顾客;财政机构
规范型	贸易协会;行业组织;竞争者
普通型	当地社区;媒介组织;"一般公众"

授权型部门主要负责组织的职权分配并管理其运作。对一些大型公司来说,政府的宏观调控对企业发展非常关键,因此政府传播是组织对外传播的重要内容。功能性部门在绝大多数组织环境中所占比重最大,既向组织输入,也获取组织输出。比如一家医院的功能型环境包括患者、雇员、医药公司、当地医护学校、保险公司等。规范型部门代表与组织有着相似利益的组织,为组织行为确立相应的同行规范。普通型部门则指除以上之外可能影响或者受影响的部门,比如当地社区或媒体等。现在一个更通行的说法是利益相关方(stakeholders),泛指所有与组织有利益关系的机构或社会群体。对组织来说,最重要的是辨别环境成分是支持性的还是敌对性的。特别是当组织在危机中要面对各种各样的公众时,这种区分尤为重要。

二、组织外部传播的功能

为实现组织目标,组织成员必须时时与外部环境中的各种行为主体进行互动,特别是在整合营销的管理思路下,应当使组织的全体成员,在与外部接

---

① James E. Grunig and Todd Hunt, *Managing Public Relations*, Rinehart & Winston, 1984.

触的每一个点上,都能发挥传播作用。总体来说,外部传播要实现以下三种重要功能:

(1) 协调组织间的关系。

要在环境中生存发展,组织之间必须形成持续的互动关系。这种组织间的关系错综交织,从而形成组织系统间相互连接并且交换信息和资源的"超系统"。以上介绍的环境中的各种相关组织构成了组织环境的主体,因此要特别注意发展和维持组织间的合作关系。组织间的交流既包括实体的交流,如资金、商品或人员的交换,又包括信息的交流,两者相辅相成。

(2) 创立和维护组织形象。

组织不仅要适应环境,也要竭力对环境施加影响,树立和维护组织形象,以在大众头脑中形成一个描述性、评价性的,令人产生倾向性心理的印象。形象专家们设想的影响力是从组织到公众再到立法者,最后再回到组织的一种循环。比如一家制药公司,它极力向公众展现的,是它为满足公众的健康需要而不懈努力的积极形象。它希望这一积极形象能得到公众的认可和青睐,从而有助于享受较为优惠的产业政策。特别需要指出的是,组织形象并不完全取决于组织有目的的创建活动,组织环境中的成员会根据各方面的信息,特别是组织以外的信息形成对组织的认识。因此,从事公共关系活动的组织成员需要切实把握组织的公共形象,不可陷于主观感觉而忽视外在信息。当组织面临危机时,其公共形象变得至关重要。在这方面有许多经典案例。

(3) 为顾客提供服务。

这是最微观层次上的组织对外传播,但却是最普遍也最重要的。我们目前正处在"服务型经济"的环境中,公众对服务越来越关注,要求也越来越高。服务性传播可以有多种表现形式。超市店员要努力表现得殷勤周到;汽车销售商则侧重于操作指导;而银行经理更强调个性化服务。服务形式对顾客的满意程度和行为会产生很大影响。对组织来说,当顾客对服务有所期待时,对顾客这种期待的满足是必要的。如果服务超出顾客的期待,他们会感到惊喜,从而提高对产品的忠诚度。但是,当服务低于他们的期待时,比如在听取售房人员的介绍时,感觉信息不全或者受到控制,就会感到失望。对组织内部成员来说，顾客期待也许会增加他们的情感付出以及相伴的压力，如果再加上裁员压力和不切实际的工作要求，可能会导致问题的出现。

组织外部传播要重视组织边界沟通者。职业公关人员负责管理组织与公众之间的沟通，危机中组织会指派发言人来应对媒体和公众，以保证组织内部的正常运转。除此之外，很多组织内的角色也被要求同组织环境外部的人员进行大量广泛的传播，比如推销人员和采购人员负责产品或服务的内外沟通，人事部门则通过招聘活动与外部环境沟通，接待员、警卫以及负责安排会议的秘书等，也在组织与外部环境之间发挥缓冲作用，特别是在危机状态下，这些人员就代表组织承受外界压力。除缓冲功能外，组织边界沟通者还需要从环境中寻找和收集信息，并代表组织，向外界提供有关自身的信息，以形成或影响他人对组织的认识和相应行为。

三、危机传播与风险交流

现代社会也是一个充满风险的社会，正如德国学者乌尔里希·贝克（Ulrich Beck）在《风险社会》（*Risk Society*）一书中所说，相对于传统社会中单纯的短缺风险和灾难风险，当前社会风险的基础是工业现代化的过度发展。组织可能遭遇的风险也是多种多样的，因此风险沟通和危机传播就成为组织传播的重要内容。

什么是危机？学者们有不同的定义。凯瑟琳·弗恩－班克斯（Kathleen Fearn-Banks）认为，危机是"对组织、企业或产业可能造成潜在负面影响的重大事件"；吴宜蓁总结了危机事件发生的三个标准，即突发性、威胁性和决策时间短，并认为"危机就是在无预警的情况下所爆发的紧急事件，若不立刻在短时间内做出决策，将状况加以排除，就可能对企业或组织的生存与发展造成重大的威胁"[①]。危机（risk）与灾害经常混用，但是在学理上，灾害或灾难（disaster）是大规模的社区事件，通常是自然灾害，已经发生并可能引发后续危机。而危机更为复杂，可能是突然发生的最严重的情况，也可能是一种不确定的状态，

---

① 吴宜蓁：《危机传播——公共关系与语艺观点的理论与实证》，苏州大学出版社2005年版，第18页。

甚至是一个转折的机会。

　　危机传播通常是指灾害发生后,要通过传播活动来更好地消除灾害影响。风险则更多地是指灾害发生的可能性,即概率。每个人的风险认知水平是不同的,特别是在科学家和公众之间常常存在风险认知差距(risk perception gap),需要通过有效沟通来弥合差距,提高应对能力。风险交流(Risk Communication)又被译为风险传播、风险沟通,不同学者和机构对"风险交流"有不同的定义。较为笼统的定义认为风险交流是个人、组织和机构之间关于风险评价、风险描述和风险管理的信息交流活动;美国国家科学院把风险交流界定为个体、群体和机构之间任何关于危害信息和观点的交互活动,不仅传递风险信息、各方对风险的关注和反应,还包括发布官方机构在风险管理方面的政策和措施。郭小平则在大众传播层面,提出风险传播是指大众传媒在一定的社会、文化、政治语境下,通过公共风险信息以及风险观点的交流而进行的社会互动。①

　　在研究和实践中,危机传播与风险交流在意义和归属上存在混淆。但学界一般认为,危机传播主要是指组织特别是企业为影响大众对组织形象的认知所做的努力,目的在于沟通与形象维护。罗杰·卡斯帕森(Roger Kasperson)等加入政府的概念,认为风险交流的目的在于决定可接受的风险范围以供参照,利用政府公平、适当的做法来调解利益冲突,引导大众作出个别或集体的行动来降低风险。② 比如食品安全风险交流,常常需要政府公共部门在社会层面进行宣传、倡导。威廉·莱斯(William Leiss)将风险交流分为三个阶段。第一阶段遵从线性传播方式,强调政府和社会机构的风险交流责任;第二阶段强调政府和社会机构关注公众对现实的认知需求;第三阶段强调沟通双方均为主体,风险交流须考虑各参与方的能动性,通过平等对话和充分参与来形成信任。③

---

　　① 郭小平:《风险社会的媒体传播研究——社会建构论的视角》,学习出版社 2013 年版,第 31 页。
　　② Roger E. Kasperson and Ingar Palmlund, "Evaluating Risk Communication," in Vincent T. Covello et al., eds., *Effective Risk Communication: The Role and Responsibility of Government and Nongovernment Organizations*, Plenum Press, 1989, pp. 143–160.
　　③ William Leiss, "Three Phases in the Evolution of Risk Communication Practice," *Annals of the American Academy of Political and Social Science*, Vol. 545, No. 4, 2009, pp. 85–94.

有些学者认为风险交流属于危机传播的一部分,但马修·西格(Matthew Seeger)等学者认为,风险交流涵盖的范围更广,危机传播属于风险交流的一部分。在议题选择上,风险交流不仅以组织为中心,关心组织危机及与各主体间的沟通,还关注一般民众对风险的看法、认识与接受度,风险大多涉及公共健康、环境和安全方面的议题;在价值取向上,风险交流既强调维护组织利益及形象,更强调保障公共利益,实现社会共识从而推动公共政策;在内容倾向上,风险交流强调沟通,通过交流与协作落实各方的社会责任,保障公众安全,推动政策的制定。

危机公关的基本假设是:在发生危机事件时,原本对外沟通良好的组织,会比沟通不良的组织承受更轻微的财务与形象损害。因此要未雨绸缪,关口前移。根据弗恩-班克斯的总结,有如下十一项最佳操作策略:

(1) 公关主管跻身组织最高管理阶层;
(2) 设计交流方案,以与关键的利益相关者建立良好关系;
(3) 通过研究找出关键的利益关系人,并加以区隔及依重要性排序;
(4) 针对重要的利益关系人进行持续的公关活动;
(5) 利用公关活动与新闻媒体建立关系;
(6) 由公关部门负责双向对等的议题管理;
(7) 实施持续的双向对等危机管理计划,以应对危机事件;
(8) 在危机发生前即进行风险沟通活动;
(9) 组织具备一种鼓励与支持危机预防措施的意识形态;
(10) 借由"危机盘点"的方式,估算出可能危害组织的危机种类;
(11) 由于整体的开放、坦诚的政策,组织得以对外维持良好的形象。[①]

当危机发生时,危机处理的成败以组织能否影响利益关系人的态度与行为为指标,因此沟通策略是关键因素。吴宜蓁将各种策略的运用原则总结如下:

(1) 尽快收集真相。危机发生时,组织主管必须立刻搜寻事实材料,以便

[①] Kathleen Fearn-Banks, "Crisis Communication: A Review of Some Best Practices," in R. L. Heath, ed., *Handbook of Public Relations*, Sage, 2001, pp. 479-486.

在最短时间内掌握危机的状况与肇因,并迅速评估组织对此危机的立场和反应方式,主动出击,防止危机继续发展。组织也必须具有预知事件后续发展的能力。

(2) 尽快公布真相。可以抢先取得事件的解释空间,防止谣言滋生。至于公布多少真相,则应视危机的本质以及真相涉及的层面多寡而定。

(3) 成立危机处理小组。小组成员通常包括最高主管以及公关、法律、管理、安全技术等部门的主管,以集合各部门的智慧与资源,在最短时间内决定策略。

(4) 慎选发言人。发言人必须具备专业权威性,善于对外解释组织的立场,最好具备与媒体记者互动的经验,态度应诚恳、平和而稳健,予人以信赖感。

(5) 尽快澄清负面报道。为防止二次伤害,应尽快澄清谣言及负面报道,并及时将危机善后方式告诉新闻界,以取得信任。在危机中,沉默等于默认,厘清真相非常重要。

(6) 寻求建立危机策略联盟。寻求公正的第三方支持,以免孤立无援。

(7) 不断沟通,掌握议题建构的权力。组织应成为媒体信赖的消息来源,从媒体与民意的角度处理危机,而不是仅从专业技术等理性层面来处理。[①]

在当前的社会化媒体时代,危机传播与风险交流具有更多新的特点,值得更多探讨。

小　结

关于组织传播的研究有近百年的发展历史,其关注的焦点,从古典学派针对任务完成而进行的由上而下的传播,发展到人际关系学派注重员工社会性需求的横向传播,再到人力资源学派强调创新的全方位团队式传播。组织内部的基本传播过程,既包括社会化、行为控制、决策制定以及冲突管理等基本过程,又包括"心力交瘁"以及多元文化管理等新兴传播过程。组织的对外传

---

① 吴宜蓁:《危机传播——公共关系与语艺观点的理论与实证》,苏州大学出版社2005年版,第34页。

播功能包括协调组织间的关系、树立和维护组织形象、为顾客提供服务等。近年来,危机传播与风险交流成为研究的重点,在网络传播时代具有很多值得研究的新特点。

◆ 推荐阅读

1. 〔美〕凯瑟琳·米勒:《组织传播(第二版)》,袁军等译,华夏出版社 2000 年版。
2. 〔美〕保罗·阿根狄等:《企业沟通的威力》,李玲译,中国财政经济出版社 2004 年版。
3. 吴宜蓁:《危机传播——公共关系与语艺观点的理论与实证》,苏州大学出版社 2005 年版。

◆ 观察与思考

1. 考察某组织,画出该组织的结构流程图,标出其信息传播的一般方向。
2. 对某组织中的成员(领导及一般雇员)进行访谈,询问他们对组织的比喻(机器、家庭、系统、文化、社会)及其解释,进一步分析比喻背后的组织文化特征。
3. 你和你的同事在工作中是否感到"心力交瘁",试分析压力源(工作量大小、工作难易程度、晋升机会、是否觉得丧失个性或缺乏成就感、办公室政治及其他压力等),讨论并评估各种缓解压力的策略、办法。
4. 检查自己的工作,看看你平常有哪些工作属于组织对外传播的范围。
5. 关注一个企业危机事件,评估其危机公关策略的有效性。

第六章　符号、语言与传播

本章教学目标：
1. 理解人类的符号化行为与传播的关系
2. 理解符号学的两大学派关于符号意义的理论
3. 理解语言的特性及其与传播的关系
4. 理解语言在新闻传播中的应用

为了实现有效沟通，"怎么说"常常比"说什么"更加重要。人是自然界唯一会使用语言的动物。对语言传播的研究历史悠久，方法众多，从修辞学、叙事学，再到符号学和文化学，都有涉及。相比其他学科，传播学更侧重语言的使用和意义的构建与分享，目的是更好地理解人如何借助语言传播建立起联系。

第一节　符号化与传播

现代科学的发展证明，符号化是人类区别于动物的重要标志。单纯就信息传播而言，动物之间也存在各种各样的信息传递现象，如蜜蜂会跳舞、萤火虫会发光、海豚发出超声波、很多鸟类会鸣叫、兽类动物会利用排泄物或分泌物来作记号和划分地盘等。然而，动物的信息活动，一般不超出本能或对信号的条件反射式反应的范畴，与人类能动的符号行为不可相提并论。人类能动的符号行为最典型的就是人类语言的发明和使用。恩斯特·卡西尔(Ernst Cassirer)指出:"符号化的思维和符号化的行为是人类生活中最富于代表性的特征,并且人类文化的全部发展都依赖于这些条件。"①

对人类语言传播的研究有很多传统,其中之一就是符号学。符号学有两大主要来源:一是美国哲学家皮尔斯创立的现代符号学(semiotics),包括符号指代论;二是瑞士语言学家索绪尔所倡导的结构主义符号学(simiology)。二者都关注符号现象和符号意义的产生,但前者强调符号与社会现实的联系,而后者更关注符号意义与符号系统结构的关系。

符号学的研究包含三大领域。一是对不同符号的研究,包括符号承载意义的不同方式以及符号如何与使用符号的人发生关联,这是因为符号是人创造的并且只能从人们使用的角度去理解。二是由符号所组成的传播代码或系统,包括不同种类的传播代码如何发展以满足一个社会或文化的需要,不同种类的代码如何借助可得的传播渠道来传递。三是传播代码和符号赖以运作的文化,而文化的形成和存在反过来又依赖传播代码和符号的使用。②

简而言之,符号学的视角使我们关注的不是传播过程,而是传播意义的产生。要使传播发生,就必须使用符号来创造讯息并产生意义。那么,如何把握讯息意义的生产和交流共享的规律,从而更好地实现传播效果,就成为我们关心的问题。

一、符号的定义与分类

在传播学中,符号的含义很广。简单地说,如果用一种事物(X)来指代或表述另一种事物(Y),那么 X 便成为一种符号。一束玫瑰,也许意味着对爱情的表达;一束白菊,却代表着对逝者的祭奠。"钱"可以被称为钞票、货币,或者"赵公元帅""孔方兄",甚至"阿堵物"等,所有这些都不是事物本身,而是对

---

① 〔德〕恩斯特·卡西尔:《人论》,甘阳译,上海译文出版社 1985 年版,第 35 页。
② 〔美〕约翰·费斯克:《传播研究导论:过程与符号(第二版)》,许静译,北京大学出版社 2008 年版,第 33—34 页。

事物的特定指代,这种指代和事物之间的联系在人的头脑中建立,形成了符号意义。所以符号化的过程,就是借助人的头脑在事物之间建立符号联系、形成意义的过程。

人类的生活丰富多彩,符号表现也不胜枚举。最为常见的是一种二分法,即将符号(sign)分为信号(signal)和象征符(symbol)两大类。简单地说,信号与其所表示的对象之间具有自然的一一对应关系。我们可以从一些自然信号中推知相关信息,比如"孩子发烧肯定是生病了""燕子低飞要下雨"等。在人类的传播活动中存在大量这种一一对应的信号。比如,军事演习时对信号弹的数量、颜色会有一个事先约定,未曾谋面的人第一次见面之前,也会有一个指认标志。

象征符与信号的区别,在于它不仅能够表达具体的事物,而且能够脱离具体事物,表达观念、思想等抽象的事物。一条狗可以对主人最细微的面部表情和声音变化作出反应,但它却不能理解最浅显的一段文字或者一幅抽象派的画作。由此可见,信号和象征符确实属于两个不同领域。前者是对象事物的替代物,后者则是基于对象事物之表象的某种象征。

广告活动是最具有典型意义的人类符号活动。每一个广告都是一种借助广告渠道传达的包括文字、图形乃至音频的符号构成物。广告中符号的作用有很多。符号可以用于指示商品,即将商品转变为一种商标符号;也可用于评价商品特征,如"舒肤佳能有效除菌";还可以丰富感官的视觉和听觉效果、增强美感等。广告创意就是从符号储备中进行选择,并将所选择的符号与产品之间建立联系的过程。广告中的符号不仅包含文字、图形、音频等形态要素,还包含产品名称、价值信念和思想意识等意义要素。广告中的符号,既可以直接指示事物,也可以与其他符号相联系,以赋予指示对象更丰富的意义。

二、皮尔斯派的符号指代论

在传播学看来,符号的作用在于产生意义,那么意义是如何产生的呢?按照皮尔斯的现代符号学理论,符号意义的产生在于指代。皮尔斯认为,"符号就某些人而言,在某些方面或者某种情况下,代表着某种事物。它向某人传达,也就是说,要在那人心中创造出一个相同的符号,或者更成熟的符号"①。英国语言学家查尔斯·奥登(Charles Ogden)和艾威·瑞查兹(Ivor Richards)与皮尔斯经常有书信往来,他们在皮尔斯理论的基础上,提出了语义三角图(图6-1),清晰地阐明了符号、指称物(referent)与思想(thought or reference)三者之间的关系。

图6-1　语义三角图

在图6-1所示的语义三角图中,符号和指称物之间是虚线,表明二者之间没有直接关系,而是通过思想联系起来的。包括词语在内的所有符号都是对事物的指代。意义不是符号(词语)所固有的,而是使用词语的人赋予它们的。只有当人们把词语与特定的指称物联系起来的时候,词语才有了意义。

回想一下海伦·凯勒学习第一个词的情景吧。

> 我们追随着一股金银花的清香散步到了井房,井房屋顶覆盖着茂盛的金银花。有人正在从井里抽水上来。莎莉文老师把我的手放在水流下,一股清凉的水流过指缝漏下去。这时,她在我另一只手上拼写着某个单词。一开始慢慢地写,后来加快了速度。我静静地站着,注意力全都放到她移动的手指上。忽然间,我顿悟了,就像打了个激灵,一下子记起早已忘却的事情。我终于懂得了语言的神秘。我知道了"水"(water)就是从我手上流过的清凉的东西。这个词唤

---

① 〔美〕约翰·费斯克:《传播研究导论:过程与符号(第二版)》,许静译,北京大学出版社2008年版,第35页。

醒了我的灵魂,给了我希望、喜悦和自由!①

由此可见,符号化过程,实际上是在符号与事物间建立联系的刺激—反应过程。同样的道理,产品广告和品牌推广活动,可以理解为借助各种语言、形象、声音等符号,在消费者头脑中建立其对相关产品的刺激反应,以达到告知和说服的目的。

需要注意的是,所谓符号是对非其本身的事物的指代以产生意义是有特定范围的。一方面,在任何一个社会中都有一定数量的符号的含义是普遍共有的,否则社会交往就不能顺利进行,因为符号互动只能在共同体验的范围内进行。另一方面,符号本身所具有的抽象性,可能导致对符号的编码和解码不在同一个意义空间进行,从而造成传播失效。比如在一幅关于日本立邦漆的广告中,对中国龙的使用招致很多人的误读和强烈反对,这反映出了符号意义在文化理解上的巨大差异。所以说,共有的只是"符码"(形式),而不是含义。

符号学把传播者看作讯息意义的产生。意义并不是一个被整齐包装在讯息里的绝对的、静止的概念。相反,意义的形成是一个动态的过程。符号学家用创造、产生、协商等词语来指称这一过程。协商一词也许最为恰当,因为它暗示了人和讯息之间的往来及授受关系。意义是符号、人的思想和客体之间动态互动的结果。

三、索绪尔的结构主义符号学

作为哲学家的皮尔斯关心人们对个人经验以及周围世界的理解,因此通过符号、人的思想和客体之间的结构关系来寻找意义。但作为语言学家的索绪尔更关心的是符号(按他的说法就是语词)与其他符号相联系的方式,而不是符号与皮尔斯所谓的"客体"相联系的方式。在索绪尔看来,符号就是一个带有意义的物体。或者说,符号是能指(signifier)和所指(signified)的结合。能指是我们感知的符号的形象,如纸上的符号形状和空中的符号音频。所指则是能指所指代的头脑中的概念,这一概念对共享同一种语言和同一文化的

---

① 〔美〕海伦·凯勒:《假如给我三天光明》,胡玉正译,北京联合出版公司2016年版,第190页。

全体成员具有大致相同的含义。借助文化的共享性,能指和所指结合形成了符号的意义,也就是费斯克所说的意指化过程(参见图 6-2)。

图 6-2 符号的形成

在索绪尔看来,符号的任意性是人类语言的核心特征。任意性意味着能指和所指之间没有必然的联系。两者之间的联系是由惯例、规则或使用者之间的协议所决定的。能指和所指的结合带有任意性,因此不同的能指可能会指向同一个所指。比如,不同的语言中都有对"树"的表达,能指各不相同,但都指向同一所指。我们可以用"和平"一词指代一种无冲突的社会状态,也可以用"鸽子""橄榄枝"等作为和平的象征,或者用其他一些安居乐业的生活场景来展示"和平"。同一个能指也可能由于文化差异或时代变迁而具有不同的所指。比如"爱人"在中国指合法配偶,但在日本则特指没有婚姻关系的"情人";龙在中国文化和在西方文化中有不同的含义;"同志"一词在不同年代含义也有所不同。

除了通过能指和所指的结合产生意义之外,还可以从使用某一符号"不是什么"的角度来确定意义,也就是从同一系统中不同符号之间的关系中来寻找意义。比如著名的广告语"不是所有牛奶,都叫特仑苏",虽然并没有谈及该品牌的详细特征,却给人留下深刻的品牌印象。再比如,香奈儿公司选择法国明星凯瑟琳·德纳芙作为香奈儿 5 号的代言人时,就强调:"她"不是苏珊·汉普歇尔(英国味儿太浓);她不是忒姬(太年轻,太过时髦,因而变幻不定);也不是碧姬·芭铎(过于粗俗的性感)。这其实是将"她"作为一种符号,通过"她非其她"的美丽形象来定义该香水特定的、成熟的法国传统的高雅形象。根据这一意义模式,所指是头脑中的概念,用以分割现实并进行分类,以便于人们理解。任何所指,也就是符号的意义,都是由符号与符号之间的关系来确定,而不是由现实或经验的特点所决定的,符号与系统中其他符号之间的关系,决定了意义。

理解符号意义的关键还在于理解符号的组织结构。索绪尔定义了两种使符号组织成传播代码的方法。第一种是词汇域(paradigms),第二种是句法结构(syntagmatic)。一个词汇域就是一系列符号,而被使用的符号只是其中的一个选择。一个句法结构则是由所选符号结合而成的一则讯息。比如新冠病毒被简称为COVID-19,就是由来自英文字母和阿拉伯数字等词汇域的符号按照特定的句法结构所形成的一个讯息符号。一旦从词汇域中选出某个单位词,那么通常这个单位词就要和其他单位词结合。这种结合就被称为"句法结构"。因此,一个书写出来的单词是由从字母表这一词汇域中选出的不同字母所构成的。一个句子则是一些单词的句法结构。我们的服饰是来自帽子、领带、衬衣、夹克衫、裤子、袜子等不同的词汇域所构成的句法结构。我们的室内装潢是由来自桌子、椅子、沙发、地毯、墙纸等不同的词汇域所构成的句法结构。在餐馆点菜,就是要从凉菜、热菜、汤、主食、甜点等词汇域中进行选择,最后形成一个完整的菜单交给侍者,这也就是一个符号化的句法结构。

四、罗兰·巴特的意指化论

索绪尔的能指—所指说突出强调了符号意义与符号结构的关系,但并没有谈及符号系统与使用者之间的联系。索绪尔的追随者罗兰·巴特(Roland Barthes)则通过意指化的两个序列模型,来阐明文本中的符号与使用者之间的互动方式。见图6-3。

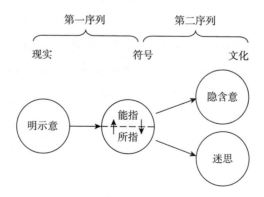

图6-3 巴特的意指化的两个序列

巴特理论的核心,就是意指化的两个序列。意指化的第一个序列是索绪尔式的,它描述了符号中的能指与所指之间以及符号及其外部现实中的指称物之间的关系。巴特把这一序列称为明示意,是指符号的明显的、常识性意义,比如一张街景照片明示了一条特定的街道。但是同样一条街道,采用不同的拍摄手法,却可以表达出不同的含义。如果选择一个晴朗的白天,用彩色柔焦拍摄,就能使街道看上去是一个快乐、温暖、适合孩子玩耍的人文社区。而如果用黑白色明焦和强对比度来拍摄,则可能使得同一条街道显得寒冷破败、没有人气,是不适合孩子们玩耍的环境。两幅照片的明示意是同样的,差别在于它们的隐含意。

巴特用"隐含意"一词来描述符号在意指化的第二序列中生成意义的方式之一,也就是当符号融合了使用者的情感或情绪,以及他们的文化价值时,意义转向主观,更受解释者的影响。两幅照片拍的是同一条街道,它们之间的差别在于照片所呈现的形式。两幅照片中明示意和隐含意的差别是清楚的。明示意就是被拍摄的事物,而隐含意则是事物如何被拍摄。由于隐含意运作于主观层面,我们经常意识不到,就非常容易形成误读,比如用黑白色明焦和强对比度来反映街道的冷清破败,会让人们觉得街道本身就是这样的,而符号分析的主要目的就是通过对意义建构的方法和思维框架的解构,来澄清此类误读。

符号在意指化的第二序列中生成意义的方式之二是"迷思"。"迷思"一词的原意是神话故事,原始文化需要通过神话来解释和理解一些自然现象。现代的"迷思"一词则意味着"错误的思想"。巴特认为,迷思是思考事物的一种文化方式,是一种将事物概念化或者理解事物的方式。比如关于英国警察的传统迷思就包含友善、安全可靠、不具侵犯性、不带枪支等概念。在老套的摄影手法中,关于英国警察的影像常常是一个胖胖的、快活的警察拍拍小女孩儿的头。这一手法依赖的是第二序列意义,也就是在文化中普遍存在的关于英国警察(不同于他国警察)的迷思。这一迷思在影像拍摄之前就存在,而影像则激活了构成这一迷思的一连串概念。如果说隐含意是能指的第二序列意义,那么迷思则是所指的第二序列意义。巴特认为,迷思运作的主要方式是将历史自然化。有一种迷思认为,妇女"天然"地比男子更擅长养育和照顾,因此妇女的天然位置是在家中养育孩子和照料丈夫,而丈夫也就"自然而然"地担当起养家糊口的角色。这种男女角色划分就构成了最为"自然"的社会单位——家庭。这种关于男女性气质的迷思掩盖了工业化对男女角色地位和社会差别的影响,而使这种"错误的思想"显得公平合理。巴特指出,迷思实际上是一个社会阶级的产物。一个社会阶级在特定的历史中获得了主导地位,因此它的迷思所传播的意义,就要承载这一历史并将其展示为一种自然的,而非历史的或社会的意义,从而神化或者掩盖其政治性。迷思的研究者就是要通过"去神化"(demystifying),来揭露隐藏的历史,并揭露迷思的社会政治作用。

巴特还论述了符号在第二序列中生成意义的第三种方式,即象征化(symbolic)。当一个事物通过惯例而获得某种意义并被用来代表一些事物时,它就成为了一个象征。拥有一辆劳斯莱斯轿车是富有的象征,一个男子被迫出卖他的劳斯莱斯,就象征着其财富的丧失。象征最常见的方法是隐喻(metaphor)和转喻(metonymy)。隐喻是借一件事或者一个东西来比喻一种产品,比如在烟草广告中,西部野马成为万宝路香烟的隐喻,瀑布和自然绿地则成为薄荷烟的隐喻。隐喻也常常具有更为重要的日用功能,是我们理解日常体验的基本方式。比如用上流社会和底层社会来描述社会差异、将文化区分为高雅文化和通俗文化等。高收入和高社会地位或者品德高尚究竟是确有必然的联系,还是仅为一种习惯性隐喻?转喻的基本定义就是用部分代表整体。比如一些犯罪片中用杂乱肮脏的街景代表某种特定的都市生活。电视新闻的图像选择常常体现出转喻的至关重要。比如有两个关于英国工人罢工的镜头:其中之一是井然有序的一群人站在机器旁边,有两人在与一位卡车司机谈话;另一个镜头则是一群工人与警察展开暴力斗争。虽然这两个镜头都关于同一天的同一场罢工,但出现在当天晚间新闻中的是第二个镜头。这种转喻式的媒介选择为观众建构了"事实",媒介化的事实,也是片面的、不完整的事实。

五、符号互动论

符号互动论又被译为象征互动理论,主要是社会学领域内的一场理论运动,是由美国社会学家米德首创、由其学生布鲁默在 1969 年命名的一种理论。该理论认为,传播和意义具有相当显著的社会性。社会生活是由互动过程——而非结构——组成的。互动建立、维持和改变了某个社群或文化中的特定成规——角色、模式、规则和意义,而意义在社会群体之间的互动过程中得以创制和维持。人们通过其所属群体共享的符号意义来理解其体验,而语言则是社会生活中最重要的部分。人们的行为是以他们对所处情境的阐释和主观理解为基础的。与所有的社会性个体一样,每个人的自我都是一个有意义的客体,是通过与他人进行的社会性互动得到定义的。

米德特别强调了语言符号在形成人的心灵(mind)、自我(self)以至人类社会(society)中的作用。他认为,人的心灵既不是内心的心理世界,也不是大脑,而是以人的语言符号为媒介与他人以及周围世界的接触。个人同他人及环境相互作用,这种社会行为方式,"内化"为心灵,即自我认识。语言作为一种人类相互交往的工具,其含义必然在一定程度上是社会共有的,因此米德最感兴趣的是研究一个社会或一个群体如何表达意义、语言的社会意义是什么、人们如何借助语言符号进行社会互动等问题。比如,美国的法庭系统是建立在法官、陪审团、律师、证人、书记员、记录者之间互动的基础之上的。他们用语言来交流和互动,法庭要对所有参与者的行为作出反应,此外没有任何意义。

早期的互动主义分为两个学派。一是由布鲁默领导的芝加哥学派,它继承了米德的研究,主张对人类的研究必须采取与对事物的研究完全不同的方式。研究者要完全融入研究对象的体验,与对象产生共鸣,并尝试理解每个人的价值。他们避免量化研究,而强调生活经历、自传、个案研究、日记、信件以及间接采访,强调传播研究中对参与者进行观察的重要性。例如,霍华德·贝克尔(Howard Becker)关于吸食大麻者的研究发现,吸食者在与其他"瘾君子"交流的过程中学习了三个方面的内容。一是如何"正确"地吸食,因为一开始都达不到"神魂颠倒"的状态,而需要别人告诉他们应该怎么做;二是如何定义"神魂颠倒",也就是要别人告诉他们如何分辨吸食时的感受;三是学会把这些感受定义为"快乐的"和"值得期待的",因为许多"新手"在刚开始时并不感到快乐,而是通过"老手"的"循循善诱"才感受到的。这一研究说明,包括吸食大麻在内的"社会事物"都是社会互动的产物,其意义是在社会互动中产生的。

另一个是以科学取向为特征的艾奥瓦学派,以曼福德·库恩(Manford Kuhn)和卡尔·库奇(Carl Couch)为代表,他们以量化的方式将自我概念具体化,开创了"二十项陈述法"(TST)等测量方法。

将符号互动论大大推进的是戈夫曼。在《日常生活中的自我呈现》一书中,他把社会比作舞台,认为人们都是台上的演员,通过表演给观众留下印象。因此,自我就成为表演中的某个人物,也是一种戏剧化的效果,是从所展现的场景中发散出来的。根据戈夫曼的理论,一般人在好朋友和在父母面前的行为是完全不同的,在教授面前和在联欢会上展现的形象也是完全两样的,因为参与的各种场合决定了人们扮演什么样的角色以及如何来表演。人们首先要了解处于同一情况下其他人的信息,再提供关于自己的信息。这一信息交换的过程通常以间接的方式进行:观察别人的行为,然后构建自己的行为,以期给人留下深刻印象。因此,自我展现实际上就是印象管理。①

总之,符号互动论特别关注的是传播与自我及社会的关系。社会生活是由互动过程——而非结构——组成的。每个人的自我都通过与他人的社会性互动而得到确定。语言是社会生活最重要的部分。人们通过共享的符号意义来理解他们的处境和体验,而行动是以人的主观体验及阐释为基础的。

第二节　语言传播的功能与特性

语言是由人类所创造的结构严密的符号体系。我们对这些符号体系的掌

---

① 参见〔美〕斯蒂芬·李特约翰:《人类传播理论(第七版)》,史安斌译,清华大学出版社2004年版,第170—179页。另见〔美〕欧文·戈夫曼:《日常生活中的自我呈现》,冯钢译,北京大学出版社2008年版。

握程度表明我们的语言水平。词语是发出的声音或记录下的声音符号,我们共同承认它们代表一些事物。语法规则保证使用语言的人按照同样的方式组织词语和表达意见,修辞规则使我们学会如何表达得更清楚、更有重点、更符合传播的愿望。词语符号通过语法和修辞而结构化和系统化,由此形成完整的语言符号体系。

世界上有多少种语言?目前法国科学院推定定有2796种,而国际辅助语协会估计有2500—3500种。世界上使用汉语的人占总人口的25%,以英语为母语的人虽然只占全世界总人口的8.4%,但英语却是世界上最通用的语言。除了自然语言,还有一些人造语言,如世界语、电脑程序语言等。

一、语言传播的功能

语言传播有三种主要功能。

(1) 命名(labeling),就是给各种事物、人物或其他现象贴上各种标签。音韵史研究中有一种观点认为,口语就是从用不同的声音为周围的事物命名开始的。一旦我们将一种名称与环境中的某种人物或现象联系在一起,那么原先混沌一片的世界就变得清晰可知了。我们可以依据名称对万事万物进行归纳和分类,并进一步把握它们的性质和规律。我们每一个人都至少有一个名字,很多人有网名、笔名,甚至艺名、绰号等。在每个名字下面,都活跃着一个生动的自我,反映着自我的各类相应特征和价值意义。

正名是中国古代最重要的说服术之一。所谓"名不正则言不顺,言不顺则事不成,事不成则礼乐不兴,礼乐不兴则刑罚不中,刑罚不中则民无所措手足"[1]。在广告活动中,品牌推广显然是最为重要的内容。它不仅意味着要让公众注意到某个企业或某个产品的名称,而且要使消费者熟悉品牌形象,了解品牌性质和品牌意义。要使某一品牌得到消费者的普遍认同,当然需要借助各种符号化的传播策略和手段。

(2) 互动沟通(interaction)。人类生活具有社会性,我们总是要借助互动

---

[1] 〔汉〕桑弘羊:《盐铁论校注 卷五》,王利器校注,中华书局1992年版,第3页。

沟通形成群体的力量,来完成个人所不能完成的事。关于世界各地使用不同语言的由来,《圣经》上有一个关于巴别塔的故事。

> 那时,天下人的口音言语,都是一样。他们往东边迁移的时候,在示拿地遇见一片平原,就住在那里。他们彼此商量说:"来吧! 我们要作砖,把砖烧透了。"他们就拿砖当石头,又拿石漆当灰泥。他们说:"来吧! 我们要建造一座城和一座塔,塔顶通天,为要传扬我们的名,免得我们分散在全地上。"耶和华降临,要看看世人所建造的城和塔。
>
> 耶和华说:"看哪! 他们成为一样的人民,都是一样的言语,如今既作起这事来,以后他们所要作的事,就没有不成就的了。我们下去,在那里变乱他们的口音,使他们的言语彼此不通。"于是,耶和华使他们从那里分散在全地上;他们就停工不造那城了。因为耶和华在那里变乱天下人的言语,使众人分散在全地上,所以那城名叫巴别(就是"变乱"的意思)。①

在现实的生活和工作中,我们常常要面对不同的个人、群体和组织展开行动,其中,无论是意义的沟通理解还是行为的协调,都主要借助语言来实现互动沟通。

(3) 信息传递(transmission)。信息传递是人类文明史上最重要的语言功能。口语的产生便利了信息在一定时间和空间范围内的传递,而文字的记录功能更使得信息传递可以外化于人体,跨越时空障碍,而成为长久的历史记录。语言的传递功能,极大地推动了人类文明的进程。今天,媒介技术的发展使人类拥有了更为先进的记录和传播手段,从文字到图像再到音视频,现代媒介技术在很大程度上改变了人类文化的表现形态。

二、语言传播的特性

语言传播,就是用语言创造意义的过程。任何语言都有双重系统:一个是

---

① 转引自刘洪一:《犹太文化要义》(修订本),商务印书馆2021年版,第195—196页。

语音系统,又叫外部系统,是语言的存在形式;另一个是语义系统,又叫内部系统,是语言的具体内容。两方面相互联系,没有不具有内容的形式,也没有不通过一定形式表达的意义。语言的使用是为了促进有效沟通,但语言也常常成为传播的障碍。这是因为,语言传播中存在着一个将传播的目的、意愿或意义转化成语言符号的编码过程,而语言本身却有其基本特性,因此我们需要了解语言的一般特性,以避免语言的误用对传播的阻碍。

1. 抽象与具体

抽象(abstraction)就是省略细节而进行概括分类,这是语言符号最本质的特征。无论多么具体(concreteness)的表达,都带有一定程度的抽象。语言越抽象,同实际事物的距离就越远,其中的实际图像就越模糊不清,因此也就越容易产生歧义和误解。语言学家塞缪尔·早川(Samuel Hayakawa)曾设计了一个"抽象之梯"(ladder of abstraction),并以"奶牛贝茜"为例来说明人类的思维和谈话的各个水平,如图 6-4 所示。

- 财富——财产的规模,包括贝茜的价值以及更多价值
 - 财产——农场财产与其他可出售物的共同特征
  - 农场财产——用以代表牲畜与农场中其他可出售物共有特征的符号
   - 牲畜——更高一级的抽象,代表奶牛与猪、鸡、羊等共有的特征
    - 奶牛——用以概括贝茜以及所有其他我们所感知的奶牛的"奶牛式"特征的符号
- 贝茜——用以确定我们所感知的客体的名称
- 我们所感知的奶牛
- 科学所知的微观和次微观奶牛

图 6-4 抽象之梯[①]

从图 6-4 来看,人们在这个抽象的梯子上爬得越高,奶牛贝茜的具体特征就被舍弃得越多,最后彻底消失在抽象的含义中。人们可以讨论一头特定的牛,也可以给这头特定的牛设计一个代码,让它区别于已知的其他牛,还可以

---

① 改编自〔美〕威尔伯·施拉姆、威廉·波特:《传播学概论(第二版)》影印版,北京大学出版社 2007 年版,第 82 页。

沿着抽象的梯子向上走,把它和更多其他的事物比如牲畜或者财产、财富等,编入同一个代码。人类语言的抽象性能够把不同数量的信息编入一个单一符号代码(single code)。这种抽象概括的办法,一方面大大加快了信息处理,比如用"牲畜"一词可以涵盖农场中所有的奶牛、猪、马、羊、鸡、鸭等;但另一方面,语言越抽象,就越容易产生歧义和误解,比如"财产"一词,征税人对它的理解肯定和其他缺乏相关经验的人有很大差别。

语言虽然具有一定的抽象性,但抽象程度却有高有低。如果在一则语言讯息中只有高度抽象的概念,那么讯息内容就很难为人理解;而如果事无巨细都一一道来,那么这种停留在低抽象层次的具体而细微的讯息又往往让人不得要领。因此我们认为,最有效的沟通应当避免固定层面的抽象(dead-level abstraction),而要沿着抽象的阶梯有上有下,即所谓"深入浅出",以适应传播对象的理解能力和兴趣。

2. 歧义与模糊

歧义(ambiguity)与模糊(vagueness)都属于言语表达不够清晰准确因而妨碍理解的现象。歧义可能是语言中常见的因一词多义现象而导致的语义不确定,但也有可能是特定的话语策略所致。比如两个政治家在谈论某市财政计划时,一个认为要对该计划做彻底的考察,另一个则强调在保持该计划完整的同时稍作改变,形成了貌似"意见相左"的局面。很久之后人们才发现,原来两个人的观点是一致的,只是措辞不同而已。

模糊是指表述不够精确和清晰。比如在问卷设计中,对于何为低中高收入、何为城乡居民、何为老中青及未成年人群体等,都必须有明确的界定才便于调查。

在广告中经常出现"故意不精确"的做法,如不完全表达、隐含性表达等,以利于广告销售。比如"轻松牌清洁剂清除炉灶更轻松"这句话并没有清楚说明,该清洁剂和什么产品相比、在什么方面更有优势。再比如"德士古公司的煤气化过程可以意味着你无须对环境担忧",这里的"可以"并不意味着"一定将",而"无须担忧"也并不意味着"产品不会污染环境",而只是说你可以不用担心而已。对这样一些模糊性表达,消费者需要仔细辨别和评判。

3. 指称意与延伸意

语言的意义也受到特定词语的指称意(denotation)和延伸意(connotation)的影响。指称意是指一个词所代表的具体的含义,一般是词典中确定的含义,而延伸意则是在词典之外、在特定的语境下,从原语义中延伸而来的含义。比如"病毒"一词,原先就是指由一个核酸分子(DNA 或 RNA)与蛋白质构成的非细胞形态的营寄生生活的生命体,但是后来常常用来指网络上的病毒式软件,即在计算机程序中插入的、破坏计算机功能或者破坏数据、影响计算机使用并且能够自我复制的一组计算机指令或者程序代码,而"病毒式营销"也并非真的以传播病毒的方式开展营销,而是在互联网上通过门户网站和社会化媒体,借助互联网用户的口碑宣传网,使相关信息像病毒一样快速复制和扩散,迅速传向广大受众。当具有延伸意义的词被广泛使用后,也会逐渐进入词典。比如英语中"gay"这个词,原意是"欢乐、愉快",后来渐渐被用于指男同性恋者,并且这一含义后来被收入词典。类似的现象很常见,它说明语义发展的时间性、社会性和开放性,需要我们与时俱进地去把握。

4. 不当归类

语言传播也可能出现不当归类(undue identification)的情况。语言传播的归类其实是利用语言的抽象概括对事物进行分类,以利于识别和进一步的研究把握。分类思维(categorical thinking)是一种自然的思维方法,它存在于我们的头脑中,影响我们的观察、思考和语言表达,但分类方法是否得当,很大程度上影响着我们对语义的把握。比如同一个女孩子,是被称为乡下妹子,农民工,还是大学生?指称的不同,隐含的情感意义也有很大差别,但实际上是因为分类方法有所不同。

在语言使用中,最常见的一种简单归类是刻板印象化(stereotyping)。Stereotype 原指铅字印刷时用的固定字模,后来指关于社会群体成员的性格特征的成套的社会共享观念。由于语言的分类特征,有些人在不了解某个人的具体个性时,常常将其归入某类人,然后通过对这类人的刻板印象来进行认知和判断。比如认为所有犹太人都很聪明;黑人都爱好音乐、无忧无虑但不太勤劳;日本人很勤劳但是"略显狡猾";英国人有绅士风度,但较为刻板;德国人做事非常严谨;等等。利用刻板印象能快速处理相关信息,但得到的常常是片面而肤浅的认识。刻板印象还可能产生"晕轮效应",比如认为带牛津口音的人英语一定很好、运动员出身的人文化成绩通常不会太好等。

还有一种简单分类是排斥中间层次,即非此即彼的二元对立式的思维方式。这种方式认为,凡事只有两种可能,语言的鲜明表达形式加强了这种趋势,如夜与昼、黑与白、对与错、好与坏等。但实际上,夜与昼并不能表达出日夜循环过程中各种不同阶段的状况,在黑与白之间还存在着大量的深浅不一的灰色。如果我们在日常生活中忽视语言陷阱,轻易陷入非此即彼、非好即坏、非对即错的简单分类和判断,就容易造成思维的简单化和极端化,从而对语言传播造成不良影响。

5. 言语风格

影响语义的另一个因素是言语风格(speech style),也就是个人如何选择、组织和使用语言。索绪尔最早强调了集体语言(langue)和个体言语(parole)之间的区别。语言符号具有社会性,其意义是约定俗成的。语言传播要按照一定的语法规则和修辞规则来进行,具有社会共享性。但是,就使用语言的具体个人或群体来说,由于生活环境、职业背景、受教育程度、性别、年龄以及个人经历的不同,人们对语言的使用存在着语言表达习惯和风格上的差异。言语即个体语言,是个人实际的说话行为,是语言的"表层",是自由和创造力的结合。因此,传播学不仅要研究语言的结构特征,还要研究语言的语用特征以及言语表达的个人风格特征。

一些个人特点会影响我们选择简单词还是俗语或是成语、轻描淡写还是浓彩重墨、长句还是短句等。自信、主动的人会比被动的人用更多的词语、更常变换句型,还会用大量表达感受的动词。根据西方学者的研究,一般女性的语言特点是提问较多、解释较多、多用副词,关注人胜于事物,比如多用"你、我、他"等人称代词。相反,男性说话比较直接、公开,多用连接词和长句型。语言特征的性别差异因此影响到人们相互间的信任和权威。撒切尔夫人就任英国首相前,曾专门进行了针对性的语言训练,以增强其话语权威性。有研究表明,言语风格带有职业特征。在保险公司中较为优秀的经理,谈话风格比较开放和精准;而医护人员比较关注他人,尽量避免争吵。

　　风格既受说话者影响,又受听众影响。你有没有想过为什么和有些人很难交谈而和另一些人却比较容易?传播者之间存在个人差异,而我们倾向于根据特定的传播风格作出肯定或否定的判断。如果了解了自己的风格,还可以适当调整,以适应受众和信息的需要。事实上,我们会随心情变化或环境变化,有意无意地改变我们的语言风格,而对自己的风格深入了解有助于提升沟通效果。我们应当注意把握他人和自己的传播风格,以便更好地与人交流和沟通。特别是,当我们理解了自己的传播风格,我们就更容易适应别人的传播风格。针对特定的听众,我们可以剪裁我们的语言或者我们的讯息。我们对别人的第一印象常常来自他怎么说而不是说什么。事实上,人际交往的最初几分钟就决定了这种交往是否能继续下去,因此对语言的研究不仅在于对句法结构等语言特征的关注,而且在于对言语风格以及对语言的社会应用的关注。

　　除了对语言基本特性的一般性探讨外,相关从业人员也许希望掌握一些更具操作性的技巧。以下是一些常用建议,但并非放之四海而皆准的真理。

　　(1) 尽量保持谈吐清楚,使用能为受众所理解的词语。

　　(2) 关注受众的态度、观念和个人经历。

　　(3) 对一般受众避免使用术语或俚语。

　　(4) 避免归类用语,如"你们这帮人""你们这些家伙"等。

　　(5) 少用习惯用语,如"说真的""老实说""明白吗?""嗯……"。

　　(6) 根据场合和对象使用适当的语体。

　　(7) 避免模糊和含混不清,词不达意。

　　(8) 不要在一个问题上绕来绕去,尽量做到简洁。

　　(9) 避免"我的麻烦"(my trouble)。即避免过多谈论自己的成绩和问题显得粗鲁和自私。

　　(10) 要以他人为中心,学会做倾听者。喋喋不休者什么也学不到。

三、萨丕尔-沃尔夫假说

前面关于语言符号的研究强调了语言的指代性,把语言看作认识事物的工具,这主要还是基于符号学中皮尔斯的观点。但是,萨丕尔-沃尔夫假说(Sapir-Whorf hypothesis)却认为,人类是沿着他们的本族语言所奠定的方向来剖析大自然的,因此语言不仅是学习的途径,而且起着对学到的东西进行取舍的过滤作用。语言一方面充当我们观察世界的透镜,另一方面又将我们从感觉经验中抽象出来的意义加以分类、存档。在很大程度上,现实世界是无意识地建立在群体的语言习惯上的。我们对事物的认识和理解,首先来自群体的语言习惯所倾向的解释。

本杰明·沃尔夫(Benjamin Whorf)在大学里的专业是化学,毕业后到一家保险公司负责消防工作。在工作中,他发现,人们对词义的主观理解会影响他们的行为。比如很多人知道汽油桶中有易燃物,因此总是很小心地不在汽油桶前面停留,更不会在汽油桶周围抽烟。但是,如果人们看到汽油桶上写着"空"字,就会毫不在意地抽烟和驻足聊天,甚至会无意识地将烟蒂扔进桶中而引起爆炸,因为他们并不知道,空汽油桶中的气态汽油其实比汽油桶中的液态汽油更易燃,危险性更大。由此可见,影响人们行为的,不是语言的准确意义,而是人们对语言字面含义的主观把握,如上例中汽油桶上的"空"字。出于语言研究的兴趣,沃尔夫拜师语言学家萨丕尔,专门研究美国西南部印地安人中霍比人使用的语言。

萨丕尔和沃尔夫通过研究发现,霍比人的语言与欧洲标准语有很大的不同。欧洲人说"一块肉",而霍比人只说"肉";欧洲人说"一杯水",而霍比人只说"水"。原来霍比语中没有不可数名词的概念。霍比人不说"炎热的夏天",因为在他们的概念中,夏天不是热的,白天才是热的。霍比人对名词和动词的区分也与英语不同。像闪电、波浪、火焰、喷烟等这些持续时间很短的词只能是动词,而名词则用来代表持续时间较长的事物,如人、山、房子等。霍比语中有一个名词,可以表示除了鸟以外全部会飞的东西。因此,霍比人实际上用同一个词来称呼飞机、飞行员和昆虫。

因此,萨丕尔-沃尔夫假说认为,"人类不仅仅生活在客观世界中,也不像通常认为的那样,只生活在社会行为的世界中,而是受制于某种特定的语言环境。人类在很大程度上受到已经成为所处社会表达工具的那种特定语言的支配。认为一个人不使用语言就能基本适应现实生活,或者说语言不过是解决传播方面具体问题的辅助手段,纯粹是一种幻想"。沃尔夫认为,"任何语言都是与其他语言不同的一种巨大模型系统。不同之处在于,每一种语言都由文化规定了其形式和类别。人们不仅根据这些形式和类别进行交往,而且用以分析现实,注意或忽略某些关系和现象,梳理自己的推理并建构自己的意识。每一种语言以不同的方式人为划分对现存事物不断涌现和流动的意识"[1]。

从现有的研究中我们可以知道,不同文化中的语言影响了我们的感知、分类和世界观。在爱斯基摩语中,关于雪有很多不同的词语,比如"半融化的雪""正在飘落的雪"等。而在阿拉伯语中则有大约6000个表示"骆驼"的词。在汉语中,也存在大量表示亲属关系以及死亡的词语。在非洲祖鲁族的语言中,有39个表示绿色的词。这是因为,在现代公路建成以前,在热带草原上行走的人,需要仔细辨别树叶的绿色、灌木丛的绿色,以及岩石上的苔藓、湖泊和河流、甚至鳄鱼身上的绿,以辨明方向。除了各民族的语言外,科学家们也创造了大量的科学词语。非科学工作者如果参加学术会议,会觉得是在听一种陌生的语言,仿佛科学家们在用一种异文化的世界观来观察世界。可以说,语言形式在某种程度上的发展,基于某种文化处理特定信息的需要。基于特定需要产生的语言形式,通过学习被植入人脑,影响了人们对世界的看法。

曾有一项关于跨文化心理的实验。实验者在房间里摆放了许多种颜色的积木,然后让来自非洲和欧洲的孩子根据颜色将积木分类。结果发现,来自不同文化群体的孩子对积木的颜色分类有很大不同。后来,实验者让那些仅进

---

[1] Benjamin L. Whorf, "Language, Mind, and Reality," in John B. Carroll, ed., *Language, Thought and Reality*, MIT Press, 1956, pp. 246-270.

行了简单分类的孩子重新进行颜色分类的学习,结果表明他们也能进行更为复杂的颜色分类,而他们最初的分类之所以简单,起因于他们的母语中关于颜色的表达非常有限。早期另一项针对日本妇女的调查发现,当用英语询问她们未来的愿望时,很多人的回答是"做老师",而当同样的问题用日语问时,很多人却选择了"家庭主妇"。这也说明,在不同的语境下,人们的思想观念会有所不同。

萨丕尔和沃尔夫通过对印第安霍比人时间观念的分析,强调了语言对人类世界观的不同影响。由于语言的差异,霍比文化中的时间观念——如何思考和认知时间、如何对时间采取行动等——与欧洲文化截然不同。在英语中,人们使用三种时态——过去时、现在时和将来时,但霍比语却没有相应的时态,其动词使用方式跟持续的时间和顺序有关。霍比人会花很长的时间来准备,因此他们对"准备"的体验就随着时间的拖延而逐步积累起来。关于"准备",他们强调的重点不是时间本身,而是随着时间的流逝积累起来的体验。欧洲人显然不会如此重视"体验",而是会用记录的办法,把过去发生的事情客体化。

萨丕尔-沃尔夫假说揭示的是语言和文化之间特别密切的关系。在一种文化中成长起来的人,使用这种文化的语言,自然也会用这种文化中的共同观念来处理信息。我们在使用语言认识外部事物的同时,语言中所包含的文化观念会潜入我们心中,影响到我们对外部事物的认识,或者说,我们对事物的认识,不是简单地通过语言标签而获得的,而是在很大程度上经过语言这面文化之镜过滤的,是文化的投射。

萨丕尔-沃尔夫假说又被称为"语言相对论"(linguistic relativity),它强调语言结构决定了某个文化群体成员的认知和思维习惯。我们看待外部世界的方式是由我们的语言所塑造的。现实事物不是通过工具性的语言符号被简单地命名和识别出来的"客观真实",而是通过语言"表现"出来的"文化事实"。这样一来,要实现语言传播的效果,就不仅仅是追求用词的准确和抽象程度的高低,而在于对文化差异性和语言结构特征的理解和把握。

第三节　语言传播的应用

一、修辞与说服

说服(persuasion)是传播学的一个分支领域,是指"个人(或群体)运用一定的战略战术,通过信息符号的传递,以非暴力手段去影响他人(或群体)的观念、行动,从而达到预期的目的"[①]。从古代的秦王纳谏,到现代的广告营销,古今中外,各种形式、各种规模的说服活动时刻都在发生。对说服的研究可以溯源到以古希腊哲学家苏格拉底、柏拉图和亚里士多德为代表的古典修辞研究,以及中国先秦时期的政治游说和讽谏。与中国传统修辞研究赋比兴、语体、对仗等写作修辞不同,西方的古典修辞研究以公元前4世纪亚里士多德的《修辞学》(Rhetoric)为代表,侧重讨论的是公共演讲。因为,在当时雅典城邦政治中,演讲和辩论是公共生活的重要组成部分。不满于当时通过传授演讲术收取酬金的"智者派"(sophists)的各种"诡辩术",亚里士多德继承并发展了柏拉图的思想,建立了以哲学和真理为基础的修辞学。

在古典意义上,修辞(rhetoric)是运用演讲来规劝或说服听众,让他们接受某种观点或采取某种行动。亚里士多德的《修辞学》开篇即提出,修辞术是论辩术(dialectic)的对应物。论辩术是古希腊哲人如柏拉图等使用的一种问答式逻辑推理方式,后来发展为辩证法。亚里士多德认为辩证法是找寻真理的工具,而修辞则是传播真理的工具。结合古希腊时期的社会特点,亚里士多德将演讲分为三类,即政治演讲、法庭演讲和礼仪演讲。其中政治演讲的听众是对未来事件的裁决者,关心的是将要发生的事情,例如是否要采取某项重大决策,而演说的目的是让听众赞同演说者提出的建议,因此演说者必须了解人们追求什么。幸福是所有人追求的目标,因此演说者必须懂得幸福的本质以及幸福的构成。法庭演讲的听众是对过去事件的裁决者,要对已经发生的事情作出有罪或无罪的判断,演讲的目的是指控或者辩护,因此演讲者要善于区

[①] 龚文庠:《说服学——攻心的学问》,东方出版社1994年版,第2页。

分行为的正当性,并懂得犯罪的要素。而礼仪演讲的听众是观赏者,他们会对演说者的辞令、风格作出评判,演讲的目的是对人对事进行褒扬或谴责,因此演讲者要善于区分美德与邪恶、高尚与卑劣,而且要留意听众的好恶。演讲者如何让听众接受自己的意见呢?这就需要"证明",或者是说服方式。"证明"可以分成人为证明或非人为证明。非人为证明是指说服场合中已经存在、只需要说服者加以利用的手段,如法律、人证物证等;人为证明则指事先并不存在、需要说服者临场发挥的说服手段,如对听众动之以情的演讲等。人为证明又可以区分为信誉证明(ethos)、情感证明(pathos)、逻辑证明(logos)等。

当代新修辞学不再把修辞局限于演讲或修辞格,而是扩展为一切以言语为主、为达到某种目的所进行的象征性活动,如政治游说、市场营销等,推动了修辞向传播学的转变。在古典修辞学中,修辞是对真理的一种服从性解释,是对真理的点缀。在新修辞学看来,知识、真理以及现实都是建构的。新修辞的领袖人物肯尼斯·伯克(Kenneth Burke)认为,语言不但导致行动,而且建构我们的现实。人生活在象征环境里,通过情景定义来产生行动,而怎样进行情景定义就成为一种修辞。新闻媒体作为社会建构的主要修辞力量为大卫·伯格(David Berger)所重视,他说,"修辞学要成为社会分析有用的工具,必须关注媒体对人们交流行为的影响"[1]。大到政治选举、中到媒体评论、小到课堂讨论及人际争论,高妙的修辞是传播有效性的重要保证。

二、新闻报道方式与客观性

1. 新闻中的三种陈述方式

关于新闻的客观性有很多争论,语言学家早川探讨了新闻报道中的三种陈述方式。

(1)报告(report)是一种可以证实的陈述。比如"昨晚北京最低气温零下6度""昨晚CBA季后赛,马布里独得52分"等,都是可以证实的消息。

---

[1] 转引自胡春阳:《话语分析:传播研究的新路径》,上海人民出版社2007年版,第62页。

(2) 推论(inference)是在已知情况的基础上陈述未知情况的说法。比如,看见某人"涨红了脸,提高了嗓门,一拳打在桌上",那么由此得到他"生气了"的推论,是有事实基础的,可以将推论与所观察到的事实一同报道。或者像"新闻秘书说总统将在周四到医院检查"之类的说法,虽然是关于未来的推论,但也是可以证实的,因此可以算新闻报道。

(3) 判断(judgement)是对事件或人物作出对错判断和赞同与否的态度表达,因此更多地是一种意见反映而不是新闻报道。比如,在一些法治新闻报道中,过多采用夹叙夹议的手法,使得立场偏向影响了对事实的报道,会使新闻的客观性体现不足。

绝对的新闻客观性或许不可能实现,但记者在新闻写作中,应尽可能坚持对事实的报道,有意识地避免主观判断和偏向,提升新闻报道的客观性和公信力。

2. 客观性研究

用内容分析的方法考察新闻报道的客观性和偏向,是大众传播的研究传统之一。1969年,时任美国副总统的斯皮罗·阿格纽(Spiro Agnew)发表了著名的得梅因(Des Moines)演说,批评电视主持人、评论员和执行导演在电视新闻制作中的偏见和"诽谤"。之后,新闻学教授丹尼斯·劳里(Dennis Lowry)对阿格纽演讲前后的广播网新闻进行了两次随机抽样调查。他以早川教授有关报告、推论和判断的分类为基础,将有关总统施政方面的报道分成九类:交代来源的报告、未交代来源的报告、指明的推论、未指明的推论、交代来源的"喜爱"判断和"不喜爱"判断、未交代来源的"喜爱"判断和"不喜爱"判断以及其他。统计分析的结果表明,在阿格纽演说之后,新闻中交代来源的报道比例大幅增加,但是在演说前后,新闻报道中都几乎没有判断,只是在演说之前,未指明的推论所占百分比较高。可见批评者一直反对的,可能是未指明的推论。

爱德华·赫尔曼(Edward Herman)运用内容分析法,对1984年《纽约时报》关于萨尔瓦多大选的28篇文章和尼加拉瓜大选的21篇文章进行研究,结论是"虽然尼加拉瓜选举的基本条件远比萨尔瓦多选举更符合自由选举的标准,但美国的新闻报道却表明,萨尔瓦多选举是民主得胜的结果,而尼加拉瓜选举则由于桑地诺(Sandinista)的强硬态度和极权主义的控制,成为丢脸的选举试验"①。这是运用内容分析法的典型研究。

三、新闻话语分析

所谓话语(discourse),简单地说就是指语言的使用。陈力丹指出:"运用一定的语言系统叙述、重构新近发生的新闻事实这种活动,便是所谓的'新闻叙事',产生的口语或文字作品即'新闻话语'。新闻话语是一种再现事实的话语,它在形态上是物质的报纸或电子媒介的一种文本,在观念上则是一定语境的体现。"②话语分析关注文本表达,口语的或文字的,而新闻文本仅仅是某种特定的表达形式,新闻话语分析不如话语分析的含义宽泛。受语言学和诗学的启发,话语分析产生于20世纪60年代,后来则冲破了早期"结构主义"的模式,发展成一个为社会语言学、语用学、文化人类学、语言哲学、心理学、社会学、计算机科学、文学及媒介批评等诸多学科共同关注的跨学科的研究领域。大体上,话语分析可以分为两个派别。英美学派把话语看作大于句子的语言单位,是社会文化语境中的一种语言使用形式,因此研究主要针对一些文本结构的分析和语境分析。法德学派把话语看作一种交际事件或一种意义交流活动,因此更集中于分析话语的功能效果和生成过程、话语背后深层次的意识形态和文化因素,以及当代社会和历史中各种话语之间的争斗等,不注重对句法等语言特性的分析。

1. 新闻话语的结构

结构主义语言学家认为,话语是有结构的,是由若干要素按照一定的层次从小到大逐级构成的。如图6-5所示,话语结构一般可分成语素、词语、短语(或词组)、分句(或小句)和句子等五层。

---

① 转引自〔美〕沃纳·赛佛林、小詹姆斯·坦卡德:《传播理论——起源、方法与应用(第四版)》,郭镇之等译,华夏出版社2000年版,第101—102页。
② 曾庆香:《新闻叙事学》,中国广播电视出版社2005年版,第2页。

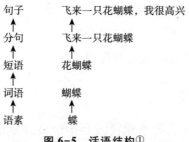

图 6-5　话语结构①

新闻的体裁一般有消息、深度报道、通讯和新闻特写等,其中消息的话语结构最为明显。大多数的消息都采取"倒金字塔"式的结构,要求作者按先重后轻、先主后次的顺序安排新闻事实。一般来说,每则新闻都有标题和导语,导语是对标题的扩充,二者构成对整个新闻事件的概括和总结,即摘要。摘要之后,便是详述的新闻故事。图 6-6 是最简单的新闻话语结构。

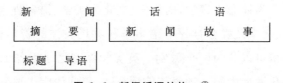

图 6-6　新闻话语结构一②

新闻报道一般会包括核心事实、场景、核心事实所引发的反应/后果,以及评论等,如图 6-7 所示。

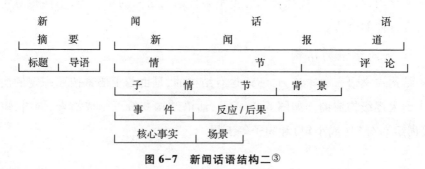

图 6-7　新闻话语结构二③

---

① 曾庆香:《新闻叙事学》,中国广播电视出版社 2005 年版,第 25 页。
② 同上书,第 31 页。
③ 同上书,第 40 页。

除此之外,新闻话语还具有相关性(relevance)、新近性(recency)、组装性(assembly)等结构性特点。新闻话语的这种结构性特征具有其合理性。众所周知,新闻要有时效性,而稿件生成的时间要求和同行竞争使得新闻制作处于紧张状态,新闻工作者往往无暇刻意追求写作技巧,而只能根据从概括性的"语义宏观结构"到具体的"语义微观结构"这种"自然"的认知心理图式来写作。而标题"一目了然",导语"一语道破",也符合读者快速寻求信息的心理,这与其他阅读形式有所不同。

2. 新闻话语的事实建构

"新闻是新近发生的事实的报道",从符号学的视角来看,新闻话语是能指,新闻事实是所指,新闻事实的建构是通过各种选择,以特定能指指向特定所指的过程。新闻话语的事实建构包括以下要点。

一是特定词语的选择。比如关于2001年中美南海撞机事件,美国《纽约时报》的标题是"美国飞机与中国战机相撞后留在中国",突出美国飞机和"中国战机",却不提美国飞机其实是间谍机。而《人民日报》报道:"4月1日上午,美国1架军用侦察机抵中国海南岛东南海域上空活动,中方2架军用飞机对其进行跟踪监视。9时07分,当中方飞机在海南岛东南104公里处正常飞行时,美机突然向中方飞机转向,其机头和左翼与中方1架飞机相碰,致使中方飞机坠毁。中方正在搜寻飞行员下落,我们对这名飞行员的状况十分关心。美机未经中方允许,进入中国领空,并于9时33分降落在海南岛陵水机场。"[①]

二是特定句式的选择。比如强调动作的动态发生的行动型句式和强调事件状态的被动型句式,表达的含义有很大差别。1986年英国各家报纸分别用以下标题报道一个新闻事件:

(1)号称神枪手的警察在9英寸的距离内射杀了抢劫犯熟睡中的儿子;

(2)警察射杀了一男孩;

(3)一男孩被警察射杀;

---

① 《就美国侦察机撞毁中国军用飞机事件 外交部发言人发表谈话》,《人民日报》2001年4月2日,第4版。

(4) 一男孩被射杀；

(5) 抢劫犯的儿子无意中被射杀。

标题(1)以讽刺的口吻非常清楚地说明了行为的施动者和结果，显然对被害人表达了同情；标题(2)虽然也清楚地说明了施动者，但却省略了"神枪手"和"9英寸"等细节，讽刺等情感色彩减弱了；标题(3)以被动句式，凸显了男孩，却弱化了施动的警察；标题(4)不仅以被动句弱化施动者，而且使得男孩的死亡事件责任不明；标题(5)突出了"抢劫犯"和"无意中"，显然有为警察开脱的动机。从标题(1)到标题(5)，可以明显看出对警察责任的逐级弱化。

三是事实建构的叙事视角。叙事视角(narrative perspective)就是指叙述者观察和叙述故事的角度。一般分为全知视角和限知视角、外视角和内视角、单一视角和多元视角以及第一人称叙事和第三人称叙事等几类。全知视角又称"上帝视角"，是指叙述者所掌握的情况多于故事中的任何一个人，知道所有人的过去和未来。限知视角指叙述者只通过故事中某个人物的视野观察事物，或者只了解部分情况，并把所得到的部分当成整体。所谓外视角与内视角，是指故事的叙述者以什么身份来讲故事。如果以故事中的人物的身份来讲故事就属于内视角。内视角可以对人物的言行、心理作再现式的细致描摹，具有一定的主观性和感情色彩，也具有较强的感染力。而如果以旁观者的眼光来叙事则属于外视角，此时叙述者没有卷入事件，比较容易对事件进行宏观的把握和客观、冷静的评价。单一视角是指仅仅从一个人物的视角出发叙述事件，不发生叙述视角的转移，因此会给故事造成一些知与不知、真实和空幻的联想空间。多元视角则由不同的人物进行观察和叙述，在动态中组合，以对事件进行全方位、多侧面的描述。第一人称叙事以"我"为故事情节的主角见证事件的发生，突出个人经历和认知过程，真实感强；第三人称叙事指叙述者不参与故事发展，不在故事中充当任何角色，只是以旁观者的身份描述故事的发生、发展和解决。由于许多新闻事件发生时记者都不在现场，因此只能采用第三人称证人的叙事视角。新闻叙事视角的选择绝不仅仅是出于对审美效果的艺术表现的考虑，而是为了给读者提供一个有意义的文本，以帮助他们理解外部世界。视角既指结构上的作用于被叙述的事件的观察或感知的角度，又指叙述时通过语言文字及其他符号性的表达所流露出来的立场观点、语气口吻等,带有特定的认知及价值观偏向,甚至意识形态影响。

小　结

　　本章主要考察语言与传播的相关内容。对语言传播的研究有诸多传统,本章侧重介绍了符号学、修辞学和话语分析等方面的研究。符号化是人类传播区别于动物传播的根本特点。符号是对非其本身事物的指代,是能指和所指的结合。人类的符号不仅包括和事物一一对应的信号,而且包括能脱离具体事物以进行抽象思维活动的象征符号体系。语言是人类最重要的符号系统。语言传播具有命名、互动沟通和信息传递的功能。语言传播应关注语言符号的抽象与具体、歧义与模糊、指称意与延伸意、不当归类以及言语风格等特性,以避免语言的误用所造成的传播困扰。相对于语言的指称性,代表语言相对论的萨丕尔-沃尔夫假说则强调,语言的文化特性会影响我们对外部世界的感知、分类和各种认识。我们对事物的认识,在很大程度上是经过语言这面文化之镜过滤的文化投射。古典修辞学以亚里士多德的《修辞学》为代表,侧重于研究以特定的口语表达和说服技巧促使人接受真理或采取某些行动。当代新修辞学不再把修辞局限于演讲或修辞格,而是扩展为一切以言语为主、为达到某种目的所进行的象征性活动,如政治游说、市场营销等,推动了修辞向传播学的转变。在新闻传播领域,基于符号学的指称理论,研究者关注客观性新闻写作的方法和量化研究。但新闻话语分析则更多地基于结构主义语言学理论,探讨新闻话语的结构特点和建构方式。

◆◆ 推荐阅读

1. 〔美〕约翰·费斯克:《传播研究导论:过程与符号(第二版)》,许静译,北京大学出版社 2008 年版。
2. 曾庆香:《新闻叙事学》,中国广播电视出版社 2005 年版。

◆ **观察与思考**

1. 分析一个你所熟悉的产品或企业品牌,比如华为,看看你能从中挖掘出多少含义。
2. 选择一段广告片,识别其中除语言外的各种符号,如音乐、形象、颜色、环境等,并分析其意义。
3. 为什么说"共有的是符号而不是含义,含义始终是属于个人的?"语言的指称理论和"萨丕尔-沃尔夫假说"分别强调了语言的什么特性?这对于我们理解语言和传播的关系有什么帮助?
4. 观察一下国内外不同媒体对同一个新闻事件,比如"北京冬奥会开幕"所进行的报道,分析其报道结构及事实建构方法的异同。

第七章　非语言传播

本章教学目标：
1. 理解非语言传播的定义和特点
2. 理解非语言传播的基本功能
3. 理解与身体相关的非语言传播的基本形式
4. 理解时间观和空间观在非语言传播中的作用

我们可以按照传播符号的性质把传播活动简单地分为语言传播或非语言传播。在实际生活中，大量的传播活动总是同时包含言语行为（verbal behavior）和非言语行为（non-verbal behavior），之所以加以区分，只是为了研究的便利。

著名京剧表演艺术家盖叫天在扮演西楚霸王一角时就进行了精心的设计。因为他个子矮小，与西楚霸王给人的印象差别较大，因此他穿上了一双厚底靴，把身子垫高，又设计了一顶一尺半高的特制霸王冠，戴在头上，使身子又加高了一大截。他还按照门神的打扮，参考历代天地人三皇和孔夫子的服式，做了一件内套胖袄的霸王装，穿起来整个体形显得异常魁梧，十分气派。脸谱化妆上也有创新，不勾花脸，而是揉成紫膛脸，画两道竖直浓眉，再戴上黑扎短髯。这样一来，尽管他眼睛生得小，但两眼一睁，与面部化妆相映衬，也显得格外明亮，炯炯有神。为和人物形象相协调，他又为霸王设计了一根"丈杆"大枪，光枪头就有一尺多长，又宽又厚，枪杆漆成黑色，看上去很有分量。霸王出场，先叫两个小兵把它抬出来，以示枪很沉重，然后霸王单手持枪一个漂亮的亮相,真乃威风凛凛。①

在日常生活中,人们对自己的非语言行为也是十分关注的。比如在赴一个重要约会之前,你可能会对自己的举止打扮作精心的准备。在结识一个陌生人的时候,不等双方交谈,你就会悄悄打量对方,并作出一个初步判断。在为一个重要的谈判做准备时,我们会考虑从时间、地点到环境布置、程序选择等一切方面。通常情况下,人们只对少部分的非语言行为有所了解和关注,而专家的研究则大大拓宽了人们对无意识的非语言行为的传播作用的认识范围。

非语言传播是不以自然语言为工具和手段,而以人的身体动作等多种非语言方式为信息载体的传播行为。人类进化了大约一百万年,可是对非语言传播手段的正式研究从20世纪50年代才开始。雷·伯德惠斯特尔(Ray Birdwhistell)认为,即使在人们面对面交流时,有声信号也少于35%,而65%的交流信号是无声的。他计算,一个人平均每天只用10分钟讲话,平均每句话仅占2.5秒,其余大部分时间,都利用非语言手段向外发出信息。② 总之,非语言传播在我们的传播活动中起着十分重要的作用。需要强调的一点是,没有哪一种非语言行为可以被孤立地理解。语言和非语言行为彼此配合,相辅相成。要全面理解非语言传播过程,就需要理解非语言行为发生的情境,以及它同个人所有的语言、非语言行为模式的关系。

第一节 非语言传播概述

一、非语言传播的定义和特点

非语言传播就是除语言传播之外的一切交流形式。严格地说,非语言传播具有社会共知的含义,被有目的地或被解释为有目的地发出、被有意识地接收,并有可能由接受者反馈的、除使用言辞本身以外的人类属性或行动。非语

---

① 许祥麟、陆广训编著:《大综合舞台艺术的奥秘——中国戏曲探胜》,高等教育出版社1990年版。
② Ray L. Birdwhistell, *Kinesics and Context*, University of Pennsylvania Press, 1970.

言传播一般包括四种情况:有意发出并被感觉为有意的;有意发出但不被感觉为有意的;无意发出而被感觉为有意的;无意发出而不被感觉为有意的。如图 7-1 所示。

(1)有意发出并被感觉为有意的	(2)有意发出而不被感觉为有意的
(3)无意发出而被感觉为有意的	(4)无意发出而不被感觉为有意的

图 7-1　非语言传播的四种情况

作为信息传播的两大手段,语言传播和非语言传播有许多共同点和相似之处,它们都是符号化行为,都可以指示事物,传达感情,交流信息,表达人际关系等,都受某些规则、规范的指引,都带有文化特征,都可以是有意或者无意的行为等,但是它们之间的不同点也十分明显。主要体现在以下几点。

第一,结构化与非结构化。语言传播结构严谨,有正式的语法规则帮助人们连贯地理解别人说的是什么,但是非语言传播几乎没有规定交流的正式结构。绝大多数非言语传播是无意识发生的,难以预见事件发生的先后次序。由于没有正式的规则,同样的非言语行为,在不同时候,可以有不同的含义。所以我们一定要注意所有能得到的暗示,以便正确理解非语言符号所传达的信息。

第二,信号与象征符号。由于非语言传播没有特定的结构,该系统也很少有确定的象征符号。在一些文化中,点头表示同意;而在另一些文化中,点头表示不同意。聋哑人通用的手语是一种特殊的符号体系,属于语言范畴。但即使是聋哑人,也会发出无确定意义的、独特的非言语信号。大量的非语言符号带有信号特征,是和一定的具体事物一一对应的,只在特定范围内有意义。相对来说,语言信息比非语言信息更容易受到注意,更便于学习。而大量的非语言行为在我们的意识之外,并带有很强的情境特点和情感色彩。比如,某人一个人自习的时候咬指甲,并不一定表示焦虑,但如果在考场上咬指甲,就很有可能被监考老师判断为紧张焦虑,这就是情境的作用。又如,在看到两个人大声说话时，我们常常要根据他们的面部表情来判断究竟是在讨论问题还是在吵架。

第三，连续性与非连续性。语言传播以非连续的单元为基础，是阶段性的，其各部分可以分离。话说完了，文章写完了，传播过程就结束了。言辞有肯定的起点和终点。非语言传播则是连续的，传受双方自始至终处在传播过程中，面无表情也是一种表情，没有关系就是一种关系。对于有意识的传播一方来说，传播主体的表情、眼神、服饰、姿态、时间和空间距离都在传播特定的信息。激烈的争论结束以后，也许不再开口，但冷眼凝视、怒目圆睁和挺直的体势，却暗示了至少在非语言方面，分歧远未烟消冰释。

第四，多通道与单一通道。语言传播只通过一个通道进行，接收者或者通过听觉感受语言的声音，或者通过视觉逐句阅读。语言符号只能一个接一个地依次出现，在时间的线条上顺序展开，而不可能在空间上一齐涌现，因此语言传播存在着表意的时序性。非语言传播则通过多种通道，同时作用于人的视、听、触、嗅等多种感觉器官，使人接收多种信号，产生多种感受。各种非语言符号和信号相互交叉、互为补充，形成多层次传播。我们在教室听讲，要比单纯听录音效果好得多，因为我们在听到声音的同时，还看到演讲者的动作、表情，从而使信息的清晰度和精确度大为提高，印象也深得多。

但是，人体通过多通道接收信息，却通过单一通道——大脑思维进行处理。有时接收到的信息会产生不一致甚至相互矛盾。当语言信息和非语言信息互相矛盾时，人们一般会倾向于相信非语言信息。比如，如果板着面孔说对不起，往往会激起对方更强烈的反应。因为一般认为非语言信息比语言信息更难以欺骗，所以专家们重视对非语言信息的分析。成功的骗子常常在语言欺骗的同时辅以非语言暗示。

二、非语言传播的功能

非语言信息经常伴随语言信息，并对语言信息起到重复、补充、替代、强调、否定、调节等作用。以下分别考察。

1. 重复

在交流中我们同时使用语言和非语言行为,比如说"对"的时候伴以点头,说"不可能"的时候伴以摇头。这时的非语言信息起重复作用,因为它们发挥的是和语言信息同样的作用。人们常常不自觉地使用重复性的非语言信息,因为它是语言行为的基本部分,是自然发生的。重复也可以单独存在,以强调或阐明语言信息。

2. 补充

非语言暗示,如声调、面部表情、手势或人与人之间的距离等,常常用于补充语言信息,以添加、阐明或加强其意思。"补充"表明该行为不能单独传播所要传播的信息。补充性的非言语信息,以增加另外的识别力或消息的办法,来改变语言信息的意思。比如话说到一半,用摆手、点头、摇头等加以补充。补充性非语言信息经常用于强调感情或态度,比如在广告片中,模特仅仅说出某饮料的名字,然后喝一口,做出规定表情,来传达广告所要求表达的或满足,或惊讶,或振奋等信息。

3. 替代

就是用非语言信息替代语言信息的作用。要是周围环境阻碍了语言交流,在不能听或说的时候,就使用替代法。比如在安静的教室,或者人声鼎沸的赛场,想要离开的人不得不借助更多的非言语信息表达含义。目前,广告中也大量使用非语言信息来替代语言信息的说明和劝诱,如韩国比较流行的感性广告,只在片尾有一句简短的表达感受的话。对于替代性的非语言传播,重要的是能够识别,并以与群体中、文化中大多数人相同的方式解释,否则就容易产生误解。像中国式的招呼人过来的动作,在美国会被理解成招呼狗。在拥挤的时候,美国人习惯用手拨开人群,而中国人则习惯用胳膊撞,这两种行为在对方的文化中都会被认为是不礼貌。我们在另一种文化中使用本文化中的非语言信息,常常会导致误解。

4. 强调

主要用于突出口语信息中的特别之处,比如在演讲中配合使用挥手、握拳、上身前倾等动作。有些强调方法也许被当作补充的一种形式,其区别在于非语言行为被置于何时。比如熟练的演讲者会在演说的重点前后停顿一下,从而突出重点。

5. 否定

有时候,非语言信息和语言信息会相互矛盾,比如送给对方一件礼物,对方可能用言语表示感谢和喜欢,但面部表情却十分勉强,这时你会倾向于相信他的非语言信息所传达的含义。有时我们见到一个陌生人,会有一种说不出来的哪里不对劲的感觉,或许就是因为他的语言信息和非语言信息有矛盾冲突的地方,因此让人迷惑不解。在与客户打交道时,要特别注意非语言信息和语言信息的一致性,不要忽视每个细节。

6. 调节

常用于协调人与人之间的对话。在小组交流中,发言人常常会根据听众的反应调整演讲内容。讲话的人有时降低语调,暗示一个意思讲完了。听众如果缓慢并安静地点头,可能是鼓励演讲者继续讲下去。有人如果想发言,可能会很快地点头,迎接演讲者的目光。在两人谈话时,对方碰碰你的肩膀,意思可能是想让你听他说话。下次听某位朋友谈话时,可以观察一下他或她说话时是如何点头的,你们怎样相互让对方知道下面该谁开口了。

三、非语言传播中的三种暗示

由于非语言符号的相对不确定性,人们常常需要结合场景中的前后呼应关系,以及对行为动机和行为反应的可能性进行相应的判断,才能准确识别非语言信息。在特定的情境下,一系列非语言信息的相互作用会形成一些常见的被称为"暗示"的"定型见解",这些定型见解虽然不能被认为是绝对真实的,但却常常是被广泛接受的。

1. 接近暗示

接近暗示与非语言行为的直接性有关。简单来说,接近暗示认为,人们一般会接近所喜欢的人或物,而躲避不喜欢的人或物。早在婴儿时期,孩子们就会伸向或爬向他们觉得有趣或有吸引力的、色彩鲜艳的物体,而不会去接近他们不感兴趣或讨厌的物体。差不多所有孩子都生来就对甜食感兴趣,因此家长们不得不警告他们不要理睬拿糖果的陌生人。

由接近暗示派生出若干具体的非语言行为。你对某人有好感,可能会与其有更多目光接触,聚会时会靠近他坐,或者不自觉地采用和他相同的姿势。你可能比较愿意去触摸一个你愿意接近的人,或者比较愿意被那人触摸。

愿意接近某人或某物并不限于实体上的含义。想想某个你觉得亲近的人吧,你可能认为这人好说话,对某些问题的看法给你留下好印象。这就含有"精神接近"(mental closeness)的意思。接近暗示也不只限于非语言行为,在语言交流中也可随时找到接近暗示的例子。比如,使用"这里""这个""这人",而不是"那里""那个""那人",就趋向于暗示某种心理或身体的接近。

2. 激发活动暗示

我们对日常环境中的各种刺激常常习以为常,然而在特定环境中,某些独特、激动人心和突出的环境或成分,却可能引起人的情绪反应,甚至改变人的行为表现。这种因环境而发生的改变,就是激发活动暗示。初进迪厅的人可能会因为那里的灯光、快节奏的音乐以及现代装饰风格而激动、兴奋,也可能突然不知所措。在足球赛场上,很多人表现得会和平时判若两人。

激发的水平可以从以下三个方面来测量:面部和声音表情方面改变的总量、说话的速度以及说话的音量。一个声音(音高和音量)变化丰富的人,通过面部表情流露情绪的人和说话声音又大、速度又快的人,就可能是被高度激发了的人。高水平激发在世界杯比赛现场、演唱会、大型游乐场以及政治集会中十分常见。

3. 力量暗示

力量暗示常被认为属于交流中统治与服从关系的范畴,表明通过非语言传播展现支配或服从的程度。换句话说,在某种场合某个人占优势的行为,会导致人们觉得这个人强有力。当你想象一个强有力的人时,头脑中会产生什么形象?是矮小、佝偻、面色苍白、表情紧张,还是高大挺拔、仪态轻松的人?

很明显,"力量"往往和"庞大"联系在一起。力量的另一内涵就是"无畏",所以想显示自身力量的人往往不是用紧张而是用放松来表现。力量暗示同样也会用许多非语言行为来表现,比如面部表情、身体姿态、眼神和动作等。

第二节 与身体相关的非语言传播

非语言传播包括除语言传播以外的一切传播行为,因此用于传播的非语言信息的表现形式多种多样。要注意的是,各种非语言信息不是单独存在的,它们有时相互作用,有时相互矛盾,对这种非语言信息的考察可以增强我们对传播符号的敏感性。下面我们就对一些比较重要的类型逐一考察。

一、面部表情与眼神

人的脸会带给我们大量最重要的信息。通过观察人的脸,我们可以知道他的性别、年龄以及个性特征。我们建立人际关系时,经常依据对方的面部作出判断。面部是最原始的感觉和情绪的非语言传播载体,面部表情往往能展现情绪的性质和本质,身体则暗示情绪的强烈程度。研究表明,很多人都能很准确地判断面部表情。表情发生变化只需八分之一秒或五分之一秒。急剧变换的细微表情只能用高速摄影机才能捕捉,但却更准确地反映了人的真情实意,随后便被根据需要呈现的表情所掩盖。

研究显示,面部表情常常和特定的情绪相关。哈佛大学的一项利用照片进行的研究表明,来自不同文化背景和国家的人对七种基本情绪——如快乐、悲伤、惊奇、害怕、生气、厌恶以及感兴趣等——的判断非常一致。但是进一步的研究却表明,表情线索只是部分可信。通过控制脸上的肌肉,我们能藏起不适当的或不被人接受的反应,因此面部表情带有文化特征。比如女子更多地展露情绪,而社交压力常常使男子抑制表达,特别是像悲伤等负面情绪的表达。尽管女人笑得更多,但儿童对男人和女人的笑的反应却不同,可能儿童认为男子只有在高兴或觉得有趣的时候才笑,因此笑得更真诚,而女子的笑却常常带有社交性。

研究者把人脸分成三部分,即眉毛与前额、眼睛、嘴。扬起眉毛表示什么?惊讶、恐惧,还有吗?皱眉表示紧张、焦虑或沉思;前额出汗表明不安或竭尽全力。除眼睛外,面部所有部位的肌肉都可以有意识地控制,而眼睛则会作出自发的或毫无掩饰的反应。有一项研究显示,在一座超市大楼的一角安上一个巨大的眼睛图片之后,超市里的偷窃行为居然大大减少。

眼睛可以传递不同的情感。低垂表示谦逊,瞪眼表示冷淡,圆睁表示疑惑、天真、诚实、攻击,不停眨动表示不安;如果对某事感兴趣,眨动的次数会减少,瞳孔会放大。因为人不能有意识地控制瞳孔大小,因此,真实感受和情绪往往在人眼深处流露。瞳孔大的人被认为欢乐,有吸引力,因此封面女郎在拍照时常常利用光线来控制瞳孔的大小。眼睛不仅可以传递信息,而且经常起控制交流的作用。人们往往在讲话前避免目光接触,以减少分心,而将注意力集中在话题上。在拥挤的电梯里,人们通过避免目光接触来保持社会距离。目光注视的直接性和时间长短也存在文化差异。美国人用直视对方眼睛的方法表示自己的认真,而日本人常常只是看对方的鼻子上方以示礼貌。

二、体态与手势

人类历史上关于身体之美曾有不同的标准。"楚王好细腰,宫中皆饿死""三寸金莲"等成为中国古代妇女受摧残的象征。如今,电影、电视上的男女明星展示出各种各样的美丽标准,刺激着现代整容业的发展,也反映出现代文化的特征。对个人身体的认识常常影响到自信心和自我观念,对他人外貌的判断也常常反映出各种偏见,比如对肤色、发色以及胡须等的看法。除个性特征外,姿态还与文化背景、情绪以及接近暗示有关。

体态语最早的研究者保罗·艾克曼(Paul Ekman)和华莱士·弗里森(Wallace Friesen)把身体动作分为五大类:

(1)符号式。一般对发出者和接受者而言都有准确含义,但却常常限定在一定的文化范围内。想一想你是否能做出代表以下含义的动作:"同意""不知道""好热""自杀""没羞"。

（2）图解式。语言表达时配以身体动作，能减少表达困难，比如小孩子或者说外语的人，他们的动作就比一般人多。在强调指空间、形状和节奏时，我们也常常配以比较多的图解手势。言谈中，有意识地加强手势和动作表现，会显得更为生动和有说服力。

（3）调节式。即帮助我们调节与他人之间的互动，包括点头、打手势，变换姿势以及用以表示交流的开始和结束、何时发言或改变话题等的动作。

（4）心情展示。即反映我们情绪强度的那些行为，常常以我们所感觉的身体紧张总量来"衡量"。比如将要上场的拳击运动员，常常会保持挺直的姿势，每块肌肉都绷得紧紧的。除姿势外，紧握拳头还是松开双手，快步走还是拖沓着走，也能揭示情绪。研究发现，当隐藏情绪或说谎时，人们常常重视对面部表情的控制，而双腿的抖动等细节更能揭示真相。

（5）适应式。即为自己方便或舒服而作出的无意识的习惯行为。一般认为适应式与一些消极情绪有联系，比如有人用撩头发、扶眼镜、摸衣角等动作消除紧张、焦虑等负面情绪。有时在公开场合下，人们会作出一些简化的适应式动作，比如一个人可能私下挤粉刺，但在公共场合他就只摸一摸或揉一揉长粉刺的地方。因此，在交流中常常很难发觉和分析适应式动作背后的原因。有时，适应式动作也会集中于物体，比如玩手中的笔。

三、触摸

对触摸行为也有许多考察。赫斯林将触摸分成五大类：

一是功能—职业性的。如医生检查身体，被触摸者一般会被去人格化看待，以防止夹杂任何亲昵或关于性的信息干扰。

二是社交—礼节性的。如社交中常见的握手、亲吻和拥抱。这些行为都遵行一定的文化标准，是社会关系的体现。

三是友爱—热情的。我们的社会非常注意友谊及两性触摸的区别。想象一下，当两个朋友在机场见面时，他们可能会先紧紧拥抱，然后相互搂着腰走，但等到穿过通道和拥挤的人群，他们就不再有身体的接触了。原因在于，这种触摸是要让人群知道双方彼此的关系特征，而彼此单独相处的时候，触摸就会明显减少。

四是情爱—亲密的。这种触摸会有不同形式,例如抚摸对方的脸。但如果不是恋人关系,这种触摸恐怕会让人感觉不舒服。

五是唤起情欲的。这是触摸发展的最高阶段。对大多数人来说,这种触摸引起的刺激是令人愉快的,但有时也会使人害怕和焦虑。这个范畴的触摸首先会被看作一种肉体诱惑力的表现。[1]

触摸会传递许多类型的信息。对动物的研究证明了触摸对动物生长发育的重要性。比如,如果新生的吉娃娃幼犬没有被狗妈妈舔过,特别是会阴部位(外阴和肛门之间),那它很可能死于泌尿生殖系统的功能失调。对人的考察也发现,缺少触摸可能是育婴堂的孩子死亡率高的一个重要原因。很多老年人强烈的孤独感和失去外界对身体的触摸有很大关系。在缺乏触摸的情况下会产生一定的替代行为,如喂养动物、吸手指、抽烟、抱自己、抚摸衣物等。不同文化对触摸有不同的规范,性别、年龄、种族、宗教等都对触摸传播的规范和习惯有很大影响。触摸在人际交往中常常传递出一定的关于关系地位和情绪态度的信息,很多人都承认,触摸传播的信息有时比谈话还重要。

四、衣着服饰与随身物品

衣着服饰有一种传播价值,它渗透社会一切领域,因此不可能不传递社会信息。当今社会,衣着的保暖和遮羞功能退居次要,而着重提供衣着者本人的各种信息。无论标新立异者还是声明不注重服饰者,人们的衣着对他们的社会身份,以及他们对生活于其中的文化的态度,都作了具体而明确的注释。从穿戴中人们可以看出你的年龄、性别、收入水平、身份地位以及其他个人信息。衣着是常用的表现自我以及对别人形成固定看法的一种强有力的非语言传播信息。服装不仅与个人信息有关,也与场合及时代特征高度相关。在大众传播时代,经由媒介传播的各种时尚信息影响了我们的判断标准和行为选择,也影响了我们的传播。

---

[1] 转引自〔美〕洛雷塔·A. 马兰德罗、拉里·巴克:《非言语交流》,孟小平、单年惠、朱美德译,北京语言学院出版社1991年版,第229页。

衣着作为文化身份的象征贯穿整个人类社会历史进程。在古代中国,对不同身份地位的人的衣服颜色有严格规定。在古代法国,贵族以下的阶级不得穿能盖住臀部的紧身衣或鞋尖长于两英寸的鞋。即便在今天,服装品牌也用来充分显示个人的社会地位。很多公司都对员工的服装有比较严格的规定,保守的银行业常常要求员工穿正式的套装,而新兴的IT产业人员则以高档牛仔裤为时尚。军队、警察、法院等部门都要求统一着装,以强化其职业的权威性,增加服从性。而在监狱、医院,统一着装要求则意味着让人们更明确其特殊身份。

关于着装与个性有大量的社会调查。有研究表明,在穿着方面勤俭持家的妇女是谨慎、聪明、灵活而可靠的。在衣着选择方面顺应习俗的妇女经常强调经济、社会和宗教价值而忽视美学价值,她们表现出社交谨慎、墨守成规和顺从等特征。在衣着意识方面得分高的男性表现出对权威的谨慎和恭顺,而对衣着的实用性比对美感更关注的男性则经常不轻易表达感情,不太爱交朋友。关于着装者的社会印象的调查则显示,女性受欢迎的程度常常与她们的衣服有关,而男性的衣着改变最不为他们的朋友所关注。对老师着装效果的调查则表明,穿非正式服装的老师被认为友好、灵活、更富于同情心、公平和热情,而正规服装传达的则是老师有组织力、有学问和胸有成竹。其中,穿正规服装的男老师与同样穿正规服装的女老师相比,被认为更有学问一些。

随身物品也传递出许多信息。有一项研究表明,一个餐厅的女招待比别的女招待头上多戴了一朵花,结果用餐的人平均多给她超过26美分的小费,其中,女人们平均增加了39美分的小费,远高于男人们平均增加的15美分,由此可见女性对花有更强烈的反应。还有一项研究让四个穿不同衣服的男子在大街上叫住153个成年人,然后要求他们做下列三件事当中的一件,如拾起一个手提包、为某人放一枚硬币到停车计费器,或者站在公共汽车站牌的对面。结果显示,穿制服的男子得到更多的顺从,其中很多人都选择了放一枚硬币到停车计费器。这有助于理解为什么很多人下了班依然愿意穿制服,因为借此他们可以获得他人更多的顺从。

五、副语言

曾有一个实验,让四男四女以不同的发声方式朗读英文字母,结果本来毫无意义的字母也能传达出喜、怒、哀、惧、紧张、傲慢等很多感情。这说明,不但口语中的语词内容能传递信息,伴随语言的其他声音要素也能传递信息,这些被称为副语言(paralanguage)或类语言。比如,"我今天晚上要去剧院看戏"这句话。如果这句话是一条短信,则仅仅是交代了一下晚上的活动安排;但如果用口语表达,也许会暗示说话人的感受,比如,看戏是乐趣还是应付差事。声音暗示常常可以达到许多目的。医生和专业人员常常要用声音暗示来评价人的生理和心理状况,雇主也可能通过电话交谈来判断申请工作的人的性格特征和生活背景特征。

副语言可以分为声音要素(音型、音质、音速、音量、音调等)和功能性发声(哭、笑、呻吟、叹息、咳嗽、停顿等)两大类。虽然副语言中的"副"字暗示其在语言传播中的从属地位,但副语言现象绝不是无关紧要的,它常常会把语言内容推到第二位,而成为人际相互作用的决定因素。有时候怎么说比说什么更重要。研究表明,副语言在暗示情绪和个性特征,以及在个体学习、说服和欺骗等方面都有效果。

声音可以暗示情绪。例如,某人在圣诞夜遇到两个刚从晚会上回来的朋友。他们说话很快,有些句子结结巴巴,理解他们的语言内容比理解他们的非语言内容花的时间更长,但是他还是很快就明白了这两位朋友非常兴奋,因为副语言信息透露了他们的情绪,而语言信息阐明了出现这种状态的原因。关于声音暗示与情绪有很多研究。理论假设声调影响评价,而音量影响情绪的强度和活跃水平,也就是说人们会根据说话人的声调和音量变化来判断他是平静还是兴奋。大声量、高声调和快语速常常被用于表达兴奋或者愤怒这些活跃的感受;而低声调、慢语速和相对平静的语气则常用于表达失望、无聊等消极感受。自我控制力强的人对别人的情绪表达特别敏感,在有意表达情绪方面也有高超的能力。

声音与社会经济地位等人口特征相关。曾有一项研究,以父母的社会经济地位和本人受教育程度及职业为依据,选择不同社会背景的人,将他们朗读新闻杂志同一段落的声音录下来,然后在一个语言传播研究生班上播放录音,结果证明学生们对朗读者的社会经济地位的辨认是高度精确的。然而,后来一些研究却证明,声音暗示有时会不切实际地影响听者对讲话人社会经济地位的看法。还有一些研究暗示如身高、体重和性别以及受教育程度、方言区域等也可以从声音中获得,但得出这种判断应该小心谨慎。

人们也常用声音来判断个性特征,因此存在许多刻板印象。比如男子说话带呼吸声被认为是艺术型性格、年轻,而女子如果带呼吸声则被认为是长相漂亮,有女人味,但是浅薄。女子声音细弱被认为不成熟,而男子声音细弱则被认为无足轻重。带喉音使男子显得年纪大、成熟而老练,但却使女子显得懒惰、丑陋和粗心。男人声音紧张被认为年纪较大、不合群,而女子声音紧张则被认为年纪轻、易动感情。对说话清晰、有活力的人无论男女都获得积极评价。所有讲话的人在加快说话速度后都被认为活泼、外向,在增加声调变化后则被认为有活力和有爱美倾向。因此,洪亮的声音、富于变化的声调和多变的讲话速度,会让人有积极的感受。还有一些研究是关于声音与焦虑情绪的。很多进行咨询的人往往表现出讲话重复、口吃、遗漏、停顿以及使用"嗯""啊"等词填补语空的现象,表现出更多焦虑情绪。

语言风格与说服力也有较为紧密的关系。讲话速度快,说服力则较强,也容易引起态度的改变。而听者对讲话速度快的人的智力、知识和客观性都有较高评价。还有一些研究比较了对话风格和演讲风格的效果差异。与演讲风格相比,对话风格声调变化范围小,速度和声调更能保持一致,音量也较小,得到的评价是更可信赖,受过更好的教育,更专业懂行。演讲风格则常被描述为意志坚强、热心工作、自信和果断。副语言常常影响人们对可信度的判断。一个讲课声音单调的教授,会让大多数学生认为他能力不足。讲话人声音紧张、有鼻音等也会造成可信度下降。还有一些研究试图从声音中发现一些欺骗暗示,因此有了声音测谎技术的长足发展。

除了对各种声音因素和功能性发声的研究外,关于停顿和静默也有很多研究。多数时候,短暂停顿或者较长的静默具有衬托或强调口头语言的作用。

在用词语表达思想有困难时,停顿就较多也较长,而整个谈话速度的变化,基本也就是停顿数量的变化。沉默并不是讲话的对立物,而常常是用以衬托讲话的环境。沉默也能造成人际距离。消极的情绪和积极的情绪都能引起沉默,而沉默常常是最强烈的情感——爱、怒、惊、惧的语言。沉默既用于表达尊重和崇敬,也表达一种心理距离。在社交场合,沉默可以用来惩罚违规者,同时也是拒绝迎合他人的好方法。

选定某一天观察一下自己,看看你都使用沉默传达了哪些信息。

第三节 空间与时间

一、距离、环境与空间学

人类学家爱德华·霍尔(Edward Hall)在《无声的语言》(*The Silent Language*)一书中提出,每个人都有一个环绕身体的看不见的个人空间范围圈,这个个人空间范围圈就是他感到必须与他人保持的间隔距离。人和关系不同的交往对象保持的距离是不同的,根据人际距离可以划定四种区域:

(1)亲密区域,0—46厘米(0—18英寸),关系亲密的人、家庭成员、最好的朋友等人均在此区域,可以有身体接触,如拥抱、爱抚、接吻等,话语富于情感,并排斥第三者加入。

(2)熟人区域,46厘米—1.2米(18英寸—4英尺),同学、同事、朋友、邻居等在此区域内交往,由于距离有限,在此区域内说话一般避免高声。

(3)社交区域,1.2—3.6米(4—12英尺),在此区域人们相识但不熟悉,交往自然,进退也比较容易,既可发展友谊,彼此寒暄,又可简单应付。

(4)公共区域,3.6米(12英尺),即目光所及与陌生人的距离,表明不想有发展,在此区域人们难以一对一交往,主要是公共活动,如作报告、等飞机等场景。

实际上,个人空间最重要的特性是它的可变性。它既和性别、年龄、个人内在情绪和外在表现以及个人身份地位等人口特征有关,也和相互关系、文化规范等外在因素相关。与空间距离相联系的是人们在公共场合的位置选择和区域划分。关系亲密的人会选择相邻而坐,而关系紧张的人则可能会选择相互躲避或者对峙的位置。在机场候机厅等场所,没有交往意图的陌生人之间一般会保持尽可能大的空间距离。

空间感也表现在区域划分上。"三只熊"的童话暗示了一种对个人领域的高度重视,在现实当中,领域可以按其对使用者的重要性而分类。

个人区域对个人来说当然是最为重要的区域。家或者家中的卧室以及家庭主妇的厨房,独立办公室或者共用办公室中个人办公桌的周围,还有赛车主的赛车,都可能被个人看作最重要的领域,不许别人侵犯,否则就可能感到不安甚至难以容忍并产生激烈的反应。次级区域虽然不是使用者独占的财产,但往往与个人有关。在自习室惯用的书桌、住所附近咖啡馆里常坐的座位、健身公园里常站的角落等,这些领域如果被其他人侵占,也常常会让使用者产生不满。公共区域是向所有人开放的区域,比如停车场、海滩公园和其他没有标明所有者的场所。公共区域可能会被一些人暂时甚至长期占据,因此形成一个无形的边界。当然,对公共领域的占用不受法律保护,而只有在别人尊重那些划分标记时才有效。即使是公共区域也有一个使用者的范围划分。比如,当外来移民进入一些社区,常常会被当地居民视为侵犯者而加以抵制。

二、时间观

时间在传播中的作用是不容忽视的。约会时提前到达、准时到达还是故意迟到,表示的含义非常不同。收到邮件后是立刻回复还是拖延时日,效果也很不一样,不同文化背景的人对时间的感受可能存在很大差异,由此也会产生很多传播失效的问题。

人类学家霍尔最早发现,美国人的时间观和世界上其他地区的人的时间观有很大差异。时间在美国文化中被看成商品,是一种被珍视和利用的实体,因此有"时间就是金钱"这样的说法。时间意味着速度和效率,也意味着财富,因此美国人在和别人进行完一次谈话后,甚至会说"谢谢你的时间"。当美国人看到一些国家的人民非常不在乎时间时,会对他们的低效率和慢节奏感到惊讶和不满,同时生出许多文化优越感。对美国人来说,"长时间"可以指从两天到二十年不等,而在南亚文化中,长时间却可以指几千年甚至永恒无限,因此觉得美国人未免显得太匆忙了一些。

美国人的时间观总是面向未来的,未来永远比过去和现在美好,人们要制订出各种计划以迎接美好的未来。但是在许多文化中,比如中国或者英国,人们可能更重视传统和历史。而在特鲁克岛的语言中没有时态之分,人们会把过去的事也看成刚刚发生的,对多年以前别人对自己的冒犯、欺侮和损害,比如多年以前的谋杀案,那里的人会永远牢记不忘,好像是才发生的事。

在北美文化中盛行单一时间制,就是说一个时间只能安排一件事情,而在拉美或中东等国则存在"重叠时间"制,个人在同一时间内可以安排好几种活动,好几个约会。不少美国人和拉美人或阿拉伯人交往时常常发生传播失效,原因通常是双方在对时间的强调、时间的划分等方面存在很多差异,而美国人对时间表的高度重视也常被误解为缺乏礼貌、缺乏体谅和不友善。

观察一下自己,你一天中看钟表、问时间或以任何方式涉及时间的行为有多少次?你有和与你有不同时间倾向的人相处有什么问题吗?

三、提高非语言传播能力

非语言符号的可变性和多义性常常使我们难以确定意义,从而难以达到预期效果。对非语言信息的理解常常需要依据特定的情境。这不仅包括传播发生的场合、传播双方的相互关系,而且和民族差异、时代背景等都存在很密切的关系。

除情境因素外,在理解非语言行为时,我们也需要注意各种影响传播的主观偏见和心理定式。当我们和别人交流时,我们的行为是对环境刺激的情感和生理反应。我们的语言行为较为明显、可被清楚地识别和认知。但是非语言行为更有自发性、模糊性、流动性,常常超出意识的范围而难以控制。因为在我们还没有准确识别出相关信息时,我们可能已经作出了相应判断,而我们的判断可能就建立在各种刻板印象上。可以帮助我们迅速处理信息,减少不确定性从而减轻认知焦虑,但刻板印象本身可能包含很多人云亦云的偏见,如果这些偏见影响了人和人之间的相互理解、相互包容和相互协调,可能就会起到阻碍交流的反面作用。

和语言行为一样,非语言行为也受到文化的影响,反映出我们在社会化过程中所获得的文化特征。在跨文化交流中,我们对交流行为的理解常常因对方陌生的非语言行为而受到限制。从打招呼到情感表达,我们常常会感觉不舒服,而原因就在于对方的非语言行为。因为我们对非语言的认识是不自觉的,所以常常不知道为什么感觉不好。霍尔把非语言看成文化的隐藏成分,认为其之所以是隐藏的,是因为和语言行为不同,它存在于交流的语境或情境(context)中。除了语言行为,非语言行为为我们提供了大量有关交流语境的暗示,从而和语言行为一起帮助我们解释交流的全部意义。

总之,对非语言符号的关注和考察,应当以增强人际交流的敏感性、促进人际沟通为最终目标。

小　结

非语言传播可以泛指除语言之外的一切传播活动。和语言传播相比,非语言传播是非结构的、信号的、连续的和多通道进行的。非语言信息经常伴随语言信息,并对语言信息起到重复、补充、替代、强调、否定、调节等作用。非语言传播的形式多种多样,本章着重讨论了与身体相关的非语言形式以及副语言、空间与时间等方面的内容。非语言符号受文化和情境的影响,其可变性和多义性常常使我们难以确定其意义,从而难以达到预期的传播效果。在交流中,我们还应当注意避免各种主观偏见、心理定式对传播效果的影响。

◆ 推荐阅读

1. 〔美〕爱德华·霍尔:《无声的语言》,侯勇译,中国对外翻译出版社 1995 年版。
2. 〔美〕洛雷塔·A.马兰德罗、拉里·巴克:《非言语交流》,孟小平、单年惠、朱美德译,北京语言学院出版社 1991 年版。

观察与思考

1. 非语言符号和语言符号有什么区别与联系,二者在传播活动中关系如何?
2. 在某个场景(公共汽车上、校园内、排队时)中与一个陌生人谈话几分钟,然后问他是否愿意花几分钟参与一项实验,如果他愿意,问他对你的最初印象如何,须强调对你的外表、非语言行为和交谈质量作一个诚实的评价。第一印象是否准确?你对他的描述有什么反应?你对自己创造的非语言印象有什么认识?
3. 与某同学对话,可以任意选择话题,先在3.6米处停三分钟,然后到2—3米处停三分钟,接着在0.5—1.2米处停三分钟,最后在0.5米内停三分钟。讨论:你对以不同距离与同伴对话的感受;你们的对话内容会因距离的改变而改变吗?在某种距离内,是否有特定的话题不合适?哪种话题最适合哪种距离?
4. 给陌生人打电话,根据其声音判断他的年龄、身高、体重、种族、性别和籍贯。重复几次以确定声音要素如何帮助、妨碍或基本不影响对个人背景和人格特征的判断。
5. 如何提高非语言传播的能力?

第八章　大众媒介与大众传播

本章教学目标：
1. 理解人类传播技术变迁的相关理论
2. 理解麦克卢汉与梅罗维茨的媒介影响理论
3. 理解大众传播的定义与模式
4. 理解媒介素养

大众媒介(mass media)的兴起使人类迎来了大众传播(mass communication)时代。施拉姆将1450年左右约翰内斯·古登堡(Johannes Gutenberg)发明印刷术视为大众传播的开始，因为"从技术上说，古登堡所做的以及自他以后所有大众媒介所做的，就是在传播过程中放入一台机器，以此复制信息，从而几乎无限地扩大了个人分享信息的能力"①。如此说来，大众传播突出表现为一种媒介化传播。借助媒介技术，传播可以超越时间、空间和人际关系的局限，在更大的范围内进行。

第一节　大众传播的技术变迁

从传播研究的角度来看，探讨人类发展的更具深远意义的一种方法，是以

---

① 〔美〕威尔伯·施拉姆、威廉·波特：《传播学概论(第二版)》(影印版)，北京大学出版社2007年版，第12页。

一套新的"时代"定义来说明人类在交流、记录、再现和传播信息的能力上的连续发展。随着人类的进化，人们的传播能力也在进化。这种能力越精巧，人们就越容易发明、借鉴和积累一整套学问和知识来帮助生存。正如新的物种形式的出现存在明显的转折点，人类传播能力的发展也存在相当突然的飞跃阶段。人们用自己所掌握的传播系统贮存、交流和传播信息的程度的高低，标志着人类历史甚至史前变革的几大转折。传播是通过一定的手段或工具来进行的。根据人类传播方式或媒介发展的历史脉络，我们可以把迄今为止的人类历史分成几个时代：口语传播时代、文字传播时代、印刷传播时代、电子传播时代，以及网络和数字传播时代。人类传播的历史是传播系统的复加过程，而不是简单地从一种系统转向另一种系统。各个时代人们的日常生活，深受其所在时代的传播系统的影响。一个社会的传播过程的性质，实际上与该社会人们日常生活的每一个方面都关系重大。传播是根本的社会过程，而媒介一经出现，就参与了一切意义重大的社会变革。传播"革命"贯穿于整个人类的发展过程，每一次"革命"都提供了可以给人类思想、社会组织和文化积累带来重大变化的方式。

一、口语传播及文字传播时代

1. 口语传播

语言的产生是真正意义上人类传播的开端。口语是最早的语言形式。根据考古发现，距今 4 万到 9 万年前，人类获得了说话的身体能力。通过口头语言进行信息编码的能力，为收集、处理和扩散有用的信息提供了更大的便利，从而使人们可以结合成更大的群体，更有组织地处理复杂的问题。口语除了使人与人之间的沟通更加有效外，也极大地促进了人类的思维能力。对语言规则的掌握，极大地提高了人类的概念化和抽象思维的能力。语言在空间上扩展信息，在时间上维系社会关系，并使文化得以产生和传承。

在口语传播时代，出现了大规模、多家庭的农业社区。社区中有多种形式的公共传播，比如讲故事，或者祈雨等原始宗教活动。早期的此类活动人人可参与，表演者和观众之间没有区分。但随着社区的扩大和祭台等专业场所的出现,受众的参与度逐步下降,而一些专业的表演者,如祭师等,则分化出来,成为群体记忆的表达者。神话和历史交织在一起,在代际口耳相传,形成特定的文化传统和习俗规范。故事的讲述者是含义的制造者,个人的即兴发挥日益转向结构化和标准化的公共传播,有助于维持文化认同和社会整合,从而维护统治权力的合法性。相比之下,当今世界,包括奥运会开幕式在内的各种公开表演,以及借助广播电视和网络播出的各种节目,在服务或娱乐大众的同时,也将相关的社会政治和文化讯息融入其中,依然发挥着维持文化认同和整合社会的作用。

口语传播虽然有很强的针对性和感染力,但借助人脑记忆的口语讯息显然是有限的、难以精确保存,在穿越时空时具有不稳定和不可靠性。就像古老的荷马史诗,代代相传之后,我们永远无法知道其中多少是真实的,又有多少经过后人有意无意的增删和演绎。实际上,在口语时代,口语并不是唯一的传播手段,各种各样的信号和符号手段的使用,最终导致了人类书面语言即文字的产生。

2. 文字传播

如果说口语的产生使人类彻底摆脱了动物状态,那么文字的出现则使人类进入了一个更高级的文明发展阶段。历史上很多文明都经历过结绳记事的时代。据记载,美洲的印加古国就曾设有专门的结绳官,他们掌握着一整套复杂的结绳规则和技巧,日复一日地将重要的事情用结绳符号记录下来,并根据需要向人们发布和解释有关信息。我国《易经》上曾有"上古结绳而治,后世圣人易之以书契"的记载[1],日本历史上也曾经有"绳文时代"。根据考古学的发现,从旧石器时代晚期开始,人们就将简单的图画刻在岩壁或各种石器上,以传递意义。到了新石器和铜器时代,已经发展出一种图画文字。

文字是采用实体符号来储存信息的方式。[2] 在公元前3500年左右的两河流域,苏美尔人就发明了一套记事符号,刻印在黏土泥板上,来定期记录有关河流的季节变动、收获、货物交易、税收以及国家训令等信息。目前发现最早

---

[1] (魏)王弼:《周易注》,楼宇烈校释,中华书局2011年版,第175页。
[2] 〔以色列〕尤瓦尔·赫拉利:《人类简史——从动物到上帝》,中信出版社2017年版,第248页。

的信息是"29086 单位大麦 37 个月库辛",可被解读为"在 37 个月间,总共收到 29086 单位的大麦。由库辛签核"。最初只有两种记事符号,一种代表数字,另一种代表人、动物、商品、领土、日期等,因此只能部分表意。后来越来越多的符号加入进来,苏美尔文字系统成为能够完整表意的文字,被称为楔形文字。差不多同一时间,埃及也发明了另一种能够完整表意的文字——古埃及象形文字。另外,中国在大约公元前 1200 年、中美洲各地在公元前 1000 年至公元前 500 年,也都发明了完整表意的文字。

以文字为代表的早期文献记录技术对人类传播的发展产生了根本性的影响。首先,文字克服了口语的转瞬即逝性,能够把信息记录和保存下来,使人类的知识和经验的积累脑外化,摆脱了对大脑的有限记忆力的依赖。其次,书面信息的交换不需要发送者和接受者同时在场,削弱了情境要求,允许人对信息内容进行更加独立和从容的审视,从而使思维进一步深化。最后,文字打破了口语传播的地域限制,能够把信息传递到遥远的地方,从而使中央政府能管辖更大的区域。

为便于文献的存储和传递,人们又不断发明出越来越轻便的文字承载技术。古埃及人很早就发明了莎草纸,它们可以被成卷地制造出来,用于创制很长的文献。在中国,从早期的石壁、石器、陶器、青铜器,发展到甲骨、竹简和木简,直至汉代蔡伦发明的纸张,用于记载文字的材料不断趋于轻便和廉价易得。公元八九世纪,阿拉伯人在与中国通商的过程中掌握了造纸术,并迅速地用来制造宗教经典和各类书籍,在本民族中广泛传播。13 世纪,阿拉伯人又把中国的造纸术传到了欧洲。但这种以破布、麻头、树皮为原料的廉价纸张,并没有取代在欧洲长期流行的牛羊皮纸。直到一个多世纪之后,一场黑死病,使当时欧洲三分之一的人口,即 2500 万—4000 万人在二十年间相继死去。堆积如山的服装、被褥和其他布制品毫无他用,因此造纸术开始迅速传播,以至于到古登堡的印刷术发明之前,大量浆纸过剩,价格被压得很低。

二、印刷传播时代

早在 7 世纪初,中国人就发明了印刷术。在唐代,雕版印刷术的使用十分流行。11世纪宋代庆历年间,中国人毕昇发明了活字印刷术。但在他去世后的近千年里,中国的活字印本只有150多部,而落后的雕版印刷术始终占据主流。13世纪,韩国也开始使用简单的金属活字印刷,但主要用于印刷一些美术图案。1450年左右,德国人古登堡发明了新的活字印刷术,并于1452年印出了第一批金属活版印刷的200册《圣经》,这反映出他对文艺复兴和宗教改革的时代浪潮的顺应。

古登堡最主要的革新有四项。一是铸字技术。木活字雕刻困难,而且精度差。但是古登堡铸造出的许多金属型的、耐用而且完全相同的复本。二是铅、锡和锑的合金铸字配方。这种合金能防止金属氧化,并能承受印刷机的巨大压力。实际上,从那时开始,热金属印刷机就一直使用同样的合金。三是机械印刷机。它从造酒的压榨机改装而来,便于大规模的印刷。四是印刷用的油墨,可以用多种方式上彩。到1500年,古登堡的印刷术已经传到欧洲12个国家的200多个城市,有1100多家印刷商,生产出35000多个版本,比此前欧洲近千年来的所有手抄书的数量都要多。[①] 20世纪末,古登堡在多个"千年人物"媒体评选活动中位列第一,古登堡的发明被选为第二个千年里最重要的事件。

1. 印刷出版

现代媒介的历史始于印刷书籍的出版。印刷术最初只是一种复制手抄本的技术,但却逐渐导致了书籍内容和使用上的革命。在印刷术产生之前,书籍被当作知识的储存体而非传播工具。那些主要呈现宗教和哲学内容的经典书籍,被抄写在牛皮纸上,一页页装订起来,用厚重的封面保护,存放于教堂藏书楼或图书馆中,只是偶然才被搬出来在公开场合大声朗读,而少有私人阅读。印刷术的普及导致了书籍内容的变化,出现了更多世俗的、实用的和通俗的作品,特别是本土语言的作品。印刷者变成出版商,书籍变成了商品,还出现一批"专业作者"、流行的书籍和阅读公众(reading public)。

印刷的出版推动了书面语言的标准化。在书籍大量生产以前,拼写和句

[①] 参见〔德〕克劳斯-吕迪格·马伊:《古登堡——500年前塑造今日世界的人》,洪堃绿译,北京日报出版社2021年版。

子结构经常取决于个人的偏好。但是印刷商坚持按统一的格式排版印刷,由此催生了字典和统一的语法规则。在思想上,复制使标准的、可被证实的知识战胜了神话和迷信,关于世界的新思想出现了,历史、经济、物理、化学等都成为知识的组成部分。当更多的人学会了阅读并能自由选择时,新思想更容易产生和传播,而王室和教会就不得不通过特许制和事先审查制来加强控制。1554 年,英国女王核准成立了英国出版同业工会,所有要印刷出版的书籍都要经它登记,并由其成员——印刷商、装订商、书商、文具商——发行。从 16 世纪开始,所有政府和教会的统治者都对印刷业实行事前审查制。1644 年,英国诗人约翰·弥尔顿(John Milton)发表《论出版自由》("Areopagitica"),反对审查制,争取言论自由。

2. 现代报刊

报纸的产生可以追溯到古罗马凯撒时代元老会议事厅外墙上独一无二的《每日纪闻》(Acta Diurna),但是现代意义上的典型报纸则在印刷术发明 200 年后的 17 世纪才出现,这主要源于重商主义的国际贸易和定期邮路的开辟。除少数官办报纸外,大部分报纸由出版商汇编私人信件信息而成,因此最初被称为"新闻信"(newsletter),具有以商业为基础、定期出版和公开销售等特征,被广泛运用于传递政商信息、刊登商品广告和娱乐消遣等。这些早期商业性报纸塑造了当下大部分新闻机构的特点,即不与任何单一的信息源挂钩、向匿名的不特定的读者提供商业化的信息服务等。报纸关心时事、讲求效用和世俗性的特点,实际上满足了一个新兴阶级——以城市为基础的商业和专业人士的需要。

报纸的发展也经历了不同的历史时期。早期作为"观点纸"(viewpaper)的政党报纸曾长期存在。这些报纸的内容以政论为主,其发行对象主要是政治组织的成员和受其影响的部分群众。虽然其发行量一般都较小,不能称为真正意义上的大众媒介,但确实在社会生活和社会变革中发挥了重要作用,特别是在英国资产阶级革命、法国大革命以及美国独立战争中。在美国独立战争期间,许多著名的革命理论家如托马斯·潘恩(Thomas Paine)等,都曾利用报纸进行思想启蒙,鼓舞人们反抗英国殖民统治,从而赋予报纸以"争取民主自由的阵地"这一特殊地位。西方资产阶级民主政治体制的变化发展,塑造了新闻学的传统,使报纸一开始便成为公众辩论、党派抗争和政治评论的场所。正如施拉姆所说,"书籍和报纸同十八世纪欧洲启蒙运动携手并进。报纸和政治小册子参与了十七和十八世纪所有的政治运动和人民革命。在一个对知识的渴望迅速增长的时期,教科书则使得大规模公共教育成为可能。当人们对权力的分配普遍不满时,先是报纸,后是电子媒介,使得平民百姓也有可能了解政治和参与政府"①。等到广播电视等其他大众媒介出现时,这一政治变革已大体完成。至少在美国,电影和广播等媒介都未能像报刊发展的初期那样具有较强的政治特性。

使报纸成为大众媒介的标志性事件是1833年本杰明·戴(Benjamin Day)创办纽约《太阳报》。当时美国非农业工人日均工资75美分,一般报纸售价6美分,而纽约《太阳报》每份定价1美分,因此也被称为"一分钱报"或"便士报"。除价格低廉外,纽约《太阳报》刊登一种包含犯罪、性和人情味的活泼而"通俗的"报道,吸引了大量低收入、低教育层次的人群。这意味着重新给新闻下定义,使其适合社会上受教育较少的阶层的口味的兴趣和阅读能力,而在此之前,"新闻"通常意味着报道真正重要的社会、商业和政治事件以及具有普遍意义的其他事件。纽约《太阳报》积极采用工业时代的新技术,如蒸汽驱动印刷机等,以削减成本并增加印数。两年之内,纽约《太阳报》号称发行量超过1.5万份,因此成为美国最大报,也是第一份大众报纸。便士报带动了媒介产业的发展,在大众报刊发展的早期年代,奠定了一种重要的体制化方式,即把广告商、媒介经营人和受众连接起来,形成一种功能系统,生产特定类型的大众传播内容。这一方式以19世纪末20世纪初的"黄色新闻"为极端表现。美国新闻学学者迈克尔·埃默里(Michael Emery)和埃德温·埃默里(Edwin Emery)曾评价:"黄色新闻从最坏处说,是一种没有灵魂的新式新闻思潮。黄色新闻记者在标榜关心'人民'的同时,却用骇人听闻、华而不实、刺激人心和满不在乎的那种新闻阻塞普通人所依赖的新闻渠道,把人生的重大问

---

① 〔美〕威尔伯·施拉姆、威廉·波特:《传播学概论(第二版)》(影印版),北京大学出版社2007年版,第14—15页。

题变成了廉价的闹剧,把新闻变成最适合报童大声叫卖的东西。最糟糕的是,黄色新闻不仅起不到有效的领导作用,反而为罪恶、性和暴力开脱。"①

虽然在工业革命过程中出现的商业性高于政治性的廉价报纸获得了很大的发展,但真正奠定现代报刊在社会上的地位的仍是那些严肃的、综合性的报纸,以 1785 年创办的英国《泰晤士报》和 1851 年创办的美国《纽约时报》为代表。它们一般也被称为"精英报纸"(elite press)、权威报纸(prestige press)或"高级报纸"(high quality newspaper)。精英报纸促进了新闻人员的职业化、新闻的专业化和行业伦理的发展,使报纸作为政治和社会生活的主要机构,特别是自主意见的形成者,在公共事务中发挥越来越重要的作用。但是,在今天,商业化报纸已经成为许多国家主流的报纸形式,它们不断追求企业规模以获得利润,高度依赖广告收入,并使"严肃新闻"受到冲击。除报纸外,期刊也是一种大众媒介。某些杂志,在关键历史时期也扮演了重要的社会、文化或政治角色。

和西方相比,中国近代报刊的起步较晚。在中国,最早出现的近代报刊是由西方传教士 19 世纪初在广州等地创办的宗教性刊物。随着西方列强在政治、经济、文化与军事领域的不断侵入,外国人在华办报活动在 19 世纪 70 年代至 90 年代达到高潮。由英国商人安纳斯托·美查(Ernest Major)等人 1872 年在上海创办的《申报》是当时最有影响的中文报纸之一。1873 年创办的《昭文新报》是第一份由中国人自己创办的报纸,但是从内容形式及社会影响看,由政论家王韬于 1874 年在香港创办的《循环日报》,才真正称得上国人自办的第一份近代化报纸。

在内忧外患日益深重的情况下,为拯救民族命运而不懈斗争的志士仁人都把报刊当作政治斗争的武器和号角。从维新变法到辛亥革命,直至五四运动,政治活动家们以及各种政治党派纷纷创办报刊作为舆论阵地。1920 年,《新青年》由民主主义刊物改组成中共上海发起组的社会主义刊物,成为中国革命新闻事业诞生的标志。1921 年,中国共产党成立,《新青年》作为党的理

---

① 〔美〕迈克尔·埃默里、埃德温·埃默里:《美国新闻史——大众传播媒介解释史》,展江、殷文主译,新华出版社 2001 年版,第 223 页。

论刊物继续出版。在长期的革命斗争中,党的新闻事业得到很大发展。新中国成立后,"我国的社会主义新闻事业成为党领导下的社会主义事业的重要组成部分,是动员群众、组织群众的重要的舆论工具"①。

三、电子传播时代

1. 电报

欧洲的科学家在18世纪逐渐发现电的各种特质,也有人开始研究使用电来传递讯息的可能。法国率先使用灯号和旗语的方式在一系列高塔上传播信息,称为 optical telegraph,电报一词由此起源。1827年,塞缪尔·莫尔斯(Samuel Morse)和两位朋友一起创办了《商业日报》。当时的信息主要来自欧洲。记者们为了尽快得到信息,要划着快艇到停靠在纽约港的海船上收集电传快件。除了"新闻船"之外,《商业日报》还通过骑马来加快为华尔街收集信息的速度。后来,美国邮政部门迫使该报放弃马厩,但此时莫尔斯发明的电磁记录电报和他的由圆点和长划构成的电码,使快马和新闻船都要过时了。②1844年,第一条电报线路在美国诞生,其发出的第一条信息来自《圣经》——"神行了何等的大事!"(What hath God wrought!)

电报之所以被视为奇迹,是因为在此之前,信息的流通要通过交通工具来进行,因此并不比人的流动和物体的流动更快。但电报的发明却使信息传播与交通运输区分开来,更具有精神和思想交流的含义。莫尔斯曾预言:"大地将遍布通讯神经,他们将以思考的速度把这块土地上的消息四处传播,从而使各地都会成为毗邻。"当1858年横跨大西洋的海底电缆宣告竣工时,纽约市举行了盛大的庆祝游行。《纽约时报》称之为"非凡年代的非凡事件",是"世界脊柱的连接"③。

---

① 《新闻学概论》编写组编:《新闻学概论》,高等教育出版社、人民出版社2009年版,第81页。
② 参见〔美〕罗杰·菲德勒:《媒介形态变化——认识新媒介》,明安香译,华夏出版社2000年版,第71页。
③ 转引自〔美〕丹尼尔·杰·切特罗姆:《传播媒介与美国人的思想——从莫尔斯到麦克卢汉》,曹静生、黄艾禾译,中国广播电视出版社1991年版,第10—12页。

电报显著地改变了新闻采集方法，增强了现代的新闻观念。早期的报纸通常为周刊和半周刊，刊登来自邮件和传闻的消息，关心的是记录已经发生的事件，而无法体现时效性。而电报显然使快速传递成为可能。1833 年"便士报"的诞生，促使报业为吸引众多的读者，不惜工本地从全国各地搜求快讯。当时的《纽约先驱报》总编辑詹姆斯·贝奈特（James Bennett）就曾花巨资购买电讯稿，还亲自撰写了很多关于电报的文章。他断言电报会使新闻业更有影响，因为"重大事件的迅速传播将在社区的群众中引起对公众事务的强烈关注——整个国家在同一时间内关注同一事物，从国家的中心到边陲将保持着同一种感情和同一个搏动"[①]。

电报还使有系统地合作采集新闻成为可能，由此催生了通讯社。1849 年成立的以搜集"海事情报"为宗旨的"港口新闻社"是美国联合通讯社的前身。通讯社区别于个人记事工具和作为党派喉舌的传统报纸，成为以客观性新闻报道为己任的信息传播者。以电报为基础的国际通讯社成为全球媒体的第一种重大形式。德国沃尔夫通讯社、法国哈瓦斯通讯社和英国路透社相继成立，并于 1870 年建立"环形联盟"（Ring Combination），瓜分世界新闻市场。19 世纪末期美联社和合众社也加入该联盟。电子媒介逐步使分离的国家邻近化，特别是强化了宗主国与殖民地的关联。人们已经习惯及时得知远方的消息，并将之与自身生活相联系。这与今天"地球村"的概念一脉相承。

2. 电话和电影

1876 年，亚历山大·贝尔（Alexander Bell）发明了电话。人们很吃惊地发现，他们不需要训练有素的话务员做技术中介，就可以实现直接而快速的交流。在此之前，几乎所有人都把拥有大批编码解码员的电报网看作实现远距离人际传播的唯一可能形式。电话费过于昂贵，以至于无法成为一种大众传播的工具。

1895 年，法国的卢米埃尔兄弟（Louis Lumiere & Auguste Lumiere）发明了电影摄影机。作为一种新式娱乐工具，电影提供各种故事、戏剧、音乐、特技以

---

① 转引自〔美〕丹尼尔·杰·切特罗姆：《传播媒介与美国人的思想——从莫尔斯到麦克卢汉》，曹静生、黄艾禾译，中国广播电视出版社 1991 年版，第 10—12 页。

及宏大场面,是真正的大众媒介,满足了普罗大众的"休闲"需要。在第一次世界大战中,美国公众信息委员会曾动员电影界加入了一场"向美国观众兜售战争"的全面运动。经过20世纪初的不断实验和改进,电影迅速完成了从无声到有声的过渡。到1929年,彩色电影也实验成功。20世纪30年代到40年代,电影进入鼎盛时期,成为最受欢迎的大众娱乐形式。

电影史上有两个最重要的转折点:一是第一次世界大战以后电影"美国化"促成了电影文化的同质化,使电影媒介的定义趋向整合;二是电视夺走了很大一部分电影观众,特别是一般家庭观众。电视也转移了因电影而兴起的社会纪录片潮流。在今天,尽管电影的直接观众减少了,但电影与其他媒介,特别是书籍、流行音乐以及电视本身的融合,使电影仍然在文化领域占据核心地位。而电视媒介的"小众化",实际上使电影中艺术流派的发展,在政治或艺术自我表现上获得了解放,尽管在许多国家仍然存在对电影的检查和控制机制。今天有很多人在家庭中通过电视机、录像机、有线电视和卫星电视频道等观看电影,因此我们可以说,电影是大众文化的创造者。

3. 唱片业和无线电广播

最初的电报只能通过架设在陆地上的电线来发送。到19世纪90年代,科学家开始研究以无线电发送电报。1895年,意大利人伽利尔摩·马可尼(Guglielmo Marconi)首次成功收发无线电电报,并于1899年将无线电报带到了美国,1902年首次以无线电进行横越大西洋的通信。无线电报的发明使流动通信变得可能,配备了无线电电报机的远洋船只,就算在海洋上仍然可以与陆地保持通信,更能在需要时发出求救讯号。

将无线电转变成广播媒介的主要是业余无线电爱好者。他们先是通过无线电技术进行双向信息交换,然后偶然开始播放音乐和新闻。1920年,美国西屋电气公司在匹兹堡创办了世界上第一家商业无线电台,并首次播出了美国总统竞选的消息。最初办广播的,是一些无线电收音机的生产经营者,还有很多重视"新媒体"的报纸出版商。但是高昂的投入成本让这些最初的经营者纷纷退却,直到20世纪30年代初,美国全国广播网开始建立,其反映了美国人通过宣传一整套特定的社会价值以团结全国人民的愿望,但实际上却主要是为广告主提供大规模的全国听众。当时广播网的节目内容,定位于吸引具有购买力的白人中产阶级的兴趣,以创造一个全国性的大众市场和销售产品。这一结果使得后来整个美国的民族、种族和宗教歧视倾向明显增强,并在20世纪60年代公开突显出来。但是,从20世纪30年代发展起来的商业模式,为后来的广播电视网奠定了基础。它们创造了现代消费社会的奇迹,并实际影响了全球越来越多的国家和地区,有力地挑战了欧洲的"公共服务广播体系"。

相对于美国"让市场自由决定"的原则,西欧国家在同一时期发展出一种公共服务广播系统。那是一种由法律所规定、普遍由公共基金(通常是家庭支付的广播使用费)所管理的系统,具有广泛的编辑和营运独立权,其运作的一般原则是通过满足社会与人民重要的传播需求,来为公共利益服务。其基本目标包括:接收与传送的普遍性;提供各式各样的品位、利益和需要,服务所有的意见与信念;为特定的少数人群提供服务;关注国家文化、语言与认同;满足政治体系的需求,在具有冲突的议题中,保持平衡与不偏不倚的角色;特别关注不同定义下的"质量"。以英国广播公司(BBC)为代表的公共服务体系,特别强调媒体独立于政府,并服务于社会公共利益。

4. 电视

第二次世界大战以后,电视的发明和普及开辟了大众传播的新时代。从表面上看,电视只是广播和电影这两种媒介在技术上的结合,但是它所产生的社会影响却远远超过历史上任何传播媒介。尽管电视事实上主要是一种娱乐媒介,但还是有许多人把电视作为重要的新闻与信息的来源。电视也被寄望成为另一个教育者。电视上频繁露面的主持人常常被观众视为朋友,因而体现出亲密性和准社交性质。实际上,电视的影响是多方面的,不仅改变了人们的生活方式和习惯,而且改变和影响了人们的思想观念、文化趣味乃至社会政治生活。人们把社会的进步、经济的繁荣和政治的变革归功于电视,同时把社会上的矛盾冲突、困惑与烦恼、犯罪与暴力以及道德水平的降低归咎于电视。对电视的研究已经超越了技术本身甚至内容本身,而扩展到人类思想和生活的各个方面。

四、网络和数字传播时代

1946 年,在美国国防部的支持下,第一台模拟计算机出现在美国宾夕法尼亚大学,主要是为了迅速计算大炮射表。这种真空管计算机体积大、造价高,使用困难并且很不可靠,但却预示着网络和数字传播时代的到来。从 20 世纪 60 年代以来沿用至今的"新媒体"一词,涵盖了通信卫星、光缆电视、移动电话、计算机以及国际互联网等一切新发明的信息传播技术。新媒体最根本的特征是数字化。通过数字化的过程,所有的文本都能够转换成二进制编码,并可以采用同样的方式进行生产、分配和储存,从而实现所有既有媒介之间的整合,也使人类传播的能力大大提高。卫星、光缆和数字电视技术使传送的容量大幅增加,电视频道可以从原先的几个、十几个猛增到上百个。计算机和网络的发展更是极大地拓展了海量信息的快速传递、存储和检索。私人媒介制作,包括数码照相机、摄像机、打印机和各种编制程序等,也扩展了媒介的世界,并且在公共传播与私人传播、专业领域与业余领域之间建立了联系。手机作为最便利的移动用户终端,正在成为各种媒介的聚合点,力争实现全部的媒介功能。

1. 互联网的诞生

互联网是数字新媒体的典型代表。1969 年,美国国防部高级计划研究署开发出一个能将四台电脑连接在一起的阿帕网,这是现代互联网的雏形。为应对战争风险,阿帕网一改传统通信网的"集中型"和"分散型"结构,采用了分布式结构,因此网络中的任何一个节点被破坏都不会影响其他节点之间的通信。这种"去中心化"的分权设计,不仅提高了网络的安全性,也造就了网络传播的多样性和复杂性,甚至使一些人相信,网络具有乌托邦式的民主赋权(empowerment)的能力。1971 年,英特尔公司推出第一台芯片电脑,宣布了一个"集成电子新时代"的到来。随后推出的一代又一代个人电脑,体积越来越小,功能越来越强大,应用也越来越广。1983 年,温顿·瑟夫(Vinton Cerf)和罗伯特·卡恩(Robert Khan)提出的 TCP(Transmission Control Protocol)和 IP(Internet Protocol),被指定为互联网标准协议,意味着互联网有了统一的"语言",这成为全球互联网诞生的标志。

2. 万维网与搜索引擎

互联网早期的应用主要在军事、科研和教育领域,但随着技术的发展,互联网开始进入商业化应用阶段,出现了一批服务提供商和内容提供商。早期的服务只是将用户的电脑与远程主机连接起来,享受主机提供的各种信息服务。一个个服务器犹如一个个信息孤岛。1989 年,蒂姆·伯纳斯-李(Tim Berners-Lee)提出万维网(World Wide Web)的技术构想,使互联网传送的各种超文本信息之间可以用超链接进行关联。基于他的思想开发出的各类 www 浏览器,成为人们上网时的主要应用,并使"Web 网站"成为主要的互联网信息获取渠道。电子邮件、BBS 网络论坛和网络游戏等也逐渐集中于此。内容丰富的门户网站逐渐成为一种大众媒介,并且具有时效性强、互动性强和海量信息等传播优势。

海量信息传播带来的是信息检索困难,搜索引擎技术应运而生。搜索引擎技术经历了从文字搜索到多媒体搜索,从一般搜索到专业化搜索,从单纯搜索到与社区结合,未来将进一步走向依托语义网的智能化搜索和基于社交网络的社会化搜索。

在这一阶段,互联网基于 Web1.0、超链接和搜索引擎,从早期的"机器与机器的连接",逐步走向"内容与内容的互联"。

3. Web 2.0 与社会化媒体的兴起

2004 年,首届 Web 2.0 峰会召开,宣告了一个以调动用户参与为核心特征的互联网传播新时期的开始。与 Web 2.0 相关的主要技术有 RSS(简易信息聚合)、博客、播客、维基、SNS、微博、微信等,其共同特点是突出网络信息生产中用户的作用,并通过各种应用方式使网民之间产生更加密切的关系。普遍认为这一时期的互联网是以人为中心,而不是以内容为中心,实现了"人与人的连接"①。

伴随着 Web 2.0 时代的到来,出现了越来越多的"自媒体"(WeMedia)传播,即不从属于专业媒体的个体或组织通过各种网络手段进行自主的信息传

---

① 彭兰:《网络传播概论》(第四版),中国人民大学出版社 2017 年版,第 6 页。

播。自媒体传播使个体的声音无须通过传统大众媒体的中介，就可以发布到社会空间，并形成影响力。网民自主上传的文字、图片和音视频等内容被称为用户制造内容（user generated content，UGC）。2005年2月创办的美国YouTube网站就是UGC网站，它通过视频分享吸引了大批用户。UGC也与公民新闻（citizen journalism）的概念相联系，关注公民如何利用新媒体技术进行自主的新闻生产和传播活动。

Web 2.0也促进了社会化媒体（social media）的发展。社会化媒体强调内容生产与社交的结合。内容生产成为人们社会交往的纽带，而对社会关系的需求则促进了社会化媒体平台的内容生产。从早期的BBS论坛，到目前流行的微博、微信，甚至电子商务中的评论平台等，都可以被看作社会化媒体。社会化媒体平台上的主角是用户而不是网站运营者，用户对信息的获取和发布，给专业媒体的信息传播模式与传播格局带来巨大冲击。

4. 智能终端与移动互联

手机是移动传播的开启者。最初的手机是功能手机，只能完成语音通话、短信收发等基本功能。1993年，IBM公司推出第一款智能手机，2007年，苹果公司发布iPhone产品，才真正推动了智能手机的普及。智能手机类似于一个掌上电脑，具有开放式的操作系统，可以通过移动通信网络来实现无线网络接入，还可以自行安装第三方服务商提供的各种应用程序，来对手机功能进行扩展。伴随着从功能手机到智能手机的发展，手机网也发展到移动互联网。

除手机外，以iPad为代表的平板电脑、以Kindle为代表的电子书阅读器，以及以谷歌眼镜、华为智能手表为代表的可穿戴设备等，都成为具有特定功能的智能移动终端。可穿戴设备不仅可以提供与智能手机类似的信息服务，还能对使用者的身体、行为、位置及空间环境进行监测和数据收集，成为物联网的一部分，同时也反映了人与终端融合的趋势。这一趋势意味着人的传播能力将上升到一个前所未有的高度。

5. 物联网与云计算

物联网（the internet of things）技术是指通过射频识别、红外感应、全球定位系统、激光扫描等信息传感设备，按约定的协议，把物品与互联网连接起来，进行信息交换,以实现智能化的识别、定位、跟踪、监控和管理,从而实现"物与物、物与人的连接"。在物联网的视域下,环境中的任何物体都可能成为一个智能终端,自主发出和接收信息。物与物之间也可以实现智能连接和互动,而不再受制于人。人在某种程度上也是一种智能终端,借助各种可穿戴设备采集和传递人"物"的状态信息,人同与其关联的物之间形成某种"共生关系",互联网则成为人—物合一的新空间,网络信息服务也不仅仅基于对人(用户)的资料分析,而包括对"人—物"二维体系的数据分析。

物联网的发展也基于云计算技术。过去的互联网中只有信息是共享资源,而云计算可以将许多过去依赖个人终端完成的工作转移到网络中,由网络提供的各种基础设施来完成,也就是将服务器作为一种共享资源。用户可以利用"云"服务器来完成文档处理、图像处理、视频编辑等工作,而无须不断升级个人电脑的软件和硬件。对个人终端性能要求的降低,是实现万物互联的另一个基础。从智能家居到智能汽车,未来的数字技术将促进万物互联、万物皆媒,从而形成"人—物—环境三者之间全新的信息互动关系"[①]。

第二节 媒介技术对人类传播的影响

一、媒介即讯息——麦克卢汉的媒介决定论

许多学者都从不同角度对媒介技术的作用进行了研究,其中最有影响的是加拿大学者马歇尔·麦克卢汉(Marshall McLuhan)。他曾先后出版了《机器新娘》(1951)、《古登堡群星璀璨》(1962)、《理解媒介——论人的延伸》(1964)以及发表《媒介即讯息》(1969)等作品。他去世之后,他与同事合著的《地球村》(1980)一书出版。在这些作品中,他提出了三个著名的观点:"媒介即讯息""媒介——人的延伸"和"热媒介与冷媒介"。尽管麦克卢汉的理论曾引起很大争议,但他确实在很大程度上促使人们关注媒介技术的特性对人类传播的影响。

---

① 参见彭兰:《网络传播概论》(第四版),中国人民大学出版社2017年版,第4—15页。

1. 媒介即讯息

1964年,麦克卢汉提出的"媒介即讯息"这一观点震惊了学界。他认为,媒介最重要的影响来自它的形式而不是它的内容。"正是传播媒介在形式上的特性——它在多种多样的物质条件下一再重现——而不是任何特定的信息内容构成了传播媒介的历史行为的功效。"①

麦克卢汉认为,媒介效果的影响并不是体现在有意识的意见和观念层次上,而是在感官比例和知觉类型的下意识层次上。所谓感官比例是指我们各种感觉器官的平衡作用。原始人重视所有的五种感官——嗅觉、触觉、听觉、视觉、味觉。但是科技,特别是传播媒介,使得人们只强调一种感官超过其他感官。从口语转向书面语和印刷,视觉被突出强调,并且从整体感觉中分离出来。它影响了我们的观察,如让我们注重细节等,也影响了我们的思考,使思想变成单一线形的、连续的、规则的、重复的和逻辑的。视觉的分离也导致情感的分离,使感觉、表达和体验情感的能力下降。印刷媒介带来专业和技术的分化,同时也造成了疏离感与个人主义。在社会层面看,印刷媒介使国家产生,并导致民族主义的高涨。以电视为代表的电子媒介却扭转了视觉空间的感觉分裂,人类重新部落化,个人与环境合为一体。

2. 媒介——人的延伸

在麦克卢汉看来,技术性的工具,如车轮或字母,都变成了人类感觉器官或身体功能的巨大延伸。每一种新的媒介技术都具有令人着迷的力量,因为它们把各种感觉分离,而在部落中,人的各种感觉大体上是以完美的对称状态存在的。当任何一种感觉或身体功能以技术的形式具体化时,官能的分裂和各种感觉之间比例上的变化就出现了。印刷术的发明,巩固并强化了视觉在应用知识方面的作用,而电子技术延伸的不是我们的眼睛,而是我们的中枢神经系统。我们的个人生活和团体生活变成了信息加工过程,因为我们已经把自己的中枢神经系统放在我们身体之外的媒介技术中。就我们这个星球而

---

① 〔美〕丹尼尔·杰·切特罗姆:《传播媒介与美国人的思想——从莫尔斯到麦克卢汉》,曹静生、黄艾禾译,中国广播电视出版社1991年版,第185页。

言,时间差异和空间差异已不复存在,我们正在迅速逼近人类延伸的最后一个阶段——在技术上模拟意识的阶段,我们的时代渴望整体把握、移情作用和深度意识,这种渴望是电子时代自然而然的附属物。

3. 热媒介与冷媒介

这是麦克卢汉就媒介分类提出的一对著名概念。他本人对这组概念并没有明确界定,人们只能根据他的叙述加以推测。"热媒介"传递的信息比较清晰明确,接受者不需要调动更多的感官和联想活动就能够理解;"冷媒介"的内容含义不太明确,需要受众的更多参与。"热媒介"如照片、印刷物、电影和无线电广播等,极其明确地把一种单一的感觉加以扩展,留下的需填补的空间很少。但电视是"冷"的,因为电视形象需要我们每时每刻以一种强烈的感觉上的参与"填补"网点之间的空间。这种参与是极其能动的和有接触感觉的,因为触觉是各种感觉的相互影响,超出了皮肤与物体的单独接触。对麦克卢汉来说,触觉代表着人类所有的感觉的综合,即部落人的长期失落的"感觉总体"。于是,电视就成为现代社会恢复感官平衡的实用工具。

麦克卢汉的很多理论并不是严密的科学考察的结论,而是其所谓的建立在"洞察"基础上的思辨性推论。他关于技术是人的生物性而非社会性的延伸的观点也招致许多批评,但他对于媒介技术特性的重视和对新媒体时代的预言,至今依然发人深省。

二、消失的地域——梅罗维茨的理论

1985年美国学者约书亚·梅罗维茨(Joshua Meyrowitz)出版《消失的地域——电子媒介对社会行为的影响》①一书,将麦克卢汉的理论与社会学家戈夫曼的"社会脚本"理论结合起来,探讨电子媒介对人类传播的影响。他认为电子媒介影响社会行为的原理并不是什么神秘的感官平衡,而是因为重新组合了人们交往的社会环境,从而带来了新的行为规则和对"恰当行为"的认识的变化。

---

① 〔美〕约书亚·梅罗维茨:《消失的地域——电子媒介对社会行为的影响》,肖志军译,清华大学出版社2002年版。

按照戈夫曼的理论，人们的行为规则和社会交往方式是被特定的场景——传播发生的地点及观众——限定的。社会场景形成了我们语言表达及行为方式的基础。当人们进行特定的交往时，首先需要确定场景，然后根据场景要求采取适当的行动。每一个特定的场景都有具体的规则和角色。我们适应社会生活的方法之一是学习我们文化中的场景定义。在一种文化内，几乎不需要有意识地思考就能适应绝大多数场景。因此多数情况下，我们关注自己的决定，而很少注意场景给我们的选择构成的限制。实际上，被分割在不同场景（或不同的场景集合）中的人们会形成不同的价值观念、社会身份和社会行为，但是梅罗维茨认为，电子媒介如电视，使得人们的社会场景发生了很大的改变，这对人的社会行为有很大的影响。他以三项研究来证明电子媒介对人的社会行为的影响。

一是男女气质的融合。传统上认为，男性和女性角色是由生物性质所决定的，但后来的研究则有力地证明，传统上男女性别角色的差异更多地是由社会化，即不同的培养方式和角色期待所导致的。梅罗维茨则要证明，男性气质与女性气质融合的最新趋势与使用电子媒介后男性与女性信息系统的融合有关。传统上，女性属于家庭，而外部世界属于男性。男性和女性活动的场景是截然分开的，因此在生活的许多领域中并没有真正的人类经验，而只有女性经验和男性经验。男性和女性根据不同的标准来衡量并用不同的需求来检验。但是，电子媒介特别是电视的普及，使男性和女性的社会场景或者信息系统发生了融合。女性被告知，她们在办公室和家庭中的进攻性可以被接受；男人被告知，他们可以哭，可以公开表达内心的恐惧和对孩子的爱。男女气质的融合，不是女人更像男人或男人更像女人，而是两种性别的成员变得类似。这一研究证明，电子媒介将许多不同类型的人带到相同的"地方"，于是许多从前不同的社会角色特点变得模糊了。

二是童年和成年的界限模糊。传统上儿童总是处在被保护同时也被隔离的状态。儿童的社会化受到家长和学校的严格控制，总是循序渐进地发生。但是现在，童年和成年之间的界限也变得模糊了。许多儿童穿着很"成熟"，而成年人却可能穿得很"孩子气"。儿童和成年人的语言和词汇的差异也在消失。社会公认的不适合与儿童讨论的话题越来越少,儿童也越来越多地犯下"成年人"的罪行。但是梅罗维茨认为,不存在"儿童电视"类的东西,因为电视的特点决定了电视内容不像书籍内容那样能把儿童与成人世界隔离开。电视暴露给孩子几个世纪以来成年人一直不让孩子知道的许多话题和行为,允许孩子"参加"成年人的交往,并促使孩子去问那些没有电视之前他们不会听到或看到的事情,比如死亡、犯罪、性和毒品。儿童接受社会化讯息的旧顺序被打破了,他们在老师教给他们理想之前,就对"真实"生活了解太多,因而迅速成人化了。因此,电子媒介对儿童的影响,不仅仅在于具体的讯息,还在于提供大量"成人化"的场景结构,从而打破了儿童与成年的社会隔离。顺便提一下,尼尔·波兹曼(Neil Postman)在《童年的消逝》[①]一书中也谈到类似的观点,并且认为,"童年"这个概念本身就是伴随着工业化以及印刷媒介的发展而来的"历史性"概念。

　　三是政治英雄降格为普通百姓所体现的权威变化。领袖维护形象需要神秘感以及对公众印象的小心控制。传统上的政治英雄更像在扮演一种社会角色,他需要和观众隔离,需要私下操练以及完成前台的适时表演。但是电视对政治家各种行为的表现方式十分丰富,而他们正在失去对自己形象和表演的控制。现场演讲中演讲人的紧张和错误常常被听众有礼貌地忽略,但在电视上,观众会看到政治家口吃、出汗甚至紧张地舔嘴唇等永久的镜头,甚至思考几秒钟也可能被看作犹豫不决、虚弱或衰老的象征,因此电视降低了政治家获得的公众评价。有调查表明,美国选民对总统的正面和负面的评价通常是总统个人的形象而不是他的政策立场来确定的。总之,在特定的社会场景中存在着特定的社会角色扮演和角色期待,而电子媒介打破了传统的场景界限,催生了新的场景、新的规则和新的角色行为。

　　和麦克卢汉一样,梅罗维茨的理论仍然强调媒介的技术特性而不是媒介讯息的内容对人类传播的影响。有所不同的是,他认为人们做出何种社会交往行为不仅仅取决于感官,而且取决于特定的交往场合。电子媒介恰恰是通

[①] 〔美〕尼尔·波兹曼:《童年的消逝》,吴燕莛译,广西师范大学出版社2004年版。

过改变人们的交往场合的方式来影响人类传播的。实际上,媒介本身就构成了某种人类社交场合。印刷媒介依据其编码的复杂程度将人隔离开来,形成专业壁垒,并使非常少量的人成为知识权威并行使权力。电子媒介则可以打破不同专业之间的隔绝,使更多的知识具有可接触性。电子媒介通过融合许多过去不同的知识场景,打破了学科界限,开启了新的对话,并推动了交叉学科领域的发展。

三、媒介环境学

媒介环境学(Media Ecology)诞生于20世纪60年代的北美。它把媒介当作环境来研究,包括三个层次,即作为符号环境的媒介、作为感知环境的媒介和作为社会环境的媒介(传播媒介与社会的共生关系)。其研究对象是媒介,即作为技术生成和生存的媒介技术本身。媒介环境学强调人在媒介研究中的重要角色,重点研究人与传播媒介的关系。一方面,媒介环境学的兴趣在于,在界定人类传播的性质、结构、内容和结果方面,媒介发挥什么重要作用。既然媒介是人与人的关系的中介,那么不同的媒介(或媒介形式)就会给人的传播提供不同的结构,促使人以不同的方式相互作用。另一方面,媒介环境学感兴趣的是,人们感觉、感知、体会、思考、认识、理解和再现周围世界的方式,如何受传播媒介固有的符号性质和感知性质的塑造。这里假定不同的媒介会以不同方式影响人如何感知、认识、思考、理解和表征外在于人的世界。把媒介当作符号环境和感知环境来研究,也就是要研究媒介与意识的关系,或者说媒介与思维过程(minding process)的关系。[①]

媒介即环境,包含三个基本命题[②]:

(1)媒介并非中性、透明、无价值标准的渠道,只是简单地把信息从一地传输到另一地。相反,媒介固有的物质结构和符号形式界定了信息的性质。比如小说《红楼梦》与电视剧《红楼梦》代表着两套完全不同的符号结构和物

[①] 〔美〕林文刚编:《媒介环境学——思想沿革与多维视野》,何道宽译,北京大学出版社2007年版,第3页。

[②] 参见梁颐:《理解媒介环境学》,北京大学出版社2020年版,第7—8页。

质结构,由此会导致不同的传播效果。

(2) 不同的传播媒介本身的技术属性决定了其不同的编码方式,作用于不同的感官,因此具有特定的传播的偏向。加拿大传播学学者哈罗德·伊尼斯(Harold Innis)认为传播和传播媒介都有偏向,大体上分为口头传播偏向与书面传播偏向、时间的偏向与空间的偏向。某些媒介可能更加适合知识在时间上的纵向传播,而有些则适合知识在空间的横向传播。

(3) 媒介促成各种心理或感觉的结果,以及社会、经济、政治、文化方面的结构,这些结果往往和传播技术的固有偏向有关。这涉及媒介环境学对技术和文化问题的关心,尤其是传播技术如何影响文化。比如希腊文明中丰富的口头传统成就卓著,成为西方文化的基础。希腊文化的力量能够唤醒各个民族潜在的特殊力量。凡是借用了希腊文化的民族,都可以开发出自己特别的文化形态。再比如"纸在中国的大量供应,使佛教徒能够大规模发展雕版印刷……中国的文字给行政管理提供了基础,它强调的是按照空间来组织帝国,不足以满足时间的要求,因此中国总是暴露出改朝换代的问题"。"一种基本媒介对其所在文明有何意义,这是难以评估的,因为评估的手段本身受到媒介的影响。"①

媒介环境学分为多伦多学派和纽约学派。20 世纪末,两个学派实现了整合,在美国成立了媒介环境学会,并先后加入了美国全国传播学会和国际传播学会。除了前面介绍的加拿大学者伊尼斯和麦克卢汉以外,在国内影响比较大的还有波兹曼,他的《童年的消逝》《娱乐至死》和《技术垄断》是著名的媒介批评三部曲,体现了他对后现代工业社会的深刻预见和尖锐批判。保罗·莱文森(Paul Levinson)被视为媒介环境学的第三代领军人物,是"数字时代的麦克卢汉"。他基于达尔文的进化论,将卡尔·波普尔(Karl Popper)的进化认识论延伸为媒介进化论,为媒介技术决定论的生态视角作出了理论贡献。华人学者林文刚也是媒介环境学代表人物,提出了媒介环境学的文化/技术共生论,是中西方学术沟通的桥梁。

---

① 〔加〕哈罗德·伊尼斯:《帝国与传播》,何道宽译,中国人民大学出版社 2003 年版,第 7 页。

第三节 大众传播

一、大众传播的定义

大众传播一般指报纸、杂志、广播、电影、电视,有时也包括书籍出版(特别是通俗小说)和流行音乐等。其中 mass 一词既指信息数量的庞大,又指受众规模的巨大。传统的印刷机、广播、电视及电影设备往往造价昂贵且操作复杂,因此多采取专业机构运营的方式,而互联网新媒体特别是社会化媒体的出现,使得个人也可以面向广大的社会公众进行传播。在本书中,我们特别把专业机构运用媒介技术面向大规模社会受众的传播称为大众传播。这些专业机构就被称为媒体(media organization),以区别于强调技术的大众媒介。

大众传播就是"在现代化的印刷、银幕、音像和广播等媒介中,通过公司化的财务、产业化的生产、国家化的管制、高科技、私人消费化的产品等形式,向某种未知的受众提供休闲式娱乐和信息的过程与产品"①。

二、大众传播的 5W 模式

1948 年,拉斯韦尔发表了《社会传播的结构与功能》("The Structure and Function of Communication in Society")一文,提出研究传播必须回答以下 5 个问题:

谁(Who)?

说什么(Says What)?

通过什么渠道(In Which Channel)?

对谁说(To Whom)?

取得什么效果(With What Effect)?

---

① 〔美〕约翰·费斯克等编撰:《关键概念——传播与文化研究辞典(第二版)》,李彬译注,新华出版社 2004 年版,第 158 页。

这就是著名的拉斯韦尔 5W 模式①,这个模式在很大程度上确定了传播研究的发展方向(图 8-1)。这一模式把纷繁复杂的传播现象切分成 5 个研究领域:一是传播者分析,又称控制分析(control analysis),即观察传播者启动并指引传播行为的因素;二是讯息研究,又称内容分析(content analysis);三是渠道分析,又称媒介分析(media analysis);四是受众分析(audience analysis);五是传播效果分析(effect analysis),即媒介对受众的影响。但拉斯韦尔又特别强调说,他所感兴趣的不是切分传播行为,而是将其视为与整个社会过程相关的一个整体,如图 8-1 所示。正如其标题——"社会传播的结构与功能"——所揭示的:大众传播总是在特定社会中进行,有特定的结构和功能。这也和施拉姆将传播学确定为关于"人类社会的基本过程"的研究,看法一致。

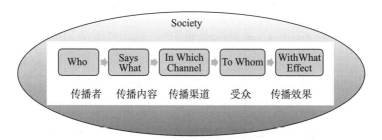

图 8-1 拉斯韦尔大众传播模式

根据这一模式,我们应从以下几方面把握大众传播的基本特点。

第一,大众传播的传播者主要是指专业的机构。当特定的组织借助技术与广大社会大众沟通时,大众传播就发生了。因此,媒体是大众传播过程的中心,不同的媒体具有不同的价值使命、市场定位和产业化的运营策略,决定着大众传播的整个过程和最终效果。

第二,大众传播的内容也称媒介讯息(media message),是由媒介组织标准化生产的、可大量复制的各种文本和图像、故事和观点以及花样繁多的媒介奇观的混合物,它们通常被称为媒介产品(media product),构成了大众文化(mass culture)或流行文化(popular culture)。大部分媒介讯息本质上是一种

---

① 〔美〕哈罗德·拉斯韦尔:《社会传播的结构与功能》,中国传媒大学出版社 2013 年版,第 35—36 页。

商品,是媒介市场的交换价值与使用价值合二为一的产物。

第三,大众传播最重要的特点就是对技术的依赖。从印刷术到电子技术再到数字技术,各种技术催生了许多产业。比如:印刷术催生了图书、报纸和杂志;化学技术催生了摄影和电影;现代音乐产业、广播和电视产业都源于电力技术;数字化集成、以卫星为基础的光纤通信技术,使得互联网生活成为现实。互联网传送信息的单位就是比特,无论是文本、声音、图像还是混合体,都能被打碎为数以百万计的比特数据,进行远程分发。数字化革命正在打破旧有媒体的区隔,并促进媒介融合(media convergence)。

第四,大众传播过程中媒介信息的接收者被称为受众(audience)。相比英文原文,这个词的中文翻译突出了信息接收者的被动性,这是因为传统的大众传播主要体现为信息发出者和接收者之间存在时空上的分离,信息传输单向性较强,互动参与性不足,反馈缺乏或延时,因此有被动接受的含义。实际上,audience 一词可以追溯到古希腊或古罗马时期对体育比赛或公开表演的观看者的描述。15 世纪印刷术的发明,催生了新的、分散在各地却选择相同文本的阅读公众。电影的发明和影院放映方式,使得数以百万计的人可以经由批量生产的复制传播一起分享共同的情感体验,而无须和现场的表演者互动。广播电视的发明更是消除了时间和空间的障碍,借助媒介技术实现讯息分享的受众更分散,规模也更大。

美国社会学芝加哥学派的代表人物布鲁默第一次用社会学中的"大众"概念界定这些新型的媒体受众,即大众受众(mass audience)。Mass 即"大众"一词产生于 19 世纪末,一般用来指普通人,通常认为带有未受过教育的、粗鲁的、不理性的等特性,带有负面的含义。电影、广播以及大众报刊所到达的大众受众,数量庞大,分布广泛,由原子化的个人组成,具有匿名性和异质性,彼此间缺乏互动,也缺乏自我意识与认同,无法以一种组织化的集体行动来达到共同的目标,其消费倾向与政治行为易受大众媒介的引导和操控。[1] 但现实的情况是,作为媒介的使用者和媒介内容的消费者,受众常常被表述为"媒介市

---

[1] 〔英〕丹尼斯·麦奎尔:《麦奎尔大众传播理论(第五版)》,崔保国、李琨译,清华大学出版社 2010 年版,第 44—47 页。

场"(media market),是"具有已知社会经济特征的、媒介服务和产品的实际与潜在消费者的集合体"①,是各媒体精心计算和努力争夺的群体。但随着媒介数量和内容供应的极大丰富和互动性的增强,媒介使用者的规模更加庞大也更加可细分化,而大多数人只是根据自己的喜好使用媒介,并围绕媒介展开社会互动,其体验是个人化的、小规模的,并且融入更大范围的社会生活和习惯。比如各种明星粉丝团的出现和行动,就打破了传统大众传播关于被动的受众的观念。总之,受众的形成既受技术的影响,也受各种社会因素的影响。需要结合实际进行更深入的研究。

第五,大众传播注重效果,即媒介对受众的影响。早期的研究注重直接效果的研究,即从传播者的角度来研究媒介如何影响受众的行为和认知改变。后来的研究则更注重从社会基本过程的宏观角度,考察大众传播所产生的社会影响。

第六,大众传播是在特定的社会过程中发生的,不仅受传播技术的影响,而且更多地受到该社会政治、经济、文化等因素的影响,具有特定的结构,也发挥着特定的功能。与此同时,不同社会对大众传播功能的限定也影响其特定的传播结构。因此,不同社会的大众传播,从理念到运作方式都存在很大差别。

三、媒介素养

媒介素养(media literacy)又称媒介认知。当今社会是媒介化社会,绝大部分人从早到晚、从生到死,都沉浸在媒介所建构的信息环境中。媒介素养即有效地理解和运用媒介的能力,当然越来越受到重视。早期的大众媒体几乎完全以文字为中心,因此需要掌握一定的词汇、语法和阅读写作能力,这就是语文素养(linguistic literacy),也称识字能力。随着摄影术的发明,图像的重要性得以凸显。1969年,约翰·迪贝斯(John Debes)提出视觉素养(visual literacy)的概念。有视觉素养的消费者,才能够在图像中辨识艺术家运用的构图原

---

① 〔英〕丹尼斯·麦奎尔:《受众分析》,刘燕南、李颖、杨振荣译,中国人民大学出版社2006年版,第11页。

则和技巧,从而深入理解和评价信息,并领会作者的思想和作品的风格、意义。从静态的摄影图片到动态的影视作品,各种高新技术和叙事手法应用于影视作品,产生了大量独特的视听语言,影视素养(film literacy)的概念也应运而生。互联网传播技术的迭代发展,则日益凸显了网络媒介素养的重要性。

自1970年以来,随着人们接触大众媒介的机会和时间不断增加,从丹麦和英国开始,欧洲、大洋洲、北美以及东亚等地的发达国家和地区开始开展媒介素养教育,旨在培养媒介多元的观点,使学生具有识别媒介世界与真实世界的差异的能力。联合国教科文组织也积极推动媒介素养教育,如设计国际性的媒介素养教育方案,对国际媒介素养教育状况和趋势发表相关研究报告。各国媒介素养教育各有特色,但一般都包括:(1)媒介技术的使用;(2)媒体机构的运行和管理机制;(3)媒介内容的解码—编码规则、文本建构模式,艺术鉴赏力和批判性思维;(4)媒体与受众的关系及其他相关议题,理解大众传播对个人及社会的影响等。

小　结

媒介技术的发展催生了大众传播。对媒介技术发展的系统考察有助于我们认识不同媒介的特性及其对人类传播的影响。语言的产生是真正意义上的人类传播开端。口语增进了人类沟通,促进了人类思维,使人类文化得以传承。文字使记忆更准确,使传播内容脱离主体而广泛传递。印刷术的发明导致了书籍生产和使用的变化,并促进了语言的标准化。报刊等印刷媒介经历了不同的历史发展时期,在中西方社会政治发展中都发挥了重要而不同的作用。从电报的发明,到电影、广播和电视的普及,电子媒介的发展形成了叠加的大众传播网络。使用现代传播技术的大众传播体现出向广大匿名受众大规模、单向传输的特点,而数字新媒体传播,则增强了传播的交互性和使用者的自主性。数字化过程可以整合以往一切媒介,使媒介资源丰富起来,并最终走向人—物—环境三者之间全新的信息互动关系。

媒介的发展日益复杂多样,只有具备相应的媒介素养,包括语文素养、视觉素养、影视素养等,才能更好地理解媒介讯息,适应媒介化的社会环境。

推荐阅读

1. 〔美〕哈罗德·拉斯韦尔:《社会传播的结构与功能》,中国传媒大学出版社 2013 年版。
2. 〔加〕马歇尔·麦克卢汉:《理解媒介——论人的延伸》,何道宽译,商务印书馆 2000 年版。
3. 〔美〕约书亚·梅罗维茨:《消失的地域——电子媒介对社会行为的影响》,肖志军译,清华大学出版社 2002 年版。
4. 彭兰:《网络传播概论》(第四版),中国人民大学出版社 2017 年版。

 思考与练习

1. 选择同一条重大新闻,对比一下报纸、广播、电视和网络新闻门户网站的相关报道,看看不同媒介对同一事件的报道有何不同。这是否体现了不同媒介的技术特征?
2. 试比较《三国演义》的小说版、电视剧版和游戏版,体会媒介特征对讯息内容及人类传播的影响。
3. 电子媒介如何改变了我们社会活动的场合,从而改变了我们的传播行为?梅罗维茨的理论对你有什么启发?
4. 在网络传播时代,你如何理解"媒介是人的延伸"?

第九章 大众媒体的专业化生产

本章教学目标：
1. 理解大众媒体专业化生产的基本特性
2. 理解新闻作为一种知识类型的特点及生产特性
3. 理解在大众传播中公共关系的基本内涵与功能
4. 理解大众传播环境下广告业的基本特点

第一节 大众媒体的基本结构和特性

一、大众媒体的基本结构

与对其他传播现象的分析一样，对大众传播的研究也侧重于对其结构和功能的把握。施拉姆提出的媒介的基本结构模式反映了媒介的标准结构与功能，如图9-1所示。从中可以看出，大众媒介机构以一种工业生产的方式，吸收内容来源，在媒介机构内部进行加工，生产出报纸、杂志、书籍、电视节目、电影等各种信息产品，发送给受众。如同生产其他社会产品的机构一样，媒介机构受到各种力量的支持和控制。

以此基本结构模式为基础，施拉姆进一步展示了20世纪七八十年代为支持美国广播电视事业而发展起来的各种事业（图9-2）。其中既包括具有控制功能的媒介机构股东和代表政府实施控制的联邦通信委员会，又包括提供节目来源、技术服务、广告代理服务、市场调查服务、公共关系服务、法律咨询服

第九章　大众媒体的专业化生产　205

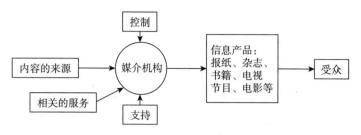

图 9-1　媒介的基本结构①

务以及雇员管理的各类机构,从而形成了规模巨大的广播电视事业。其他如印刷和电影等媒介在结构上也大同小异。

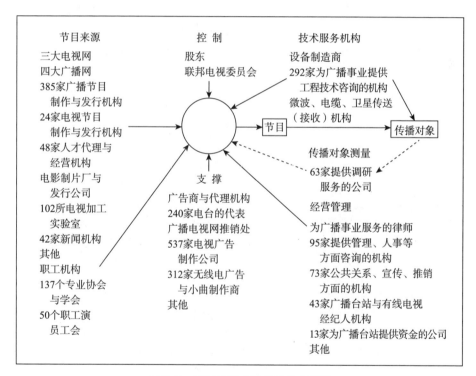

图 9-2　美国广播支持机构的规模②

---

① 〔美〕威尔伯·施拉姆、威廉·波特:《传播学概论(第二版)》(影印版),北京大学出版社 2007 年版,第 124 页。
② 〔美〕威尔伯·施拉姆、威廉·波特:《传播学概论》,陈亮、周立方、李启译,新华出版社 1984 年版,第 147 页。

1. 媒介组织的外部影响力量

作为与社会相互关联的生产机构,媒介组织会受到各种外部力量的影响,如广告商、媒介竞争者、各种法律和政治控制、其他社会机构以及受众等。所有这些力量都不是相互分离或单独发挥作用的,而是相互重叠、融合和累积起来,形成对媒介组织的外部力量场。图 9-3 是丹尼斯·麦奎尔(Denis McQuail)关于社会力量场中的媒介地位的描述。从中我们可以看到,带有技术、管理和职业特征的媒介,一方面要将环境中带有持续信息和文化内容的事件制作成媒介产品,然后通过发行渠道传递给受众,以满足他们的兴趣和需求;另一方面媒介的生存又面临种种经济、社会和政治压力。其中,社会和政治压力主要来自法律和政治控制、压力集团以及其他社会机构;经济压力则主要来自作为竞争者的同行、新闻信息机构、广告客户、媒介的所有者和行业协会等。

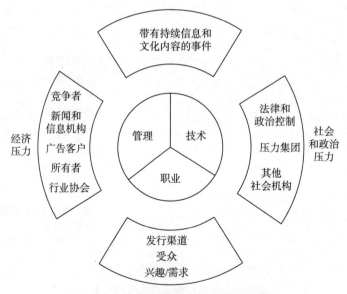

图 9-3　媒介组织所处的社会力量场①

---

① 转引自〔英〕丹尼斯·麦奎尔:《麦奎尔大众传播理论(第四版)》,崔保国、李琨译,清华大学出版社 2006 年版,第 207 页。

2. 媒介系统

媒介系统是指一个国家或社会中所有的大众传播媒介所构成的体系。在媒介系统中,存在着不同形式的媒介,如报纸、期刊、广播、电视、电影、唱片、网络及电信传播等。这些媒介形式之间实际上并没有正式的关系。媒介系统是媒介历史成长的结果——一个接一个的新技术发展,使得既存媒介要进行调整和适应。除媒介形式上的差别外,还存在大量媒介企业运作的差别。比如电影媒介,除了影片的生产外,还包括影院发行、光盘出租或销售、电视播出等。报纸和广播的运作主要依据地理范围来划分。日报可以是全国性大发行量的报纸,也可以是都市类商业报纸。杂志也可以区分为大众杂志和各种行业杂志。由于媒介集团化的发展,我们常常需要以媒介集团为单位考察它们跨地区或跨媒介的经营方式。在历史发展中,这些媒介系统的组成部分可以依据一套国家媒介政策原则来进行组织,从而导致某种程度的整合。国家也会设立相应的管理机构,如新闻总署、电影局、广电总局等,此类机构构成了媒介系统的另一类要素。同时,媒介系统也被其受众和广告客户等看作一个连贯的信息传播系统。媒介间产品(信息及广告)可以相互替代,例如广播新闻可被电视新闻或报纸新闻所取代,广告也似乎可以从一个媒介转移到另一个媒介,由此造成不同媒介之间和同种媒介之间的竞争和垄断加剧。媒介的垄断程度越高,就越容易被看作一个单一系统。

在媒介系统中,除媒介组织形式的多样性外,那些从事"大众传播"工作的职业群体也存在多样性。从电影巨子、出版巨头、编剧、制片人、导演、演员,到书刊作者、记者、编辑、音乐人,再到广告人、公关人员等,不胜枚举。不仅如此,上述群体中的大多数又可以根据媒介类型、组织规模或地位、从业类型等进行分类。

尽管存在多样性,我们还是应该把媒介生产置于一个共同的分析框架中,图9-4是麦奎尔描绘的一个媒介组织的层级结构框架。从这个框架中我们可以看出,媒介生产既受大众传播者个人、角色以及特定媒介组织的常规影响,又会受到超组织的媒介、产业、机构以及其他社会力量包括国际因素的影响。

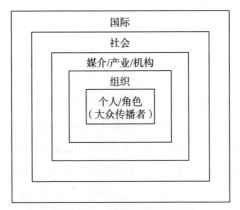

图 9-4　大众媒体：分析的层次①

二、大众媒体的公共性和商业性

1. 公共性

对媒体的结构和发展动力需要政治、经济和社会文化层面的分析。任何商业企业都会受到外部社会的影响，而媒体并非一般的商业企业，其在更大程度上受到公共性和公益性的制约。这种公共性或公益性表现为：

第一，大众媒体是现代社会必不可少的信息生产者和提供者，在满足社会的普遍信息需求方面起着一种公共服务的作用；

第二，大众媒体的信息生产和传播活动对社会的政治、经济和文化道德具有广泛而强大的影响力，这种影响力涉及普遍的社会秩序和社会公共生活；

第三，大众媒体曾经是某种"稀缺"资源（例如广播频率）的受托使用者，因此必须对社会和公众承担相应的义务和责任。历史上大众媒介曾经在公共生活中扮演重要的角色，媒介做什么或者不做什么都将对社会产生影响。

2. 商业性

尽管"媒介在公共生活中扮演重要角色"的说法得到广泛认同，但是目前大部分的媒介组织仍然是在特定市场条件下运作的商业企业，也仍然会按照

---

①　转引自〔英〕丹尼斯·麦奎尔：《麦奎尔大众传播理论（第四版）》，崔保国、李琨译，清华大学出版社 2006 年版，第 205 页。

特定的市场逻辑来运行,并很可能在利润最大化的名义下加工生产能满足一系列特定条件的商业产品。媒介生产具有一定的经济特点。

媒介系统中存在不同的媒介市场和收入来源。每一种媒体都会针对特定地区的特定人群提供特定的商品和服务以获取利润,但根本性的市场划分却在于媒介产品与服务的"消费者市场"和"广告市场"。媒体一方面通过针对特定人群的产品销售获取一定的利润,但另一方面又依靠各种方式获取广告利润。其中,通过媒介产品所获得的"消费者资源",又可能作为媒介资源的一部分吸引更多广告。这就是媒介经济中的"二次售卖"现象——媒体通过媒介产品"培养"消费群,继而将其卖给广告商以获取收益。比如报纸提供新闻以争取更多读者和订阅户,同时又根据其发行量确定报纸广告价格。广播电视节目的播出并不向观众收费,但收视率却在很大程度上决定着电视广告价格。还有相当多的免费报纸、促销杂志和商业电视等,只有广告收益而没有产品收益。

广告收入和产品收入的区别导致对市场表现的不同评估标准和方法。以广告收入为主的媒介,以消费者的数量和类型(如他们是谁、住在哪里等)以及特定讯息的到达率(如收视率)等来进行评估。这些指标对于吸引潜在广告客户和制定广告收费等级,显然是必要的。依靠消费者直接付费购买的媒介市场行为,则是以销售和服务收入来进行评估的。虽然实质性的满意度和受欢迎程度与这两种市场都有关,但是在依赖销售的消费者市场中更为重要。当媒介既依赖"消费者市场",又依赖"广告市场"时,其中一个市场的表现可以影响另一个市场的表现。比如一家报纸的销量上涨后,既可以创造更多的报纸销售收入,也可能导致更高的广告费用。而从批评的角度来看,对广告收入的依赖性越强,媒介内容相对广告商和商业的独立性就越弱。在完全依靠广告或者赞助的媒介中,其表面上的内容和广告宣传或公关是难以区分的。

有两种因素影响着大众媒体的商业性,首先是同质化与多样性。两种收入差别导致对受众构成的期待有所不同。读者类型分散的报纸往往不如读者类型集中的报纸有广告吸引力,因为对某些广告商(如地方企业)而言,同质的受众市场相比异质和分散的市场(除非市场非常庞大)会带来更多的广告效益更好且成本更低,这也是一个特定地区的免费报纸能够存活的理由。所以说,以广告为导向的媒介,逻辑上会希望受众的媒介品位和消费模式比较类似。鉴于这种情况,人们普遍认为,为了单一的收入来源而竞争,会造成媒介内容的模仿性同质。英国学者杰里米·滕斯托尔(Jeremy Tunstall)认为,北美电视网"品位低",正是由于其完全以大众消费广告作为收入来源。而英国的小报也同样在竞争一个低级的大众市场,从而造成了小报的同质化。小报的同质化导致广告商选择市场的权力增大了,从而对报纸经营产生了更大影响。而以英国广播公司(BBC)为代表的公共服务广播,不单纯依靠广告,而是依靠观众缴纳收看执照费的方法,避免了所有广播为单一收入来源而竞争的状况。但是,对广告的依赖未必完全会造成媒介产品的千篇一律,事实上不同媒体竞争同样的广告,也可能有助于媒介市场的多元化发展。媒介多样性的好处在于,一种媒介可以精准地服务于规模小但却利润丰厚的特定市场,这就是互联网以及其他专业(非大众)频道发展的潜力之一。

其次是媒介成本结构的潜在不平衡性。和其他经济企业相比,大众媒体的特色之一就是"固定成本"和"可变成本"之间潜在的不平衡关系。固定成本是指用于土地、厂房、机械设备与配送网络之类的费用;可变成本则指使用原料、"软件"及劳力等的费用。因为需要高额投资,传统的大众媒体经常具有高比例的成本,然后由销售与广告的收入来弥补。比如电视台虚拟演播室等设备的价格极其昂贵,电影制作成本也有越来越高的趋势。典型媒介产品的特性是"首次拷贝"的高成本价格。首次拷贝的电影和电视节目要承担所有固定成本,而追加拷贝的边际成本则会低很多。这就使得影视剧生产成为某种程度上的风险行业。投入越高,收回成本的压力就越大。这就需要某种程度的生产制度上的安排,如制播分离以降低成本压力,因为播送通常涉及高额的固定成本(如电影院、有线电视、卫星电视等)。媒体兼并也是降低成本、增加利润的主要方式,但是,传统媒体做大做强会减少竞争、形成垄断,不利于媒介的多元化发展,也会对公共利益造成威胁。新媒体的固定成本似乎比传统媒体低很多,因此进入市场就容易得多,但是内容的生产成本仍然很高,因为消费者的品位是不确定的,所以就对媒介产品的适应性和独特性提出了很高的要求。媒介产品必须每天推陈出新,且很少能够以完全相同的形式来重复销售。

三、传媒生产中的"守门"

守门(Gatekeeping)这一术语,已经被广泛用于描述媒介工作中的讯息选择加工过程。社会心理学家勒温最早提出这一概念。在1943年发表的《食物习惯及改变方法的背后》("Behind Food Habits and Methods of Change")一文中,他考察了战争期间家庭主妇们如何决定改变家人的饮食习惯,以说明如何在一个社区中实现广泛的社会转变。食物不会自动上餐桌,而是要经由一些"渠道",经历一系列的选择。在食杂店里,食物会被注意、挑选、购买和运送回家,到家后还可能被放入冰箱或被加工成食物。在什么时间、如何被加工等问题上,也要面临种种选择。每一个选择关口犹如一道门,从一个"关口"进入另一个"关口"都是由"守门人"(家庭主妇或女仆)按一些原则来选择的。在这些门边是一些肯定或否定的力量。比如"太贵了"可能是决定购买的否定力量,而一旦购买了,"太贵了"又变成小心运送和仔细烹调的积极力量。食物在被选择之前有许多被放弃的机会,这取决于门边力量的性质和强度。1947年勒温在《群体生活的渠道》("Channels of Group Life")一文中再次提出,群体传播过程中存在着一些守门人(gatekeeper),只有符合群体规范或者守门人价值标准的信息内容,才能进入传播的渠道。

大卫·怀特(David White)首先把勒温的"渠道"和"守门人"理论运用于传播学研究。他认为,一个新闻事实成为报纸上的新闻故事,也要经历许多渠道和把关,因此他请一家小城的日报的一位编辑帮忙,收集了1949年某一个星期所收到的所有电讯稿和他最终选用的稿件。结果表明,这位报社编辑共收到11910条电讯稿,但是只用了1297条。怀特还请这位编辑解释他不使用这其中90%的稿件的原因,结果发现,这些选择是"高度主观"的。他放弃了其中三分之一的稿件是因为对稿件内容的主观评价,特别是真实性问题,另外的原因或者是由于缺乏版面或者是因为有相似的故事。1950年,怀特明确提出了新闻选择过程中的守门模式,如图9-5所示。

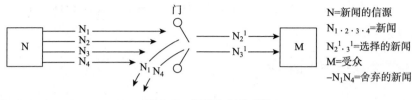

图 9-5　怀特守门模式①

这个模式说明,面对社会上存在的大量新闻素材,大众媒体不是也不可能是"有闻必录",而是存在一个选择的过程。在这个过程中,媒介组织形成了一道"关口",通过这道关口传达给受众的新闻,只是众多新闻素材中的少数。

怀特的守门模式只强调了新闻生产中编辑的把关作用,但实际上,在一个复杂的从原材料到最终产品的媒介生产过程当中,影响因素是多层次、多方面的。目前关于传播中的"守门"研究至少可以从以下五个方面来进行:

(1) 来自媒介工作者个人的影响。这类影响包括传播业者自身的特性、个人背景与经验、个人态度和职业角色等。

(2) 来自媒介日常工作惯例的影响。媒介生产的各个阶段都涉及大量的工作,因此工作惯例的常规化成为必要。比如新闻价值、客观性原则以及记者对信源的依赖等,还有截稿时间及电视节目时长限制、出版物的版面要求等。

(3) 媒介组织方式对内容的影响。多数媒介机构按企业模式运作却又经常有某些"理想化"的目标,还有一些媒介则主要为了理想的社会或文化目的而生产,不为商业利润而经营,由此可见,组织目标会影响内容选择。另外,组织可以决定一个人的去留,出版商可以决定编辑方针,从而间接影响媒介内容。

(4) 来自媒介机构之外的组织对媒介内容的影响,即如前所述的媒介组织的外部影响力量,如利益集团、广告商、政府等。

(5) 文化价值观和社会意识形态的影响。如同家庭中的食物选择具有文化性一样,新闻选择也受文化价值观和社会意识形态的影响。比如阿拉伯国

---

① 转引自〔英〕丹尼斯·麦奎尔、〔瑞典〕斯文·温德尔:《大众传播模式论》,祝建华、武伟译,上海译文出版社 1987 年版,第 135 页。

家禁止关于同性恋的报道。

今天,"守门"一词已经被广泛用于描述媒体工作中的选择过程。除了用来说明某个新闻故事通过重重门槛而进入新闻传播渠道的决策活动,守门还可以用来描述作家、发行人以及印刷和电视工作中的编辑与制作人的工作,甚至包括既有的媒介产品如何分配,如电影的配给与营销。守门就是决定社会中的各种不同声音是否有媒介接近权的权力,因此也常常是冲突之源。

第二节 新 闻

一、新闻的定义

新闻在大众传播中占据核心地位。从词源发展来看,最初的新闻(news)主要是指新鲜事、奇闻逸事等。后来,"新闻"一词与报纸发生联系,如宋朝赵升在《朝野类要》中说道"……皆私衷小报,率有漏泄之禁,故隐而号之曰新闻"。这里所谓的小报,相对于当时官办的邸报,常常发表一些不予公开的"朝廷机事",并且报道及时、迅速。日语中的"新闻"就是指报纸,如《读卖新闻》《朝日新闻》等。再后来,新闻可以泛指各种媒体上发布的各种题材和形式的广义的新闻报道(journal report),也可以泛指新闻业(journalism)。因 journalism 一词的结尾也有所谓"带主义的新闻业"一说,所以这也表明新闻与其他文本相比,具有一定的独特性。

陆定一提出:"新闻是新近发生的事实的报道。"这一定义"肯定了新闻的真实、及时、新鲜和公开传播等基本特征,从思想上和理论上影响了当时和以后我国好几代新闻工作者,对坚持马克思主义新闻观,坚持新闻工作的党性原则和真实性原则指导我国新闻工作实践,推动新闻学研究,都起了十分重要的作用。"[①]

美国学者盖伊·塔克曼(Gaye Tuckman)则提出:"新闻是在其信源素材基础上构建出来的版本。它既是一种叙事,也是一种媒体再现,还是一种对原有

[①] 《新闻学概论》编写组:《新闻学概论》,高等教育出版社、人民出版社 2009 年版,第 23 页。

事件、言辞和行为的选择性描述。正如所有的公共性记录一样,新闻是一种被构建出来的现实,其自身具有内在的合理性。"①

二、新闻的价值和功能

新闻的版面有限,时间有限,读者的关注力也有限,因此要用新闻价值(newsworthiness)这一概念来加以评判。19世纪30年代"便士报"的发展,使得西方市场化商业报刊在新闻选择上更关注读者需求以牟取利益。社会主义新闻价值观是以马克思主义新闻观为指导、吸收西方新闻价值理论的有益成果,密切联系新闻工作实际,经过不断探索研究而逐步形成的。

新闻价值就是事实所具有的、能满足社会与公众对新闻的需要的要素的总和。一般要素包括新鲜性、重要性、显著性、接近性和趣味性等。新鲜性,一是强调时间上的"新近",即时效性;二是内容上的新鲜。重要性是指事实所具有的社会意义,即具有涉及面广、影响力大的性质。显著性是指能引起大多数人关注的程度。具有重要性的事实往往同时具有显著性,但有些具有显著性的事实比如娱乐明星的私生活等,却并没有什么社会重要意义。接近性是指新闻在地理或心理上与受众的接近程度。心理越接近,越容易引起共鸣。趣味性的含义很广,主要指满足人们的好奇心和追求乐趣的心理。在对新闻价值要素的理解上,西方资本主义国家的商业媒体更强调趣味性和显著性,而我国更重视重要性。西方媒体所谓的重要性和显著性,往往注重所谓"名人新闻""明星效应",而我国则十分重视新闻是否和大多数人民群众的利益密切相关。对于西方商业媒体迎合受众的低级趣味,片面地把新闻价值等同于交换价值的观点,应坚决反对。②

关于新闻的功能,美国学者迈克尔·舒德森(Michael Schudson)认为,按照不同组合及侧重,新闻业通常承担着如下六项主要功能:

---

① 转引自〔英〕格雷姆·伯顿:《媒体与社会——批判的视角》,史安斌主译,清华大学出版社2007年版,第301页。

② 参见《新闻学概论》编写组编:《新闻学概论》,高等教育出版社、人民出版社2009年版,第49—53页。

① 信息提供:新闻媒体可以向公民提供公正全面的信息,有助于他们作出合理的政治选择。

② 调查报道:新闻媒体可以调查掌权部门,尤其是政府层面的权力部门。

③ 分析评论:新闻媒体可以提供连贯的阐释性分析评论、框架,从而帮助公民理解他们面对的复杂世界。

④ 社会同情:新闻业可以告诉人们他人的状况,以此达到对他人生存状态以及人生观念的正确评价和鉴别,尤其是对那些情况不如自己的人。

⑤ 公共论坛:新闻业可以为公民提供对话的论坛,并使论坛能够促进社会中不同团体之间思想观念的碰撞、交流与沟通。

⑥ 社会动员:新闻媒体可以宣扬、鼓吹特定的政治方案以及政治观念,并借此动员人们以行动来支持这些方案。①

按照马克思主义新闻观,我国的新闻事业历来都是党和国家整个事业的重要组成部分,是中国特色社会主义的重要组成部分,是党、政府和人民的耳目喉舌,也是党动员和组织群众的重要舆论工具。新闻事业既是党和政府了解基层情况和社情民意的重要手段,也是党和政府宣传贯彻其纲领路线、方针政策,进行思想政治教育,组织经济建设和服务社会的重要手段。因此,除了一般新闻事业的特点和功能外,新闻事业还担负着推动经济发展、引导人民思想、培育社会风尚、促进社会和谐等重要任务。党性原则是社会主义新闻工作的根本原则。当然,不同类型的新闻媒体在接受党的领导、坚持四项基本原则、遵守法律的前提下,有权自主刊登不同的报道内容,采用不同的报道方式,也可以根据不同的受众及新闻产品市场的定位,办出特色,形成独特风格。

三、新闻的采集

新闻是一种聚焦于事件的话语表达,事件性新闻的媒体内容显然可以通过不同的途径和不同的形式获得,而对新闻采集影响最大的三个因素是时间、

---

① 〔美〕迈克尔·舒德森:《为什么民主需要不可爱的新闻界》,贺文发译,华夏出版社 2010 年版,第 23 页。

地点和人物。

与趣味性和接近性相比,时效性对于新闻而言是非常基本的。时间强调了一个事件可以变成新闻的典型特征,增加了该事件可能变成新闻的机会。现代科技则进一步强化了这一特征,并增强了新闻对传播科技的依赖。根据时间维度,新闻可以分类为"预先计划的新闻"、"非计划新闻"以及"无所谓计划的新闻"三种。"预先计划的新闻"是新闻记者可以事先知道该事件的发生时间、地点,可以事先规划报道的新闻,比如关于奥运会、全国人大政协会议等的新闻。"非计划新闻"是指没有预期,而一旦发生就需要即刻发布的新闻事件,有时也称突发性新闻。这是新闻报道中最难的一类,它所占的比重虽然并不大,但是很可能成为重要新闻。第三类"无所谓计划的新闻"通常是没有特定时效的背景式的新闻,这些新闻可以暂时保留,直到有篇幅空当时才登上版面。大量公关新闻常常会趁着版面空当之机出现。

地点对于新闻事件的重要性表现在两个方面。一是对受众而言,新闻发生地与其所在地区的受关联性,影响了新闻的受关注度,决定了新闻价值。二是对记者而言,地点接近便于记者到场,从而提高新闻的可信度,且便于操控。李普曼特别强调新闻采集常规化中地点的重要性。在法院、警察局、医院、议会大厦和机场等地,经常能找到"有价值的"新闻线索。这些场所常常和新闻单位的部门划分有关,比如城市新闻部、犯罪新闻部,政府新闻部等。这些新闻部门的划分则导致了一些"新闻点"的建立。美国学者塔克曼提出了新闻网(news net)的概念。星罗棋布的通讯员、具有强大新闻捕捉能力的记者与强大的电信服务互相结合,保证所有潜在的新闻都能够被发现。所以从新闻收集的常规工作来看,新闻很像一种借助"新闻网"被抓取的"鱼"。如此一来,在新闻网中特定地点发生的事件,就有变成新闻的更大可能性,因为它最容易被观察到。这也就不可避免地导致了对新闻事件的建构。新闻网还存在一个等级问题。全球通讯社、资深记者、自由撰稿人等构成了这个网的不同等级结构。在新闻网中的不同地位,决定了谁的信息比较有可能被认为是新闻,比如,资深记者和自家媒体记者的稿件总是被优先考虑。

"人物即事件"的说法,反映出绝大多数的新闻活动都是以人物为中心。媒体总是对与人有关的新闻事件非常感兴趣,即使有些活动仅仅是某人说说话而已。媒介也喜欢将抽象的主题"个人化",好让故事看起来更为鲜明而具体,受众也会更感兴趣。媒体对于知名人士、影视明星和上流社会成员有特定的偏好,喜欢在这些人身上找寻有新闻价值的故事。一个人在某个领域的知名度越高,其变成新闻重要角色的机会也就越多。因此,新闻记者总是要利用资源在知名人士身上挖出独家消息。有人在研究了美国主流媒介所引用的各种"消息来源"后指出,媒介的消息来源显然集中在一个相当狭小的范围内,这些消息来源是彼此之间有关联的一群人,他们彼此佐证,塑造新闻的可信度。消息来源的高度相关性,会使得多元化观点很难在新闻报道中出现。新闻媒介也因此常被指责带有偏见。

李普曼强调新闻报道的特殊性质。他提出,"全世界所有的记者,就算全天 24 小时马不停蹄地工作,也不可能见证世界上每一个事件的发生"。因此"报纸从来不会对每一个人给予同等的关注,而通常只盯着某些特殊的场合","其中最具新闻潜力的场所,就是那些个体事务与公共权威相交叉的地方"。"读者们能从报纸上看到的一切新闻,都是一系列精心选择的结果;报纸必须决定哪些内容可以被报道、在报道这些内容的时候应采取什么立场、每篇报道应当占据多大的版面空间,以及报道应该有哪些侧重点。并不存在什么客观的标准,存在的只有惯例。"[1]杰鲁尔·曼海姆(Jarol Manheim)提出了新闻业遵循的两种主流的和两种附属的新闻收集模式。主流的收集模式中,一种是"狩猎式",即将所有表面现象都当作有发展机会的故事,通通收集起来;另一种是"栽培式",即有计划地收集新闻,并且有效地使用熟悉的消息来源。两种附属模式分别是"调查式"和"冒险式"。[2]

---

[1] 〔美〕沃尔特·李普曼:《舆论》,常江、肖寒译,北京大学出版社 2018 年版,第 88、264、265、270、276—277 页。

[2] 转引自〔英〕丹尼斯·麦奎尔:《麦奎尔大众传播理论(第五版)》,崔保国、李琨译,清华大学出版社 2010 年版,第 252 页。

第三节 公共关系

一、公共关系产业的发展

大众传播的发展催生了公共关系产业。斯坦利·巴伦(Stanley Baran)将美国公共关系产业的发展分成四个阶段:早期公关、公开宣传、初期双向传播和高明双向传播。这四个阶段构成了公关产业的特色。①

早期公关活动主要发生于美洲殖民地时期。约翰·怀特(John White)发表于1588年的《弗吉尼亚新发现之地真实简要介绍》,就是用半真半假的过激语言来诱惑欧洲移民落户"新世界"。此时的公关还包括各类"假事件"。1773年12月的"波士顿倾茶"事件就是新大陆第一批成功制造的新闻"假事件"(pseudo-event)。著名的《联邦党人文集》是发表于1787—1789年之间的85封信,是为了把公众舆论引向支持新独立的美国对宪法的制定,属于议题管理(issue management)的范畴。1800年乔治·华盛顿(George Washington)启用梅森·威姆斯(Mason Weems)的公关技巧,通过虚构式传记《国父》(Father of Our Country)来提升其个人声誉,其中最著名的虚构故事是"樱桃树——我不能说谎"。

19世纪30年代大众报刊的出现,强化了个人和组织与公众的交流,使公关进入职业化的公开宣传阶段。1833年杰克逊总统聘用报人阿莫斯·肯德尔(Amos Kendall)做他的公关人员和美国第一位总统新闻秘书。1889年美国西屋电气公司成立了第一个企业公关部,管理公司形象。1896年美国总统竞选期间首次成立竞选指挥部,发布各种新闻稿和宣传小册子,现代的全国政治竞选活动由此开始。1906年,第一家公关公司开业,负责从形象管理到危机处理等各类业务。这一时期公关开始形成欺诈、叫卖的负面形象。1913年《纽约世界报》记者艾维·李(Ivy Lee)帮助洛克菲勒成功处理了罢工事件后,

---

① 〔美〕斯坦利·J. 巴伦:《大众传播概论——媒介认知与文化》,刘鸿英译,中国人民大学出版社2005年版,第402页。

发表了"原则宣言",坚持公关人员应成为信息的提供者而不是宣传的承办商。

初期双向传播始于第一次世界大战。1917年,美国总统威尔逊成立了公关信息委员会,召集全国舆论领袖商讨政府公关行为并塑造公共舆论。他们还出售自由债券,帮助招募红十字会员,利用电影、公共演讲、报刊文章和招贴画等大规模的公关手段,鼓励公民支持战事。公关先驱爱德华·伯尼斯(Edward Bernays)强调,在向公众说话的同时也要倾听公众反馈,由此开启了初期的双向传播阶段。20世纪30年代,罗斯福总统在公关专家的指引下,利用无线电广播这个新媒体,为他的新政发起了一场精心策划的公关战。为争取民众的信任,越来越多的企业成立了公关部,盖洛普民意测验也为设计公关活动提供数据支持。1936年,第一个公关专业组织——美国合格公关董事会成立。第二次世界大战期间,美国政府通过战争信息办公室发起新的战时政府公关活动。他们充分利用新兴的广播网和盖洛普民意测验方法,好莱坞著名导演也为他们拍摄了系列电影《我们为何而战》,用于战时宣传。

公关的第四阶段即高明双向传播阶段始于二战以后。1947年,由几家公关组织合并成立的美国公关协会成为最主要的公关从业人员的专业组织。在一个社会发生巨大变化和消费文化急剧扩张的时代,公共关系更注重整体的双向交流,同时也注意研究各种广告和推广的手段和方法。

二、对公共关系的概念界定

很多机构实质上都把公共关系(public relationship)作为日常工作的一部分,有的还设有自己的公关部门。为避免公共关系一词可能带有的负面含义,许多公司和公共部门转而称其为"公共事务"(public affairs)或"公共传播"(public communication)。

关于公共关系有很多定义。美国公关研究和教育基金会考查了472个不同的公关定义后,确定"公共关系是一种管理功能;为了建立起良好的信誉,它关注个人和组织与其他群体(被称为公众)之间的关系和交流"[1]。

很多学者都突出强调了公共关系的管理功能。格鲁尼格早先提出,"公关

---

[1] William F. Arens, *Contemporary Advertising*, Irwin/McGraw-Hill, 1999, p. 310.

是组织与其公众之间的沟通管理",后来又进一步强调"公关正在演变为一种管理功能,而非仅仅是一种技术性的传播功能"[1]。臧国仁建议从管理、营销和沟通三方面着手,以便掌握公关工作的重心。黄懿慧进一步将公关理论的主要学派区分为三:管理学派、语义/批判学派以及整合营销传播学派。张依依则将公关理论分阶段编年排列,认为:1975—1985年是公关理论发展的第一个十年,理论重点在"说服";1986—1995年是第二个十年,重点在"管理";1996—2006年则为第三个十年,理论研究的重点在"关系",其中格鲁尼格及其学生关于"关系品质"的研究最受人瞩目。[2]

姚惠忠在梳理了各种相关定义后总结提出,公关是一种组织行为,以不同类型的公众为对象。从目的上看,是一种关系管理;从手段上看,是一种沟通管理;从实际内容看,则是一种形象管理和危机管理。简言之,公共关系就是"组织以沟通为手段所进行的形象管理、关系管理和危机管理"[3]。

为明确对公关的定义,我们要比较一下公关与新闻和广告的异同。公共人员和新闻从业者、广告从业者从属于不同的机构,因此在工作范围、工作目标、受众以及传播渠道选择上都有不同。参见表9-1。

表9-1 公关与新闻和广告比较[4]

	公关	新闻	广告
范围	向新闻机构提供通稿及其他相关资料,此外还有其他事件策划、议题管理等其他工作	以新闻产品的生产制作为主	专业化的付费沟通
目标	是特定观点的倡导者,提供信息只是手段,影响公众的态度和行为才是目的	客观观察者,以向公众提供独立客观的新闻类产品为己任	促进产品或服务的销售
受众	不同区隔的受众	一般的社会大众	产品消费者
渠道	整合多元化的传播渠道以接触不同受众	就职媒体为单一渠道	能有效触达消费者的多种传播媒体

---

[1] James E. Grunig and Todd Hunt, *Managing Public Relations*, Rinehart & Winston, 1984, p. 6.
[2] 参见姚惠忠:《公共关系理论与实务》(第二版),北京大学出版社2011年版,第8—9页。
[3] 姚惠忠:《公共关系理论与实务》(第二版),北京大学出版社2011年版,第11页。
[4] 同上书,第14页。

三、公共关系的主要业务

美国公共关系协会确立了13项主要的公关活动,并按照英文字母的顺序排列,以表明它们之间并无主次之分:

(1) 社区关系(community relations)。每个组织所在之处都有邻里。良好的商业意识和礼节要求组织与社区邻里维持一种友好和互相支持的关系。信息会议、企业赞助安全和美食活动以及定期邀请民众参观等,都是加强邻里关系的手段。再比如,要在某地建一个新机场,就必须采取一些公关措施,使那些土地被占用或因机场建设而利益受损的人满意。

(2) 咨询(counseling)。公关人员可以负责定期向某个组织的管理者提供有关它与公众之间的政策、关系和沟通方面的建议或意见;管理者必须让相关公众知道他们在做什么,而公关人员可以帮助制作和传达这些信息。

(3) 建设/筹款(development/fund raising)。无论是商业组织还是非营利组织,它们的生存都依赖其雇员、朋友、支持者或其他人的支持以及公关活动,来帮助筹款或征募志愿者。

(4) 雇员/成员关系(employment/member relations)。职工是组织生存的血液,是其家庭成员。针对在职或退休的雇员/成员及其家属开展公关活动,目的在于维持较高的士气和较强的动力。

(5) 金融关系(financial relations)。股东和投资者关注企业的发展,企业要凭借其高商业价值和良好的发展能力赢得投资者的尊重和信任,因此树立良好企业形象的所有公关努力都力求对这些人发挥作用。金融公关主要由企业自己进行,许多企业战略,如拓展新市场和兼并其他公司等,都建立在良好的金融公关上。

(6) 政府事务(governmental affairs)。政府是"人民的声音",因此每一个与公众打交道的组织都不应对政府掉以轻心。政府掌握着税收、管理和区域划分方面的大权。通过书面报告、会议以及游说(lobbying)等方式让政府了解和信任组织,是最经常的活动。

(7) 行业关系(industrial relations)。企业不但要与消费者和股东打交道,而且要和行业中的其他单位（如竞争对手和原料供应商等）进行交流。有时它们还必须以同一声音应对来自政府或公众的压力，从而使本行业在整体上处于平衡和兴旺状态。

（8）议题管理（issues management）。组织经常要对影响公众舆论的一些重大议题表示关心，因为这些议题最终将会影响组织形象管理。最典型的议题管理是通过开展大规模的公关活动来消除或塑造围绕某个特别议题而产生的舆论。比如日本的爱普生公司长期关注有关知识产权的话题，美国的埃克森公司经常利用言论式广告强调环境保护和公共交通，因为这些都是关系它们自身利益的重要议题。

（9）营销传播（marketing communication）。这是为销售产品、服务或观念而设计的一套整合活动，包括广告设计、公开宣传与推销、包装设计、销售点陈列、商展和特别策划案的设计与实施。公关人员也经常使用广告，但含有广告的公关推广和广告推广的差别在于：广告是可控的，广告主出钱使广告准时出现在其购买的某种媒体广告平台上，但含有广告的公关推广却不能控制其公关新闻何时以及怎样出现在特定媒体上。另外，当广告的目的是树立形象而不是推销商品时，它就具有一种公关功能。另一个不同之处在于：广告人一般不为某组织制定政策，而只是去执行既定政策；公关人员通常会参与政策制定，因为很多成功的企业已经认识到，政策对公众的影响至关重要。因此，基于公关所发挥的管理功能，公关人员可能跻身组织高层管理者。

（10）媒体关系（media relations）。没有大众媒介从业人员的信任和良好关系，组织与公众之间的交流就几乎无法展开。随着媒介技术的发展和媒体数量的增多，应对媒体的手段也在增加。组织在对不同媒介的理解上、在为媒体准备材料方面以及在对媒体的选择投放方面都需要公关人员的帮助。媒体关系还要求公关从业人员与媒体人保持良好关系，特别要理解截稿期及其他规则的约束，以争取媒体人的信任。

（11）少数民族关系/多元文化事务（minority relations/multicultural affairs）。此类公关活动专门为某些激进的少数民族而设计。

（12）公共事务（public affairs）。此类活动主要是和各类社会组织及压力集团的交流。目前,此类公关强调企业的社会责任和参与的社会慈善事业,如向希望小学进行捐赠等。

(13) 特别事件/公众参与(special events/public participation)。精心策划的、注重展开活动的时机、为促进组织和公众之间的互动而设计的公关活动可以用来刺激对某个组织、个人或产品的兴趣。

近年来,危机传播(crisis communication)和风险沟通(risk communication)也非常受关注。危机传播常常被认为是公共关系的一个分支领域,是指当个人、公司或组织面临对其声誉的公开挑战时,进行有计划的保护和捍卫。与风险沟通较多涉及民众安全健康的问题不同,危机传播中的危机,是指"对组织、企业或产业可能造成潜在负面影响的重大事件,此事件也可能波及该组织的公众、产品、服务或名声,因其冲击到组织的正常运作,甚至威胁组织的生存"[①]。从消费者投诉到机构重要领导人卷入刑事诉讼,从媒体负面报道到政府机构的相关调查,所有这些都可能影响企业或机构的声誉乃至生存,因此为保证企业或机构声誉无损,运作正常,就需要及时有效的危机公关,避免因反应不及时、应对不得当而造成企业或机构声誉的巨大损失。保护和捍卫企业或机构的声誉是危机公关的最高优先项。

与危机传播以维护组织声誉为最高优先项不同,风险沟通属于风险管理的一部分,目的是通过加强公共服务机构与相关人群特别是普通大众的信息与意见的交换,避免灾害(hazard)的发生或尽可能减轻灾害发生造成的影响。20世纪70年代美国环保署首任署长威廉·拉克尔肖斯(William Ruckelshaus)提出了风险沟通这一概念,引发了学术界和公共部门的极大兴趣。国内外对风险沟通的概念界定尚未达到完全一致,目前引用比较多的是美国国家科学院风险认知与沟通委员会的界定,即把风险沟通定义为"在个体、群体和公共机构之间交换信息和意见的互动过程。它涉及关于风险性质的多重信息,以及其他(在严格意义上不一定是关于风险的)表达关切、意见,或者对风险信

---

① Kathleen Fearn-Banks, *Crisis Communications: A Casebook Approach*, Lawrence Erlbaum Associates, 1996, p. 3.

息或为管理风险作出的法律与制度安排的反应的信息"①。世界卫生组织将风险沟通视为"风险评估者、风险管理者和其他相关利益方之间关于风险的信息和意见交换的互动过程"②。2007年,中国卫生部将风险沟通的理念引入卫生行政部门的实践。在实践中,风险沟通的理念首先和新闻发布、新闻宣传工作相结合,强调政府和社会机构的风险沟通责任。

在全球化和专业化发展的总趋势下,整合营销传播(Integrated Marketing Communication)成为公共关系发展的一种新形式。在整合营销传播中,企业积极地将公关、市场营销、广告和推广等功能结合起来,在一个愈加细分但又倍加协调的媒介环境中,为客户提供更大的传播控制力。

从早期公关至今,信任始终是一个重要问题。"公关之父"爱德华·伯尼斯在晚年的大部分时间里都在要求产业尤其是公关协会组织的自律。当公关从业人数超过记者人数,大部分的媒介内容出自公关人员之手时,从业人员的道德自律对于我们社会文化的影响就是至关重要的。

第四节 广 告

广告无处不在。当我们试图忽视它们时,广告人便会想出新的方法,使它们更加引人注目。全世界每年几千亿元的广告费,就是为了吸引你的注意力并影响你的决定。

一、广告的历史

广告的历史可以追溯到公元前3000年巴比伦商人的叫卖。到15世纪,广告已经在欧洲的许多城市盛行。除了各家店铺的招牌,还有常见的钉在墙上的各种产品和服务需求广告(siquis),以及精心设计的艺术性购货单(shop-bills)。1625年,英国出版了第一份刊登广告的新闻书(newsbook),这是现代

---

① National Research Council (U.S.), *Improving Risk Communication*, National Academy Press, 1989, p. 21.

② 参见联合国粮食与农业组织、世界卫生组织:《食品安全风险交流手册》, https://apps.who.int/iris/bitstream/handle/10665/250203/9789245549445-chi.pdf?sequence=5&isAllowed=y, 2023年6月27日访问。

报纸的前身。

美国在南北战争之前主要是一个农业国,因此广告业的规模并不大。从南北战争到第一次世界大战以前,工业革命改变了美国的社会和文化状况,也使广告业得到发展。1841年,美国第一家广告代理商问世。1869年,第一家广告公司成立。铁路的延伸、知识水平的提高和邮寄价格的优势加速了流行杂志的发展,杂志为广告提供了第一个全国性媒介。在此期间,有三个因素推动广告业建立自己的职业标准和规范。一是公众和医学行业对医药广告滥用专利的反应;二是揭丑新闻发起的对国家大多数重要机构的批判性调查;三是1914年成立的联邦贸易委员会对广告的监察和管理。一些有影响的广告公司和出版社也发起了运动,反对使用夸张手法、虚假之词和其他诱导形式的广告。这一时期还成立了美国广告联盟、美国广告代理商协会、全国广告商联合会和户外广告协会等多家行业组织。

在20世纪20年代,电台广告很受欢迎。第一个电台广告是1922年由WEAF电台播出的。后来广告赞助成为电台节目播出的惯例,还开发出广播肥皂剧这一新品种。全国性的市场营销使广告业大赚其钱,助其熬过1929—1933年经济大萧条时期。1941年,几个全国性广告和媒介团体联合组织了"战时广告委员会",用专业能力为许多政府项目做宣传,其中最有名的就是推销战争债券。战后,该组织变成广告委员会,转向公共服务,如参与"拯救大峡谷"运动。

第二次世界大战以后,电视很快成为全国范围的主要广告媒体。早期电视广告以产品为中心,但由于电视广告价格越来越高,电视广告时间不得不从最初的一分钟缩短到30秒甚至15秒。广告时间的缩短使得广告中有关产品的介绍也减少了,电视形象广告开始出现。而且由于同类产品的增多,广告主不得不寻求产品的独特卖点,比如M&M豆不仅仅是巧克力糖豆,而且是"只融在口,不融在手"的爱情礼物。

二、广告的传播功能

对广告的争议从来就没有停止过。支持者认为:广告提供信息;没有广告,新产品就不能被介绍,新发展就得不到宣传;广告推动我们的经济发展,给很多行业带来经济增长并创造就业机会;广告不仅为人们提供了娱乐,并且也保障了民主制度。反对者的抱怨主要针对广告的内容和操纵,反对广告的侵入性和欺骗性,以及面向儿童的广告所存在的不道德性。还有人认为广告贬低或腐蚀了文化。作为人类,我们需要衣食住行,崇尚美丽、善良、爱情和成功。成功的广告无疑显示了这些需要和价值。但广告用其 AIDA 的说服策略,即吸引注意(Attention)、创造兴趣(Interest)、刺激欲望(Desire)和倡导行动(Action),倡导消费者文化(consumer culture),影响社会文化。在这种文化中,人的价值和标识不是人本身而是围绕在其身边的产品,个人价值、个人自由和个人素质的提升与物质消费和金钱紧紧联系在一起。消费者不再是购买产品,而是购买由此体现出来的生活方式、传说、经历和情感,生活的标准由我们所拥有的物质来衡量,这就使我们的文化变得庸俗、肤浅、空虚、物质至上以及精神和智慧匮乏。

三、广告监管

长期以来,对监管者来说最大的困难在于界定什么是虚假广告、欺骗性广告或鼓吹性广告。广告被允许一定程度的夸张,因为夸大其词使其更有娱乐性,并且可以假定消费者不会仅从字面去理解。但是,有些广告是彻底的谎言,一些广告没有说出全部实情,还有一些暗示性的谎言通过文字、设计、制作手段、声音或其他组合来表现,比如儿童电视广告中的玩具总要比实物更大或更好。广告主经常使用故意不精确这种手法来表示与事实相反的东西。故意不精确分三种类型:不完全表达、限定词以及隐含性表达。比如"某某产品给你更多",那么究竟是更多的什么呢?不完全表达随你怎么想。"某某产品有助于减轻压力",限定词"有助于"并没有明确说该产品一定会起作用,如果理解有误那就是消费者的错。"樱桃风味"的产品中没有樱桃成分,"高能量"产品实际只是高热量而已,不含"反式脂肪酸"却含有更可怕的饱和脂肪酸。故意不精确虽然并不违法,但却是一种既不真实又不准确的鼓吹,实际目的就在于欺骗。

广告效果的体现就在于提高销售量,为此广告商需要开展多种研究。在广告活动发起之前会有广告效果分析测试(copy test)。有时采用焦点小组讨论的方式,有时雇用一些消费评判者,对广告活动所提出的几种方案进行评比。还有强迫性曝光(forced exposure)测试,主要用于电视广告,即让一些人观看附加了新广告的电视节目,观看前后分别询问他们的喜好,以此来判断广告效果。也有在广告活动开始之后测量广告效果的不同手法。如识别分析测试(recognition test)通过电话或面谈来询问被访者是否记得看过哪些广告。回忆分析测试(recall test)主要是调查受访者认为哪些广告他们最容易记住。还有认知度测试(awareness test),并不针对某类广告,而是基于消费者对某种产品的认知度来积累性地衡量广告活动的效果,比如问"你能说出哪些洗涤剂品牌"。这些调查的优点,在于能够帮助广告主理解人们对某种广告策略的反应,以帮助广告主免于作出成本高昂的错误决定,并有助于今后的广告策划。但缺点却在于,并不能测出广告是否促使消费者去购买了某产品。另一种广告策略是受众市场细分。20世纪70年代消费心理学进入广告业,消费心理学中的市场细分(psychographic segmentation)越来越受到重视。"价值观及生活方式调查"是消费心理学市场细分的一种方法,就是根据消费者的生活方式、态度、价值观和行为特别是购物行为进行分类,以确定不同的广告方式。

无论如何,广告已经成为我们生活的必要组成部分,有人为它的成功而高兴,也有人为它的过分行为而烦恼。在美国,一些广告专职人员认识到,广告如果不能受到尊重,就不能产生效应。因此,他们成立了专门的媒介基金会,致力于广告消除活动。还有一个"坏广告"组织,专门针对侵入性和欺骗性广告展开行动。他们把"坏广告"在自己的博客网站上存档,并与其他相关网站建立链接,开展对广告的过分行为的讨论,并提供关于"如何做"的信息,比如指导家长在孩子因受广告引诱而想得到某个产品时应如何处理。这些民间监督行为有利于广告业的成长。

小　结

大众传播过程主要体现为媒介组织借助媒介技术所进行的面向广大人群的传播活动。大众媒体作为专业性的信息产品的生产机构,兼具公共性和商业性,并具有独特的营利模式。新闻和公共关系是大众传播最主要的表现方式。本章对新闻生产以及公共关系和广告的发展也略有介绍。

◆ 推荐阅读

1. 〔美〕约翰·维维安:《大众传播媒介(第十一版)》,任海龙、常江译,北京大学出版社2020年版。
2. 姚惠忠:《公关关系理论与实务》(第二版),北京大学出版社2011年版。

◆ 观察与思考

1. 如何把握大众媒体的基本结构?
2. 大众媒体具有什么样的公共性和商业性?
3. 有哪些因素会影响新闻事件成为媒介新闻产品?
4. 公共关系与广告有什么区别与联系?

第十章　大众传播的管理和规范

本章教学目标：
1. 了解大众媒介的管理模式
2. 了解几种主要的媒介规范理论
3. 了解媒介规范中的他律、自律与合律

当今社会是一个媒介化社会，媒介在传播信息、表达不同的观点和意见、针对特定问题促成舆论、开展娱乐和文化活动等方面都发挥了重要作用，也对社会政治、经济及其他方面产生了重要影响。一定形式的监管和规范是必要的。但是，言论自由和市场自由原则却要求监管和规范必须谨慎，力求合理而有效，因此出现了种种探讨媒介管理和规范的理论。规范理论是对诸多有关媒介权力和责任的理论学说的统称，而非一个统一的理论体系。在不同的时代、不同的社会以及同一社会的不同阶层之间，存在许多不同的，甚至矛盾和对立的观点。但是，任何一种规范理论中都包含着对媒介社会影响力的认识，引发了人们对大众传播所应发挥的社会功能的期待，以及对理想的传播体制的构想。规范理论涉及意识形态、政治、法律和伦理等，常常被归入"传播政策""媒介法"或"媒介伦理"等领域。本章首先介绍一些基本的大众媒介管理模式，然后介绍与这些管理模式有着潜在联系的媒介规范理论。

第一节　大众媒介的管理模式

一、报业的自由模式

在西方报业的长期发展中,对报业的管理经历了从事先审查制向事后追惩制的转变。目前一般采取间接管制,出版自由(freedom of press)被视为一条基本原则,因此报业的基本模式是享受不受政府任何规定制约和控制的自由。美国国会1790年通过的美国宪法第一修正案明确指出,"国会不应制定任何法律来……削弱言论自由或新闻自由,或人们和平集会的权利,和为矫枉过正而向政府请愿的行为"①。因此,政府针对媒介管理制定的法规不仅必须尊重而且必须充分遵循第一修正案的规定。新闻业被视为受到美国宪法提名保护的唯一产业,享有"第一自由",因此必须充分发挥自我管理的作用,媒介从业人员也应遵守职业道德,以保证特别保护政策的实施。

除此之外,对报业也有一些政策上的管理。公共政策通常会对新闻自由的模式进行修改或者延伸,以保护预期的自由报业所带来的公共利益。比如报业通常会享受某些邮政和税收方面的优惠,以及贷款优惠和津贴等。自由竞争导致的报业垄断化发展可能限制了市民接近出版渠道和自由选择,因此会有反垄断法和反外国资本所有权的规则存在。还有一些法律用于处理新闻自由与公共利益和私人利益之间的关系。如美国的外侨法和镇压叛乱法,以及有关诽谤、名誉权和隐私权保护以及知识产权相关的法律。自由报业模式有时也应用于图书出版等其他印刷媒介,包括流行音乐的出版。

二、广电的特许模式

相比之下,广播电视以及许多新兴的音视频传播,一开始就受到高度的限制和管理,甚至发展到直接的公共所有,如英国广播公司的公共服务广播。最

---

① 转引自〔美〕斯坦利·J.巴伦:《大众传播概论——媒介认知与文化》,刘鸿英译,中国人民大学出版社2005年版,第121、523—539页。

初管制广电媒介的理由主要是技术性的"稀缺资源论",即强调广播频率是"稀缺"资源,因此必须被公平分配,反对垄断。后来,因为广播电视的节目传递方式是诉诸感性的声音或者画面,而其传播方式的渗透性便利了各种受阅读限制的人,特别是没有自制力的少年儿童,因此政府又以"诉诸感性论"和"不可选择论"为由,加强了对广播电视节目特别是色情节目的管理。但是,随着有线电视、卫星电视的出现,"稀缺资源论"难以成立,执照管制的方式则成为各种需求以及纯粹制度习惯的混合体。

广电模式涉及许多不同的管理种类。在 20 世纪二三十年代广播事业开始发展的时期,在美国建立全国性商业广播网的同时,欧洲许多国家特别是英国,建立了一种"公共服务广播"网。这种"公共服务广播"以英国广播公司为代表,最为重视的是对社会需求或公民集体需求的满足,而不是自由主义理论所强调的个人权利、消费自由以及对市场力量的重视,因此公共利益优先于经济目标是基本原则。根据这一原则,公共服务广播体系是一种由法律所规定,且普遍由公共基金(通常是广播或电视使用者必须支付的使用费)所管理的系统。它独立于政府,有基本的规章或使命,接受某种程度的公共赞助和公众的直接资助,而非广告商的赞助,鼓励节目之间的竞争但不仅仅是抢夺受众。它具有广泛的编辑和运营的独立权,以及使其为社会和普通大众负责任的机制。

后来在美国,也出现了一些由观众和听众自愿赞助的公共广播,它们被赋予了推动特定文化发展的目标。这些目标在不同国家和地区会因为传统和偏好而有许多变化,但总体上追求围绕公共利益来提高服务质量,尽管对"质量"也有不同的定义。围绕公共服务广播理论的争论主要在于:为实现特定目标而接受财政资助与保持独立性之间是否有冲突;达成社会所设定的公共利益目标与满足媒介市场消费者的受众需求之间是否有冲突。在当今全球媒介市场竞争激烈的情况下,公共服务广播的竞争力减弱了,但是它仍然被视为一种对抗媒介市场缺陷、保障媒介多样化的防御工具。

20 世纪 80 年代以来,广播电视业有日益增强的私有化、商业化倾向。最明显的是,媒介传播渠道更多地从公有转化为私有,来自广告的财源比例不断增加,新兴的商业竞争者可以获准经营公共广播频道。商业化和私有化趋势还促进了传媒大亨对全球市场的争夺和瓜分。这些趋势反映出传统广电模式特别是欧洲模式的衰落,但并未遭到摒弃,因为广电媒介仍然具有强大的传播力量与紧密的公共利益关系,而普遍性的公共服务(public service)观念则占据广电模式的核心位置。一般来说,通常会有特定的媒介法律来管理广电产业,也会有某种公共服务机关来执行相关法律,而生产和销售的任务则可能由私人企业来承揽,这些企业执行者获得来自政府的特许权,并遵循某些法律指导方针。

三、电信的公共传输模式

第三种主要的管制模式产生于广电模式之前,通常被称作"公共传输模式",因为它主要和信件、电话及电报等纯粹为了传送而提供的传播服务相关。这些服务本质上是一种向所有人开放的普遍性服务。对这些服务进行管制,主要是基于效率和消费者的利益来管理具有"自然垄断"属性的传送事业,因此总体上重视对基础设施和经济收益的监管,而较少涉及内容管理。这和广电模式形成强烈对比,因为广电模式的特征就是高度的内容管制,即使是私营企业,对其内容的管制也较为严格。三种模式的比较可参见表 10-1。

表 10-1　三种监管模式的比较[①]

	自由模式	特许模式	公共传输模式
基础设施管制	无	严格	严格
内容管制	无	严格	较少
传送	开放	限制	开放
接收	开放	开放	限制

[①] 参见〔英〕丹尼斯·麦奎尔:《麦奎尔大众传播理论(第五版)》,崔保国、李琨译,清华大学出版社 2010 年版,第 192 页。有改动。

四、互联网的混合式监管

由于数字化、媒介融合和国际化的趋势,上述三分法的管理遭遇了新的挑战。以互联网为例。在发展初期,互联网被认为应使用"公共传输模式"来监管,因为它要利用电信系统来传递和交流信息。但是,目前的互联网可以说是集报纸、电视、电信于一身的新科技。管理者无法分辨其传播的信息属于哪一类,应该套用哪种管理模式。新科技还催生了新的规范议题,如网络全球传播、网络恐怖主义、网络色情与表达自由以及个人数据信息保护等,这势必要求媒介管理突破原有架构,对传媒发展重新定位并进行规范。

世界各国、各种组织早已开始着手合并媒介管理机构和整合媒介管理规范。欧盟于 1997 年就发布了《电信、媒体、信息科技融合以及管制执行中的绿皮书》。2002 年 3 月,英国国会正式通过法案,成立通信管理局,并于 2003 年正式通过新版《传播法案》,授权通信管理局逐步整合原先的电信管理局、独立电视委员会、广播标准委员会、广播局和无线电管理局等五家机构,此前并未受任何政府单位管理的英国广播公司也被纳入通信管理局的管理范围之内。中国于 2013 年将原先的国家新闻出版总署、国家广播电影电视总局等单位合并成国家新闻出版广播电影电视总局,并于 2018 年调整为国家广播电视总局。

另一大趋势是媒介的全球传播。媒介在所有权、资金、组织、生产、传递、内容、接收乃至管理上日益国际化,常常超越一个国家本身的管制能力,因此"全球治理"的理念被引入。全球传播的商业化发展趋势,使得世界贸易组织发挥着越来越重要的作用。除世贸组织外,包括国际电信联盟、国际经济合作与发展组织、国际标准化组织以及世界知识产权组织在内的其他跨国性组织,在发展全球媒介管理机制上都扮演了相当重要的角色。国际化还带来了新的规范问题或者突出了一些老问题,特别是关于多样化、媒介进入、文化整合和认同等问题。

随着媒介对政治、经济、社会和文化生活所发挥的影响力的显著上升,传播政策也从以往的技术导向,转为受政治、经济和社会发展目标引导的公共传播政策。在关注"传播福利"(communication welfare)、积极促进社会和文化目标实现的同时,也应该关注媒介可能对社会造成的"伤害",其中最关键的原则是自由、普遍服务以及强烈的责任感。

第二节 媒介规范理论

媒介规范理论指的是关于权力和责任的基本观点,反映了人们对媒介为个人和社会带来利益和价值的期待。对媒介行为产生规范性影响的来源有很多,如相关的社会政治理论,新闻专业的理论和实践,媒介市场、国家机构、社会中的利益团体,以及公众舆论,但最根本的还是媒介角色形成的历史环境。因此,对规范理论的认识应基于历史发展及比较政治和跨文化的视角。本节仅介绍几个比较有影响的规范理论。

一、威权主义理论

威权主义理论(authoritarian theory)主要盛行于16、17世纪的英国,也就是印刷术发明之后到英国资产阶级革命胜利之前。但是,直到今天,威权主义理论仍被一些国家接受和采用。威权主义理论的来源是君主和政府拥有绝对权力的哲学思想。威权主义主张社会事物必须一切以权力和权威为转移,强调社会等级秩序以及上下级之间绝对的支配与服从关系。威权主义下的报业理论要求报业成为国家的公仆,尊重君主权威,推进政府的政策,并听命于国家的管理。出版者应当获得许可,包括得到君主或政府颁发的出版特许证或者行业公会颁发的营业执照,接受直接审查等。威权主义体制下报业被允许公营或私营,但都被当成推行政府政策的工具,禁止批评君主或专制政府。

威权主义理论的核心特征是出版特许制和书刊检查制。16世纪英国近代报纸出现以后,英国都铎王朝就建立了严格的出版管制制度。1529年,国王亨利八世公布了第一个禁书法案。1530年,英国建立了第一个出版特许制度。英国还建立了"星法院",颁布了《出版法庭令》,规定所有印刷师傅都必须登记,新的师傅就任必须经宗教高等法院同意,此外还禁止在伦敦以外的地区印刷。星法院对批评国王和政府的言论进行审判,并按诽谤罪予以处罚。星法院还于1585年发布命令,要求所有出版物都必须接受检查。英国资产阶级革命兴起后,星法院于1641年被撤销,但是国会在1643年又制定了新的新闻检查法令,规定未经检察官的审查批准,不许印发任何书籍小册子,并设立许可机构,在1647年和1655年又先后颁布《印刷限制令》和《印刷令》。斯图亚特王朝复辟后,1662年,查里二世再次颁布印刷品检查法令,强化舆论控制。1688年,"光荣革命"在英国确立了资产阶级政权。1695年,历史上第一个内阁政府的成立,标志着议会制发展到了一个新的阶段,而在同一年废除的《许可证法》则标志着出版特许和书刊检查制度的彻底结束。

在我国的书报发展史上也长期存在着查禁制度。1902年清朝政府颁布的《大清报律》就规定,报纸不得刊载"诋毁宫廷之语,淆乱政体之语",并规定了事先审查制度。这是和西方的威权主义理论一脉相通的。今天,在新加坡、马来西亚以及其他某些宗教国家,依然存在着某种程度的媒介事先审查制度,而在更多的国家,普遍实行的是事后追惩制。

二、自由主义理论

自由主义理论(libertarian theory)是在17世纪英国资产阶级革命过程中,通过与威权主义的斗争而逐步发展起来的,后来逐步传到欧洲大陆以及美国,成为现代资本主义国家最重要的媒介规范理论。与威权主义的观点正好相反,自由主义理论认为,报刊不是政府的工具,而是提出论据与争辩的手段。在这一基础上,人民对政府进行监督检查,并提出他们对政策的主张。因此,报刊应该私有,成为"意见的自由市场"。任何人都拥有出版自由而不必经过政府当局的特别许可,也不应接受第三者的事先检查,因为出版自由和言论自由一样,是人与生俱来的权利。除人身攻击外,报刊有权批评政府。报纸的功能在于帮助人们了解真相,监督政府。在涉及意见、观点和信念等的问题上,真理和"谬误"的传播必须同样得到保证。除言论自由外,报纸还具有告知、娱乐和售卖功能。报刊可以通过两种方式受到控制。一是在意见的自由市场上,人的理性判断和自我修正能力,终使真理战胜谬误。二是通过法律,对诽谤、亵渎、藐视法庭、泄露国家机密、煽动战时叛乱等行为进行惩处。

在英美的思想传统中,新闻自由的概念与个人自由的观念和功利主义式的政治哲学有密切关系。1644年,英国诗人、政治家弥尔顿发表了《论出版自由》一文。他依据"天赋人权"和"主权在民"的思想,提出出版自由是人与生俱来的权利,限制人民的出版自由就等于压制真理本身,因为真理只有在"自由而公开的斗争"中,才能战胜谬误,证明自己的真理性。因此,实行许可制和查禁制,实际上就是伤害真理本身。

18世纪晚期,英国学者埃德蒙·柏克(Edmund Burke)以"第四权力"一词指称新闻界所拥有的政治权力。这种权力和大英帝国其他三种权力——上议院、教会与下议院的权力相等。新闻界的权力来自它具有的公布或隐藏信息的权力,以及提供其他信息的能力。而其核心的自由,则是报道与评论政府的审议、会议以及行动,此种自由乃是代议制民主进步的基石。1859年,密尔在《论自由》一书中提出:"假定全体人类减一执有一种意见,而仅仅一人执有相反的意见,这时,人类要使那一人沉默并不比那一人(假如他有权力的话)要使人类沉默较可算为正当。……迫使一个意见不能发表的特殊罪恶乃在它是对整个人类的掠夺,对后代和对现存的一代都是一样,对不同意于那个意见的人比对抱持那个意见的人甚至更甚。假如那意见是对的,那么他们是被剥夺了以错误换真理的机会;假如那意见是错的,那么他们是失掉了一个差不多同样大的利益,那就是从真理与错误冲突中产生出来的对于真理的更加清楚的认识和更加生动的印象。"①18世纪以后的所有革命和改良运动,无不高举新闻自由的旗帜,并付诸实践。北美独立战争期间,潘恩以及托马斯·杰弗逊(Thomas Jefferson)等人,为反对英国殖民统治作出重大贡献,并终于在1789年使言论自由、宗教信仰自由,以及集会、结社、请愿等权利内容,以宪法修正案的形式写入了美国宪法。

自由主义理论是在反抗权威的过程中逐步形成的,起先是教会,后来是君主和资产阶级政府。因此,新闻自由主要是基于"自由免于限制"的观点来定

---

① 〔英〕约翰·密尔:《论自由》,程崇华译,商务印书馆1982年版,第17页。

义的,比如美国宪法第一修正案就成为激进自由主义者的福音。按美国最高法院大法官雨果·布莱克(Hugo Black)的说法,"不得制定任何法律就是不得制定任何法律"(no law means no law)。而"意见的自由市场"这一比喻也将新闻自由的概念与实际的市场自由的概念紧密联系起来。但是,从19世纪末20世纪初开始,新闻自由实际上越来越成为新兴的媒介大亨赚钱以及进行宣传的手段。大规模的生产和发行使媒介经济变得越来越重要。媒介兼并愈演愈烈,"一城一报"现象突出,媒介的声音越来越少,重要而不流行的观点越来越难被听到。20世纪的心理学研究也更多地揭示了人类行为的非理性方面。人们并不总是用理性的方式处理信息,理性化本身就是试图对非理性行动进行理性解释,这就打破了自由主义理论关于"理性人"的哲学基础。总之,到第一次世界大战之后,自由主义从理论到实践都遭遇挑战。

三、社会责任理论

报刊的社会责任理论(social responsibility theory)是对自由主义理论的修正,它的产生有特定的原因和社会背景。进入20世纪以后,传播媒介的垄断程度越来越高,传播资源越来越集中于少数人手中,所谓"意见的自由市场"理念与实际的社会状况发生了尖锐的矛盾。为了应对关于美国报业煽情主义、商业主义以及政治不平衡与垄断倾向的广泛批评,1942年,美国《时代》周刊老板亨利·卢斯(Henry Luce)发起成立了由芝加哥大学校长罗伯特·哈钦斯(Robert Hutchins)领导的一个非官方调查委员会——"新闻自由委员会",也称"哈钦斯委员会"。该委员会发起公共调查,目的是检验美国新闻界成功或失败地方与情形,找出在哪些情况下自由表达要受到限制,无论这些限制是来自读者或广告商的压力,还是来自拥有者的不明智或管理上的懦弱,并通过政府审查的形式实现。1947年,该委员会完成并出版了其调查报告——《一个自由而负责的新闻界》,并明确提出社会责任理论。

新闻自由委员会的调查报告对当时的新闻界持批评态度,认为新闻界常常有不当之处,并限制了那些少数权势阶层之外的人表达意见的机会。《一个自由而负责的新闻界》提出,新闻业是《权利法案》唯一保证了自由权的产业。

享受着政府赋予的特权的报刊,有义务对社会承担一定的责任,即作为现代社会的公众通信工具而执行一定的基本功能。按照社会责任的观念,委员会提出,"我们的社会今天需要的是:第一,一种就当日事件在赋予其意义的情境中的真实、全面和智慧的报道;第二,一个交流评论和批评的论坛;第三,一种供社会各群体互相传递意见与态度的工具;第四,一种呈现与阐明社会目标与价值观的方法;第五,一个将新闻界提供的信息流、思想流和感情流送达每一个社会成员的途径"①。

总体上,新闻自由委员会支持一种具有多元性、客观性、信息性与独立性的新闻制度,以避免侵犯,引发犯罪、暴力或社会失序。社会责任理论从三个方面修正了自由主义新闻理论。一是主张新闻自由不仅指消极的自由,即不受限制的自由,而且指积极的自由,即应该是"为了什么的自由",而不仅是"摆脱什么的自由";二是将新闻自由视为伴随着义务和社会责任的道德责任而不是不附带条件的自然权利,认为自由伴随着一定的义务;三是提出新闻自由不仅意味着保护媒介的自由,而且意味着保护作为受众的广大社会成员的自由。社会责任应该靠新闻界的自我约束而非政府的干预来达成,同时也应该慎重考虑通过政府干涉来纠正媒介不良行为的要求。因此,政府不应该只允许自由,而应该积极地促进自由。如果有必要的话,政府应该积极地行动以保卫公民的自由。政府行动包括立法以禁止对媒介权力的"恶意性的滥用",而且政府应该"进入传播领域,以弥补现有媒介的不足"②。

社会责任理论提倡一种观点,即媒介所有权是一种公共信托或管家形式,而非一种无限制的私人特许经营权。他们强调,和新闻自由密不可分的是人民拥有自由的媒介的权利。"拥有一种适当的媒介"正是人民的权利,而且是占据优先地位的权利,是要求媒介承担责任的一个重要的基础。这种公共利益优先的原则对政府进行广电业的管理很有影响。它直接促成了1927年美

---

① 〔美〕新闻自由委员会:《一个自由而负责的新闻界》,展江、王征、王涛译,中国人民大学出版社2004年版,第11—12页。

② Fred Siebert, Theodore Peterson and Wilbur Schramm, *Four Theories of the Press*, University of Illinois Press, 1956.

国联邦无线电委员会的建立,从而使无线电业成为第一个主动要求和服从政府规范的媒介产业。该委员会后来转为联邦通信委员会,并经常依据"无线广播具有共同托付属性因此需要管制并可能被取消执照"的立场来行事。它虽然不能直接审查广播内容,也无权管理广播业的盈利,但却可以处罚那些播放禁播内容的电台,对其罚款或吊销执照。

四、马克思主义新闻观

马克思主义新闻观是马克思主义政党在革命、建设和改革时期指导新闻实践的过程中形成和发展起来的。[①] 无产阶级新闻事业一开始就是作为资本主义制度的对立物出现的。萌芽状态的无产阶级报纸产生于19世纪初,大多由联谊会、互助会等早期工人组织所创办,主要内容是呼吁保障工人生活,改善劳动条件,用改良的方法进行经济斗争。19世纪三四十年代,欧洲各主要国家的无产阶级开始登上政治舞台,在英国宪章运动中诞生的《北极星报》和《人民报》是最早的政治性无产阶级报刊。

1848年2月,马克思、恩格斯共同撰写的《共产党宣言》的发表,标志着马克思主义的诞生,也标志着马克思主义新闻观的诞生。马克思和恩格斯是在19世纪无产阶级革命时期从事新闻工作的,因此他们的新闻思想主要是围绕无产阶级革命报刊的性质,报刊在革命斗争或活动中的地位、作用和任务,报刊和无产阶级政党、人民群众的关系,以及新闻工作者的素质等问题展开的。其核心内容是:无产阶级报刊是组织群众进行革命斗争的思想武器;党报是党的旗帜,党的政治机关报必须由党来领导,党的政治纲领是党报宣传的最高准则;无产阶级政党的机关报和党的出版物应当真实地反映实际,正确地阐明党的立场,贯彻党的路线和政策;党报党刊应当真正代表和捍卫无产阶级和人民大众的利益;等等。

19世纪末20世纪初,列宁在领导俄国无产阶级革命的过程中,结合俄国革命实际,继承和发扬了马克思恩格斯的新闻思想。列宁集中论述了党报党

---

① 《新闻学概论》编写组编:《新闻学概论》,高等教育出版社、人民出版社2009年版,第4页。

刊的宣传、鼓动和组织作用;明确提出并论述了无产阶级新闻事业的党性原则;大力提倡专业新闻工作者与非专业新闻工作者的结合;深刻阐明马克思主义的新闻自由观,揭露了资产阶级新闻自由的虚伪性。十月革命胜利以后,列宁提出党的报刊应当成为社会主义建设的工具,初步提出了社会主义建设时期新闻宣传的原则和方法;特别强调接受人民群众监督对于执政党防止官僚主义复活的重要性,要求通过报刊实现舆论监督。列宁的新闻思想对中国共产党的新闻理论和实践具有直接的指导作用。

中国共产党的新闻理论是以马克思列宁主义为指导,紧密结合中国实际,总结了党在不同历史时期领导新闻工作的实践经验,吸收了世界其他国家新闻事业的有益成果,并不断发展创新而形成的。毛泽东作为中国共产党第一代领导集体的杰出代表,一贯把新闻宣传看成革命工作的重要组成部分,明确提出"办报为了革命",强调新闻工作必须坚持党性原则,党报要无条件地宣传党的纲领、路线、方针、政策,成为党联系群众的纽带;要求新闻工作者深入实际,深入群众,实事求是,调查研究,用事实讲话,反对虚假报道;要求在新闻工作中坚持群众路线,开展全党办报、群众办报;提倡准确、鲜明、生动的文风,讲求宣传艺术,倡导用生动活泼、通俗易懂、群众喜闻乐见的形式宣传党的主张,反对"党八股"。

中国特色社会主义新闻理论,包括邓小平理论、"三个代表"重要思想、科学发展观、习近平新时代中国特色社会主义思想中的新闻理论。其中,习近平新时代中国特色社会主义思想中的新闻理论是改革开放以来中国共产党新闻理论创新的集中概括,也是马克思主义新闻观的最新成果。其核心内容主要包括以下十个方面:

(1)新闻媒体是党、政府和人民的喉舌,是党和国家重要的思想文化阵地和舆论阵地,具有鲜明的阶级性和意识形态属性。

(2)党性原则是社会主义新闻工作的根本原则,是马克思主义新闻观的精髓。

(3)坚持为人民服务、为社会主义服务、为党和国家工作大局服务。

(4)坚持贴近实际、贴近生活、贴近群众。

（5）坚持实事求是，维护新闻的真实性。

（6）坚持正确的舆论导向，坚持团结稳定鼓劲、正面宣传为主，唱响主旋律、打好主动仗。

（7）坚持把提高舆论引导力放在突出位置，增强舆论引导的针对性和实效性，提高舆论引导的权威性、公信力、影响力。

（8）坚持把社会效益放在首位，努力使经济效益同社会效益相统一。

（9）坚持解放思想、改革创新，增强生机和活力。

（10）切实加强新闻工作队伍建设。[①]

第三节　媒介的自律、他律与合律

关于自律（autonomy）和他律（heteronomy）的问题起源于伊曼努尔·康德（Immanuel Kant）。在康德看来，人们履行义务的动机应当是"意志自律"（autonomy of will），也就是自觉履行善良意志的绝对命令。而从行为主体之外也就是从上帝或神，以及从感官欲望、情感、利益、世俗权威等当中引申出来的道德准则属于他律。在康德看来，意志的他律是一切虚假道德的源泉，唯有意志的自律才是道德的最高原则。

古汉语中的"律"，本义是指"均布"，就好比音律、时令等，要按照一定的等距来分配，由此引出"规范"的意思。"律者，所以定分止争也。"[②]在古人看来，"律"的作用就在于通过公平合理的规范来实现社会的和谐稳定。自律和他律，在个人层面，就在于自我管束和来自外部的约束之分，而具体到新闻传播领域，自律和他律的分野在于业界和政府之间：新闻界的自我管束是自律，而政府对新闻界的管束则被认为是他律。[③]

对媒介的法制管理和行政管理是现代国家对媒介行业实行他律的重要手

[①] 参见《新闻学概论》编写组编：《新闻学概论》，高等教育出版社、人民出版社2009年版，第4—10页。

[②] 黎翔凤：《管子校注·卷十七》，中华书局2004年版，第998页。

[③] 参见张咏华、黄挽澜、魏永征：《新闻传媒业的他律与自律》，上海外语教育出版社2007年版，第1—3页。

段,但是传媒的社会发展史表明,真正有效的传媒管理在很大程度上依赖传媒机构及其从业人员的自律。新闻专业主义(journalistic professionalism)与媒介自律(media self-regulation)则是对媒介行为失范的重要回应。除自律和他律外,韩国的媒介仲裁制度以准法律形式促进媒介行为规范,被认为是独具特色的合律。

一、专业主义与行业自律

新闻专业主义强调以协会、新闻评议会,以及具体的准则和伦理形式等行业自律行为,来制定恰当的规范,以抵制大众报刊媒介的行为失范。早期的新闻自律观念,起源于报人的社会责任感,萌芽于一些报纸的办报宗旨、方针和守则之中。如1868年美国报人查尔斯·达纳(Charles Dana)接手《纽约太阳报》时,制定了13条规约,其中包括"新闻与广告分开,不得用谩骂讥笑的文字发表言论,未经采访对象许可不得发表该采访对象的访问记录,转载各种材料必须注明材料来源"[①]等规定。1874年,瑞典成立了一家由各报社社长、主笔或主编组成的俱乐部,其主要活动是制定新闻传媒行业的业务和道德方面的职业标准,定期检查各报社的执行情况,避免行业内部腐化或受外界攻击,以维护新闻传媒行业的尊严。在19世纪末美国"黄色新闻"泛滥之际,大多数媒介从业者很少关心准确性、客观性和社会敏感性等问题,著名报人普利策等人则明确提出新闻从业者应不屈从于商业利益、忠诚于公众利益、不谋私利等重要观念。由他资助的美国密苏里新闻学院最早制定了8条"新闻工作者守则"。1923年,美国报纸编辑协会开始采用名为"新闻规约"的一系列专业标准,主要包括责任(responsibility)、新闻自由(freedom of the press)、独立性(independence)、真诚、真实、准确(sincerity, truthfulness, accuracy)、公正不偏(impartiality)、公平从事(fair play)、庄重(decency)等7项原则。从此以后,"新闻规约"逐渐被各国引进和普及。通过这种做法,媒介从业人员模仿法律和医药等领域的从业者,突出强调新闻专业主义,希望自己免受批评,远离外界干预,

---

① 参见张咏华、黄挽澜、魏永征:《新闻传媒业的他律与自律》,上海外语教育出版社2007年版,第209页。

避免自主性降低所带来的威胁。

20世纪40年代哈钦斯委员会提出的社会责任理论，改变了早期的新闻自律和职业道德建设不足以同新闻业自由放任的传统相抗衡的状态，为新闻自律提供了理论基础，从而推动了西方国家新闻职业道德准则建设向纵深发展。许多国家纷纷建立了新闻职业标准，制定了新闻职业道德准则，或修订了已有的准则，使新闻职业道德规范日趋成熟。新闻自律逐渐被当作维护新闻自由、防止政府干预的途径。第二次世界大战结束以后，签订国际新闻职业道德规范的实践兴起。1948年，联合国新闻自由会议通过《国际新闻自由公约草案》。1954年，联合国又颁行《国际新闻道德信条》。同一年，国际新闻工作者联合会通过《新闻工作者行为原则宣言》，与前者内容基本相同，但规定更为细化。此后，随着国际形势的变化，这些规范不断得到修订和更新。1978年，联合国教科文组织颁布《关于新闻工具有助于加强和平与国际了解，促进人权，反对种族主义、种族隔离及战争煽动的基本原则宣言》，中国是签字国之一。

除职业道德准则外，自律制度的形成与完备，关键是要有组织机构来负责实施和裁定，以形成运作机制。1953年，在英国政府的推动下，英国报业总评议会成立，其委员主要为各报业团体的编辑或经理代表，主要负责受理外界对新闻界的投诉，作出裁决和结论。1963年，该组织改为由报界、司法界以及其他社会各界人士组成。类似的报业评议会或新闻职业道德监督机构在许多国家都有设立，如日本新闻协会、比利时新闻纪律评议会、荷兰报业荣誉法庭、南非报业调查委员会、韩国报业伦理委员会等。这一类新闻自律组织一般只受理违反职业道德的投诉，不受理违法案件，大多数只有裁决权而没有处罚权。

虽然美国制定新闻道德准则的实践起始较早，但作为新闻自律机构的新闻评议会却出现较晚。1970年成立的全国新闻评议会的活动经常遭到一些大型传媒机构的反对，到1984年终于解散。但是，在美国新闻自律制度中有一个突出的现象，就是媒介机构内部自行设立意见调查员或新闻监督员。这是美国传媒界在内外批评声和媒介竞争压力下谋求自我改善以提高竞争力，并防止外界干涉的重要措施。1981年,《华盛顿邮报》请意见调查员调查一篇虚假报道的情况,并将调查报告全文刊载。此举被认为是传媒发挥意见调查员作用、加强自律的突出事例。美国传媒机构,尤其是大的传媒公司,非常注意制订和形成自己内部的职业工作规则和标准实施机制,如哥伦比亚广播公司新闻规范的内容就包括人事规范、新闻采集、编辑与制作规范、法律问题等几大部分,非常详细地规定了各种具体的行为操作规则。而行业评议会之所以遭到许多媒体的反对,无疑和美国媒体强调独立性和自主权、反对任何形式的外来干涉的传统思想有关。

虽然各国关于新闻基本准则的表述不一,但大多数准则都集中在提供可靠的信息,避免扭曲、压制、偏见、煽情主义以及侵犯隐私等问题上。有学者对31个欧洲国家的新闻准则进行比较研究后,区分出6种责任类型:对公众的责任、对消息来源和引用者的责任、对国家的责任、对雇主的责任、保持行业的完整的责任、保护行业的地位和统一的责任。麦奎尔则将新闻准则中最常见的原则列为信息的真实性、信息的明晰性、对公共权益的保护、形成舆论的责任、尊重消息来源的完整性等。联合国教科文组织所倡导的新闻行业国际准则,则包括信息权利以及尊重普遍价值和文化多元性的需求,并且强调新闻必须促进人权、和平、国家自由、社会进步与民主。[1]

二、民主参与理论

民主参与理论是在20世纪六七十年代出现的关于地方性与社区性广播电视满足公民需求的一种理论,是一种"草根"媒介观。1967年,美国学者杰罗姆·巴隆(Jerome Barron)在哈佛大学《法学评论》期刊上发表了《接近媒介——一项新的第一修正案》一文,1973年又出版了《媒介接近权——为了谁的出版自由》一书。他认为,美国宪法第一修正案规定的"出版自由"所保护的是作为社会一般成员的受众的权利,而不是传媒企业的私有财产权;在传播媒介越来越集中在少数人手中而广大受众越来越被排斥在大众传播媒介之外

---

[1] 转引自〔英〕丹尼斯·麦奎尔:《麦奎尔大众传播理论(第四版)》,崔保国、李琨译,清华大学出版社2006年版,第141—142页。

的今天,应当让传媒对受众开放,把第一修正案的权利还给它的真正拥有者——读者和视听受众。民主参与理论的主要观点有:

(1) 任何民众个人和弱小群体都有知晓权、传播权、对媒介的接近和使用权以及接受媒介服务的权利;

(2) 媒介应主要为受众而不是媒介组织、职业宣传家或广告赞助人而存在;

(3) 社会各群体、组织、社区都应该拥有自己的媒介;

(4) 与大规模的、单向的、垄断性的巨大媒介相比,小规模的、双向的、参与性的媒介更合乎社会理想。

虽然媒介接近权提出以来尚未形成法律上的明文规定,但至少在三个方面已经产生了普遍的影响。一是"反论权",即社会成员或群体在受到媒体攻击或被歪曲报道时,有权要求媒体刊登或播出反驳意见。对此,美国联邦法院已有支持反论权的判例。二是"意见广告"。目前很多印刷媒介都能够在不同程度上以收费形式接受读者要求刊登的意见广告。三是在有线电视领域,一些国家的地方自治体规定,基于媒介接近权原理,商业有线电视必须开设"开放频道"(open channel),允许一般受众自主参与。在这些频道里,个人或团体可以根据排队原则,按申请时间先后顺序播出自己制作的节目。民主参与理论虽然具有一定的影响力,但基本属于体制外的一种民众诉求。

与民主参与理论相关的是关于公共新闻(public journalism)或公民新闻的讨论。公共新闻的核心论点是:记者有责任增强社会责任感和公民参与民主进程的热情;新闻事业应提高改进或公民的生活质量。因此,公共记者应该从普通公民的视角来报道新闻事件,而不应该为高级政治人物或当地的精英人物代言。新闻业应该为公众提供一个公共论坛。按照美国纽约大学教授杰伊·罗森(Jay Rosen)的观点,公共新闻"将人们视为公民而不是看客……降低人们参与其中的难度,同时向人们传播有关公共生活、本地文化以及政治方面的信息。将讨论和辩论视为民主的艺术,记者应该有明确的兴趣强化这种艺术……学会对新闻进行设计,吸引人们参与公民活动和政治对话。……最后,使训练有素的记者重新获得强烈的公民认同感,使记者能够成为更好的公民,成为为其他公民提供更好服务的记者"①。但是,罗森有关公共新闻的建议却引发了有关新闻客观性和专业记者的职业责任的讨论,还有人批评公共新闻不过是以市场为导向的噱头,其目的在于增加发行量。但无论如何,有关公共新闻的讨论延续了对媒介社会责任的思考。

互联网降低了普通民众接近媒介的门槛,也为民主参与理论和公共新闻开辟了新的空间。公民新闻的概念开始流行。公民新闻是指公民在"新闻和信息的采集、报告、分析和扩散中发挥积极作用"②。相比而言,公共新闻是指专业记者的实践,公民新闻更多带有用户制造内容(UGC)的性质,主要是非专业的新闻爱好者的在线新闻实践,而协同式新闻(collaborative journalism)是指专业记者和非专业记者一起工作。以移动互联网和社会化媒体为代表的新媒体技术的发展,使得公民常常可以比传统媒体记者更快地报告突发新闻,但公民新闻也常常被诟病过于主观、外行、缺乏规制,降低了新闻报道的质量。

三、媒介政策法规

(一) 新闻传播立法

新闻传播活动涉及社会的政治、经济、文化等各领域,因此各国的新闻传播法也多种多样,渗透到宪法、民事、刑事、行政法和经济法等各个法律部门。在大陆法系国家,新闻传播法的主要形式是各种成文的法律文件,而在英美法系国家,习惯、判例等在新闻传播法中有重要地位。

新闻传播活动被认为是公民实现表达权(the right to express)和知情权(the right to know)这两大基本权利的主要方式。公民的言论、出版、新闻以及表达自由等权利都由宪法加以规定,属于宪法权利。最著名的有法国《人权宣言》(1789年)第十一条、美国《宪法修正案》(1791年)第一条。我国《宪法》第二十二条关于新闻出版广播电视事业为人民服务、为社会主义服务的规定,第三十五条关于公民有言论和出版自由的规定,第四十一条关于公民对于任

---

① Jay Rosen, "Questions and Answers about Public Journalism," *Journalism Studies*, Vol. 1, No. 4, 2000, pp. 679-682.

② Shayne Bowman and Chris Willis, "We Media: How Audiences are Shaping the Future of News and Information," The Media Center at the American Press Institute, 2003.

何国家机关和国家工作人员,有提出批评和建议的权利,以及第四十七条关于公民进行科学研究、文艺创作和其他文化活动的自由等规定,都是对新闻传播活动有根本意义的法律规范。

除宪法外,一般法(general law)是新闻传播法十分重要的渊源。在我国,《中华人民共和国刑法》中有20多种罪名与新闻传播活动相关。2021年开始实行的《中华人民共和国民法典》共7编1260条,其中更是有大量与新闻传播活动相关的内容,如关于著作权保护,以及侵犯名誉权和隐私权的相关内容。至于《中华人民共和国刑事诉讼法》《中华人民共和国民事诉讼法》《中华人民共和国行政诉讼法》等,虽然是对诉讼活动的规范,但也对新闻传播活动有相应的规定。《中华人民共和国行政处罚法》和《中华人民共和国行政许可法》直接促成了各种关于传媒管理的行政法规的出台和重大修改。与新闻传播相关的还有涉及重要信息公布的《中华人民共和国统计法》《中华人民共和国测绘法》《中华人民共和国防震减灾法》《中华人民共和国证券法》《中华人民共和国气象法》《中华人民共和国立法法》等,以及关于维护国家安全、保守国家秘密的《中华人民共和国保密法》《中华人民共和国军事设施保护法》《中华人民共和国国家安全法》《中华人民共和国档案法》等。还有一些行政法规,如《突发公共卫生事件应急管理条例》和《中华人民共和国突发事件应对法》等,对突发事件信息发布所作的规定等,也对新闻传播非常重要。

专门法(special law)是指专门为大众传媒制定的法律法规,大致分为两类。一类着重就新闻传播活动的基本原则,包括公民从事新闻传播活动的基本权利作出规定,如瑞典的《新闻出版自由法》(1776年)和法国的《新闻出版自由法》(1881年);另一类着重规范和管理各类媒介活动,如报刊法、广播法、电视法。1997年德国颁布的《信息与通信服务法》则是第一部关于网络媒体的法律。我国的专门法,主要是国务院制定、发布的行政法规,如《音像制品管理条例》《电影管理条例》《出版管理条例》《互联网新闻信息服务管理规定》等。我国最高人民法院对具体应用法律问题所作的司法解释,与法律一样,可以作为判决的依据。例如,最高人民法院1993年《关于审理名誉权案件若干问题的解答》、1998年《关于审理名誉权案件若干问题的解释》,以及于2020

年修正的《关于确定民事侵权精神损害赔偿责任若干问题的解释》,将民法中有关名誉权保护和认定、处理侵权行为的规定具体化,是与新闻传播活动关系最为密切的三个重要的司法解释。刑事案件方面还有1998年最高人民法院《关于审理非法出版物刑事案件具体应用法律若干问题的解释》,明确了与新闻传播关系密切的10种罪名应用的具体解释。我国最高人民法院和最高人民检察院于2004年和2010年分别发布《关于办理利用互联网、移动通讯终端、声讯台制作、复制、出版、贩卖、传播淫秽电子信息刑事案件具体应用法律若干问题的解释(一)》和《关于办理利用互联网、移动通讯终端、声讯台制作、复制、出版、贩卖、传播淫秽电子信息刑事案件具体应用法律若干问题的解释(二)》,明确解释了对互联网传播淫秽内容犯罪的认定和处理办法。

(二) 新闻传播行政管理

行政管理是政府监管部门在维护公共利益的过程中,对国家事务、涉公共事务和政府机关内部事务进行的一系列管理活动。按照我国现行《宪法》第二十二条的规定,新闻广播电视出版发行等事业属于"文化",因此属于《宪法》第八十九条规定的国务院行使的职权范围。国务院的各项管理职能,由国务院所属部委和具有行政管理职能的直属机构依法具体实施。具体到新闻传播领域,则由国家广电总局和国家新闻出版署负责管理。

所谓行政许可,是指行政主体应行政相对方的申请,通过颁发许可证、执照等形式,依法赋予行政相对方从事某种活动的法律资格或实施某种行为的法律权利的行政行为,即通常所说的行政审批。许可制是一种间接管理制,对方一旦获得某种许可,则可依法行使相应的权利,从事有关活动,任何个人或组织不得非法干预。许可对被授予者来说是赋予权利,但对更多未被授予权利者来说,则是一种禁止,是对行使某种权利的限制。"许可的这一普遍禁止的性质,许多国家将此称为管制"[①],许可则是对禁止的解除。在我国曾经出现过行政许可滥用现象,也出现过一些审查通过的影视节目被禁播、一些审查通过的图书被禁止出版等现象,2004年7月起施行的《中华人民共和国行政

---

① 张咏华、黄挽澜、魏永征:《新闻传媒业的他律与自律》,上海外语教育出版社2007年版,第79页。

许可法》标志着我国的行政许可走上了法治化轨道。

许可制历来是中国传媒业的一项基本制度。对出版物即报纸、期刊、图书、音像制品、电子出版物等的行政许可,包括出版许可、印刷许可、发行许可和进口经营许可。对广播电视的许可管理,包括广播电台、电视台的设立许可,广播电视节目制作经营许可,电视剧制作许可,中外合作制作电视剧许可、广播电视无线传输覆盖网管理许可,广播电视节目有线传送业务经营许可等。对电影的许可管理有摄制许可、审查与公映许可、发行经营许可、放映经营许可、中外合作摄制许可等。对互联网的许可管理,则有基础和增值电信业务经营许可、信息服务经营许可、互联网新闻信息服务许可、网络文化经营许可、信息网络传播许可、电子认证服务许可等。从上述说明中可以看出,我国的传媒业许可制是"环节"式的,在传媒活动的各个过程、环节都需要单项的、专门的许可,以"特许"为主,并且许可一律不许转让。违反行政许可规定,则会有相应的行政处罚,包括人身罚、声誉罚、财产罚和行为罚等。

(三) 新闻传播与司法

司法是法律实施的主要方式,带有强制性。在我国,司法的主体是人民法院和人民检察院。法院行使审判权,检察院行使检察权。司法分为刑事司法、民事司法和行政司法,相应的程序也分为刑事诉讼、民事诉讼和行政诉讼三大类。新闻传播活动可能涉及以上三大类,但最受关注的则是公民、法人与大众传媒之间的民事诉讼,即所谓"新闻官司"。新闻传播活动中最多的民事诉讼,表现为因媒体报道内容而引发的关于名誉权、隐私权、肖像权等的人格权案。作为内容产业,新闻传播活动中传播的大量内容也受著作权法保护。著作权既属于人身权,又属于财产权。根据《中华人民共和国著作权法》的规定,著作权包括发表权、署名权、修改权和保护作品完整权四项人身权,以及复制权、发行权、出租权、展览权、表演权、放映权、广播权、信息网络传播权、摄制权、改编权、翻译权、汇编权和获得报酬权等财产权。著作权的主体是指创作出文学、艺术、科学等作品的作者及其受让人、继承人或受遗赠人。传媒机构及其所属成员都可以成为著作权的主体。著作权人维护自身权益的主要手段也是民事诉讼。传媒机构作为独立享有民事权利、承担民事责任的法人,在相关业务活动中如与相关方发生争议或纠纷,在不能协商解决的情况下,也需要通过民事诉讼来解决。但法律诉讼时间长、成本高,对于消除具有特定时效性的新闻传播类案件的侵权影响来说,并非良策。

四、韩国的媒体仲裁制度

由于新闻媒体的传播活动涉及社会生活的各个领域,社会关系错综复杂,因此至今没有一个国家制定过一部规范媒介活动中一切社会关系的法律或法典。各国的新闻实践表明,对新闻传媒的有效管理,不仅要靠法律与行政等他律,而且要靠这一行业的自律。因此,以新闻投诉委员会为代表的新闻自律机构在世界许多国家普遍存在,尤以英国曾经的报业投诉委员会最具代表性。但是,以准司法机构进行媒体侵权纠纷的调解与仲裁,则是韩国的一大创举。据了解,目前世界上只有两个国家设立了媒体仲裁机构,即韩国和印度尼西亚两国。媒体仲裁委员会是韩国仲裁制度的一大创举,它的建立和发展为世界各国日益增多的媒体领域内的纠纷提供了重要借鉴。

小　结

在本章中我们主要讨论了有关媒介的几种管理模式及相应的规范理论。传统的报业的自由模式、广电的特许模式和电信的公共传输模式,在数字化、媒介融合和全球化的趋势下受到挑战,形成互联网的混合式监管。威权主义理论、自由主义理论、社会责任理论及马克思主义新闻观等规范理论,反映了特定时代下人们对媒介社会角色的理解和期待。对媒介的规范管理既包括最核心的法治化管理和不断变化的行政管制等他律行为,也包括传媒行业的道德自律。传媒技术和行业的发展,使传媒对社会生活的影响力不断增强,对媒介的规范与管理也不断提出新的挑战。

◆ **推荐阅读**

1. 〔英〕丹尼斯·麦奎尔:《麦奎尔大众传播理论(第五版)》,崔保国、李琨译,清华大学出版社 2010 年版。

2. 张咏华、黄挽澜、魏永征:《新闻传媒业的他律与自律》,上海外语教育出版社 2007 年版。

 观察与思考

1. 大众传播管理有哪几种主要模式?在网络传播的今天,传统的大众传媒的管制模式遭遇了什么样的挑战?应当遵循什么样的思路?
2. 关于报刊的威权主义理论是在什么社会背景下提出的?它最突出的规范特征是什么?
3. 如何理解社会责任理论与新闻专业主义的关系?
4. 公共服务广播的主要特点是什么?
5. 公共新闻与公民新闻有什么区别与联系?
6. 韩国媒体仲裁制度有哪些重要特点?

第十一章 国际传播与全球传播

本章教学目标：
1. 理解国际传播的概念与媒介发展的关系
2. 理解早期现代化理论与文化帝国主义对国际传播的不同看法
3. 理解全球传播与媒介治理的基本趋势

传播技术的进步和新的经济需求的出现加快了全球化的步伐。在全球化的进程中，媒介既是全球化的推动者，也是全球化的作用对象。一方面，我们是通过媒介了解全球化趋势的。另一方面，全球化趋势也推动了信息的跨国界传输和全球性流动，带动了媒介产业的全球性竞争。

第一节 国际传播的开启

一、环形联盟

关于国际传播的定义，学界有不同看法。美国学者罗伯特·福特纳(Robert Fortner)指出，国际传播的简单定义是超越各国国界的传播，即在各民族、各国家之间进行的传播。人们有时也认为国际传播是跨越了国界和民族的传播，研究国际数据交流的经济学家多持此观点。但是，按照这样的定义，站在国界线上的一个比利时人和一个法国人进行的交谈也变成了国际传播，而实际上，他们的交谈只是不同文化背景下的人际交流。因此福特纳认为，国际传播的起点应该是在欧洲民族国家形成之后,国际传播是以国家作为主体的跨越国界的信息传播活动。他以 1835 年作为国际传播起始的年份,理由是电报的试验成功。①

实际上,电报试验成功于 1837 年,而 1835 年是世界上第一家通讯社——法国哈瓦斯通讯社宣布成立的时间。该社从翻译外国报纸的内容并提供给巴黎的报纸开始,逐渐发展成为国际通讯社。继法国哈瓦斯通讯社之后,德国沃尔夫通讯社(1849)、英国路透社(1851)也相继成立。当时正值法、英、德等国对外殖民扩张时期,三家通讯社都由各自政府提供资助,不仅控制了欧洲的信息市场,而且竞相扩大为本国报纸采集新闻的业务范围,并向外国报纸提供新闻,因此成为最先出现的三大国际性通讯社。

1870 年,三大通讯社签署了一项协议,将世界新闻和销售市场一分为三,确定各自的"活动势力范围"。在其活动势力范围内,各通讯社享有独家搜集和发布新闻的特权,并相互交换新闻。此后,三大通讯社分别与其他的通讯社再签订协议,由此形成了其他 30 多个通讯社的联盟,史称"环形联盟"。美国的纽约联合社一开始仅限于在美国本土活动,但是在 19 世纪后期,也挤进了环形联盟。环形联盟既是一个"企业联合"的组织,又是各国政府用来影响世界言论、满足自身需要的工具。虽然后来出现了新的协议,势力范围也发生了小变化,但环形联盟的垄断格局一直维持到第一次世界大战之前。

伴随国际通讯社成长的,是电报技术的发展。莫尔斯发明的电报,不仅传输快捷,而且保密性好,所以很快为商界所用。电报在为商人们提供机会赚取巨额利润的同时,也为英帝国的势力范围拓展立下了汗马功劳。1837 年电报试验成功后,英国于 1838 年即铺设了第一条商业电报线路。1851 年,连接英法的第一条海底电缆正式开通。从 1851 年到 19 世纪 60 年代,海底电报网络遍及北大西洋、地中海、印度洋和波斯湾地区,随后在各国推广、普及。从 19 世纪 70 年代开始,一个由英国主导的国际电报传播网络开始形成。"历史上第一次,宗主国的首都能够通过一种方式几乎于瞬间与它哪怕相隔最遥远的

---

① 〔美〕罗伯特·福特纳:《国际传播——全球都市的历史、冲突及控制》,刘利群译,华夏出版社 2000 年版,第 10 页。

殖民地取得联系。"①与此同时,铁路也正在各国大规模铺设。火车、电报和轮船加快了国际新闻及金融的流通和人际交往,同时也便利了中央政府对帝国及其殖民地的控制。

关于建立国际传播体系的讨论始于19世纪中叶,因为各国的领袖均意识到技术发展的必然性和巨大潜力,认为全世界的经济会更加紧密地联系为一体,而新闻传播的重要性无论在经济还是政治上都显而易见。1865年,第一个国际公约和第一个与国际传播有关的组织——国际电报联盟(International Telegraph Union, ITU)诞生。1874年世界邮政大会召开,统一了世界邮资标准,并确认尊重通信秘密的原则。1874年,万国邮政联盟在伯尔尼成立。

1876年贝尔发明电话后,于次年成立了贝尔电话公司,并申请了专利经营权,从此美国的电话产量急剧上升。1885年,美国电话电报公司(AT&T)成立。该公司在其后八十年中在美国通信网络中占据垄断地位,但由于专利的限制,电话的覆盖率其实很有限,并且主要在美国。1956年,第一条横跨大西洋的电话电缆铺设成功,电话网络才遍及全球。

1901年,马可尼发明的无线电波首次横跨大西洋发送成功。但马可尼无线电报公司拒绝与其他系统进行技术合作,禁止马可尼体系的仪器和设备接收来自非马可尼体系发送的无线信号。这一做法虽然为公司带来了巨大的垄断收益,但广受诟病。1912年4月14日23时45分,泰坦尼克号在加拿大纽芬兰岛以南的大西洋海域与冰山相撞,右舷船底严重受损,沉没已成定局。早在当日19时,离泰坦尼克号只有几英里距离的加利福尼亚号就通过无线电向泰坦尼克号发出警告,但当时泰坦尼克号的话务员正忙于给船上的富豪们发报,忽略了预警信号。当泰坦尼克号撞上冰山呼救时,加利福尼亚号的话务员却早已关闭了无线电,进入了梦乡。泰坦尼克号上的无线电设备是马可尼公司提供的,因此它发出的呼救信号是马可尼公司1903年起使用的"CQD"国际遇难信号,但是1906年在柏林召开的第一次国际无线电会议将国际遇难信号统一为"SOS",发送"CQD"自然无人回应,后来经助理话务员提醒才改发新的

---

① Daniel R. Headrick, *The Tools of Empire: Technology and European Imperialism in the Nineteenth Century*, Oxford University Press, 1981, p. 129.

求救信号"SOS"。求救信号被远在纽约的业余无线电爱好者萨洛夫接收到,他果断地通过无线电转发了这一消息。经过多方努力,直到黎明,卡帕蒂阿号才赶到了出事地点,但仅救出705人,其余1503人葬身大海。泰坦尼克号悲剧证明了国家间采取非歧视性的传播政策的重要性。此后,"国际无线电条约"规定实行24小时无线电值班;美国无线电法规定,所有船只的无线电必须具有能广播到100海里外的足够电力,而所有的接收站都要对船只的求救信号作出"绝对优先"的反应,"所有的海岸接收站均应向大众开放……让海岸和海上船只彼此交换信息,而无论其使用何种无线电设备"①。

回顾国际传播的历史开端可以看到,从1835年到1914年第一次世界大战爆发,多国政府和商业企业都采用了三种重要的国际传播技术,即电报、电话和无线电。国际传播这个概念,更多的是指以国家为主体,由现代组织化的大众传播媒介体系,如国际通讯社所进行的,具有特定政治、经济和文化目的的跨越国境的传播活动。随着时代的变迁,国际传播的主体、国际传播的媒介体系,乃至国际传播的目标和内容形式等,都发生了很大的变化。

二、战争、广播与宣传

法国学者阿芒·马特拉(Armand Mattelart)认为,在国际传播的历史中,"交织着战争、进步和文化以及它们之间持续不断的相互交错的轨迹","战争和战争的逻辑是国际传播的历史及其学说和理论的主要成分",从1853年的克里米亚战争一直到后冷战时期的诸多战争,均可证明。②

于1842年架设在阿尔及利亚上空的电报线路,为法国成功地占领阿尔及利亚并把它变成殖民地起到了至关重要的作用。在殖民时代,电报通信确保了宗主国保持对其殖民地的直接控制。国际电报公约虽然只有欧洲国家签署,但却具有全球性,因为殖民体系的存在意味着,一旦宗主国表示遵守,其殖

---

① Daniel D. Hoolihan, "The Radio Act of 1912," *IEEE Electromagnetic Compatibility Magazine*, Vol. 5, No. 2, 2016.
② 〔法〕阿芒·马特拉:《世界传播与文化霸权——思想与战略的历史》,陈卫星译,中央编译出版社2001年版,第1—2页。

民地也会全部遵守。

第一次世界大战爆发后,很多传播科技被直接用于战争。电话被用于后方指挥部与前方战壕中各部队的联络,无线电报被用于指挥舰队,以及侦察机与炮兵部队之间的联络。电报更是被广泛用于情报传递、指挥和控制,从而在根本上改变了军事思想及军事计划。英德宣战四小时之后,英国就成功地切断了德国的电缆,破坏了柏林与其殖民地及美国之间的联系,并摧毁了众多德国殖民地的无线电站。英国截获德国电报并策略性地通知了美国,最终促使美军加入了盟军一方。

一战也是第一场利用现代大众传播手段进行宣传(propaganda)的战争。"宣传"一词源于1622年负责教会传教活动的"罗马天主教会宣传信仰圣会",但是在一战中,交战双方都充分利用了各种宣传工具,进行大规模的社会动员、舆论操纵、丑化敌人、激励士气等活动。英国印制了数百万份海报、传单、宣传册、明信片和邮票,还制作了幻灯片,并配以解说,在剧场向群众放映。此外,英国还拍摄电影、出版书籍,向报纸和通讯社提供大量新闻和广告。美国在战争中也成立了宣传机构——公共情报委员会,设置了无线电服务处、外国新闻局和外国影片处等。他们在战争中用气球投递宣传品到敌军战壕,在炮弹内夹带传单,并投炸到敌军部队,还制造假情报,在中立国散播反德国的新闻。1927年,政治学家拉斯韦尔出版了《世界大战中的宣传技巧》,对一战中各参战国的战争宣传进行了系统的分析。他指出,宣传是"通过重要的符号,或者更具体但是不那么准确地说,就是通过故事、谣言、报道、图片以及社会传播的其他形式,来控制意见。宣传关注的是通过直接操纵社会暗示,而不是通过改变环境中或有机体中的其他条件,来控制公众舆论和态度"①。

1917年10月30日苏联播出的列宁宣布苏维埃政权成立的演讲,被视为无线电宣传史上最早的公共广播。② 世界上最早的短波广播是1925年从苏联

---

① 〔美〕哈罗德·拉斯韦尔:《世界大战中的宣传技巧》,张洁、田青译,中国人民大学出版社2003年版,第22页。
② 〔英〕达雅·屠苏:《国际传播——延续与变革》,董关鹏主译,新华出版社2004年版,第35页。

发出的,而大规模的国际广播活动则始于1927年。① 1927年,美国的广播法案明确了商业广播体制,而同年成立的英国广播公司则确立了非营利的公共服务广播模式。同年在华盛顿召开的世界无线电会议上,美国和欧洲对国际无线电频谱的垄断地位被强化,苏联则被排除在外。

1933年,纳粹德国开始了"广播大战",致力于在全世界散布第三帝国的种族主义和反犹思想,其首要目标是在境外生活的德国人。1934年,德国开始用外语对外广播。到1938年,德国国际广播时数增加到5124小时,范围直达南美洲和澳大利亚。墨索里尼统治下的意大利法西斯也于1935年加入了广播大战,在阿拉伯地区设立电台。英国广播公司于1938年也开始提供外语广播,并强调说:"英国广播公司以各种语言播出的新闻都是建立在说真话的基础上的。真实而详细的广播是英国广播公司的威望所在。"②与此形成鲜明对比的是纳粹宣传部部长保罗·戈培尔(Paul Goebbels)所说的"新闻是战争的武器。新闻的目的是帮助战争而不是提供信息"③。但是,德国和英国的广播目的是一致的,都是为了俘获人心、打赢战争,只是选择的方式截然不同。英国的广播可以被称为白色宣传,主要是传递未修饰的真实消息,而德国的广播是黑色宣传,倾向于策略性地使用谎言和断章取义。因此,"广播大战"主要是指各国用外语广播从事宣传。

第二次世界大战期间,除了遍布整个欧洲和亚洲的陆海空战役外,各国都不忘利用国际传播系统开展心理战。各国政府都成立了战时情报与宣传机构,以广播为主体的各种宣传手段都得到充分利用。这种以宣传为中心的国际传播模式持续到冷战期间,成为不同意识形态和国家集团争夺世界霸权的工具。

二战结束后,英国首相丘吉尔于1946年3月5日发表著名的"铁幕演

---

① 〔美〕罗伯特·福特纳:《国际传播——全球都市的历史、冲突及控制》,刘利群译,华夏出版社2000年版,第103页。

② Gerard Mansell, *Let Truth be Told: 50 Years of BBC External Broadcasting*, Weidenfeld and Nicolson, 1982, p. 139.

③ Julian Hale, *Radio Power: Propaganda and International Broadcasting*, Temple University Press, 1975, p. 10.

说",宣布全球未来的发展方向,将取决于西方的自由民主和苏联的共产主义两种意识形态和政治制度的对立与竞争。随后成立的北大西洋公约组织和华沙条约组织这两个分别由美苏领导的军事战略集团,使丘吉尔的政治预言成为现实,国际格局由此从美欧苏反法西斯联盟转变为两大政治、社会、军事集团长期对峙的冷战结构。冷战期间的意识形态宣传,主要发生在以苏联和美国为首的东西方两大阵营之间,并向第三世界发展中国家扩展。战后苏联恢复了共产国际,并开展面向全世界的政治宣传活动。美国则以"美国之音""自由电台"和"自由欧洲电台"为主,利用设在各地的转播站形成全球广播网络,向国际受众宣扬"美国的生活方式"。苏联首先影响的是东欧国家,后来逐渐扩展到部分第三世界发展中国家,而在西方世界几乎没有影响。苏联同时还要想方设法干扰西方的广播。直到1987年,对西方广播的干扰才逐渐停止。

从第一次世界大战开始到1991年冷战结束,在国际传播媒介体系中增加了无线电广播、电视、通信卫星等重要的传播技术,以国家为主体的国际传播主要体现为战争宣传以及冷战后的意识形态宣传,以美国和苏联为主导的两大集团之间的对立也充分反映在国际传播中。但在此期间,国际形势发生了很大变化,突出表现为第三世界国家的兴起,它们对国家发展的需求和对现存国际秩序的不满,突破了冷战时期两大阵营对峙的局限,为国际传播引入了新的视角和话题。

第二节 冷战中的国际传播

一、现代化与发展传播

第二次世界大战结束之后,亚非拉民族解放运动风起云涌,越来越多的前殖民地国家摆脱殖民统治,走向独立。但形式上的国家独立并不意味着新兴国家能够完全摆脱超级大国的主导与干涉,在两大集团冷战对立的格局下,努力在新兴国家的统治精英中间推广自身社会制度和意识形态的优越性,引导他们的国家进入自己的势力范围和发展路径,成为美苏争霸的重要内容。

冷战初期，苏联对于全球范围内的民族解放运动和民族独立诉求给予积极的支持，而美国则囿于和欧洲殖民帝国的传统关系以及对剧烈的社会革命的保守心理，对各地民族解放运动态度不明，应对不力。直到20世纪50年代末现代化理论和发展传播学的出现，才为美国政府在全球"阻击"共产主义的扩张、引导新兴国家进入西方发展模式的外交政策，提供了理念、实证和策略等层面的支持。

现代化理论基于这样几个相互关联的假设：(1)"传统"社会和"现代"社会互不相关，截然对立；(2)经济、政治和社会诸方面的变化是相互结合、相互依存的；(3)发展的趋势是沿着共同的、直线式的道路向建立现代国家的方向演进；(4)发展中社会的进步能够通过与发达社会的交往而显著地加速。① 现代化理论家将社会发展划分成五个阶段，即传统社会阶段、起飞前准备阶段、经济起飞阶段、走向成熟阶段和大众消费高级阶段。根据这种划分，美国已经进入了大众消费高级阶段，西欧国家处于从成熟阶段走向大众消费高级阶段的过渡阶段，而新兴的民族国家则处于从传统社会阶段到经济起飞阶段的不同阶段，要想进入现代化，就需要接受处于先进阶段的国家在启动基金、经济政策、社会管理、政治制度、文化理念等方面的援助，以使自己的国家在各个层面符合现代社会的要求。这样一来，所谓现代化和发展，实际上就成为"西方化"的代名词。通过联合国、世界银行、国际货币基金组织等各类国际机构，以及西方特别是美国政府的各类援助项目，西方就可以在一定程度上规范和影响新兴国家的发展方向和性质。

现代化理论的重要组成部分，是发展与传播的观点。1958年，麻省理工学院教授丹尼尔·勒纳(Daniel Lerner)的《传统社会的消失：中东的现代化》(*The Passing of Traditional Society: Modernizing the Middle East*)一书出版，其中反映了他对中东地区的人们接触媒介特别是广播的观察。他认为，大众媒介是一个"移动加速器"(mobility multiplier)，使个人能够体验遥远地区发生的事情，促使他们重新评价传统的生活方式，并期待一种新的现代生活方式。西方

---

① 〔美〕雷迅马：《作为意识形态的现代化——社会科学与美国对第三世界政策》，牛可译，中央编译出版社2003年版，第6页。

社会提供了"最先进的社会本质(权力、财富、技术、理性)的模式",并且"从西方而来的刺激破坏了传统社会"。① 大众传媒的普及有利于世俗文化和个人主义价值的传播,对中东地区社会的传统元素有解构的作用,为现代化的进程提供了有利的文化环境。

施拉姆也持类似观点。受联合国教科文组织的邀请,他于 1964 年出版了《大众媒介与国家发展:信息对发展中国家的作用》一书。在这部著作中,他提出人的现代化是国家在经济和制度领域现代化的先决条件。制约发展中国家现代化的一个很重要的因素是传统文化,传统文化中的许多价值观念与个人主义、工作伦理、经济理性等资本主义发展所需要的人格特征相悖。因此,"信息的大众传播与教育'新媒体'的任务,就是加速并缓解经济发展所需要的漫长的社会变革,特别是加速和优化国家力量背后的人力资源现代化"②。施拉姆在著作中详细讨论了在发展中国家推广广播等现代媒介的作用、机制和过程。他认为,现代大众传播媒介在传统社会中的普及除了具有克服识字率的障碍、守望环境、便于信息传播和商业活动等功能以外,还有利于增强中央政府的权威,削弱地方传统势力对个体的束缚,促进国家认同,培育积极进取和理性计算等现代心智,树立共同的社会规范和价值观等。

施拉姆的著作问世之际,正值联合国宣布 20 世纪 60 年代为"发展的十年"之时。他关于传媒与国家发展的想法,不仅得到美国领导下的联合国机构的大力支持,而且在很大程度上成为各类国际发展机构,如美国国际开发署、美国新闻署、美国和平旅的实际政策。20 世纪 70 年代,现代化理论将媒体的发展程度视为一种社会整体发展的指标,发展传播学也在很长一段时间内占据传播学领域的主导地位。

然而,在冷战背景下形成的现代化理论和发展传播学,虽然一度成为国际学术界和国际传播中的主导话语,却不断受到理论和实践的挑战甚至批判。现代化理论以西方的现代化为标准,按照进化的逻辑将不同文化进行排序,而

---

① Daniel Lerner, *The Passing of Traditional Society: Modernizing the Middle East*, Free Press, 1958, p. 47.
② Wilbur Schramm, *Mass Media and National Development: The Role of Information in the Developing Countries*, Stanford University Press, 1964, p. 27.

不承认各种文化有其内在的独特性和存在价值。现代化理论假设现代与传统的生活方式是相互排斥的,从传统到现代的转变迫切而不可避免,而大众媒介则是一种外来的社会改造力量,因此要努力通过媒介的现代化来推动社会"进步"。但实际上,在中东,伊斯兰传统依然继续定义伊斯兰世界,并且该定义日益强大,而且还可以运用现代化的传播手段来实现其目标。比如在1979年的伊朗伊斯兰革命中,先进的传真机、录音带与传统的清真寺集会相结合,最终使反西方现代化的伊斯兰传统意识形态取得了胜利。

发展传播学只重视大众媒介的单向传播,将先进思想和技术从政府或国际发展机构流向第三世界社会底层的过程,看作国家发展的灵丹妙药。发展传播学的研究中常常用到国内生产总值(GDP)、出口经济增长等衡量指标,而没有意识到大多数人生活水平的提高其实是依赖财富的平均分配及其公益用途。因此,在发展过程中社会贫富差距的加大,使得人们开始质疑发展主义计划的正确性,并且开始质问发展理论遗漏了什么。

在许多发展中国家,经济与政治权力依然局限于少数精英统治者,西方专家无法直接、深入地与"被开发"国家的民众进行沟通,因此这些国家的统治精英就成为贯彻西方发展理念和发展政策的代理人和重要中介。而与此同时,发展传播学有力地支持了这些政治精英的统治合法性。现代传媒与传统的威权主义相结合,维护政治稳定、提高经济效率并促进文化整合,至于媒体的普及对于文化多元化、公民认同和自主意识以及社会自由等方面的潜在影响,通常不是被忽视就是被视为负面的、需要克服和遏制的反作用。因而,所谓的"发展",在实际运作中通常呈现为资本主义经济的"发展"和社会建设的"负发展"。

还有一些拉美学者认为,现代化进程中最主要的受益者,其实不是第三世界国家,而是西方媒体和传媒公司。它们以现代化和发展的名义,为它们的产品寻找新的消费者。他们认为,现代化进程不仅加剧了发展中国家本已深刻的社会和经济不平等,而且使它们依赖西方传播发展的模式。因此,到20世纪70年代,依附理论和对文化帝国主义的批判开始兴起,并且在国际上兴起了一场建立世界传播新秩序的运动。

二、从依附理论到文化帝国主义

20世纪60年代末至70年代初,依附理论(dependency theory)在拉美地区形成。该理论的出现,既是因为美国不断增加对拉美右翼集权政府的支持,也是因为知识精英中的许多人认识到现代化的发展理论的明显缺陷。依附理论强烈抨击现代化理论,认为拉丁美洲贫困问题的来源并非现代化理论所说的"传统文化""落后的社会制度"以及与世界市场的隔离,也不可能通过外部投资、技术转让以及加强与世界市场的一体化而得到改变。发展中国家的普遍贫困,是因为存在着一个世界经济体系。发达资本主义国家处于世界经济体系的中心,发展中国家则处于世界经济的边缘(外围)。处中心和边缘的国家之间的经济关系是不平等的。前者通过不合理的经济分工和不公正的贸易规则剥削后者,造成后者对前者的依附,从而导致了发展中国家的普遍贫困。依附理论有两个主要的来源。一是以劳尔·普雷维什(Raul Prebisch)、塞尔索·富尔塔多(Celso Furtado)以及阿尼伯·品托(Aníbal Pinto)等为代表的拉美结构主义;二是以保罗·巴兰(Paul Baran)、保罗·斯威齐(Paul Sweezy)、安德鲁·弗兰克(Andrew Frank)和伊曼纽尔·沃勒斯坦(Immanuel Wallerstein)为代表的西方马克思主义。

拉美结构主义依附理论的代表富尔塔多指出,拉丁美洲先后被欧洲的殖民体系和美国霸权卷入世界经济分工,导致拉丁美洲在全球经济分工中处于初级产品加工和原材料供应的环节,其工业布局依附宗主国的经济利益,而没有形成完整的国家工业体系。西方大公司的垄断和政府对统治精英的军事援助,在拉丁美洲形成了威权政治乃至军事独裁、经济寡头、贫富两极分化和种族对立的社会形态,所有这些都成为造成欠发达的因素,并且都与欧洲的工业化和殖民扩张对世界其他地方的经济进行控制和重组有密切的联系。因此,正是欧洲的现代化在全球构建了边缘和中心的不平衡发展但又相互依存的经济与社会结构,并导致了发展中国家的普遍贫困。

西方马克思主义依附论的代表弗兰克和沃勒斯坦等人,在分析拉丁美洲社会状况的基础上,提出了解释全球权力分配模式的世界体系理论,全面批判和反击了现代化理论。世界体系理论强调,不应该以单个的民族国家,而应以资本主义经济链条所涵盖的整个社会系统为单位来分析社会变迁。比如欧洲的经济起飞与其在非洲的奴隶贸易、在美洲的银矿开采和在亚洲的鸦片种植等,形成一个完整的、相互关联的从原材料、劳动力到贸易对象的结构体系。这个结构中的所有社会和人群都被卷入了现代生产条件及其所塑造的生活方式,但不同的地区在该结构中的相对位置和相对权力是不一样的。世界体系的层级结构可以分为中心(core)、半边缘(semi-periphery)和边缘(periphery),而世界体系就是一个让资源从边缘向中心流动的秩序。在资本主义时期,处于最中心的是工业化的地区,它们在国际分工中垄断了利润最丰厚的生产活动,而边缘则包括那些"欠发达"的、被迫提供便宜原材料的贫穷国家。

与依附理论紧密联系的,还有当时正在美国发生的对文化帝国主义的研究。对文化帝国主义进行批判的奠基性著作是赫伯特·席勒(Herbert Schiller)完成于 1969 年的《大众传播与美利坚帝国》(*Mass Communication and the American Empire*)一书。在新马克思主义批判传统的框架下,席勒分析了国际传播产业的全球权力结构,以及它们与跨国商业和主导国家之间的联系。席勒还深刻地论述了以美国为基地的大型跨国集团和经常与西方(主要是美国)军事政治利益相结合的集团,如何在追逐商业利益的同时,破坏第三世界国家的文化独立,并使发展中国家产生对传播和媒体软硬件的依赖。席勒将文化帝国主义定义为"各种进程之和,通过这些进程,社会被带入现代社会体系,社会的统治阶层被吸引、被挤压、被强迫,而且有时候被收买,来将社会机构加以规范,来回应甚至有时宣传这一体系的统治中心的价值观和结构"[1]。按照席勒的观点,第三世界对美国传播技术和投资的依赖,伴随着大范围的、对美国媒介产品特别是电视节目进口的需求,由此导致的是"美国生活方式"以及个人主义、消费文化等对第三世界国家的"电子入侵",以及这些国家的传统文化被破坏。

除了对文本的批判以外,文化帝国主义关注的另外一个问题是媒体技术、

---

[1] Herbert I. Schiller, *Communication and Cultural Domination*, Routledge, 1976, p. 6.

机构以及传播能力在全球的不平衡分配,即"媒介帝国主义"的问题。奥利弗·博伊德-巴雷特(Oliver Boyd-Barrett)在1970年的一篇文章中首先提出了"媒介帝国主义"这一定义。他认为:"在任何国家的媒体中,所有权、结构、分配原则和内容都单独地或共同地受到来自其他国家的媒体利益的实质性的外在压力,有这种制约关系的国家之间的影响不是相互的而是不成比例的。这种制约的过程就是帝国主义。"①

这种以媒体产业数据为依据的分析框架与依附理论的关系更加密切,并且在以联合国教科文组织为平台的关于世界传播新秩序的争论中,成为第三世界国家争取独立的传播权和文化自主权的重要依据。

三、世界信息与传播新秩序

20世纪50年代后期以来,全球范围内的非殖民化运动从分散走向联合。以1955年的万隆会议为标志,新兴国家试图摆脱美苏争霸的冷战架构,拒绝通过与超级大国的结盟来获得发展援助和军事保护,强调独立自主的国家发展原则,并在平等的基础上与其他发展中国家形成联盟。这就是著名的不结盟运动。

1973年,第四次不结盟国家首脑会议在阿尔及尔召开。会议在宣言中称:"现存的传播渠道不仅是罪恶的殖民地时代的遗产,而且阻碍着各国之间自由、直接而迅速的传播与沟通;发展中国家必须共同采取行动,来改变现存的传播渠道。"②一般将《阿尔及尔宣言》视为"世界信息与传播新秩序"之争的开端。

1976年3月,不结盟国家在于突尼斯召开的新闻研讨会上明确提出了建立"国际信息与传播新秩序"的要求。同年8月,在印度举行的不结盟首脑会议发布了《关于信息非殖民化的新德里宣言》。该宣言在世界上产生了广泛

---

① Oliver Boyd-Barrett, "Media Imperialism: Towards an International Framework for the Analysis of Media Systems," in James Curran, et al., eds., *Mass Communication and Society*, Edward Arnold, 1977, p. 117.

② Kaarle Nordenstreng, et al., *New International Information and Communication Orders*, International Organization of Journalists, 1986, p. 275.

反响,成为团结广大发展中国家的重要指南。同年10月,发展中国家向联合国大会和联合国教科文组织提交了旨在建立国际信息与传播新秩序的提案。联合国教科文组织接受了该提案,把"国际"改成"世界",并就此展开工作。

1977年11月,联合国教科文组织成立国际传播问题研究委员会,该委员会由来自16个国家的代表组成,由肖恩·麦克布莱德(Sean MacBride)任主席,史称"麦克布莱德委员会"(MacBride Commission)。其中,来自拉丁美洲研究所的胡安·索马维亚(Juan Somavia)是依附理论的重要代表。该研究所关于跨国媒体经济的研究对"世界信息与传播新秩序"的讨论非常有影响。另一位著名人物是突尼斯的信息部部长穆斯塔法·马斯莫迪(Mustapha Masmoudi),他成为第三世界建立新秩序的代言人。他提出:

① 社会技术的不平等,造成了信息从"中心"向"边缘"的单向流动,这样在"有"和"无"的国家之间形成了鸿沟;

② 信息强国处在一个对信息穷国发号施令的地位,因此产生了结构性依附,造成了穷国普遍的经济、政治和社会的分化;

③ 这种纵向的信息流动(与全球横向信息流动相对)是由西方跨国公司垄断的;

④ 信息被跨国公司看作"商品",并被认为服从市场原则;

⑤ 整个国际信息和传播秩序维持了不平等状况,而且本身是其组成部分,这样就产生了新殖民主义。①

麦克布莱德委员会的建立,主要从四个方面考察国际传播,即国际传播的现状、建立信息的自由平等流动所面临的问题以及如何将这种信息流动与发展中国家的要求连接起来、如何根据国际经济新秩序的要求建立信息传播新秩序,以及如何将媒体用于产生关于世界问题的公众舆论。经过两年的调研和内部争论,麦克布莱德委员会于1980年提交了题为《多种声音,一个世界》的最终报告。随后,联合国教科文组织在于贝尔格莱德召开的第21届大会上正式通过了一项关于建立世界信息与传播新秩序的决议,其主要建议如下:

---

① Mustapha Masmoudi, "The New World Information Order," *Journalism of Communication*, Vol. 29, No. 2, 1979, pp. 172-185.

① 消除目前存在的信息的不平衡和不平等；
② 消除某些垄断集团的消极影响，不论公有还是私有，都不允许过度集中；
③ 取消国内和国外信息自由流动的壁垒，更加平衡和广泛地传递信息和思想；
④ 多渠道传递信息；
⑤ 保障出版和信息自由；
⑥ 在媒体报道中，记者和其他行业的人都有自由权利，而自由与责任不可分；
⑦ 发展中国家要取得自身进步，主要是需要向它们提供装备，训练人员，使它们的传播媒体与自身的需要相符合；
⑧ 发达国家真诚地帮助发展中国家实现上述愿望；
⑨ 尊重每个民族的文化特征，每个国家都有权向世界人民展示其兴趣、灵感和社会文化价值观；
⑩ 尊重每个国家在平等、公正和互利基础上参与国际信息交换活动；
⑪ 尊重每个个人、种族和社会团体知晓信息和积极参与传播过程的权利。①

从上述内容可以看出，"麦克布莱德报告"和联合国教科文组织的"贝尔格莱德决议"在很多方面反映了第三世界发展中国家的立场，意味着发展中国家在"世界信息与传播新秩序"争论中的重大胜利。但是，以美国为首的西方认为，新秩序只是"苏联授意"第三世界国家通过设计国家制度来控制大众传媒的方案，是与西方基本的"信息自由流动"的原则相抵触的。它们像"文化自我管理""媒体帝国主义"和"国家主权高于传播权"等口号一样，都只是第三世界国家的独裁者压制自由、强制审查和支开外国记者的借口。在美国看来，把控制媒体的最高权力不交给市场而交给政府是令人难以容忍的。1981年，"世界自由出版委员会"在法国的塔罗瓦尔进行"自由之声"集会并发表宣言，认为教科文组织的决议将会导致各国政府对新闻出版自由的控制，关于世界信息与传播新秩序的争论本身对报道自由和言论自由的基本原则就是最有

---

① UNESCO, "The New World Information and Communication Order," Resolutions 4/19 in Records of the General Conference Twenty-First Session, Belgrade, 23 September to 28 October, 1980.

害的,西方国家必须坚决抵制。1984年12月,美国以联合国教科文组织充满反西方论调、具有危及新闻自由和自由市场的因素、其活动"过于政治化"为由,退出了联合国教科文组织。英国也随即退出。联合国教科文组织陷入财政困难,不得不做出某种让步,使建立世界信息与传播新秩序运动陷入低谷。而随着20世纪90年代全球传媒市场化趋势的加速,联合国教科文组织也逐渐失去了其作为国际传播问题首席论坛的地位。

第三节 冷战后的国际传播

一、全球商业传媒系统的形成

20世纪90年代初,随着冷战的结束,一个全球性的商业传媒系统开始形成。它的典型特征是各国放松管制,媒介私有化、集中化趋势明显,30至40家大型跨国公司主导全球传媒系统,其中处于全球市场顶峰位置的不到10家媒体公司,且大多数都把基地设在美国。媒体产品的跨国输出增加,诞生于主要商业中心的流行文化走向全球,出现了某种全球文化,当然也存在向文化中心的逆向流动和在一个地区内的横向流动。伴随着文化全球化的,是个人主义、对权威的怀疑、女权主义和少数民族权利等价值观得以跨国传播,但文化的多样性、发展中国家的民族认同等则进一步受到挑战。一方面,跨国媒体对股东负责,尊重市场规律,但可能无视国家边界和政府权威;另一方面,媒体生产的目的是市场而非市民需要,其商业模式倾向于侵蚀公共领域,并创建一种与民主秩序不相容的"娱乐文化",因此值得我们关注和反思。

全球商业传媒系统的形成,始于电信改革。传统上,电信业主要依靠固定网络,建设成本高,但用户越多、覆盖面越广,其单位成本就越低,效益就越好,因此管理上仍被视为自然垄断行业。在20世纪80年代以前,以邮政、电报和固定电话为主的电信业基本属于非营利的公共服务部门,由国家或由接受政府调控的行业垄断。但20世纪80年代以来,随着微波通信技术和数字通信技术的快速发展,新服务方式不断衍生,电信业自然垄断的特征也逐步淡化。在技术发展的新形势下,英美率先打破电信垄断制,推动以鼓励竞争、刺激市场为导向的电信改革。1984年,美国根据《反托拉斯法》,将美国最大的电信公司——美国电话电报公司拆分成22个地方公司,允许更多的私有电信网络参与竞争,由此开始了电信领域解除管制、向自由化和私有化的转变。一年之后,英国撒切尔政府如法炮制,允许51%的英国电信公司(前英国电信部邮电分部)部分私有化。日本也对政府控制的日本电报电话公司采取了同样的措施。美英的政策很快对欧盟的政策产生了影响。1987年6月,欧洲委员会发布了《开发电信服务和设备的共同市场》绿皮书,开始其电信改革。绿皮书明确提出,电信是一种商品或服务,应当自由流动和进入市场,传统的国家垄断电信的形式,已经成为充分开发新技术潜力的严重阻碍。此后,欧盟公布了一系列促进电信市场全面开放的政策和法律性文件。这一系列指令,为促使欧盟各国的电信市场全面相互开放、形成统一的欧盟电信市场打下了基础。到2000年,电信市场已成为欧盟统一大市场最重要的组成部分,电信业成为欧盟支柱产业。目前,始于西方的电信改革已经遍及全球,大多数国家的电信产业都走向放松管制的市场竞争之路。

20世纪90年代,由于录像机、卫星电视、光缆电视、光纤电话等技术使得媒体的全球销售变得简单易行,类似的有线电视新闻网、音乐电视、娱乐体育网等有线节目都已开办,并最终发展成全球媒体。新技术结合私有化和放松管制,不仅刺激着全球媒体的扩张,而且还为媒体公司的合并浪潮奠定了基础。其中著名的案例有新闻集团收购20世纪福克斯公司(1985)、索尼收购哥伦比亚电影公司(1989)、时代公司与华纳传播公司合并成立时代华纳公司(1989)、迪士尼公司收购美国广播公司(1995)、西格拉姆公司分别收购环球工作室(1995)和宝丽金音乐公司(1998)、维亚康姆公司收购派拉蒙影业(1994)后又与哥伦比亚广播公司合并(1999)等。随着传媒产业的集中化,国际范围内的传播内容和营销渠道都由被称为第一集团的十来家纵向一体化的集团公司控制着,它们中的大多数以美国为基地,其中前五名是时代华纳、迪士尼、贝塔斯曼、维亚康姆以及新闻集团,而宝丽金公司、西格拉姆公司、索尼和通用电气、美国电信公司等也属于第一集团。其年销售额在100亿至250亿美元之间,是娱乐节目和媒体软件的主要制作商,而且全部拥有全球分配网。此外还有三四十家第二集团的跨国传媒公司,其年销售额一般在20亿至100亿美元之间,在全球体系中填补地区市场。它们倾向于签订合作协议,与一家或多家第一集团或第二集团的公司创办各种企业。第二集团的跨国传媒公司拥有上千家规模较小的国营或地方公司,为大公司提供服务或填补小的地方市场,其成功与否要部分取决于大公司的取舍。①

通过战略联盟、所有权交叉以及运用其他协同工作方式,传媒巨头实际上已经可以通过各种传媒手段来推广它们的产品。以迪士尼公司为例,它通过在上百个国际传媒市场上进行跨媒体宣传与制定销售战略,来使公司的产品销售渠道最优化。公司出版迪士尼动画丛书,并制作关于这些动画的杂志、录像带、光盘以及在线节目。它还生产最热销的玩具,并在迪士尼主题公园以及零售商店进行推广和宣传。这种销售模式被比喻为车轮:"车轮中心位置相当于内容与创意,而由此发散出的辐条则相当于对已有品牌的多种途径的开发:通过电影公司、电视网络、音乐、出版、周边产品、主题公园和网站进行多重开发。由于这种方式的产生,制作与销售之间的界限开始模糊了,因为在通过各种渠道销售这个品牌的同时,又是在开发它新的价值。"②

这种靠广告支撑的全球商业传媒系统的形成,在极大地提升了媒介产品全球贸易水平的同时,也导致了全球媒体系统高度的发展不平衡。广告商最为青睐的是具有购买力的中产阶级,因此北美和西欧是最为重要的市场,而非洲除了南非外,并不被全球媒体公司重视。在苏联和东欧国家,由于政府对媒体的补贴被取消,广告和入网费就成为商业媒体的主要资金来源,由此导致媒体的进一步分化。捷克的电影厂主要用于拍电影广告,匈牙利93%的电影市场被好莱坞电影所占据。捷克一半以上的报业由德国和瑞士的公司所控制,时代华纳、迪士尼及贝塔斯曼等西方公司则控制着波兰、匈牙利和捷克的电视,这是因为那里出现了它们感兴趣的新兴中产阶级。苏联媒体的私有化,使

---

① 〔美〕爱德华·赫尔曼、罗伯特·麦克切斯尼:《全球媒体——全球资本主义的新传教士》,甄春亮等译,天津人民出版社2001年版,第56页。
② 转引自〔英〕达雅·屠苏:《国际传播——延续与变革》,董关鹏主译,新华出版社2004年版,第158页。

得一位学者将苏联的电视比喻为"一种可供罪犯和专政罪犯利用的工具"。连《纽约时报》也哀叹说,"苏联的新闻是自由的,濒临破产的自由"。相比而言,拉美和亚洲虽然各有问题,但却是全球传媒最感兴趣的地方。特别是亚洲,被认为"现在和将来都会是全球商业媒体市场发展最快的地区"①。

虽然全球商业传媒系统的发展是市场经济全球化的必然组成部分,但学者们依然对其进行了深刻的反思和批判。商业媒体将观众看作消费者而不是公民,既放弃了大众媒体在公共领域的社会责任,又忽视了公民权利。因为,观众只能在市场控制者提供的节目里"自由选择",而市场控制者的节目,既要听从广告商的建议、争取富裕的观众,又要创造一种有利于商品销售的氛围,因而倾向于娱乐和轻松的节目,而不是真正有社会意义的节目。媒体所有权的集中,使垄断集团可以通过交叉销售、规模经济等制约竞争对手,使本土化的媒介产品难以产生。在市场竞争的压力下,有关暴力和性的节目,能凭借其视觉上的强大刺激、制作的低成本以及较少语言和文化上的障碍,而得以在国际媒介产品贸易中广泛传播。其中所包含的西方价值观,也会对非西方的传统文化和社会认同造成很大的冲击,被批评为"美国口音很重的跨国公司文化帝国主义"②。

新技术的不断发展,特别是互联网的诞生,启发了人们的思维。人们有理由期待,全世界的民主力量有可能绕过全球商业媒体,而带来自由沟通的全球化社会。

二、全球化与媒介治理

伴随着全球化的发展,"全球治理"(global governance)的观念正在逐步被人们接受。1994 年,以美国学者詹姆斯·罗西瑙(James Rosenau)为代表的一批世界各地知名人士组成了一个独立团体——全球治理委员会(Commission on Global Governance),他们给"治理"下的定义是:"治理是各种各样的个人、

---

① 〔美〕爱德华·赫尔曼、罗伯特·麦克切斯尼:《全球媒体——全球资本主义的新传教士》,甄春亮等译,天津人民出版社 2001 年版,第 72—76 页。
② 同上书,第 40 页。

团体——公共的或个人的——处理共同事务的总和。这是一个持续的过程，通过这一过程，各种相互冲突和不同的利益可望得到调和，并采取合作行动。"[1]"全球治理"观与传统国际关系理论的最大不同在于，它不仅重视国家之间的合作，更重视国家与非国家行为体之间的合作。它不是提倡成立一个世界政府来一劳永逸地解决全球事务，而是主张多主体（国家与非国家）、多层次（地区与全球）地解决共同问题。

以国际互联网治理活动为例。早期的互联网使用，仅限于少数科学家和专业人士。有关互联网管理的技术和政策等，也一直由使用者所组成的互联网社区制定。但是到了20世纪90年代，随着互联网的发展以及新利益集团（主要是商业部门和政府）的出现，这种技术与政策"二合一"的局面被打破了。围绕互联网的互联互通、商贸、内容、资金、安全等诸多问题，出现了非常多的争议甚至斗争。2003年12月，在日内瓦召开的联合国信息社会世界峰会正式提出：请联合国秘书长成立一个互联网治理工作组，采取开放和具有包容性的方式，通过一种机制，确保发展中国家和发达国家各国政府、私营部门和民间团体，充分和积极地参与有关互联网治理方面的行动。此后，关于互联网治理的话题引起了众多学者、民间团体以及各国政府和互联网企业的高度重视，并获得了广泛宣传。联合国每年召开一次"互联网论坛"（Internet Governance Forum，IGF），在这个论坛上，数千名来自世界各地的专家学者、政府官员、商企代表和各种非政府组织的普通公民代表汇聚起来，就各种与互联网有关的问题进行充分的讨论，以谋求共识，引导决策。在世界各地，不仅有越来越多的公民团体关注有关互联网治理的话题，还成立了诸多专门的互联网论坛组织，开展各种与互联网治理相关的教育、宣传、公民调查、政策议程设置和利益诉求等活动，充分体现了全球化背景下媒介治理的理念与实践。

小　结

本章着重对国际传播的相关概念和历史发展进行了梳理。从1835年至

---

[1]　转引自蔡拓、王南林：《全球治理——适应全球化的新的合作模式》，《南开学报（哲学社会科学版）》2004年第2期，第66页。

今,国际传播的传播主体、媒介系统构成和传播主题都发生了巨大的变化。传播主体由最初的主权国家,发展到国家集团和政府间组织、跨国传媒集团直至全球化社会。媒介系统构成由最初的电报、通讯社拓展到大众广播、电视直至今天的数字化媒体。国际传播的主题也从最初的殖民统治、战争与政治宣传,拓展到国家发展、世界信息与传播新秩序直至全球治理。在把握种种宏大叙事和主流话语的同时,我们应始终秉承的,是对人类文明发展方向的深刻反思和终极关怀。

◆ 推荐阅读

1. 〔英〕达雅·屠苏:《国际传播——延续与变革》,董关鹏主译,新华出版社2004年版。
2. 〔美〕罗伯特·福特纳:《国际传播——全球都市的历史、冲突及控制》,刘利群译,华夏出版社2000年版。
3. 〔美〕爱德华·赫尔曼、罗伯特·麦克切斯尼:《全球媒体——全球资本主义的新传教士》,甄春亮等译,天津人民出版社2001年版。

◆ 观察与思考

1. 从国际传播的历史发展来看,如何理解主权国家在国际传播中的作用?
2. 选择某种曾被广泛使用的媒介,如电报、无线电广播或电影等,分析其技术特征和内容传输特征,并结合一定的社会政治、经济和文化背景,考察其对国际传播的促进或阻碍作用。
3. 从20世纪70年代到80年代,关于"世界信息与传播新秩序"争论的主要内容是什么?你对此有何看法?
4. 关于跨国传媒集团的全球市场竞争的利弊,你有什么看法?
5. 以互联网为代表的新媒体技术给国际传播带来哪些方面的影响?请谈谈你的看法。

第十二章 大众传播的直接效果研究

本章教学目标：

1. 理解"魔弹论"产生的社会背景和理论基础
2. 理解早期宣传研究的不同观点
3. 耶鲁学派关于说服研究的基本特点
4. 理解拉扎斯菲尔德等人对媒介影响的基本观点
5. 理解罗杰斯关于创新扩散论的基本观点和模式

整个大众传播的研究都建立在这样一个假设的基础之上，即媒介对我们的社会生活有着非常显著的影响。我们每天的媒介经历都呈现了无数媒介影响的事实。我们会依据天气预报来增减衣物，因为广告而购买一些商品，根据网上的影评选择观看哪部电影，当然更常做的是浏览新闻。无论是政党选举，还是官员贪腐，无论是经济指数，还是食品安全事件，也无论是凶杀暴力，还是明星绯闻，很少有人能否认，我们是通过媒介来获取重大信息或者形成个人意见的。大量的资金和人力被投入媒体以进行广告营销、公共关系等活动，很多重大的社会活动如国际救援等，也都通过媒介来协调进行。

在早期媒介万能论的基础上，出现了大量的宣传活动及相关研究。从20世纪30年代到50年代，围绕媒介效果，社会科学家开展了一系列实证研究。随着时间的推移以及研究性质的改变、研究方法的发展以及相关证据和理论的提出，一些新的变量被纳入研究的范围。然而这一系列实证研究的最终结论却是：大众传播的效果是有限的，大众传播通常不是媒介效果产生的一个必须或者充分的原因，而是要通过一连串的中介关系来产生效果。这并非说科学发现媒介没有效果或影响力，而是说媒介刺激和受众反应之间并没有直接或一对一的联结关系。媒介是在一个既定的社会关系结构，以及特定的社会文化脉络中运作的。这些社会因素既会影响受众的意见、态度和行为，也会影响受众对媒介的选择、注意力和反应。信息的获取未必伴随态度的变化，而态度的变化也未必造成行为的改变。这一结论对于那些依靠媒体从事宣传及广告活动的人来说是难以置信的。研究难以证明媒介的强大效果，可能是因为媒介效果产生过程的复杂性，也可能是因为研究本身设计和方法的不当。虽然对媒介传播的效果很难准确估计，但人们还是确信，某些特定的媒介效果一直在发生，而关于媒介效果的相关研究也一直在继续。本章主要介绍传播学早期的主要研究，包括早期宣传研究，以及在20世纪四五十年代出现的传播流派。

　　传播学发轫于美国。根据美国学者戴维·韦弗（David Weaver）和理查德·格雷（Richard Gray）1979年发表的研究报告，美国传播学研究大体上可以分为三个历史时期，即19世纪初至20世纪30年代的发展时期、20世纪30年代至50年代的过渡时期和20世纪50年代至今的现代时期。第一时期的研究是启蒙运动的延伸，反映了工业革命后期形成的对知识的渴求和对教育的广泛兴趣。这一时期的学术研究主要是历史学与传记学研究，几乎没有关于媒体效果及媒体社会背景的研究。第二时期是大众传播研究从人文哲学领域转入社会科学领域的转型期，出现了历史诠释学、媒体内容分析以及社会调查、控制实验等大众传播效果研究。第三时期的特点是定量研究增多和研究设计复杂化。大体上，美国大众传播研究是以其研究方法的转变为特征的：从历史方法转为定量方法，从人文方法转为社会科学方法。[①] 早期的大众传播效果研究关注的是媒介讯息对人的行为改变，即所谓直接效果。霍夫兰小组的研究基于刺激—反应模型，以控制实验的方式测量人的态度与行为改变。拉

---

① 〔美〕迈克尔·辛格尔特里：《大众传播研究——现代方法与应用》，刘燕南等译，华夏出版社2000年版，第19页。

扎斯菲尔德的研究则更注重特定社会背景下的人的行为改变,以固定样本调查的方式测量大众媒介的传播过程和影响因素。以埃弗雷特·罗杰斯(Everette Rogers)为代表的创新扩散研究则更注重创新扩散中的个体和群体决策及其影响因素,更多采用田野调查中的访谈法。本章从宣传研究开始,对上述几种经典研究加以介绍。

第一节 宣传研究

"宣传"一词源于1622年的"罗马天主教会宣传信仰圣会"①。宗教宣传要运用各种方式来推广特定的信仰,而现代传媒则为宣传家提供了强有力的工具。

一、魔弹论的流行

20世纪初至30年代末,大众报刊、电影、广播等媒介的迅速发展,使人们对媒介的社会作用和影响力既高度期待又深怀忧虑。这一时期的核心观点是:媒介传播如同"魔弹"(magic bullet),具有不可抗拒的巨大力量,即强调媒介传播的强效果。它们所传递的信息可以引起受传者直接迅速的反应——左右人们的态度和意见,甚至直接支配他们的行动。

"魔弹论"的流行主要与战争宣传有关,特别为纳粹宣传所推动。纳粹德国的电影宣传部门认为,有效宣传的秘密在于:(1)把复杂的问题简单化;(2)一遍又一遍地重复已简化的东西。罗伯特·赫兹斯坦(Robert Herzstein)在其所著的《希特勒赢得的这场战争》(*The War That Hitler Won*)一书中写道,纳粹德国的宣传部部长戈培尔把宣传看成一种实用的技巧,一种获得最终结果的方法。戈培尔声称,"在政治中,权力至高无上,而不是正义的道德主张"。因此宣传的目的是政治成功,让听众从各方面感受到纳粹党的总体思想。② 戈培尔

---

① 许静:《"大跃进"运动中的政治传播》,香港社会科学出版社2004年版,第31页。
② 参见〔美〕斯坦利·巴兰、丹尼斯·戴维斯:《大众传播理论:基础、争鸣与未来(第三版)》,曹书乐译,清华大学出版社2004年版,第75页。

还将纳粹宣传与恐怖统治相结合,声称"要想宣传真正有威力,它的后面必须时时立有一把锋利的刀剑"①。美国理论家则把宣传形象地分为白色、黑色和灰色,区别只在于传播内容的真假,而非宣传行动本身的好坏。宣传精英们都认为,大众缺乏分辨能力,而战争的时代背景使宣传操纵具有了合理性。美国现代公共关系之父伯尼斯还提出了"共识操纵法",认为只有通过掌握传播技巧,政府才会卓有成效地实施复杂的民主。

除战争宣传外,魔弹论还受到心理学的行为主义和弗洛伊德理论的强烈影响。行为主义认为,人类的所有行动都只是对外部环境刺激的反应,意识只能在外部刺激触发了行为之后才使行为合理化。按照行为主义的刺激—反应模式,媒介宣传能使大量的人群接受同样的刺激,从而产生相似的态度和行为反应。弗洛伊德观察到大量的人类非理性行为,为了解释这些行为,他将主导行动的人格分成几个相互冲突的部分,即理性的自我,自私自利、追求快乐的本我,以及受内化的一整套文化规则指导的超我,认为人类的行为是个体的本我、自我和超我相互斗争的产物。理性自我处于充满原始本能的本我和过度约束的超我之间。当自我被本我控制时,就会出现歇斯底里等非理性的情况;而当超我彻底压制住本我时,个体就会转化为非情绪化的、消沉而循规蹈矩的"社会机器人"(social automatons)。弗洛伊德的学说虽然与行为主义不同,但二者都对人类意识或理性持怀疑态度。

行为主义和弗洛伊德理论的结合,为魔弹论提供了一定的理论基础。它们把借助媒介而到达大众的宣传信息看成"魔弹",缺乏理性的自我控制能力的大众极易受到"魔弹"的影响。"魔弹"的刺激会获得大众一致的注意力和相似的反应,并和本我一起触发行动,对此自我和超我无力阻拦,就只能将自己不能控制的行动合理化。魔弹论的倡导者用无数的例子来证明媒介的强大效果,其中最著名的,就是1938年的"火星人袭击地球"广播事件。但以后的研究证明,魔弹论的观点过于简单化了。

---

① 转引自〔美〕沃纳·赛佛林、小詹姆斯·坦卡德:《传播理论——起源、方法与应用(第四版)》,郭镇之等译,华夏出版社2000年版,第124页。

二、拉斯韦尔的宣传理论

拉斯韦尔是著名的宣传分析家,早在1927年就因其博士论文《世界大战中的宣传技巧》一书的出版而闻名。拉斯韦尔认为,宣传尽管重要,但它的适用范围毕竟有限。"它仅仅指通过重要的符号,或者更具体但是不那么准确地说,就是通过故事、谣言、报道、图片以及社会传播的其他形式,来控制意见。宣传关注的是通过直接操纵社会暗示,而不是通过改变环境中或有机体中的其他条件,来控制公众舆论和态度。"[①]说服和宣传都是有意图的传播,以改变受众成员的态度。说服往往被认为是面对面的人际传播,带有互动性质,而宣传则是借助大众媒体并针对目标群体的单向传播。说服策略可以用来构筑大众媒体信息,而宣传策略也可以在人际关系的意义上被使用。简而言之,宣传是大众化的说服工作,广告、公共关系和政治竞选运动都带有宣传性质。

拉斯韦尔认为,宣传并非通过媒介向受众"撒谎"以达到控制受众的目的。传播者需要有一个精心谋划的长期宣传策略,要细致、耐心地引入新观念和新意象并加以培养。宣传要创造出象征符号,并且必须逐渐让受众在这些象征符号与特定的情感之间建立联系。如果这些培养策略获得成功,就会形成拉斯韦尔所说的主导或集体符号(master or collective symbols)。如果主导符号得到明智的使用,就可以与强烈的情感联系在一起,并能够激起有效的大规模群体行动。与魔弹论不同的是,拉斯韦尔的宣传理论认为,社会运动要借助各种媒介成年累月地宣传主导符号才能获得力量。比如在升旗仪式中,基于过去无数次升旗仪式的体验,当国旗伴随着国歌冉冉升起时,我们的爱国情感就会被唤起并得到增强。

拉斯韦尔的宣传理论结合了行为主义和弗洛伊德学说,但反对过于简单化的魔弹论。在他看来,宣传的力量与其说是特定信息的内容或诉求的结果,不如说是普通大众脆弱的心理状态的反映。经济萧条和政治冲突的升级,使得人们极易受到哪怕是形式异常粗糙的宣传的影响。纳粹宣传就是一个例

[①] 〔美〕哈罗德·D.拉斯韦尔:《世界大战中的宣传技巧》,张洁、田青译,中国人民大学出版社2003年版,第22页。

子。减少这种影响的办法在于让社会研究者找到"避免冲突"的良策,这就需要对那些导致政治冲突的政治传播施加控制。由于以政治行为失调、政治参与不理性、政治表达不切题等为表象的"政治精神病理学"的存在,理性的政治辩论已不可能,而公众只能屈从于宣传家的操纵,因此应当用新的宣传科学与纳粹党作战,使媒介宣传的控制权掌握在新的科学技术官员(scientific technocracy)手中,使知识效忠于"正义"而不是"邪恶"。拉斯韦尔"为正义而宣传"的理论成为无数官方机构努力改善和传播"民主"的理论基础,也使无数媒体宣传者心怀庄严的历史使命感,但也有学者严厉批评拉斯韦尔的理论是关于"技巧政治和技巧革命"①的分析,因为按照拉斯韦尔的理论,最有效的技巧莫过于宣传技巧,也就是操纵符号、制造神话,因此占统治地位的精英必须是拥有或掌握宣传技巧的人。

三、李普曼的宣传与舆论观

李普曼是美国著名的政治记者和专栏作家。他长期为美国著名报纸撰写社论,并两次荣获普利策奖。

在第一次世界大战期间,李普曼是美国陆军前线传单的主要作者之一,创造了许多拉斯韦尔所分析的美式宣传。1922年出版的《舆论》一书,是李普曼20多部著作中最有影响的一部。基于在一战中的宣传经历,李普曼发现,当一群人能够阻止公众接触一个新闻事件,并编发有关这个事件的新闻以达到他们的目的时,一种宣传的潜能便已存在。诸如此类受限制的传播通常发生在战争期间,此时的政治宣传家是有关重要事件的新闻的唯一把关者,因此李普曼把宣传确定为在这种情况下传播受到限制的新闻歪曲。

李普曼和拉斯韦尔一样怀疑公众理性。他借柏拉图的"洞穴"理论表达了对大众舆论的怀疑,强调在人和现实之间存在着一个无法回避的"拟态环境"。人们接受从拟态环境中获取的信息,而对信息的反应则直接作用于客观环境。他发现舆论过程中的"刻板印象"是一个关键因素。刻板印象能简化

---

① 参见〔美〕斯坦利·巴兰、丹尼斯·戴维斯:《大众传播理论——基础、争鸣与未来(第3版)》,曹书乐译,清华大学出版社2004年版,第82页。

事实,从而被轻易地向其他个体传递。刻板印象常常为社会群体所共有,但往往不是来自个人经验,而是来自他人的讲述或者媒体报道。

他与拉斯韦尔一样,认为宣传带来了严峻的挑战,因此政治体制需要极大的改变。既然民众易受宣传的影响,那么就需要有一些专门的机制或机构来保护他们免遭影响。他接受了拉斯韦尔的建议,认为解决问题的最好办法在于让那些善意的"技术专家"控制信息的采集和发布。他建议成立一个准政府情报局,可以仔细评估信息再提供给其他精英作决策。这个机构也可以决定哪些信息可以通过大众媒介传播,哪些信息民众最好不要知道。但是,这种精英治国论受到以杜威为代表的诸多思想家的反驳和批判。

四、杜威的媒介教育观

约翰·杜威是美国最著名的哲学家和教育家之一,美国实用主义(pragmatism,又译实践主义)哲学的创始人。他的思想涵盖逻辑学、认识论、心理学、教育学、社会哲学、美术和宗教等领域,出版了三十多部著作,发表了八百余篇文章和论文。1919年5月至1921年7月,杜威到中国讲学,对中国现代思想、文化尤其是教育产生了重大影响。

魔弹论和拉斯韦尔的理论有相同的假设,即媒介像一个外部代理人那样运作,可以被当作工具来操纵唯命是从的广大民众。李普曼也相信大众媒介的宣传力量,怀疑大众的自我管理能力,也不信任媒介从业人员。但是,杜威反对过于简单化的魔弹论,拒绝接受"技术专家"通过科学方法保护人民不受困扰的做法,认为技术专家阶层将不可避免地远离公众利益而成为一个具有个人利益和个人知识的阶层。杜威认为,是团体而不是个人在通过传播(和传播媒介)来使连接、支撑社会的文化得以形成和延续。媒介处于社会的复杂关系网的中心位置,有效的媒介必须要和它们所服务的团体紧密结合。媒体不应该被理解为外部的工具,而应该被理解为实践民主政治的公共论坛的"守卫"和"协助员"。当团体与媒介之间潜在的、有建设性的依存关系被破坏时,公共论坛本身也很可能遭到破坏。杜威主张通过公共教育,传授人们正确的防御方法,让人们学会如何保护自己,即使是初步的公共教育也会使大众学会抵抗宣传的方法。在杜威看来,民主的目标不是有效地管理公众事务,而是追求人的自由。因此,民主并不是为了有效管理而使用的计谋和策略。媒体需要了解公民所需,使新闻回归日常交谈。记者应当以公民的身份为社会提供最好的服务,以证明其正当性。今天的媒介素养运动的本质正是杜威提出的,即教育大众对媒介内容以及如何使用媒介内容进行批判性思考。

五、对现代宣传的批判观点

斯坦利·巴兰和丹尼斯·戴维斯(Dennis Davis)总结了诸多学者对现代宣传的批判。[①] 批判理论家认为,使复杂事件简单化并不断重复,进行偷偷摸摸的、精心组织的传播活动,使用精心设计的狡猾语言阻止深刻的思考等规则在宣传中依然存在,只是更加隐秘、复杂和有效。以广告为例,所有广告都以消费主义和资本主义制度的逻辑和合理性为前提,都不断吹嘘某产品优于其他产品,但却很少有人质疑是否真的需要更多东西,并且关于产品的生产和消费对环境的破坏也不予讨论。

经济学家、媒介分析专家赫尔曼提出,有五个过滤器(filter),可以"达成精英的共识,给出民主认同的表象,并在普通大众心中充分制造混淆、误解和冷漠,以便让精英的规划得以前行"。这五种过滤器分别是:所有制、广告、消息来源、炒作(flack)和媒介对"市场奇迹"的信仰。

批判学者罗伯特·麦克切斯尼(Robert McChesney)则提醒人们注意媒介公司的自私自利,他评论道:"保守主义所认为的'自由'媒介概念有一个基本的错误,即它假定编辑和记者对即将发表的新闻几乎拥有绝对的控制权……在保守主义的'分析'中,企业所有制、利益驱动机制、以广告为生的方式等制度性因素对媒介的内容没有任何影响,认为新闻媒体可以定期推出一个违背媒介所有者和广告商基本利益的节目,并且这样做了还不会受到处罚,这完全是没有任何证据的。"

---

① 以下内容参见:〔美〕斯坦利·巴兰、丹尼斯·戴维斯:《大众传播理论——基础、争鸣与未来(第三版)》,曹书乐译,清华大学出版社2004年版,第85—88页。

第二节　说服与态度转变研究

一、霍夫兰小组的说服与态度转变研究

被誉为传播学四大奠基人之一的霍夫兰,于 1936 年在耶鲁大学获得博士学位后留校任教,30 岁就成为著名的实验心理学家。第二次世界大战期间,霍夫兰受命任美国陆军部首席心理学家和实验研究主任,以控制实验的方法,在新兵中开展态度转变研究。战后,霍夫兰研究小组又在美国军方和洛克菲勒基金会的大力资助下,在耶鲁大学开展了一系列有关个人态度变化的微观层面的相关研究。从 1946 年到 1961 年,耶鲁研究计划就传播和态度改变问题进行了 50 余次实验,产出了大量成果。1953 年出版的《传播与说服》(*Communication and Persuasion*)一书概述了这一系列实验的理论基础和内容框架,将说服理论和实验方法引入传播学,引起了学术界对说服效果研究的关注,也形成了美国传播学经验学派的典型风格。

（一）说服与态度改变

说服就是指"个人(或群体)运用一定的战略战术,通过信息符号的传递,以非暴力手段去影响他人(或群体)的观念、行动,从而达到预期的目的"[①]。对说服的研究可以追溯到古希腊亚里士多德的《修辞学》,中国的经史子集中也有大量关于说客辩士们纵横捭阖的记载,但现代说服学则是在古代说服学和现代社会科学的基础上发展起来的一门新兴学科。

霍夫兰小组关于说服研究的核心概念是态度(attitude),因此也被称为态度研究。心理学家们对态度的定义各有侧重。一是侧重态度的行为倾向。如戈登·奥尔波特(Gordon Allport)和肯尼斯·格根(Kenneth Gergen)等人把态度看作行为反应的准备状态。奥尔波特认为,态度是根据经验组织起来的一种心理和神经中枢的准备状态,它对个人的行为反应具有指导性或动力性的影响。按照这一定义,态度和行为之间具有直接相关性,态度的测量也因此十

[①] 龚文库:《说服学——攻心的学问》,东方出版社 1994 年版,第 2 页。

分有意义。二是侧重认知。米尔顿·罗克奇（Milton Rokeach）把态度看作一种针对特定对象的结构性的、复杂的认知体系，强调其内在的系统化的信念结构。三是侧重情感。阿伦·爱德华兹（Allen Edwards）将态度定义为与某个心理对象有某种程度的正面或负面的情感联系，因此态度测量主要是情感测量，即赞成或反对，喜欢或不喜欢。除以上三种观点外，大多数学者都倾向于认为态度是由认知、情感和行为意向三个部分共同组成的。认知包括个人对某个对象的认识与理解、赞成与反对的叙述内容，例如，"苹果是圆的""这件衣服很漂亮""我反对研究生教育收费"等。情感是个人对某个对象持有的好恶，也就是一种内心体验，比如"我喜欢看古典名著而不喜欢刷短视频""他对她既怜悯又轻视，哀其不幸，怒其不争"等。意向则是行为的准备状态，它不是行动本身，而是行动之前的心理倾向，如"我想申请出国""我要向老师提出一个建议"等。

霍夫兰小组以意见和态度的改变程度来衡量说服的效果。态度与意见是两个既相互区别又紧密联系的概念。意见（opinion）是公开的表达，而态度（attitude）却可能是潜在的。态度是一种广义上的"解释、期待和评价"，而意见则仅仅表示对于某些人或事物的接近或回避的反应，比如某人支持自己所属政党的核心理念，却对其某一具体政策持有批评意见。意见和态度的联系在于，一个人接近或规避某事物的趋向即态度，通常会影响他对一系列相关问题的期待即意见，而一个人的态度也会随着意见的改变而改变。意见是以语言为中介的信念、期望和判断的表达，因此用传播来改变态度的最主要的方法，就是改变这些诉诸语言的意见反应。

态度改变遵循刺激—反应模式的步骤是：先是有一个意见（讯息刺激）发生，然后受众注意并理解了该讯息，接着他们可能会审视原有的意见，并考虑接受新的意见。因此，在态度改变中，有三个变量十分重要，即注意、理解和接受。很多广告说服就遵循这一刺激—反应步骤，即注意某产品广告——理解该广告中的讯息——接受广告讯息并考虑采纳。在说服研究中，霍夫兰开创了讯息学习法（message-learning approach, MLA），并主持进行了一系列旨在解释说服/态度变化的控制实验。

（二）陆军研究

1.《我们为何而战》

第二次世界大战期间，美军以前所未有的规模使用电影或其他大众传播形式进行宣传。这些宣传活动大部分用于训练新兵以鼓舞士气，而霍夫兰小组的任务就是评价这些材料的有效性，其中最主要的一项研究，是对好莱坞著名导演所拍摄的系列影片《我们为何而战》，特别是其中的《不列颠之战》一片的宣传效果进行评价。

霍夫兰小组的研究进行了好几个实验，目的在于测量新兵们在看了上述电影后的态度改变程度，其中主要涉及三方面的内容：一是观众从影片中获得的对特定事实的了解；二是对和"不列颠之战"相关的特定观点的接受；三是对军人角色的接受及作战意志的培养。

研究的过程看似简单，就是将新兵们分成人员构成很相似的实验组和控制组，让实验组看相关的电影而控制组不看。在实验组看电影之前和之后，对两个组都进行匿名的问卷调查，以测试电影是否对实验组新兵态度的形成与改变产生了影响。实验进行了精心的设计，对问卷中的每一个问题都进行仔细的预测试（pretest），以确保它能为被调查者所理解，并且能准确地收集到调查者需要的信息。这种预测试法的采用与否后来成为调查程序是否周密的标志。调查以连为单位进行抽样，以保证实验组和控制组构成的相似性。研究者们围绕电影设计了两套很相似的问卷用于前后两次测量，以"普通的民意调查"为由发给受调查者，并为避免实验对象对实验目的产生怀疑而进行了很多相关的设计。问卷上的问题分为事实性和观点性两大类，表面看来与影片不相关，但实际上测量的是被试掌握的与影片有关的知识及相关见解。总共有2100名新兵参加实验。研究结果显示，影片在传达有关1940年英国空战的事实信息方面非常有效，在改变对实施空战行动的特定看法上也有一些效果，但是在激励战斗意志或渲染同仇敌忾的氛围方面却没有效果。也就是说，电影在实现鼓舞斗志这一最终目标方面是失败的。在对《我们为何而战》系列的另外几部影片的研究中，也发现了同样的结果。同一时期拉扎斯菲尔德的伊里县调查，虽然研究主题和研究方法都不同，但却得出了相似的结论，即单纯依靠大众媒介传播讯息并不能有效地改变态度。

2. 一面之词与两面之词

魔弹论流行期间,阿尔弗雷德·李(Alfred Lee)和伊丽莎白·李(Elizabeth Lee)合编了一本题为《宣传的完美艺术》(*The Fine Art of Propaganda*)的小册子,将当时流行的宣传手法归纳为七种:

① 污名法(name calling),即给某种事物冠以恶名,使人们不检验证据就拒绝并谴责它。

② 美化(glittering generality),即将某事物与美好的字眼联系在一起,使人们不经检验就接受或赞同。

③ 假借法(transfer),即将某种受人尊敬和崇拜的权威或约束力转移到某事物上,使其易被人接受,如"以上帝的名义"或"以正义的名义"等。

④ 证言法(testimonial),即请某些令人尊敬的人来证明某事物的好,或让讨厌的人说出特定事物的坏。

⑤ 平民百姓法(plain folks),即宣传者宣称自己是人民中的一员,以让人相信他的说法。

⑥ 洗牌作弊法(card stacking),即只选择并列举有利于自己的事实、论据和观点,而掩盖任何不利的材料。

⑦ 乐队花车法(band wagon),即宣称"大家都在这么做",促使对方"跳上乐队花车"(jump on the band wagon),接受宣传者的主张。

然而,这些流行的宣传技巧是否真正具有宣传效果?对此,社会科学家们展开了进一步研究。

霍夫兰小组进行的第二项研究,就是针对"洗牌作弊法"进行的关于"一面之词"(one-sided message)与"两面之词"(two-sided message)的讯息效果实验。当时霍夫兰小组面临的一个传播难题是,1945年德国战败但新兵仍在接受训练,虽然很多美国军人都认为战争即将结束,但军方希望军人们了解还有一场打败日本的艰巨任务摆在面前,并且作战部表示,太平洋战争看起来还要持续两年甚至更长的时间,号召所有部队为打持久战做好准备。根据这一指示,霍夫兰小组开始研究用哪种方法能最有效地说服士兵做好长期作战的准备,以提振士气。在当时的新兵训练中,有一个每周一次的"教育时间",即让士兵们看电影、填问卷、参加讨论等,这使得研究者可以进行持续性的调查。

因为没有时间制作电影,所以霍夫兰小组使用广播为媒介。他们为一则广播稿设计了两种表达方式,即"一面之词"和"两面之词",当然核心观点都是战争至少还得持续两年以上。"一面之词"的版本有15分钟长,论据是日本军队的数量和日本民众的决心。"两面之词"的版本基本使用了同样的材料,但在讯息前面加了4分钟的反面意见,然后逐一反驳,既肯定了对唯一敌人作战的好处,又强调了战争实际面对的困难,因此有19分钟长。

研究继续采取"带控制组的前/后测设计",在播放广播稿之前,被试士兵先做了一份初步的测验问卷,估计战争还将持续多久。然后,第一组8个排的士兵听取了"一面之词"的广播消息,第二组8个排的士兵则听取了"两面之词"的广播消息,第三组作为控制组,不听任何消息。一周之后,三个组填写了另一份问卷。问卷表面上不同于第一次问卷的形式及其表明的目的,但却再次要求估计战争还将持续多久。所有问卷都是匿名的,但是通过比对出生日期、受教育程度等基础信息可以比较一个人前后提供的答案。

结果表明,无论"一面之词"还是"两面之词",都使接收者的意见发生了明显改变,但是"一面之词"对最初就赞同该意见的人最有效,而"两面之词"则对最初反对该意见的人最有效。很明显,对意见的最初看法是影响是否接受该讯息的关键因素之一,此外,受教育程度等社会分类也对效果有影响,但对社会关系并没有测量。

基于"一面之词"与"两面之词"的研究,二战后,阿瑟·拉姆斯丹(Arthur Lumsdaine)和贾尼斯在耶鲁大学又进行了关于抵制态度转变的实验。他们沿用以前的"一面之词"和"两面之词"的办法,对"苏联在未来五年不可能生产大量原子弹"这一有争议的观点,进行讯息效果测量。"一面之词"的讯息认为,苏联没有掌握制造原子弹的核心机密,其间谍效率不高,苏联的工业也不够发达。"两面之词"则补充说,苏联在西伯利亚有大量的铀,有顶尖科学家,工业在战后有所发展。研究者在讯息发布几星期前进行了一次意见测试。然后,在分别发布了"一面之词"讯息和"两面之词"讯息的一星期后,各组中一半的人又接受了相反的讯息,结果表明:没有接受反宣传讯息的人,无论是接受"一面之词"还是"两面之词"的讯息,都发生了态度转变;而接受了相反宣传讯息的人中,原先接受"一面之词"的人都不再保持态度转变,而接受"两面之词"的人则保持了态度转变。这表明,接受了"两面之词"的人更能抵制反面宣传。

麦奎尔等人在此基础上发展了"接种"理论(inoculation theory)。他们认为,绝大多数人所持有的绝大多数观点都不曾遭遇挑战。因此,遇到相反的信息时,他们没有防御能力,容易动摇。这就如同健康人需要"免疫"一样。有两种免疫方法:一是正面的,如健康饮食、锻炼、休息等;另一种方法就是"接种疫苗"。

关于一面之词和两面之词的研究,实际关注的是说服式讯息的组织形式,研究包括是否应明示结论、是否应将两方面的证据都提供给说服对象,以及证据提供的优先性等问题。这些研究对后来的研究也具有启发性。

(三) 耶鲁计划

二战结束后,霍夫兰回到耶鲁大学,在洛克菲勒基金的资助下,围绕说服性传播如何改变人们的意见和态度,进行了大量基于实验的基础性研究,即耶鲁计划,并于1953年出版《传播与说服》一书。该计划将传播界定为个体(传播者)传递刺激(通常是语言的)以改变其他个体(受众)行为的过程。这种"刺激—反应"式的定义代表了当时心理学对传播过程的一般看法。

按照拉斯韦尔的5W模式,传播研究的正确途径是:谁(Who)通过什么渠道(In which channel)向谁(To whom)说了什么(Says what)以及产生了什么效果(With what effect)。因此,传播分析的主要范畴包括传播者、传播内容、传播媒介、受众和受众反应效果等。但耶鲁计划并不研究媒介宣传,而更多基于人际传播渠道,通过控制实验的方法,探讨说服过程中的因果关系。

1. 信源的可信性

耶鲁计划中有一项研究是关于信源的可信性(source credibility)问题。研究者假定,传播的有效性很大程度上取决于谁来进行传播,因此特意设计了一个实验。实验中每一个被试都收到一个小册子,其中包括四篇不同主题的文章,谈论的都是当时有争议的话题,并且在每一篇的末尾都标出了信源。虽然文章的内容是一样的,但有一半的被试收到的文章标注的是高可信性信源,而另一半被试收到的文章标注的是低可信性信源(参见表12-1)。在阅读文章之前,被试已经在前测问卷中回答了对四个主题的看法。在阅读文章之后,他们立即又做了一次问卷调查,以表明自己的意见和对文章的看法。

表 12-1 说服性传播的话题与信源①

主题	高可信性信源	低可信性信源
A. 抗组胺剂药物: 抗组胺剂药物是否应继续作为非处方药销售	《新英格兰生物与医学杂志》 (*New England Journal of Biology and Medicine*)	A 杂志 (大众化画刊,月刊)
B. 核潜艇: 目前是否能够建造实用型核潜艇	J. 罗伯特·奥本海默 (J. Robert Oppenheimer)	《真理报》(*Pravda*)
C. 钢材短缺: 目前的钢材短缺是否应怪罪于钢铁工业	国家资源计划委员会新闻简报 (Bulletin of National Resources Planning Board)	A 作者 (反工会的右翼报纸专栏作家)
D. 电影院的未来: 到 1955 年,电影院的数量是否会由于电视的冲击而减少	《财富》杂志 (*Fortune*)	B 作者 (女性,写作电影花边新闻的专栏作家)

资料来源: Carl I. Hovland, Irving L. Janis and Harold H. Kelley, *Communication and Persuasion*, Yale University Press, 1953, p. 28。

调查结果显示,信源可信性差异影响到读者对文章内容的评价,即使传播内容完全相同,低可信性信源的陈述也被认为"不够公正",不够合理。显然,在说服受众支持传播者的观点方面,可信性高的信源比可信性低的信源更容易改变受众的意见。

然而,四周后,研究者再次进行问卷调查,却发现因信源可信性而产生的

---

① 转引自〔美〕希伦·A. 洛厄里、梅尔文·L. 德弗勒:《大众传播效果研究的里程碑(第三版)》,刘海龙等译,中国人民大学出版社 2004 年版,第 156 页。

传播效果消失了。具体表现为,对高可信性信源所述观点的接受程度降低了,而对低可信性信源所述观点的接受程度却上升了。因此,高可信性信源与低可信性信源带来的态度转变几乎相等,但是低可信性信源导致的态度转变更为显著。研究者得出结论,在传播进行时,信源的传播效果最大,而随着时间的推移,这一效果慢慢消失。这一现象被霍夫兰等人称为休眠效应(sleeper effect)。进一步的研究表明,休眠效应之所以产生,是因为经过一段时间后,信源效果和内容效果产生了分离,信源效果消失的速度要比内容效果快得多,因此读者更可能受内容本身的影响而非信源的影响。换句话说,高可信性信源比低可信性信源的即时效果更大,但这种即时影响与受众的注意力和理解力无关,而主要影响受众对意见的接受动机。

后来的研究力图找到评价信源可信性的标准和构成信源可信性的要素。霍夫兰提出,专业权威度和值得信赖度是最重要的标准。小杰克·怀特海德(Jack Whitehead, Jr.)等人则通过根据录音对演讲人进行语义等级评估等办法,发现了四个要素:值得信赖度、专业性或能力、活力以及客观性。

在广告领域,一些高可信度的名人为许多商品作广告。研究表明,当一个名人为超过四种产品作广告后,较之仅为一两种产品作广告,他更易被认为不可信,并且观众对这些商品的态度也变得消极。因此,支持过多东西会降低高可信性信源的有效性。还有一点应当注意的是,同一信源,对不同的人来说是具有不同效果的。比如,在美国总统大选时,竞选团队会发动摇滚歌星去吸引年轻选民投票,而这些歌星对年龄稍大的选民则未必有吸引力。

2. 恐惧诉求

除信源效果外,耶鲁计划也研究传播内容的说服效果。霍夫兰等人探讨了三种主要的讯息刺激形式:一是确凿的论据,它可以使受众相信相关结论的真实性或正确性;二是积极诉求,即强调接受这些结论将得到回报;三是消极诉求,其中就包括恐惧诉求,描述了不接受这些结论将会产生的不良后果。

恐惧诉求在大众传播中常常表现为一种威胁战术,而恐惧诉求的研究设计,则主要调查什么样的刺激内容能够引起恐惧,恐惧诉求如何促进或阻碍了总体的传播效果。研究者假设,任何一种强烈的不安情绪,如恐惧、罪恶感、愤怒等,都具有驱动性,即促使人们采取某种行动。成功的恐惧诉求能够先引发紧张情绪,再通过提供新的意见和解决方案来消除紧张感,从而达到传播效果。

按照行为主义刺激—反应的学习理论,强烈的恐惧诉求会引起更多的注意和理解,从而增强态度转变的效果。但另一方面,研究者也发现,恐惧诉求导致情绪的高度紧张,也可能导致受众自发的抗拒反应或歪曲所接收的讯息的意思。因此,霍夫兰小组的贾尼斯等以牙齿保健为题,设计了以三种不同程度的恐惧诉求为基础的实验。

被试是某高中班的新生。他们被随机分成了4个组,其中3个组接受不同程度的恐惧信息,另一组为控制组,不接受相关的恐惧信息。在接受不同程度的恐惧信息的3个组中,相同的部分是关于牙齿保健法的标准讲座,而信息的不同恐惧程度则主要体现为讲座图解材料的不同。最低程度的恐惧信息采用了X光片和素描来显示蛀牙洞,但是所用的每一张图片表现的都是健康的牙齿;中度恐惧信息采用的是关于轻微损坏的牙齿和轻度口腔疾病的图片;重度恐惧信息,则用幻灯片讲解非常真实、严重的龋齿现象并展示牙龈疾病图片,同时还附加一些人际恐吓,如"这极可能发生在你身上"之类的标语;控制组则听了关于人类眼睛构造与功能的讲座。

在讲座前一周、讲座刚结束以及讲座后一周都进行了问卷测试。研究发现,三种不同程度的恐惧信息都诱发了心理紧张,其程度与恐惧信息强度正相关,即重度恐惧信息造成的紧张感最强,而最低程度的恐惧信息最弱。但令人惊讶的是,在对建议的服从方面,却是最低程度的恐惧信息最有效。概言之,过度的紧张会干扰个人对相关信息的注意、理解和接受,从而降低了整体效果。

但是,这一观点并没有得到后续研究的支持。比如在纽约市的一次健康博览会上,研究者采用不同程度的恐惧诉求方式建议人们拍胸片并劝告人们戒烟。重度恐惧信息是关于切除肺部的一段彩色电影;中度恐惧信息也是同样的彩色影片,但是没有肺部切除的镜头;最低程度的恐惧信息则没有影片。

结果发现,恐惧度越大,受众遵从劝告和建议的动机越强烈。

是什么原因造成两种不同的实验结果呢?对此,罗杰斯提出了一种保护动机理论。他认为,人们在接受恐惧诉求讯息时,会对事件的有害性、事件发生的可能性以及所推荐的应对措施的有效性加以认知性的判断和评价,然后再决定是否以及在多大程度上改变态度和行为。按照保护动机理论,态度转变是由认知评价所引发的保护性动机的功能。

除上述实验外,关于实践中如何最佳地运用恐惧诉求也有很多研讨。比如,研究者发现,在关于使用避孕套以预防艾滋病的广告宣传中,适度的恐惧诉求(如说明性可能是一种危险的行为)比无恐惧诉求的方法(强调避孕套的敏感性,未提及艾滋病)或高恐惧诉求(提及死亡的可能)更有效。

年轻人一般会认为死亡是很遥远的事,因此防艾宣传应从强调死亡转为强调患病的直接后果,如皮肤疱疹和疼痛,以及对个人社会生活的负面影响等。媒介宣传还应该结合问答讲座,在讨论中引出相关信息。

恐惧诉求的目的是改变人们的行为动机,它更像是一种说服技巧的运用。

3. 受众研究

除了传播者和传播内容外,霍夫兰小组也考察了受众的从众心理和个性特征等对传播效果的影响。他们认为,个人的从众心理源于对群体身份(group membership)的认同。一个人越看重自己在群体中的成员资格,就越会努力使自己的态度和意见与组织的公共意见保持一致,因此也更不容易受到与组织规范相违背的传播的影响。为验证这一假设,他们对新英格兰一个大型工业社区中的12队童子军进行了实验。

首先,通过问卷调查测试他们对自己对童子军这一成员资格的重视程度,以及他们对于进行野外登山锻炼的看法,并将这些看法与其他更适合在城市里开展的活动的看法进行比较。一周后,由一名成年人对他们进行演讲,批评野外登山活动,并建议童子军多了解城市活动的好处。最后,将每队童子军都分成两组,每个人再次填写问卷。其中一组被告知其回答是私下进行的且将被保密,而另一组则被告知其回答很可能会被公开,从而被群体中其他成员知道。实验结果表明,当私下表明意见时,最重视自己童子军成员资格的孩子,受那次演讲的影响最小。这就证明,那些对保持成员资格具有强烈动机的人,最能抵抗与现行组织规范相违背的传播。

另一些实验研究则证明,了解智力水平和"动机因素"的差异,有助于准确预测受众的反应方式。一方面,智力水平高者,接触以强大的逻辑论证为基础的传播说服时,更有可能得出正确的推论,因此更容易被说服。另一方面,如果他们接触的传播内容中含有无证据的结论或者错误的、不合逻辑的、不相关的论证,那么他们会比智力水平低的人更不容易被说服。具备基本智力水平的人,其被说服的可能性则更可能受动机因素影响,如占主导地位的人格需求、情绪波动、防御机制、对挫折的承受力以及产生兴奋的阈值等因素。研究者还进行了意见改变实验,发现易被说服者与难被说服者在人格特质上确实存在很大差异。后来的研究更多使用自我效能感这一概念进行解释。研究还表明,传播过程中,受众的主动参与,比如在实验中扮演角色而非仅仅被动地听讲和阅读发言提纲,更能有效地改变意见和态度。

二、卡特赖特的劝服模式

1941年至1945年,心理学家多温·卡特赖特(Dorwin Cartwright)参加了美国义务募捐活动,并作了一次大规模问卷调查,找出了劝募成功的一些条件,以及一个人决定接受劝说之前的心理过程。他的模式详细分析了劝服对象在接收到信息后的心理反应特征,并依此总结出说服对策。

卡特赖特发现,人人都喜欢保持自己的观念和态度,如果某种信息与他们现有的认识不一致,他们就会拒绝接受或歪曲后再加以接受,或在认知结构上加以调整。所以劝服者应尽量避免让劝服对象的认知结构发生不应有的变动。

要想让一个人在经过劝说后去采取某一行动,必须让他看出这个行动能达到他自己的一个目的。因为个人总有自己的行为目的,总希望在采取别人所期望的行动的同时,能实现自己的目的。因此,劝服者如果期望劝服对象采取某种行动,必须使该行动能成为他达到自己目的的途径,并且这种途径符合他本人的认知结构,因为人的行为总是与他的认知结构相一致。一个人越觉得某种行动有助于实现他自己的目标,就越可能采取这种行动,否则就倾向于不采取行动。另外,要是他发现还有更简单、更省事的行动,他也不会采取劝服者期待的行动。因此,归结起来有以下几条劝服原则:

一是劝服者期待的行动必须有助于对方实现自己的目的;

二是这种行为必须基本上符合对方固有的认知结构;

三是行动不能过于复杂。

卡特赖特进一步认为,在对方愿意采取某种行动之后,在某一特定时间内,必须对其行动实行控制。具体做法是:

第一,要对行动作出具体的规范。规范越具体,对行为进行控制的可能性越大。

第二,要对行为的期限作出规定。时间规定得越具体,对行为进行控制的可能性也越大。

第三,要安排一定的动机结构来控制行为,也就是使对方的行为处于某种动机的激发之下,使其感到非行动不可。

总结起来,卡特赖特的说服技巧有以下几条:

一是引起注意。也就是使信息能够到达(reach)目标受众,这是说服的前提。

二是使劝服信息适合于对方。如果信息正好符合对方原有的信念和态度,对方就容易吸收,因此劝服者在发出信息之后要予以适当解释,以使其与对方的原有认知结合起来。

三是使对方认识到劝服信息对其有利无害。如果对方认识到信息对其有用,并且只有好处而没有坏处,就更可能接受建议。

四是促使对方采取行动。对方一旦明白了利弊得失,就可能作出决定,而且一旦发现这种行动十分便捷,可以给自己带来报偿,那么就会迅速采取行动。因此,劝服时不仅要晓以利害,还要使对方在行动中感到方便,愉快,不觉得烦恼,这样才能收到好的效果。

卡特赖特模式注重劝服的方式,并且强调了被劝服人是否作出反应的重要性。他详细研究了被劝服者在接受别人意见之后的心理影响,但却忽视了社会或环境因素对劝服过程的影响,对劝服者本人在劝服过程中的具体作用也没有深入探讨。

三、勒平格的劝服设计

早期关于效果的理论研究取得显著进展之后,如何在实践中充分合理地应用已有的理论成果仍然是一个复杂问题。勒平格为传播领域的实务工作者提出的关于劝服的五种设计,被认为具有普遍参考价值,尤其对公共关系和广告领域有实用意义。在此特作简要介绍。

1. 刺激—反应设计

刺激—反应设计就是在刺激物与人的反应之间建立联系。该设计以学习理论为基础。学习理论认为,人可以通过讯息的重复达到学习的目的。因此,刺激—反应设计的假设是:只要信息与人的态度、动机、欲望和预存立场相吻合,那么其刺激就可能影响人的行为。该设计颇为简单,与宣传技巧中的假借颇为相似,最常用的手法是给文字或图像赋予新的意义。相关做法可以是明示性的,即符号性的,也可以是暗示性的。

符号性含义是指用某些事物,如字词或者图形等来指代另一种事物。商标就是符号性含义的常见体现。比如"沐舒坦",是几个字一起构成一个新的符号。借助广告信息,这一符号就和一种止咳药联系起来。再比如大众汽车的路牌广告上增加了一个北京奥运会的会标,就使人联想到它是奥运会的赞助商。暗示性含义常常使用隐喻的方式。比如王老吉饮料的广告内容经常是许多人在郊外烧烤或吃火锅的场景,暗示王老吉凉茶具有防止上火的某种功效。

刺激—反应设计的特点在于其普遍适用性,一般不太考虑区分不同对象。

2. 引发动机设计

引发动机设计的基本假设是:动机来自需求,满足需求实际上推动着人的每一种行为。因此,设计者首先需要运用各种方法去辨明或引发需求,然后再有针对性地设计劝服信息。由于引发动机的基础是人们的心理需要,因此许多心理学家都把人的心理需求作为研究课题。心理学家马斯洛在《动机与人格》一书中提出的需求层次论,成为引发动机设计的基础。传播信息可以指向人的需求的任何一个层次。如某矿泉水广告,既可以宣传水是人类最基本的生理饮料(第一层次),也可以强调该品牌的安全性(第二层次),还可以强调该品牌的群体归属性(第三层次),或者强调该品牌是来自法国的尊贵名牌(第四层次)等。有些高档手表广告不强调走时准确,经久耐用,而暗示其为爱的象征,或者展示自我的独特魅力的标志等。

3. 认知性设计

认知性设计以人的认知心理为主要依据。这种设计认为,人作为有理性的动物,有将周围的事物合理化的倾向。面对这样的受传者,劝服就应该以事实、信息和逻辑推理为基础,运用一定的事实来说明道理,而不应该过分强调自己的观点或立场。受传者听明白事实中的道理后,就会不知不觉地接受劝服讯息。然而,认知性劝服的讯息不是盲目的和随意的,而是传播者有目的地传播主张与受传者主动追求信息两者的巧妙统一。也就是说,传播者一方面通过向受传者提供新鲜的信息或事实来传播观点、进行劝服;另一方面也利用受传者求得心理平衡、认知一致的愿望,传播特定的信息,改变受传者的态度或促使人们采取一种公开行动。

4. 社会性设计

社会性设计与前面提到的"乐队花车"即号召受众随大流的方法类似,但更多借鉴了社会心理学有关群体规范、群体压力和从众行为的研究成果。这种设计的基本出发点就是,个人的态度很大程度上依赖他所归属的社会群体,而社会群体的赞同可以使个人的态度得到支持,因此可以将个人视作某个群体的成员来进行劝服。大多数人都有从众、避免偏离或越轨的倾向,社会群体的赞同与反对会改变个人的态度。如第二次世界大战期间的美国系列宣传片《我们为何而战》,通过渲染战友情谊,激起一种团结一致、互相鼓励的情绪,就是一种社会性设计。

5. 个性化设计

个性化设计的基本观念是,在试图劝服他人时,考虑对方的个性需求。这一设计突出强调了个性中的自我防御性和价值表现。自我防御性态度的形成基于以下心理：试图通过态度来保护自己，维护自我形象，避免危险处境或抗拒内在矛盾。对于有自我防御性态度的人，劝服往往有更大的难度和更强的敏感性。勒平格提出可以试用以下几种技巧。一是设法减弱信息中的威胁性。比如，有关交通安全的材料往往喜欢呈现恐怖的交通事故现场图片，但图片可能使人感到很不舒服并采取回避态度和行为，因此反而影响了传播效果。二是用幽默的方式来缓和受传者的紧张心理。三是使受传者本人察觉到自己的防御态度及行为，并自行调整。比如，有人担心别人瞧不起自己因此总爱贬低他人，如果让他意识到这一点，也许有助于提升传播效果。四是将对方的自我防御转换成价值观表述，比如"为了您的家庭幸福，请注意交通安全"。

第三节 两级传播和人际影响

魔弹论宣称大众媒体具有强效果，但是后来的传播学学者在研究媒体对于选举行为、消费决策和其他类型的行为的影响时，却没有找到这类强效果的证据，其中最具代表性的学者就是保罗·拉扎斯菲尔德。拉扎斯菲尔德被誉为传播学四大奠基人之一，生于奥地利，1924 年获维也纳大学应用数学博士学位，创办了经济心理学研究中心，后赴美国任哥伦比亚大学社会学系主任，开创了传播学的哥伦比亚学派。

与霍夫兰小组基于刺激—反应模型的实验研究不同，拉扎斯菲尔德更关注社会背景下的个人行为。他特别重视社会调查方法，开创了基于社会调查的媒体效果研究，使之成为美国大众传播研究的主导范式。他开创了资料收集式的调查方法，包括不醒目的测度、焦点访谈、三角测量法以及各种资料分析法，还将民意测验的方法变成调查分析，即分析性地运用样本调查来作出影响个人行为的、有因果关系的推论。他在失业调查、选举与选民心理、市场研究与民意测验等领域开展了一系列应用研究，通过不断改进抽样调查技术和量化分析方法，推进了美国和欧洲社会学经验研究的发展，并提高了其质量。他还创造了以大学为基础的研究机构的原型，并通过这种组织形式，使传播学成为美国研究型大学的重要组成部分,其代表作有《传播研究》《人民的选择》《人际影响》等。

一、伊里县调查:两级传播

伊里县是俄亥俄州一个具有典型意义的美国小县城,据说,该镇自20世纪以来的历次总统选举结果都与全国大选的结果一致。拉扎斯菲尔德等人希望证实大众媒体对选举行为具有直接而强有力的效果,因此在1940年整个竞选活动中,定期对该地一些选民进行固定样本调查(panel survey),以确定大众媒介如何影响了选民的投票行为。

1. 固定样本调查

研究者先从当地4.3万人中选出3000名有代表性的登记选民,再从中抽出4组各600人的登记选民作为固定样本,定期进行访问,以测量其投票决定随时间推移的形成过程。其中一组为中心样本组(main panel),在1940年,5月到11月期间每个月访问一次,共接受7次访问,另3个组作为控制组进行对照,分别在7月、8月和10月进行访问。

研究假定选民的投票决定会在竞选过程中作出,并会受到大众媒体中出现的有关选举问题和候选人的新闻和专题报道的影响,但研究结果却揭示了相反的事实:许多选民在选举开始之前就拿定了主意,仅有8%的人改变了最初的投票意愿,而且其中只有一部分人承认是因为大众媒体的直接影响;那些在竞选活动期间较迟作决定,或者中途改变主意的选民,比其他人更倾向于强调人际影响。

2. 媒介的三种影响模式

经过一系列实证研究之后,1944年拉扎斯菲尔德等人出版了《人民的选择》一书,提出了一系列不同于魔弹论的重要观点。研究发现,人们的投票行为会受到诸如"政治既有倾向指数"(index of political predisposition)、对媒体的"选择性接触"和"意见领袖"等因素的影响。媒介传播的效果是有限的。选民既有的社会特征、他们从媒介的政治宣传中选择和使用的信息,以及最终的投票决定,这三者之间存在大量的互动。这些复杂的关系可以从三个描述媒体宣传影响模式的概念中得到很好的解释,即"激活"(activation)、"强化"(reinforcement)和"改变"(conversion)。

"激活"是指传播会唤醒潜在的政治既有倾向,受既有倾向引导的人,会选择性地接受与既有倾向一致的论据,从而有意识地作出投票决定。这不仅适用于大众传播中正式的宣传,而且适用于家庭成员和朋友进行的人际劝服。激活是一个渐进的过程,包括如下步骤:宣传激发兴趣、兴趣增长带来不断增长的信息接触和注意、不断增长的注意导致选民选择信息以及最后的倾向结晶化(crystallize),并作出决定。

"强化"效果是指竞选宣传必须向那些早已下定决心的选民不断提供论据和证明,使他们保持原来的立场。这被认为是大众传播最主要的效果。虽然强化效果远不如选民倒戈那么富有戏剧性,但由于牵涉到选民中很大一部分人,因此更加重要,否则很可能造成竞选失利。

"改变"是指受传者态度和行为的变化。人们一般认为通过机智的言辞、情感诉求,甚至理性的论据,就会说服个人放弃原先的候选人而投向另一方。然而,实际上这样的概率很小,在伊里县只有8%的人改投另一政党候选人。这是因为,一方面,有一半的人从未动摇最初的决定;另一方面,部分有所动摇的人,经过媒体宣传的"激活"过程后也不会改变。因此,只有对选举不感兴趣或处于很强的交叉压力下的人,才有被改变的可能性,并且决定只是暂时的。随着选举活动的展开,人们对选举的兴趣越来越大,交叉压力问题得到解决,这时只有一小部分人有可能被说服,改变原先暂时的投票决定。

3. 两级传播

总结起来,媒介宣传有三个主要效果,即激活那些存在既有倾向的对一切漠不关心的选民、强化各党派支持者的立场和使少数怀疑者改变。媒介讯息不是直接传向所有个人,人与人之间也不是相互隔绝,而是相互影响的。讯息和观念常常是从广播与报刊流向意见领袖,然后经由意见领袖流向人群中不太活跃的其他部分,这一过程被称为两级传播,参见图12-1。对大众传媒的讯息接收并不等于反应,不接收也不等于无反应,因为受传者的预存立场和人际传播中的次级接收都在发挥作用。面对媒介的宣传,有一类人会积极地接受和传播来自媒介的观点,而另一类人则主要依靠个人接触获得行动指导。因此,拉扎斯菲尔德等人认为,大众传播的劝服效果逊于人际传播。虽然拉扎斯菲尔德等人的研究是偏重美国政治选举的,但他们对大众媒介效果的研究发现却具有一定的普遍性。

对两级传播论的批评主要在于其最初解释的不够充分。比如最初的两级传播模式将传播分为两级,但实际的传播过程可能更多或更少。很多研究表明,大部分新闻报道是由媒介直接传播开来的,其范围远比个人信源更宽广。

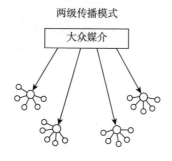

○=意见领袖

♀=社会中的个人与意见领袖联系

图 12-1 两级传播模型

二、迪凯特调查:人际影响

伊里县调查发现了处于两级传播第二级的受众之间的社会联系的重要性。按照两级传播论的假设,信息不是直接从媒体流向大众的,而是先通过媒体到达一些人,然后再从这些人到达其他人。因此,大众传播中的受众,不是大量孤立的个体,而是存在有效的社会联系,他们在对大众传媒的讯息进行解释以及根据讯息作出决定的时候,多少会受到其社会关系的影响。在伊里县调查中提出了"意见领袖"这一重要概念。从1944年开始,调查组在迪凯特地区又进行了一项调查,以研究这种传播中的人际影响。十年之后,《人际影响》一书正式出版。

1. 初级群体的再发现

初级群体的概念是 20 世纪初由库利提出的,用于解释人的社会化过程。但研究其他社会过程的学者却忽视了这一概念,而接受了大众社会理论。大众社会理论假定现代社会生活中人们是相互隔绝的和孤立的,但从 20 世纪 30 年代的霍桑实验,到 40 年代关于社会行为的大型调查结果,都一再证明,紧密的人际联系在现代生活中扮演着重要角色,对社会生活的各个方面都会产生复杂的影响,因此有了对初级群体这一概念的再发现。初级群体在决定人们的社会分层上扮演了很关键的角色,在决定社会满足感的问题上,也成为仅次于家庭的第二重要因素。在对二战期间美国士兵和士气的研究中也发现,人际关系紧密的初级群体,在个人参战动机及战场表现方面都有很好的表现。《人际影响》一书,讨论了小群体在日常生活中在其他方面的功能。当个人不能对周围模糊的情境作出解释,或没有充分或标准的解释框架时,初级群体具有为其成员提供意义的功能。例如在总统选举中,当媒体所提供的事实模棱两可或相互矛盾时,个人有可能去请教初级群体中的成员以寻求解释,最后形成对外部世界的反应。

2. 意见领袖

针对伊里县调查所提出的"意见领袖"这一重要概念,研究者们又在迪凯特地区,围绕市场营销(在购买食物、日用品和小件消费品方面的决定)、流行时尚(在服装、发型、化妆品方面的决定)、公共事件(新闻中的政治和社会问题、市民活动、关于国家和本地事务的立场)以及选择看什么电影等四个方面,以抽样调查的方式展开研究。

研究证明,"意见领袖"并非指正式组织中具有正式的职务和权力的领导者,而是非正式的、不太为人所注意,却可能对他人产生人际影响的一类人。在社会的各个阶层和社会生活的各个领域,都普遍存在意见领袖。一般而言,在市场营销、流行时尚和选择电影方面,个人的影响比正式的媒体效果更明显。意见领袖首先要有较高的威望和良好的品质,有一定的影响力。其次,意见领袖应该是个见多识广的人,较多接触和使用大众媒体,参与高层次的交往活动,在群体之外拥有丰富的社会关系。他们经常从各个信源获得大量信息,因而经常扮演信源和指导者的角色。最后,意见领袖和他的追随者很相似,通常属于同一群体,处于同一水平。意见领袖只能在能展现其特长的领域里充当领袖、指导他人,在他不熟悉的领域内只好充当追随者,因此意见领袖是相对的、可变的。当然,人群中地位相当的人平等交换意见、分享信息的情况也经常存在。

对初级群体和意见领袖等人际影响因素的研究第一次把关注点放在大众传播过程中的社会关系及其作用上,从而打破了之前基于刺激—反应模式,认为大众传播的讯息刺激能够产生简单、迅速和直接效果的定论。在大众传播过程中,个人之间的关系才是最重要的因素,而不是讯息的结构、传播者的特点或受传者的心理结构等,由此开辟了在传媒发出的社会信息流(information flow)和影响流(influence flow)中探索受众的作用这一新的方向。

对意见领袖研究的批评主要在于其界定比较模糊:其中有自封的,也有被他人提名的;有适用于专门话题的,也有适用于一般性活动的。当采用不同的操作方法时,关于意见领袖的问题就变得更加混乱。意见领袖可以是积极主动的,也可以是消极被动的,而两级传播论只采用简单的二分法,要么是积极寻求信息的意见领袖,要么是被动地依赖意见领袖指导的个人,非此即彼。后来的研究还表明,公共事务方面的舆论常常是循环互换的。给予意见者与意见寻求者在对相关媒介内容的接触、对全国性新闻的知晓、职业声望以及合群性等方面并无显著差异。

三、有限效果论

基于多项研究,哥伦比亚小组认为,大众媒介的社会影响远非魔术般不可抗拒,而是非常有限的。他们并非认为媒介无效果,拉扎斯菲尔德和罗伯特·默顿(Robert Merton)指出了大众媒介可以发挥的三种强大的社会影响:一是提高社会声望和地位;二是在一定程度上强化社会规范;三是可以用作社会麻醉剂。他们还提出,在某些条件下媒介可能有重要的效果,如当一种观点垄断了媒介时,当媒介与"疏导性"改变相结合时,不是进行广泛和普遍的变革而是进行一种小的和特定的改变时,或者通过组织面对面的交流来辅助媒介的宣传时。①

约瑟夫·克拉珀(Joseph Klapper)出版的《大众传播效果》②一书提出了关于大众传播效果的"五项普遍定理",极力强调大众传播影响的无力性和效果的有限性,因而被称为"有限效果论"。他认为"大众传播通常不是效果产生的必要和充分的原因,它只不过是众多的中介因素之一,而且只有在各种中间环节的连锁关系中并通过这种关系才能发挥作用"③。他所提到的中介因素,包括个人认知的选择性机制(选择性注意、选择性理解和选择性记忆)。这个机制的存在,说明受众对某些媒介或媒介内容具有回避倾向,这些被回避的媒介和内容显然很难产生效果。中介因素也包括媒介本身的特性。媒介渠道不同,其效果也就不同。中介因素还包括讯息内容的形态。各种语言的和非语言的符号表达,其传递方法和技巧不同,导致的心理反应也就不同。此外,受众的既有观点和立场、他们的人际关系特别是其中意见领袖的作用,都会对大众传播效果的产生发挥重要的制约作用。

克拉珀认为,所有这些中介因素对信息的接收与消化,都起着阻碍、回避、歪曲、过滤和制造的作用。大众传播媒介为了争取受众和广告商,经常回避有争议的问题以避免冒犯大多数人,因此大众传播常常起着维持和强化现状而不是改革创新的作用。

第四节 创新扩散

早在1890年,法国社会学家加布里埃尔·塔尔德(Gabriel Tarde)就提出:"为什么同时出现的100个不同的新事物中——其中有单词、天马行空的思想和生产方法等——只有10个会广为流行,而90个则会被人们忘记呢?"④他由对此问题的思考提出"模仿法则",从心理学的概念出发,将事物的特性与人类的欲求联系起来,想找出人类接受或放弃一个创新的决策过程。但这一想

---

① 〔美〕威尔伯·施拉姆、威廉·波特:《传播学概论(第二版)》影印版,北京大学出版社2007年版,第174—175页。

② Joseph T. Klapper, *The Effects of Mass Communication*, Free Press, 1960, p. 8.

③ Ibid.

④ 〔法〕加布里埃尔·塔尔德:《模仿律》,何道宽译,中国人民大学出版社2008年版,第140页。

法并没有通过时间的检验,他也并没有看到创新的采用与公众通过大众传播了解某一创新之间存在的联系。后来的生物学家、经济学家和社会学家等继续关注社会和文化变迁,发现了创新被社会采纳随时间的推移而增加的累计效果曲线,但却没有回答塔尔德提出的问题。

第二次世界大战之前,美国的农业科技突飞猛进,但农业社会学家却发现,农民们对新技术的采用比较漠然甚至抵触。农业社会学家很快意识到,在创新的采用中,人的问题最为关键。1943年,布瑞斯·瑞安(Bryce Ryan)博士和研究生尼尔·格罗斯(Neal Gross)发表了有关艾奥瓦州杂交玉米种子推广的研究报告,将研究的重点放在个人如何采用技术的整个过程上,对当地500多名种植玉米的农民进行了调查,以了解农民对杂交种子这一创新的接收和采用情况。这项研究成为传播学关于创新扩散(Diffusion of Innovation)的经典研究。

从事创新扩散研究最著名的传播学学者是罗杰斯。他的《创新的扩散》一书自1962年初版后,不断修订再版,系统考察了在农业、人口控制、公共卫生和营养等领域几千项创新扩散的实证研究报告,以早期的创新扩散模型为基础,不断提出新概念,使创新扩散理论日益丰富和完善。

罗杰斯认为,创新扩散是一种特殊类型的传播,其传播的信息是关于一个新观念的。新观念、新技术的扩散看似是一种社会变化,但社会变化的发生既有自发性,也有自觉性。两级传播研究主要关注个人如何接受消息并传递给他人,而创新扩散研究则更关注参与者互相发布并分享信息以促进相互理解的趋同过程,以及创新如何被采纳或拒绝的过程。所谓创新的扩散,是指一项新的事物或观念,"通过一段时间,经由特定的渠道,在某一社会团体的成员中传播的过程"①。因此,创新、时间、传播渠道以及社会系统是影响创新扩散的四大基本要素。

一、创新性

罗杰斯认为,一个事物客观上是否是新的并不重要,重要的是采纳者是否

---

① 〔美〕埃弗雷特·M. 罗杰斯:《创新的扩散》,辛欣译,中央编译出版社2002年版,第5页。

认为它是新的,这决定了采纳者对这一创新的反应。也就是说,构成创新的关键因素是个人感知(perception)。有人可能早已知道一项创新,但既不喜欢也不厌恶,既不接受也不拒绝,毫无感知,那么也就无所谓创新的扩散。一项创新也不仅仅涉及新知识,而是包括创新的知识、创新本身的说服力以及人们采纳它的决定等三个方面。

罗杰斯还对创新的特征进行了分类,因为创新的特征有助于解释不同的扩散速度。

(1)相对优势,即一项创新比起它所取代的旧事物所具有的相对优势。比如,手机相比固定电话的优越之处就在于移动性和功效增强。相对优势除了用经济因素评价外,还可以用社会声望、便利性以及满意度来评价。如果一项创新有大量的客观优点,那么是否具有相对优势并不重要,重要的是目标人群是否认为该项创新有优势。优势越大,被采纳的速度越快。

(2)相容性,即一项创新与现有价值观、潜在接受者过去的经历以及个体需求的符合程度。典型的不相容创新的例子是在一些伊斯兰国家推行避孕方法,这与社会普遍的宗教价值观不相容,导致创新很难被采用。新冠疫情期间,戴口罩这一行动看似简单,却因与西方社会的一些观念不一致而很难在西方国家全面推行。

(3)复杂性,即一项创新被理解或被使用的难易程度。比如在秘鲁的一些村庄,让当地人喝开水而不饮用生水的做法就很难普及,因为当地人很难理解关于细菌致病的原理。比起那些需要采纳者学习的新技术和新知识的创新,简单易懂易操作的创新,扩散速度更快。

(4)可试验性,即一项创新在某些特定条件下能够被试验的可能性。比如在关于艾奥瓦州农民接受杂交玉米种子的研究中,调查者发现,农民们总是要分阶段试验才会逐步接受。一项具有可试验性的创新,对于考虑采纳它的人来说具有更大的说服力,因为人们可以通过动手学会它。

(5)可观察性,即在多大程度上个体可以看到一项创新的结果。结果越可见,则人们越容易采用它。主流媒体上关于新冠疫苗的报道,有助于人们关注这一新发明,但是否主动注射疫苗,则取决于很多其他因素。大多数人都是在看到使用的效果之后,才决定使用的。

以往的研究表明,在解释有关创新被采纳的速度问题时,上述五个创新的特征是最重要的。

二、时间

时间要素是创新扩散过程中的重要变量。瑞安和格罗斯的发现之一是,新技术的采用是一个渐进和试验的过程,农民从听说到真正种植杂交玉米之间,有几年的时间差。这样,创新扩散研究就从对模式(pattern)的关注转向对过程(process)的关注。罗杰斯进一步明确了瑞安和格罗斯的研究,提出创新扩散过程中的时间因素包括三种:一是创新决策过程,也就是个体知道一项创新后,决定采纳还是拒绝该创新所经历的过程;二是个体或单位比其他系统成员采纳创新更早或更晚的程度;三是给定时间内系统中采纳创新的人数,即创新被系统内成员普遍接受的相对速度等。

创新决策过程是一种信息搜寻和信息处理行为,一般可以分为认知、说服、决定、施行和采纳等五个阶段。创新的扩散不同于新闻传播之处在于,它不仅涉及知识性的了解,还包括态度转变、采用的决策和创新的最终施行等,因此存在一条以时间为坐标的创新—扩散曲线,如图12-2所示。

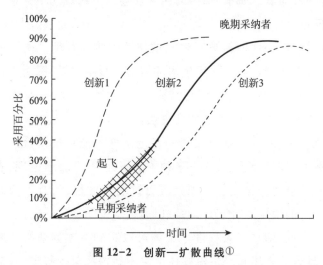

图12-2 创新—扩散曲线①

---

① 〔美〕埃弗雷特·M.罗杰斯:《创新的扩散》,辛欣译,中央编译出版社2002年版,第10页。有改动。

上述创新决策过程的五个阶段主要涉及个体决策,但许多创新决策是由群体而非个体作出的,涉及多个个体和群体结构,因此决策过程要复杂得多,而扩散的过程就是被越来越多的人知晓直至采纳的过程。人们在了解新事物后,率先采用新事物的只是少数。当少数人采用成功并通过人际传播渠道传开后,多数人才纷纷转而采用。

罗杰斯在经验调查的基础上,抽象出五种理想型的创新采纳者,认为他们分别具有以下特点:

① 具有冒险精神的创新者——是新观念的积极搜寻者,热衷于尝试新事物,人际交往面广,影响力大,比其他类型的采纳者更能处理不太有把握的创新。作为最早的采纳者,他们无法从系统中其他成员身上获得对该创新的主观评价。

② 受人尊敬的早期采纳者——地位受人尊敬,通常是社会系统内部最高层次的意见领袖。

③ 深思熟虑的早期大多数——深思熟虑,经常与同事沟通,但很少居于意见领袖的地位。

④ 持怀疑态度的后期大多数——疑虑较多,之所以采纳创新通常是出于经济考虑或者不断增加的社会关系压力。

⑤ 墨守成规的落后者——因循守旧,局限于地方观念,很多人信息闭塞,参考的是以往的经验。

划分采纳者最基本的标准是创新性,即相对于其他成员,较早采纳某种新思想、新方案的程度。基于以往研究,罗杰斯绘制了采纳者分类的钟形图,如图 12-3 所示。

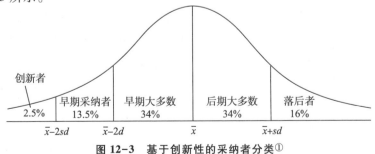

图 12-3　基于创新性的采纳者分类①

---

① 〔美〕埃弗雷特·M. 罗杰斯:《创新的扩散》,辛欣译,中央编译出版社 2002 年版,第 245 页。

创新扩散过程可能产生不同的后果,并非所有创新都会有满意的结果,一项创新对社会系统的影响也可能是在预料之外或者是完全有害的。

三、传播渠道

一项创新如何引起人们的注意呢?这就与传播渠道有关。渠道要素包括信源和信息的载体。信源可以是来自社会系统外部的外在信源,如推销员,也可以是社会系统内部的内在信源,如邻居。信息的载体可以是人际的,也可以是大众传播媒介。各种渠道与信息的传递及影响的发生,在时间和程度上存在复杂的关系。对早期采纳者来说,大众传播媒介和外在渠道比人际渠道和内在渠道更为重要。比如推销员对最先使用新种子的人来说是最活跃的信源,也非常有影响力,但对于较晚使用的人来说,推销员和大众传播媒介则几乎不产生重要影响。

罗杰斯把传播过程区分为两个方面,一是作为信息传递过程的信息流,二是作为效果或影响的产生过程的影响流。信息流可以是一级的,即信息由传播媒介直接"流"向一般受众;而影响流则是多级的,要经过人际传播中许多环节的过滤,并更具有互动性质。大众传播媒介可以迅速抵达广大受众,传播消息。人际渠道可以实现信息的双向交流,补充信息,澄清要点,在解决对信息抵制或冷漠的问题上比大众传播媒介更为有效。大众传播媒介和外在渠道在信息获知阶段相对重要,而人际渠道和内在渠道在劝服阶段更为得力。

两级传播论在考察"意见领袖"的作用时,主要强调意见领袖与其他人在某些特征,如信仰、价值观、教育水平和社会地位方面相似的程度。但是,创新扩散研究发现,信源和接收者之间往往存在高度的异质性,也就是相互之间差异性大于相似性,新观念通常来自迥异于接收者的人物,因此要实现良好的传播就要解决一些特殊的问题等。

四、社会系统特征

创新扩散还受社会系统特征的影响。扩散发生在一个社会系统中。一个社会系统的成员或单位可能是个体,也可能是民间团体、官方组织或子系统。

创新扩散研究的系统分析对象可能是一个村庄的所有农户,一家医院中的所有医生,或者全国的消费者,共同的目标把整个系统凝聚起来。除个人的年龄、收入水平以及技术恐惧症等因素外,最主要的是社会系统结构、群体规范以及社会政治、经济和文化因素等。

英国学者布里恩·温斯顿(Brian Winston)在谈到新媒体的发展时指出,各种发明和革新的普及并不仅仅源于技术上的优势,而是各种需要以及社会的、政治的或经济上的力量相互交织的作用的结果。他着重强调了以下四种力量,认为它们既可以是技术普及的加速器,也可以是技术推广的刹车机制。

① 公司的需要。比如调频广播技术早在1933年就已经成熟,但是当时调幅广播的地位已经稳定,并且为制造商和广播电台创造着高额利润。而且,当时正是世界性的经济萧条时期,公司不想有新的投资来影响现有的高额利润。但是到了20世纪50年代,调频广播的低成本使得面向小范围听众的小电台的运作相当有利可图,因此吸引了投资者和制造商。

② 其他技术的配合。20世纪60年代调频广播的普及,得益于高保真和立体录音技术的不断发展。同样,在互联网普及过程中,个人计算机的发展、用户友好型界面、网络搜索引擎以及连接电话的调制解调器技术等,都发挥了积极的促进作用。

③ 管理和法律行动。在调频广播的推广过程中,美国联邦通信委员会作用巨大。1940年,美国联邦通信委员会为调频广播分配了少量无线电广播频谱,颁发了几家电台的执照。但是,在一些大的广播公司的强烈要求下,1945年美国联邦通信委员会又将原先分配给调频广播的频谱分配给了电视台,并将调频广播的频谱范围挪到了新的位置。这一决定,使得当时50多家调频广播电台和正在使用的50多万台调频广播收音机全部报废。20世纪60年代中期一些关于专利侵权诉讼案的判决,最终清除了严重阻碍调频广播发展的法律障碍。更为重要的是,1967年的公共广播法案,确立了全国公共无线广播电台作为教育和公共事务广播生产中心的地位,并且为新的公共无线广播电台预留了调频广播的空间。

④ 一般社会力量。在调频广播刚刚推出的20世纪30年代,处于经济危机中的美国家庭,很少有对新收音机的消费需求。到20世纪40年代末,消费者的注意力又被吸引到电视上。而调频广播的最终成功要归因于20世纪50年代到60年代后期的摇滚音乐和青少年。由于调幅广播覆盖面广、听众人数众多,广播电台往往倾向于仅仅播出最受欢迎的前40首流行歌曲,并避免播出当时所谓的地下录音节目,如摇滚乐、爵士乐等。而规模较小的调频广播则能够满足小范围目标听众的要求,并为小的录音演播室提供出路,因此在青少年中日益走红。调频广播的走红也推动了新式车载收音机对调频技术的使用和广告客户的吸引。到1969年,半数以上收听无线广播的美国人都调到了调频广播电台。调频广播听众的年龄要比调幅广播听众的年龄平均年轻十岁。[①]

小 结

本章在回顾传播研究传统的基础上,着重介绍了传播学的早期研究。战争宣传和魔弹论展示了媒介传播的强效果。魔弹论受行为主义与弗洛伊德理论的强烈影响,但是拉斯韦尔的宣传研究却认为媒介传播产生强效果的根本原因在于经济萧条和政治冲突导致的大众脆弱心理。拉斯韦尔和李普曼关于通过技术专家控制媒介来宣扬正义和抵制邪恶的观点,被官方普遍接受,但却遭到杜威的反对,后者主张通过公民教育抵制宣传,也有学者更集中于对权力派精英控制媒介及媒介内容的批判。

20世纪40年代,霍夫兰小组的说服和态度转变研究,通过控制实验法对一些传统宣传技巧,如"一面之词"与"两面之词"、信源的可信性、恐惧诉求等进行验证;拉扎斯菲尔德等人则通过社会调查考察了媒介的两级传播和人际影响。两者都发现了媒介传播中的一些中介因素,并因此提出了"有限效果论"。本章还介绍了卡特赖特和勒平格提出的一些劝服技巧和传播设计。罗杰斯的创新扩散研究则将两级传播扩展为多级传播,并突出了其他非媒介因素。

---

① 转引自〔美〕罗杰·菲德勒:《媒介形态变化——认识新媒介》,华夏出版社2000年版,第17页。

◆ 推荐阅读

1. 〔美〕沃纳·赛佛林、小詹姆斯·坦卡德：《传播理论——起源、方法与应用（第四版）》，郭镇之等译，华夏出版社2000年版。
2. 〔美〕斯坦利·巴兰、丹尼斯·戴维斯：《大众传播理论——基础、争鸣与未来（第三版）》，曹书乐译，清华大学出版社2004年版，第4章、第6章。
3. 〔美〕希伦·A.洛厄里、梅尔文·L.德弗勒：《大众传播效果研究的里程碑（第三版）》，刘海龙等译，中国人民大学出版社2004年版，第4章、第6章。

◆ 观察与思考

1. 宣传研究有哪些代表人物和主要观点？
2. 霍夫兰小组的说服与态度转变研究有什么特点？
3. 卡特赖特的劝服模式，包含哪些基本要点？
4. 围绕勒平格的五种劝服设计，分析一下你身边的广告基本诉求及表现。
5. 以两级传播论为代表的有限效果论提出了哪些中介因素？
6. 创新扩散研究关注哪些影响因素？

第十三章 受众研究

本章教学目标：
1. 理解受众定义的历史发展
2. 理解使用与满足研究的发展过程
3. 理解受众研究的三种传统路径

20世纪60年代初，传播研究进入瓶颈期。针对伯纳德·贝雷尔森（Bernard Berelson）的"传播研究看来将要死亡"的观点，伊莱休·卡茨（Elihu Katz）指出，正在死亡的是将大众传播视为劝服的研究。因为受众总是被假定为被动的信息接收者，所以大部分传播研究都致力于回答"媒介对人们做了什么"，也就是大众劝服的问题。如果将问题改成"人们用媒介做了什么"，那么传播研究就可以解救自己，免于死亡。在早期效果研究裹足不前的时候，以使用与满足研究为代表的受众研究，将早期以心理学为基础、注重媒介影响与个体行为改变的传播学研究，转向对受众群体及其媒介使用的研究，从而推动了传播研究的发展。

第一节 对受众的界定

与"受众"一词对应的英文是 audience，其含义源自古希腊罗马时期观看竞技和公共表演的观众，后来则成为对大众传播中信息接收者的统称。将 audience 翻译成"受众"，突显了传统大众传播的单向性和信息接收者的被动性。

互联网技术特别是社会化媒体的发展,解决了传受者之间分离的问题,使信息传播更具有互动性、共享性,以往被动的"大众受众"如今已经成为颇具主动性的新媒体用户(new media user),不仅常常主动搜寻相关信息,而且可以自己生产和传播信息。从字面上看,受众一词显然过时了,但对信息接收者及其媒介使用的研究却日益深入。

一、受众的历史

"受众既是社会环境——这种社会环境导致相同的文化兴趣、理解力和信息需求——的产物,也是特定媒介供应模式的产物。"[1]古希腊或古罗马城邦都有剧院或竞技场,人们非正式地聚集在一起,一边观看现场表演,一边作出即时而直接的反馈。这种情况,在今天许多公共演出的场合,例如大型演唱会、奥运赛场等也普遍存在。与表演一样,观看和收听是有计划、有组织的,事件具有公共性(public)和"大众化"(popular),有专门化的创作者、表演者、运营者,受众只是这一公共事件中的一个元素,事件不仅吸引赞助者,也可能受到审查者的关注,并有可能服务于政治。

随着15世纪印刷书籍在欧洲的产生,出现了一批新的、分散的阅读公众。书籍可以有效实现远距离、延时性的传播以及更私人化的使用。阅读公众可以按自己的愿望购买书籍和阅读,但仍局限于地方范围,受一定社会地位和识字率的限制。从18世纪初开始出现的定期出版的报刊,进一步扩大了读者群,并在广告业的支持下走向大规模产业化,但由于政治和宗教的原因,印刷传媒业也常常成为当局审查和管制的对象。

电影的发明和影院放映方式的出现,创造了第一种真正意义上的大众受众(mass audience)。大规模的人群同时在场接收同一讯息或观看相同的表演,他们不能和其观看的对象之间产生真正的互动,但受众成员之间却能彼此互动,并且在影院之外,人们可以在日常闲谈以及报刊上进行相关讨论,形成特定的公共生活空间。

---

[1] 〔英〕丹尼斯·麦奎尔:《受众分析》,刘燕南、李颖、杨振荣译,中国人民大学出版社2006年版,第2页。

无线电广播的发明将受众历史带入一个新的阶段。广播受众被定义为拥有收音机的人群,而广播的目标是争取听众,并激发他们对这项传播服务的需求,从而卖出更多的收音机。由广播技术开发的新型受众,成为传媒业为扩大市场、追求利润而竞争的主要目标,受众即市场的观念也由此而来。

电视的发展很快超过了广播和电影,其同时性更强、受众规模更大,内容的易腐性也更强,对社会和文化空间的入侵亦无处不在,与此同时,其媒介经验也日益私人化。出门看电影被当作一项社交活动,而被称为"沙发土豆"的电视观众,其视听行为都处于直接观察之外,因此看起来更具有大众的特征——人数众多、匿名、消极被动和容易沉迷。

光缆和卫星传输极大地丰富了视听媒体的数量和内容,新的音像录制和播放设备将视听的时间控制权转交给了受众,甚至电视遥控器的使用都增加了观众的选择权。这些变化总体上削弱了受众经验的同时性和同质性,受众的细分(segmentation)和分化(fragmentation)渐成趋势。卫星电视的跨境传输以及电影电视节目的跨国贸易,使得媒介产业的市场竞争遍及全球,在全世界范围内吸引受众的可能性更大了。

互联网技术的发展使得网络"受众"的规模更加巨大,也更加分散。网络传播的双向性和去中心化,使人的个性通过媒介化的社会传播得以恢复,从而具有更强的传播控制力和创造力,"受众"这一概念中原有的被动接收的含义被摒弃,而成为"数字空间的生活者"。近年来,随着人工智能技术、区块链技术、物联网技术、VR/AR 技术的逐渐成熟,媒介深度融合发展,人们期待着"元宇宙社会"的到来,所谓的媒介受众则成为带有乌托邦色彩的数字生活空间的"生活者"[①]。

二、受众的类型

如果我们把受众主要视为媒介发展的产物,我们会看到新技术常常带来新受众和新的媒介渠道,例如互联网上的博客、播客等。基于媒介技术也会产

---

① 陈刚等:《创意传播管理》,机械工业出版社 2012 年版,第 21 页。

生一些新的媒介内容或种类,例如新的节目形态,如"得道"以及"吐槽大会""奇葩说"等,而新的受众群亦会因此产生。但我们也可以把大众媒介视为一种回应,一种对国家社会、地方社群中既存的社会群体的普遍需求的回应。随着时间的推移,究竟是媒介为既有社会群体提供了内容,还是媒介提供的内容创造了新的社会群体,二者愈发难以分辨。媒介创造的需求与受众"自发的"需求之间的界限也无法辨别,甚至相互融合。即便如此,麦奎尔仍然按照社会需求和传媒需求,以及宏观层面和微观层面,将受众划分为四大类型,这有助于我们更好地理解媒介与受众的关系。如表 13-1 所示。

表 13-1 大众媒介受众的分类

		来源(source)	
		社会(society)	传媒(media)
层面	宏观	1. 社会群体或公众	3. 媒介或渠道的受众
	微观	2. 满足群组	4. 特定媒介内容的受众

1. 作为群体或公众的受众

芝加哥学派的早期代表人物赫伯特·布鲁默把大众与传统的社会形式——尤其是群体(group)、集群(crowd)和公众(public)加以区分。群体成员都生活在一定的社会和地理边界内,彼此相互知晓并长期互动,拥有稳定的价值观和共同的成员身份。集群又可称乌合之众,是临时聚集起来的一些人,可能拥有一致的身份认同和心态(mood),但本质上是不稳定、缺乏理性和容易冲动的。公众则被认为是现代社会的产物,是民主政治的一个元素,能自由参与公共议题的讨论,能理性地提出一些观点、原则、意见和建议,希望为社会变革出力。

在特定的地方或特定领域中,常常存在特定的议题公众(issue public)或意识形态公众(ideological public),他们共同的目标、兴趣和对事物的理解等,会促使媒体生产相应的内容,并形成特定的媒介话语空间或公共领域(public sphere)[①]。

---

① 〔德〕哈贝马斯:《公共领域的结构转型》,曹卫东等译,学林出版社 1999 年版。

2. 作为受众的满足群组

满足群组（gratification set）指基于与媒介相关的兴趣、需求与偏好等多种可能性而形成或重组的受众。用"群组"一词，意味着这类受众是一种典型的由分散的、彼此不相干的个体组成的集合。这种群组基于高度的受众细分。每一种媒介都在采取各种方式对潜在的受众诉求进行整合，媒介为满足特定消费者的需求而有针对性地制作和传播节目，从而催生了满足群组。与之相关的一个概念叫"品位文化"（taste culture）。赫伯特·甘斯（Herbert Gans）将品位文化定义为"被同一类人选择的相似内容的总和"[①]。品位文化不是一群人，而是一组相似的媒介产品———一种表现形态和表达风格的产物，一种意欲与各种细分受众的生活方式相匹配的类型。这种情况越多，便越有可能清晰地勾画出品位文化的社会人口统计学轮廓。特别是在互联网传播中，通过打标签提供用户画像，从而利用推荐算法实现精准传播日益普遍。

满足群组的实际受众构成，总是处在变动中。但受众所表达的选择媒介内容的动机等，却具有相当的稳定性和一致性，因此有助于按照某种社会或文化指标对潜在受众进行分类，从而为开发新的媒介服务和适应市场竞争提供指南。

3. 由媒介或渠道界定的受众

由媒介或渠道界定的受众是指根据所选择的媒介类别来界定受众，如阅读公众、电影观众、电视观众以及游戏用户等。有迹象表明，鉴于各种媒介不同的社会功能和用途，以及人们已知的各种优缺点，受众在各媒介间不断分化。媒介有特定的形象，出于不同的目的，有些媒介可以相互替代，另一些则有特定的用途。比如电影观众一般是指去电影院看电影的人，他们除了对电影的类型有所了解之外，还具有年轻、爱交际、依赖电影工业提供的内容等特征。相比于过去，今天的电影观众则可能各自分散在家中，有家庭录像机和电视做后盾，可以在各种库存老片和新片中做选择。

[①] 转引自〔英〕丹尼斯·麦奎尔：《受众分析》，刘燕南、李颖、杨振荣译，中国人民大学出版社 2006 年版，第 43 页。

对于打算利用某种媒介开展广告和其他宣传活动的人,某一媒介的"媒介受众"尽管不具有排他性,但仍是十分重要的概念。在进行关键的广告投放时,常常要考虑媒介组合(media-mix),兼顾每一种媒介的特性、其受众到达率以及受众的接收条件等,并考虑如何在不同媒介中分配广告预算。除受众群的规模和人口统计特征外,还有一些因素需要考虑,比如内容适合在何种环境呈现、属于何种类型的信息等。

4. 由特定媒介内容界定的受众

由特定媒介内容界定的受众这一概念符合市场观念。受众被视为特定媒介产品的消费者,既包括付费的消费者,也包括被以每一媒介产品为单位,转售给广告商的人头数和钱数,比如订户数或视听率。虽然媒介内容是否会被受众选择,以及受众对这些内容的喜好程度存在很大变数,比如同样都是宫斗剧,有些会引发追捧,有些则遭到冷遇,但这一概念的优点是可量化,从而可以运用数学方法加以研究。

在任何一个基于媒介内容而形成的实际受众群中,都有可能产生一些迷群。各种各样的追星族、粉丝群,只有经过一段时间的积累,数量才会显著。他们的总体特点是,经常或者过多地关注那些吸引他们的事物,而且常常表现出对迷群中其他成员的强烈感知和认同。有些迷群还会有一些附加的行为模式,如各种粉丝团的集体行动,以及在衣着、言谈、对其他媒介的使用和消费等方面的共性。

关于"迷"文化,批判学派认为这是传媒进行操纵和剥削的明证,是传媒加强受众与媒介产品和演员之间的联系,强化自我宣传,以便从产品销售和其他媒介副产品中获取超额利润的明证。但另一种观点认为,"迷"文化反映的不是媒介操纵,而是受众的生产力。迷群从媒介所提供的内容中能动地创造出新的意义,通过建立文化识别系统、进行风格展示、强化社会身份认同、建立组织,从媒介的操纵和控制下解放出来。

三、传—受关系的多种模式

除以上分类外,还有一种基于三种不同的传播关系模式的分类。

1. 作为目标的受众

在传送模式(transmission model)中,传播过程被认为是一种持续进行的信息传递过程,其目的是影响或控制受众。信息接收者也就是受众,被视为有意图地传递意义的目的地和目标。这一模式既可用于广告促销活动,也可用于健康教育和多种公共信息活动。它也出现在受众的所谓工具使用行为中,比如受众根据个人的需要和兴趣,主动地搜寻媒介讯息,并主动成为讯息的接收者。

2. 作为参与者的受众

在詹姆斯·凯瑞(James Carey)提出的传播的仪式性(ritual)或表现(expressive)模式中,传播被定义为共享和参与,是在信息的发出者和接收者之间不断增加共性,而不是按照发出者的目的来改变接收者。在凯瑞看来,这种"传播不是为了在空间上扩散信息(跨距离),而是为了在时间上保持社会稳定;不是一种告知信息的活动,而是共同信念的表达"[1]。因此,传播不是工具性或功利性的,而受众的态度也可能是游戏的、个人的或道德的。本质上来说,每一位受众成员都是参与者。

3. 作为观看者的受众

这一模式不是设法传递信息或信念,而只想抓住观众的注意力。这种注意力,用视听率、订阅费、票房收入和广告费等标准来衡量,更像是对纯粹公众曝光度,而非对传播效果或观众欣赏度(appreciation)的测量。对于大众传播的传播者来说,收视率提供了最为清晰和最有商业价值的反馈和报偿形式,但受众看客式(spectatorship)的关注只是暂时的,并非全身心的投入。这意味着既没有意义的传递与分享,也没有在传播者和接收者之间加强联系,因此是非人格化的。受众的媒介使用,仅仅是一种打发时间或休闲娱乐的方式,或者仅仅是享受个人自由。

---

[1] 转引自〔英〕丹尼斯·麦奎尔:《受众分析》,刘燕南、李颖、杨振荣译,中国人民大学出版社2006年版,第54页。

以上对受众分类的讨论,主要与大众传播相关联。大众传播是一种"中心—边缘"式传播,信息的发送者和接收者是分离的,传媒内容的生产、发行和消费也是分离的。但随着新媒体的发展,传播关系和受众类型也有所发展。最典型的传受关系是大众传媒面对规模巨大的受众进行单向传播,受众更多地接受媒介训示(allocution),反馈的可能性受到很大限制。随着网络媒体的发展,出现了咨询型(consultation)受众,其最典型的特征,就是在海量媒介讯息中进行积极的搜索。这种模式使传统的受众不再归属于媒介,而成为个性化的媒介内容消费者。社会化媒体的发展催生了对话型(conversation)受众,传受之间的角色不再泾渭分明,更多的及时反馈增强了传播中的互动、交流,推动了关系发展和网络社区的形成。第四种则是注册型(registration)受众。注册模式意味着个人受众及私人交流信息可能成为公共数据,这使得数据隐私权保护成为值得关注的重要问题。

第二节 使用与满足研究

20世纪30年代后期,美国已经成为一个"媒体社会",有近两千家日报,几十家发行量惊人的全国性杂志,几千种定期出版物,还有庞大的电影业和由全国几百家电台联网形成的广播体系,出现了大批专业媒体从业者和热心观众。随着经济萧条的结束,大部分美国人都通过看书看报、听广播和去电影院来消磨时间,但对于这些受众的调查还十分有限。

一、早期研究

1. 赫卓格的广播研究

1937年,哥伦比亚大学成立了由拉扎斯菲尔德领导的广播研究所,其任务是"研究广播对听众的生活来说意味着什么"。研究所开展了一系列研究,特别是从受众行为这一角度对大众传播进行研究。拉扎斯菲尔德的学生赫塔·赫卓格(Herta Herzog)对一个名为"专家知识竞赛"的广播节目的11位受众进行了详细的访谈。她发现,对同一个节目,不同的人收听的动机、欣赏的侧面以及获得的满足是不同的。有三种基本心理需求导致人们喜爱知识竞赛类节目：

一是竞争的心理需求。收听者通过抢答使自己与出场嘉宾或收听伙伴处于一种竞赛状态，以享受竞争的乐趣。

二是获取新知的需求。听众从节目中得到新的知识，以充实自己。

三是自我评价的需求。人们通过猜测答案来判断自己的知识水平，确认自己的能力。

赫卓格还对100名广播肥皂剧听众进行调查，发现他们收听的动机也是多种多样。有的是为了逃避日常生活的烦恼，有的是为了体验自己未曾经历过的生活意境，有的则把肥皂剧当成日常生活的教科书。

2. 贝雷尔森的报纸研究

1945年纽约八大报纸的投递员大罢工，贝雷尔森趁机开始调查"没有报纸的不便"，以揭示报纸在日常生活中的作用。在1949年发表的《没有报纸意味着什么》一文中，他总结了人们对报纸的六种利用形态：

① 获得外界消息的来源——没有报纸就失去了对外部世界变化的了解。

② 日常生活的工具——没有报纸就看不到广播节目表，得不到天气预报、交通、购物等信息，因而给生活造成了许多不便。

③ 休憩的手段——没有报纸就无法通过读报获得安静和休息。

④ 获得社会威信的手段——经常谈论报纸上的新闻和新知识，可以获得周围人的尊敬。

⑤ 社交的手段——报纸可以提供丰富的话题，活跃社交生活。

⑥ 读报本身就是目的——对很多人来说，读报已经成为习惯性行为，读不到报纸便感觉生活缺乏充实感。一些人甚至会翻出旧报来读，以弥补无报的缺憾。

3. 布卢姆勒的电视研究

早期的使用与满足研究相对简单，主要在于描述和测量受众对媒介的使用及其目的，在理论上没有突破，在方法上也以访谈记录为主，没有形成严密的调查分析程序。因此，在20世纪50年代，研究进入停滞期。直到20世纪

60年代,关于电视的"使用与满足"研究开始兴起。

在1964年英国大选期间,英国学者杰伊·布卢姆勒(Jay Blumler)和麦奎尔开始以开放式问卷访问调查小样本人群,目的是回答在以前的选举研究中提出的挑战性问题,即大众媒介的选举宣传是否对选民的影响很小。研究者同时也期待能根据观看动机将受众分类,以揭示先前未发现的态度转变与接触宣传之间的关系。

调查发现最常被调查对象提及的理由反映了"监视环境"的需求,于是他们对早期研究中认为媒介的主要作用是强化原有态度的结论表示了怀疑。后来,布卢姆勒和麦奎尔等人将调查范围扩大到新闻、知识竞赛、家庭连续剧、探险片等节目,并在概念操作、受众样本抽选和数据分析等方面,都采用了一套严格的程序。调查不仅归纳出各类节目提供满足的不同特点,并且提出了四种"使用与满足":

① 转换(diversion)。电视娱乐能够帮助人们逃避日常事务的约束,逃避难题重负,释放情感。

② 人际关系(personal relations)。主要包括两种。一是陪伴;二是社会用途。陪伴是媒介补偿性用途的一种特别清楚的形式。家庭主妇经常让收音机开着,因为她们喜欢有声音陪伴。孤独的人难以建立紧密的社会关系,会与节目主持人和剧中人建立一种"熟人""朋友"之类的"拟态"人际关系。这种"拟态"人际关系,同样可以在某种程度上满足人们对社会互动的心理需求。社会用途则通常指媒介提供了共同经历、共同话题,使得社会交往、互动更加容易。

③ 个人身份认同(personal identity),即"个人参照"。所谓"个人参照"是指观众将节目用于和他们的现实生活形成直接比较,以理解自己的生活,并且通过观看电视中的人物故事和矛盾冲突,强化或认同某一价值观,进行自我反省,并在此基础上协调自己的观念和行为。

④ 环境监测(environmental surveillance)。通过看电视,人们获得与自己的生活直接或间接相关的各种信息,及时把握环境变化。不仅新闻节目,其他

节目,如家庭电视剧等节目,也有助于人们感受社会生活的状况和变化。①

4. 卡茨的研究

卡茨在以色列访谈了1500名观众,调查假设"人们知道他们的需求并能分辨满足他们需求的来源",并形成如下主要结论:

① 在被检验的所有需求中,非媒介来源(或与媒介共同组成的来源)比大众传播媒介更能满足人们的需求。朋友、度假、讲座和工作等是非媒介满足的来源。

② 与满足所指向的对象——社会的、生理的或心理的——"距离"越远,媒介的角色就越重要。但是,正式的和非正式的人际传播会竭力施加影响,甚至在有关政治领导人和反面参考团体的问题上也可能加入竞争。

③ 媒介似乎提供了很好的服务,使人们在某种比较的过程中获得满足,比如获得成就感,或者因自己的国家是一个适于居住的好地方而感到欣慰。媒介也同样满足了"逃避者"的需求。但大体上,在保持个人一致性和获得娱乐等问题上,朋友比大众媒介更重要。

④ 对于那些认为国家和社会事务对他们来说很重要的人,媒介能满足他们了解国家大事的需求,不论其受教育程度如何。其中,报纸最重要,其次是广播,接下来是电视。书籍和电影则远远落在后面。总之,报纸对社会政治知识的传播与整合起到了重要的作用。

⑤ 个人的需要通过各种媒介特殊的功能和不同的种类得到满足。书籍能满足人们自我了解的需求;娱乐需求则与电影和电视更相关;而报纸对形成自我约束和自信感作用较大。②

二、使用与满足研究的基础

使用与满足研究的基础,即所依据的前提假设,可以简列如下:

---

① 参见〔美〕约翰·费斯克:《传播研究导论——过程与符号》,许静译,北京大学出版社2008年版,第128—129页。

② 〔美〕沃纳·赛佛林、小詹姆斯·坦卡德:《传播理论——起源、方法与应用(第四版)》,郭镇之等译,华夏出版社2000年版,第321—326页。

(1）受众是积极主动的，他们并非媒介内容的被动接收者，而是主动挑选和使用媒介内容。

（2）受众会自由选择能最好地满足其需求的媒介和媒介节目。媒介生产者可能并不知道节目会被如何使用，不同的受众成员使用相同的节目来满足不同的需求。

（3）媒介并非满足需求的唯一来源。度假、运动、跳舞等，都像媒介使用一样被用来满足各种需求。

（4）在特定情况下，人们对自己的兴趣和动机很清楚，或者可能被提醒。（对批评者来说，这一假定的逻辑是最薄弱的。批评者认为，陈述出来的动机常常无关紧要，仅以"使用与满足"这样的理性链条将观众与节目内容联系起来，是对意义强加限制，令人难以接受。）

（5）对大众媒介是否具有文化重要性的价值判断应当被搁置。如果一个节目满足了七百万人的需求，那么它就是有用的，至于它是否冒犯了高雅美学品位，则无关紧要。

三、媒介接触的社会条件因素

除了媒介接触对人的影响外，研究者还很重视影响媒介接触的社会条件。施拉姆等人在研究中发现，少年儿童的电视接触行为与他们在家庭和学校中的处境有着密切的关系。那些家庭环境不好或者与同学关系不融洽的孩子倾向于看暴力场面多、富于刺激性的节目，而且主要从冒险情节或场面的紧张感中得到"满足"；而那些伙伴关系融洽、家庭温暖的孩子则更喜欢看一些轻松、快活、有趣的节目，并且在观看节目时往往联想到如何把节目内容应用到与朋友们的游戏中去。很多研究表明，那些比较孤独或受歧视的孩子如果"欲求"得不到满足，就会"逃向"幻想的世界来寻求一种"替代的满足"，而电视节目、动画片等正好为他们提供了这样一个世界。目前的网络游戏等也能发挥同样的功能。

与儿童相比，成年人媒介接触的社会条件则更为复杂。在考虑到社会条件因素之重要性的基础上，卡茨等人在1974年发表了《个人对大众传播的使用》一文,将媒介接触行为概括为一个"社会因素+心理因素→媒介期待→媒介接触→需求满足"的因果连锁反应过程。

1977年,日本学者竹内郁郎对这一过程做了修改补充,形成图13-1。

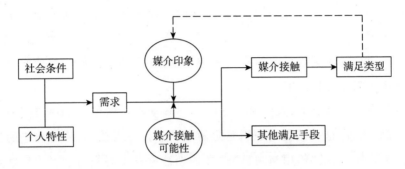

图13-1 "使用与满足"过程的基本模式①

从图13-1可以看出:

第一,人们接触媒介的目的是满足特定的需求,这些需求基于一定的社会和个人心理原因。

第二,实际接触行为的发生需要两个条件。一是媒介接触的可能性,即身边应当有电视或报纸之类的媒介,否则人们只好选择其他满足方式,比如朋友等。如果只有一份报纸,读者可能订阅,但是未必能得到满足,一旦出现另一份报纸,他就可能很快停止订阅第一份报纸。二是媒介印象,即对媒介能否满足需求的判断,这是建立在以往媒介接触经验的基础上的。

第三,根据媒介印象,人们选择特定的媒介或内容,开始具体的接触行为。

第四,媒介接触可能使需求得到满足或者得不到满足。

第五,媒介接触还会产生一些其他后果,其中大多数是无意中获得的。

无论满足与否,媒介接触的后果将影响到以后的媒介接触行为。人们会根据结果来修正既有的媒介印象,在不同程度上改变对媒介的期待。由此可以看出,这一媒介接触模式是用期待理论解释人们进行媒介消费和避免媒介消费的原因。

---

① 转引自郭庆光:《传播学教程》,中国人民大学出版社1999年版,第184页。

四、对使用与满足研究的评价

从积极的角度看,使用与满足研究开创了从受众角度考察大众传播过程的先河。它把受众的媒介接触看作一种自主选择,有助于纠正"受众绝对被动"的观点。它揭示了受众媒介使用形态的多样性,强调了受众需求对传播效果的制约,对否定早期的"魔弹论"有意义。它还指出了大众传播对受众的一些基本效用和影响,对有限效果理论也是有益的矫正。因此,有学者称之为"适度效果论"。

该研究也招致一些批评,特别是说它无理论、对核心概念(如需求等)的定义太宽泛、数据采集过程过于简单、很少发掘寻求满足的前提等。对媒介使用的满足情况一般都是从人们为什么要使用媒介的回答推断出来的,因此很难证明这种需求究竟是真正的个人需求,还是被媒介创造出来的,或者是对媒介接触的合理化解释。自弗洛伊德以来,许多研究都指出人类动机的复杂和隐蔽,而使用与满足研究以自我报告来确定动机,显得过于天真和简单。

对使用与满足研究的另一个批评是它脱离传媒生产过程,狭隘地聚焦于个人层面的研究,难以全面揭示受众与传媒的社会关系。持媒介霸权观的批判学者认为,传媒的信息生产是一个符号化的过程,这一过程受到传媒的利益和意识形态的制约,带有一定的倾向性。而受众对媒介讯息的选择是有限的自由,难以避开媒介提供的偏向性解读。

第三类批评质疑受众是否总是积极主动、目标明确的,以及媒介使用中是否存在许多习惯性的随波逐流的反应。调查表明,在看电视的时候,大多数人是放松的、被动的,很少集中注意力。很多人大部分时间里可能对监视环境或接受指导不感兴趣,他们只对一些温和的、令人愉快的刺激感兴趣。

录像机、互动式有线电视、个人电脑以及网络等新媒介的问世,使"主动的受众"这一概念进一步转化为"积极的用户",从而为使用与满足研究提供了新的研究天地。

第三节 关于受众的其他研究传统

关于受众媒介使用的研究有很多种,麦奎尔将之简化为三大类,除了以使用与满足研究为代表的行为性研究外,还有结构性研究和社会文化性方面的研究。

一、受众测量的结构性研究传统

受众测量的结构性研究最早也是最简单的受众研究,起源于媒介工业的需要。研究的目的,是获得对受众规模、数量和到达率(reach rate)的可靠测评数据,以利于广告销售。除了受众规模,知道受众是谁,在哪里,并通过这些有关用户画像的基本指标来把握受众的社会构成,是非常重要的。这有利于检验产品和提高传播的有效性,以更好地、尽力尽责地服务受众,同时引导和操纵受众的选择机会,并寻求在受众市场上的机会。这些基本需求,催生了一个与广告和市场研究密切相关的庞大产业。

从理论上看,结构性研究方法有助于揭示传媒系统与个体的媒介使用之间的关系。受众的媒介选择,总是受到特定市场上可得媒介的限制。采用结构性研究方法,将人们的观点、态度或行为等数据,与有关的媒介使用数据以及人口统计数据相结合进行分析,非常重要。其中,人们接触(exposure)媒介的数量和种类,是效果研究的两个关键变量,此外还要研究一段时间内受众在不同频道和不同内容之间的流动情况。受众调查能够测量人们对于各种媒介及内容的满意度和信任情况。通过将媒介使用行为与相关的社会背景特征相结合,还可以对观众、听众和读者进行类别划分。尤其在促使媒介承担更多公共责任方面,结构性研究发挥了重要作用。

定量的受众研究数量很大,因为这是传媒产业所需要并且愿意为之投资的,但研究结果却很少公开发表,因而被学术界的受众研究所忽略。

二、文化研究和接受分析传统

1. 概念界定

文化研究(cultural studies)认为,人们的媒介使用是特定社会文化环境的一种反映,也是赋予文化产品和文化经验以意义的过程。这一学派抛弃了传播的刺激—反应模式,也反对魔弹论的观点,而认为不同结构的社会和不同的文化群体对讯息的解读和解码是多种多样的,有时与讯息发出者的本意也相去甚远。文化研究的另一主要观点认为,媒介使用本身就是"日常生活"的一个重要组成部分。人们的媒介使用行为,只有与某一亚文化群体特定的社会语境和社会经验相联系,才能被理解。

接受分析(reception analysis)是文化研究中的一个受众研究分支,而非一个独立的学派。它一般采用定性和民族志的方法,将受众当作解释群体来研究,认为具有相同社会经验的人,对问题往往抱持一致的看法,并拥有相同的解释模式。它强调读者在对媒介文本进行"解码"时的作用,通常具有明显的批判性,声称受众对于大众媒介所提供的主导性和支配性意义,具有抵抗与颠覆的力量。

接受分析的主要特点可以归纳如下:

(1)受众按照自己的理解对媒介内容进行"解读",并建构意义,获得愉悦。

(2)受众感兴趣的正是媒介使用的过程及媒介在特定语境中的展现方式。

(3)媒介使用是典型的特定环境的产物,以社会任务为取向。

(4)不同媒介内容的受众通常由不同的"解释团体"构成,"解释团体"中的成员大体分享相同的话语形式和理解媒介意义的框架。

(5)受众从来就不是被动的,受众中的成员也各不相同,其中一些人比其他人更有经验,也更积极主动。

(6)研究方法通常是定性的,一般采用民族志的方法,并且将内容、接受行为与语境结合起来进行考察。

2. 莫利关于家庭中电视观看的民族志研究

20世纪80年代,英国学者戴维·莫利(David Morley)在研究家庭中的电视观看时发现,在城市下层家庭中,看电视也是家庭两性政治的一部分。看电视增强了男性权力。遥控器通常都是放在丈夫的座椅扶手上,丈夫的权力体现在三个方面——看什么、如何看以及如何评价。整个家庭的收视状况围绕着男人的口味而形成。男人们一般喜好事实类节目——新闻、体育节目、纪录片。如果他们看剧情片，他们也喜欢"写实"性的，这意味着他们能在片中辨别出他们所熟悉的外部世界。他们也喜欢动作片。女人的口味正相反。她们喜欢"家庭剧"、肥皂剧和爱情片等重在描述关系而非动作的片子。她们关心的是情感和节目反映的内心世界，而不是外在世界。

男人们不仅主导着看什么，而且还企图控制如何观看。对男人们来说，家是一个休闲的场所。在家里，他可以得到工作之后的放松甚至放纵，因此他们喜欢将自己完全交给电视，专心地看电视。而对妇女来说，家就是她们工作的地方。她们要使看电视适应她们的家务劳动——不仅仅是洗衣浆衫，织补缝纫，而且包括与孩子们谈话。因为妇女除了要做具体的家务劳动，还要处理家里的人际关系等。因此，妇女们看电视总是不专心，她们几乎总是同时干点别的事。这种情形经常困扰男人们，他们频繁地抱怨女人和孩子们在他们看电视时聊天，发出各种噪音。妇女们经常使用录像机将她们想看的节目调整到工作时间之外，而所谓工作时间为何时则常常取决于家里其他成员是否在场。她们会录下节目，然后在凌晨或者深夜，当全家人还在睡觉的时候，专心观赏。有时候她们也会在午后找到一个"空当"观看——上午的活儿干完了而孩子们还没有放学。这些不同的收看方式当然是由社会的劳动方式所决定的，而不是取决于男女的内在性格差异。那些在外工作的职业妇女的收视方式与男性类似。性别关系是一种政治，因为这是由社会力量而非自然所决定的。

这种男性主导方式甚至扩展到对节目的评价。男性品位的电视节目被认为是严肃的、好的，而女性喜欢的节目则被认为是琐碎无聊的、轻浮的甚至是垃圾。肥皂剧（主要面向女性）常常被看作最低层次的电视节目，而文学中的爱情小说也常常同样被认为是低层次的小说。批评性评价与社会地位之间的关系当然不是巧合，贬低妇女的文化口味正是贬低妇女的另一种社会方式。重要的是，妇女们通常会内化男性价值观并且经常贬损自己的文化口味——因此，也含蓄地贬损自己，说自己爱看的节目是"愚蠢的"或者"垃圾"。这是妇女参与贬低自己的意识形态运作的一个例子。

3. 民族志的接受分析研究

接受分析研究强调的文本被社会性使用的方法在文本结构中并不明显，因此也无法从文本分析中得知。一些文本意义不能由文本分析所揭露，因为它们只是在文本遭遇读者的社会情境中才产生，正是在遭遇中，读者会将无法预期的、非文本的因素带入制造意义的过程。

鲍勃·霍吉(Bob Hodge)和戴维·特瑞普(David Tripp)发现，澳大利亚的在校生以一种非常特别的方式来解读一部名为《囚犯》的肥皂剧。该剧的背景是一座女子监狱，剧情则以囚犯与狱卒之间的关系为中心。在校生们从剧中解读出的意义和他们的学校经历有关。他们把监狱看作学校的一种隐喻，因为这两者都是某种制度设计，都要把被管辖者转变成社会所要求的人，而不是他们自己想成为的人。而在这两种设计中，人们都会感觉真正的生活在外面。两者都企图控制其被辖者生活的各个方面，却又都在某些地方遭到抵制，如学校里的厕所、自行车棚，监狱里的洗衣房等。狱卒和老师可分为几种类型——凶悍型、菜鸟型、善良型等，诸如此类。囚犯和学生也常以相似的方法在狱卒或老师的眼皮底下传递信息，如眨眼、作暗号等。

在这个肥皂剧的文本中没有任何明显的关于学校的指涉。只有当文本被观众带入其所处的社会情境时，相关的意义才会产生。这些意义都不存在于文本分析中，而只有通过民族志调查才能发现。还有一些证据表明，这些相关的社会性意义已经成为在校生行为的一部分，许多老师给节目制片人写信，抱怨说节目教唆学生不守纪律，使老师的工作更难做了。大众媒介的文本必然带来不同的解读，但只有对受众的民族志调查才能让我们清楚地看到在特定情境下产生的解读。

三、三种研究传统的比较

麦奎尔对三种研究传统进行了比较。他认为，传媒业青睐的主流研究通过测量技术来证实受众的存在，数据可以用来说服广告商，却永远无法真正把握受众本体(audiencehood)的实质。行为性研究和心理学方法在描述受众经验方面可能更有效，但是从社会文化性研究的角度看，其结果依然停留在抽象的、个体化的层面,枯燥乏味,并只会把研究本身导向操纵受众的方向。参见表 13-2。

表 13-2 三种受众研究传统的比较①

	行为性	结构性	社会文化性
主要目的	解释并预测受众的选择、反应和效果	描述受众构成、统计数据和社会关系	理解所接收内容的意义及其在语境中的应用
主要数据	动机、选择行为和反应	社会人口统计数据、媒介及时间使用数据	理解意义、关于社会和文化的语境
主要方法	调查、实验、心理测试	调查和统计分析	民族志、定性研究方法

从三种研究传统出发,受众研究走向深入,方法上也出现定性和定量逐渐整合的情况。

小 结

受众一般泛指媒介讯息的接收者。对受众的界定有不同方式。按媒介或渠道类别分,有适应不同传播技术特征和组织形式的媒介受众;按特定媒介内容分,则有对应不同类别、主题和风格的受众"迷群"。对受众的研究有不同的传统,大体可分为行为性、结构性和社会文化性三种,并存在不同的定量和定性研究方法。在互联网推动的媒介融合背景下,传统的、被动的、孤立的受众观,正在向积极主动的、网络社群化的受众观转变。

◆ **推荐阅读**

1. 〔英〕丹尼斯·麦奎尔:《受众分析》,刘燕南、李颖、杨振荣译,中国人民大学出版社 2006 年版。

---

① 〔英〕丹尼斯·麦奎尔:《受众分析》,刘燕南、李颖、杨振荣译,中国人民大学出版社 2006 年版,第 30 页。

2. 〔美〕约翰·费斯克:《传播研究导论——过程与符号》,许静译,北京大学出版社 2008 年版。

 观察与思考

1. 观察一种"迷"文化,分析其中受众与媒介的关系。
2. 如果你在经营一个微信公众号,请对其后台数据进行分析,并提出相应的效果改善建议。

第十四章 大众传播的宏观效果研究

本章教学目标：
1. 理解大众传播宏观效果产生的时代背景和基本特征
2. 议程设置理论的基本内容
3. 理解沉默的螺旋理论的基本内容和相关争议
4. 理解"培养分析"理论的核心内涵和研究进程
5. 理解知识沟假说的基本假设和发展方向

对媒介效果的争论经历了万能效果论、有限效果论、强效果论等几个阶段，在这些争论的背后实际上是社会生活的巨大改变。万能效果论是和两次世界大战紧密相联的，战争带来的紧张和不确定性使得社会精英希望利用媒介产生影响和控制的效果。随后的20世纪50—60年代社会相对安定，媒介的效果受到怀疑。直到社会再次经历运动、战争、经济困难或道德恐慌，媒介又被赋予了更多责任。因此，媒介的影响力其实是历史性地变化的，对媒介效果的研究也就不能孤立地进行。

20世纪60年代，电视开始普及，并表现出比以往媒介更强大的吸引力以及对社会生活的重要意义。这时，过分强调大众传播效果的有限性会给传播实践带来某些消极影响。在这一时期，出现了"议程设置理论""沉默的螺旋""培养分析"以及"知识沟假说"等一系列颇具代表性的宏观效果理论。宏观效果研究表明，早期的效果研究确实有相当大的局限性。在认知、态度和行动这三个效果层面上,"有限效果论"充其量只探讨了后两者而忽视了大众传播在人们的环境认知过程中的作用;早期研究只注意从传播者角度考虑传播的效果,而忽略了受众的需要;早期研究只考察了具体传播活动的微观、短期效果,而忽视了整个传播事业日常的、综合的信息活动所产生的宏观的、长期的和潜移默化的效果。

第一节 议程设置理论

20世纪60年代,早期魔弹论的观点已经被抛弃,而以两级传播论为代表的关于媒介效果有限的结论又和人们的常识判断有些许出入。敏感的媒介观察家感到,虽然媒介日复一日的报道仍然在影响受众,但这种影响难以被时下流行的研究所明确解释,因此应该寻求新的研究视角。另一个明显的事实是,新闻界提供的材料是有选择性的。媒介内外各种政治、经济和文化把关因素的存在,都影响着媒介选择什么样的新闻、如何突出强调和解释,以及用什么样的方式来表达等。媒介通过日复一日的新闻选择和展示,不断披露某些人与事,促使公众将注意力转向某些特定的话题,帮助一些组织和重要人物树立公众形象。虽然认为新闻媒介强有力地控制着人们的态度、信念和行为的观点也许站不住脚,但很明显,"在多数时间里,报界在告诉人该怎样想时可能不成功;但它在告诉它的读者该想些什么时,却是惊人的成功"[①]。美国科学史学家伯纳德·科恩(Bernard Cohen)的这句名言,是对媒介议程设置效果的最初概括。

1922年,美国专栏作家李普曼出版了《舆论》一书,开篇一章题为"现实世界与我们头脑中的想象",通过一个与世隔绝的小岛上发生的故事,证明媒介对公众感知外部世界的影响的重要性。他用柏拉图关于"洞穴"的比喻,说明"现实世界"与"我们头脑中的想象"可能存在巨大差距,媒体所提供的"拟态环境"成为连接现实和公众认知的主要桥梁。1968年美国大选前夕,美国学

---

① Bernard C. Cohen, *The Press and Foreign Policy*, Princeton University Press, 1963, p. 13.

者马克斯韦尔·麦库姆斯(Maxwell McCombs)和唐纳德·肖(Donald Shaw)在北卡罗来纳大学所在的教堂山镇进行了一项小规模的受众调查,发现媒介议题的显著性程度对公众议程有重要影响。1972年,他们在《舆论季刊》上发表了《大众媒体的议程设置功能》一文,标志着议程设置理论框架的正式形成。经过50多年的研究发展和演进,议程设置已经成为传播学领域的经典研究,并在世界各地得到验证和完善。

一、教堂山调查与传统议程设置

从1940年伊里县调查中得出的有限效果论认为,选民的投票决定主要依赖人际影响和他们的既有立场,媒介只是巩固和加强了他们的倾向性。但是麦库姆斯等人却认为,新闻媒体中的主要话题会成为公众的主要话题,并影响他们的行为。为证明这一观点,1968年,他们在北卡罗来纳州的教堂山镇,抽样调查了100名对投票尚犹豫不决的选民,因为犹豫不决的选民最容易受到媒介影响。

议程设置假设包含两个方面:一是突出的事件或话题从媒介议题向公众议题的传递;二是新闻媒体对在公众头脑中构筑这些话题和事件的作用。研究人员要求受访者回答竞选中什么问题是关键问题,而不考虑他们提到的是哪位候选人。在访谈选民的同时,他们对当地五家报纸、两家新闻杂志以及两家电视网的晚间新闻报道进行内容分析。受访者的反馈被分成15个种类,涵盖了主要的社会问题和其他选举新闻。新闻媒介关于选举的内容也按照数量的多少,被划分成15个种类。

研究者还仔细界定了媒介报道的"重"和"轻"。比如,电视的"重头"报道的时长必须至少持续45秒甚至更长,或者位于一次新闻播报的前三条;而报纸的"重头"报道则被规定为出现在头版,或者在三栏大标题下的新闻,并且这条新闻至少要有三分之一(不少于五段)的内容涉及政治;对于新闻杂志来说,一则"重头"报道就是超过一栏,或者在杂志的新闻内容部分居于头条;其他一些在时间、空间或显著性上不如"重头"报道的政治性报道则属于分量较轻的报道。尽管大多数报道都关于竞选者本人以及猜测谁将获胜,但还是有丰富的与竞选议题有关的新闻。研究者将这些猜测按相对重要性进行排序,并与对选民的调查结果进行比照。

研究结果表明,选民对外交、经济和社会福利等议题的关注程度与他们所接触的媒体对这些议题的关注高度相关(图14-1)。换言之,选民对议题的相对重要性的判断与新闻报道中的显著性几乎完全一致。该研究把新闻内容的议题设定同公众议题设定联系起来,把内容分析与公众调查结合起来,从而为研究议题设定开辟了方法论的新途径。

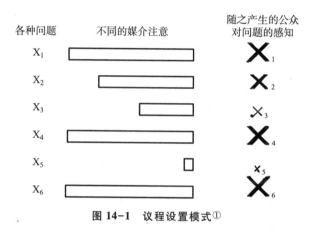

图14-1　议程设置模式①

随着相关研究的不断展开,关于媒介"议程设置"的机制等相关概念也不断趋于明确化和细致化。媒介议程设置主要体现为三种机制:

一是"0/1"效果或称"知觉模式",也就是说,媒介报道或不报道某个"议题",会影响到公众对该"议题"的感知;

二是"0/1/2"效果或称"显著性模式",即对少数议题的突出强调,会引起公众对这些议题的突出重视;

三是"0/1/2…N"效果或称"优先顺序模式",即传媒对一系列"议题"按照一定的优先顺序所给予的不同程度的报道,会影响公众对这些议题的重要性的顺序判断。

---

①　转引自〔英〕丹尼斯·麦奎尔、〔瑞典〕斯文·温德尔:《大众传播模式论》,祝建华、武伟译,上海译文出版社1987年版,第85页。

不同媒体的"议程设置"有不同的特点。早期的议程设置研究是将报刊、广播、电视作为一个总体来考察的,但后来的研究则对不同的媒介加以区分。例如,韦弗等人在调查中发现,报纸的"议程设置"对较长期的议题的"重要性顺序排列"影响较大,而电视的"热点化效果"比较突出。报纸的新闻报道形成"议程"的基本框架,而电视新闻报道则突出若干最主要的"议题"并予以强调。电视主要提供"谈话议题",而报纸则可以进一步对"个人议题"产生较大影响。

二、属性议程设置

教堂山调查强调了媒介议程的显著性程度对公众议程具有重要的影响,这被视作议程设置的第一层次,也被称为客体议程设置,因为关注的对象是客体。但随着研究的深入,人们发现议程设置在公众的价值判断上也具有同样强大的影响,因此转向属性议程设置的研究,考察媒介对议程属性(attribute)造成的影响。

1. 实验研究

耶鲁大学的山托·艾英格(Shanto Iyengar)等人进行了专门实验。他们把电视网的新闻节目制成录像带,以移花接木的方式对其内容进行调整,删除节目中的某些报道,换成其他一些报道,这样研究人员就可以控制报道内容,比如强调报道中的某些事件,而弱化其他事件。研究人员让被试在不同的实验环境下收看这些改动过的新闻节目,然后要求他们按重要程度对各个新闻事件进行排序。结果证明,收看电视新闻可以显著影响观众对什么问题是国内最重大问题的判断。

2. 框架分析

学者还考察了媒介的报道框架(media framing)对公众议题的影响。框架可以被定义为"新闻内容的核心组织观念,它提供了一个语境,并且通过选择、强调、排除阐释来对议题提供暗示"[1]。框架通过标题、导语、引文和重要段落

---

[1] 〔美〕马克斯韦尔·麦库姆斯:《议程设置——大众媒介与舆论》,郭镇之、徐培喜译,北京大学出版社2008年版,第105页。

来体现。报道框架影响人们如何处理和储存信息。最为重要的是,报道框架把受众的注意力引到事实的某些方面而忽略其他方面,这就可能导致读者不同的反应。以对"水门事件"的报道为例。对闯入水门饭店这一事件,媒介报道将其定位为"恶作剧"(caper)和刑事案件。这个词沿用了几个月之久,意义渐趋淡化,后来改用"丑闻"(scandal)一词,事件的重要性才开始体现。从大选开始,对整个水门事件的定义只是"党派之争",直到后来才被认为是"政治腐败"的象征。当人们开始关注这一事件时,媒介又将它与政治图景中其他易于辨认的次级象征联系起来,比如"必须找出事情的真相""对政府的信心"等,从而帮助人们确定了立场。

3. 铺垫分析

除了报道框架,还有报道讯息的铺垫(priming)。这就是说,媒介对某些问题的着重报道不仅增强了这些问题的显著性,而且激起了人们对与之相关的讯息的回忆。这些讯息被用以形成关于这些问题的意见。比如,当人们看到一系列关于美国国防物资储备不足的报道时,对现任总统在国防方面的评价就会降低,并会进一步影响到对总统的总体评价。

媒体属性议程设置将研究视角从"赢得关注"转向"形成认知"。媒体不仅能够设置议程,还能提供语境,决定公众如何思考某个议题并评价其价值。从这一角度来看,媒体不仅能告诉大众"想什么",也能成功地告诉大众"怎么想"。这一结论被认为是议程设置理论的第二层次。从传统议程设置到属性议程设置,都印证了大众媒介的强效果论。

三、网络议程设置

互联网的出现改变了大众传播的图景。网络中信息来源多元化,信息消费碎片化,传统意义上被动的受众也加入内容生产过程,传统议程设置理论的"强效果论"也受到质疑。议程设置理论强调媒介议程对公众认知的影响,而越来越多的研究表明,人类获取信息和形成认知的过程并非线性的,而是接近于网络结构(networked structure)。在这个结构中,不同的节点(node)相互连接,共同构成了认知的图谱,因此有学者提出了"联想认知模型"(associative network)和"认知导图"(cognitive mapping)。

有鉴于此,麦库姆斯和郭蕾等学者,借鉴网络分析框架,提出了网络议程设置(network agenda-setting)理论。其核心观点是:影响公众的不是单个的议题或者属性,而是由一系列议题所组成的认知网络。新闻媒体不仅告诉我们"想什么"或者"怎么想",同时还决定了我们如何将不同的信息碎片联系起来,从而构建出对社会现实的认知和判断。① 相较于传统议程设置和属性议程设置理论,网络议程设置理论顺应了互联网和社会化媒体的发展趋势,在理论框架和研究路径上都有重要突破,这主要体现在三个方面:

一是引入了"共现"(co-occurrence)概念,强调以关系为核心的议程设置模型。"共现"的概念来自语言学,是指通过"语义距离"(semantic distance)来衡量两个概念是否存在关系。简而言之,如果两个词在文本中不断同时出现,那么人们在认知过程中就会认为这两者是存在一定关联的。比如,"萧敬腾演唱会"与"下雨"在新闻报道中的同时出现,增强了报道的娱乐性,但是如果美国媒体在报道失业问题时提及"中国制造",就很容易让受众将失业率高归咎于中国。媒介报道方式会使公众的认知与客观事实之间出现偏差,而社会化媒体的兴盛,会进一步放大和扩散偏差,人们基于既有的认知立场来选择性地接受"事实",各种"后真相"即基于观念的新闻事实选择就会大行其道。

二是提供了一个统一的框架。将媒体报道的客体和影响公众认知的属性要素同时在同一个认知网络上描绘,能更加完整地呈现李普曼所谓的"我们头脑中的想象"。研究表明,人类在获取信息和形成认知的过程中,其认知结构并不是线性的,而是接近于无中心、多节点的网络结构。在这个结构中,不同节点相互连接共同构成了认知图谱,而节点对应的是议题的客体或者属性。由此而来的另外一个改变是,在利用原始数据进行网络议程设置研究的时候,研究者重点考察的并不是这些节点单独出现的频率,而是这些节点"共现"的情况。

三是以"度中心性"(degree centrality)取代"频率"(frequency),来衡量议程要素的显著性。在网络分析中,度中心性是指一个节点的关系数量总和。

---

① 转引自史安斌、王沛楠:《议程设置理论与研究50年:溯源·演进·前景》,《新闻与传播研究》2017年第10期,第17页。

度中心性的值越高,说明该节点在整个网络中与其他要素之间的联系越紧密,该节点具有较强的显著性。度中心性提供了一个更为全面的视角,可以在更宏观的语境下评估不同要素在公众认知系统中所处的地位。有研究发现,某些高频率但低度中心性的因素虽然被媒体反复提及,但和其他要素之间缺乏广泛而密切的关系,因此不容易在公众认知过程中起重要作用。

在研究方法上,网络议程设置通过借鉴社会网络分析方法,对"共现矩阵"进行相关性研究。具体包括五个步骤:一是构建媒体议程网络并形成共现矩阵;二是构建公众议程网络并形成共现矩阵;三是分析两个共现矩阵的相关性;四是分析两个议程网络的因果关系;五是促进网络可视化。

总之,自20世纪70年代以来,议程设置始终是传播研究领域的主导概念之一。它以一种不同于有限效果论的方式展示了大众传媒对社会的影响。媒介可以让人们形成对目前重大社会问题的看法,而媒介所着重强调的议程可能并非现实生活中的主导性问题。除此之外,它还揭示了媒介对事实的"建构",扩展了我们对现实世界和头脑中的想象之间的关系的理解。这也就意味着,议程设置不仅影响人们想什么,也能影响人们怎样想。

如前所述,议程设置研究大体分为三个阶段。前两个阶段的理论均关于"注意力",认为媒体可以将有关议程的客体或属性的重要性排序传递给公众。第三阶段的网络议程设置理论则更加关注议程客体和属性间的关联,认为媒体有将议题的不同属性或客体间的关联"捆绑"输送给公众的能力。按照前两个阶段的议程设置理论的观点,媒体对新闻事件的评判将在很大程度上影响公众的注意力和意见,因此媒体人责任重大,同时也有更多机会去挖掘重大新闻从而获得成功。而对于从事公关工作的人来说,议程设置研究则提醒他们,为捕捉公众的注意力,以恰当的方式来构建一个议程是多么重要。

然而,以互联网为代表的新媒体的崛起,将媒体、信息和受众连接成一张巨大的网络,逐渐打破了传统大众传播的单向度传播模式,无中心、多节点的网络化传播成为主要的传播形态。社会化媒体上数字化信息的"病毒式"传播,使得传统主流媒体很难左右网络讨论的议程,反而开始受制于社会化媒体的议题建构。同时,在信息碎片化生成和处理框架模式下,个体自主性和能动性的增强必然引起社会话题和公众兴趣的高度分化。互联网高度区分和催生了处于离散形态的各个社群，使得相似的态度和情绪高度集结，新兴媒体在某些方面承担或者是被赋予了反映受众分化时代公共价值的功能。网络议程设置理论更加适应互联网传播的语境，将以关系为核心的"社会网络分析"和"语义网络分析"带回传播研究的中心，并立足于网络化的认知逻辑进行媒介效果研究，为传播学研究开辟了新的方向。

第二节 沉默的螺旋

"沉默的螺旋"(spiral of silence)理论是由德国女学者伊丽莎白·诺尔-诺依曼(Elisabeth Noelle-Neumann)于1974年提出的有关公众舆论和媒介强效果的理论。她认为大众媒介对公众舆论具有很强的影响力，但是这种影响力被低估了，或者因为研究的有限性而没有被发现。

诺依曼在研究德国1965年大选时注意到了"沉默的螺旋"现象。在这一年的议会选举中，竞选双方的支持率始终不相上下，但是在最后一轮投票之际却发生了"雪崩现象"——一方以压倒性优势战胜另一方。身为舆论研究所所长的诺依曼对选举期间追踪调查的全部数据重新分析以探明原因。研究发现，选举的最终结果和民意测验的结果不一致，但却和媒介报道的预测高度一致。这意味着，虽然媒介报道和"沉默的大多数"意见相反，但媒介却提供了误导性的意见共识，最终影响了选举结果。基于大量研究，诺依曼于1974年发表了相关论文，并于1980年出版了专著——《沉默的螺旋:舆论——我们的社会皮肤》，全面论述了她的理论。

一、三个基本假设

"沉默的螺旋"理论包括三个基本假设：

第一，就个人来说，根据小群体的一致性理论，人天生具有对社会孤立的恐惧。穿一件过时的衣服或者发表不被社会接受的观点，就有陷于孤立或遭致社会惩罚的危险。出于对社会孤立的恐惧，个人会运用其"准统计器官"，不断地探测环境,寻求被许多人或其他人共享的感受、意见和知识。个人常常需要在公开场合清楚地表明自己的意见,因此公众舆论被理解为"在有争议的问题领域中人们能够公开表达而不至于使自己陷于孤立的意见",或者"在传统、道德伦理,尤其是规范,这些稳固的领域里,人们如果不想陷于被孤立的境地,就必须公开表达或采纳公共意见中的观点和行为态度"。① 前者主要针对时事性问题,而后者则侧重于社会传统、道德和行为规范。也就是说,"公共舆论"在此是指个人公开表达的意见,而不是一群人的意见。个人意见的表达成为一个社会心理过程。

第二,舆论的形成是一个螺旋式的社会传播过程。人们在预计会受到鼓励时以一种方式说话或行动,而预计会受到敌对或忽视时,则会保持沉默或采取其他行动。因为害怕不被周围的人赞同,所以和主导意见不一致的人会保持沉默,于是一方的"沉默"造成了另一方意见的增势,使"优势"意见显得更加强大,这种强大反过来又迫使更多的持不同意见者转向"沉默"。如此循环,便形成一个"一方越来越大声疾呼,而另一方越来越沉默下去的螺旋式的过程"(参见图14-2)。诺依曼认为,任何"多数意见"、流行趋势的背后,都存在着"沉默的螺旋"机制,社会生活中的"舆论一边倒"或关键时刻的"雪崩"现象,正是这一机制起作用的结果。

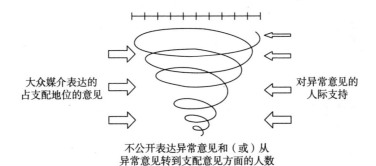

图14-2 沉默的螺旋②

---

① 〔德〕伊丽莎白·诺尔-诺依曼:《沉默的螺旋:舆论——我们的社会皮肤》,董璐译,北京大学出版社2013年,第63—64页。

② 转引自〔英〕丹尼斯·麦奎尔、〔瑞典〕斯文·温德尔:《大众传播模式论》,祝建华、武伟译,上海译文出版社1987年版,第92页。

第三，大众媒介通过营造"意见环境"来影响和制约舆论。舆论不是社会公众"理性讨论"的结果，而是"意见环境"的压力作用于人们害怕被孤立的心理、强制人们对"支配意见"采取趋同行动这一非理性过程的产物。

在现代社会，人们用于判断意见分布状况的意见环境主要有两个，一是所处的社会群体，二是大众传媒。在超出人们直接感知范围的问题上，大众传媒的影响尤其强大。

二、大众传媒的作用

传播媒介对人们的环境认知活动产生影响的表现有三个：一是多数媒介的报道内容具有高度的类似性，产生"共鸣"（consonance）效果；二是同类信息的传达活动在时间上具有持续性和重复性，产生"累积"（cumulation）效果；三是媒介信息的抵达范围具有空前的广泛性，产生"遍在"（ubiquity）效果。

在"沉默的螺旋"过程中，大众传媒又以三种方式对公众产生影响：一是对何为主导意见形成印象；二是对何种意见正在增多形成印象；三是对何种意见可以公开发表而不会遭受孤立形成印象。

在以电视的高度普及为特点的现代信息社会，媒介的无可逃避性是一个潜在的问题。而无处不在和长期保持一致的媒介体系塑造了特定的媒介环境和力量强大的"气候"，笼罩了社会中的大多数个人，使个人沉浸并依赖媒介环境。经媒介提示的意见由于具有公开性和传播的广泛性，容易被当成"支配"或"优势"意见，从而对个人意见的表达产生很大影响。

三、舆论的社会控制作用

"沉默的螺旋"理论有其独特的舆论观。传统的政治学理论强调，舆论是民主政治下知晓型（informed）公众经过充分的民主讨论所形成的"公意"，是集体理性的体现。但是诺依曼却从社会心理学的角度，把舆论看作社会控制的机制，揭示了舆论的非理性特征。在诺依曼看来，公众舆论包含社会常规、习俗和规范，代表一种社会力量。它要求同意或至少强迫沉默，或放弃对立，对那些反对常规的人施行制裁——这就是社会控制作用。舆论在双重意义上是"我们的社会皮肤":它是个人感知社会"意见气候"变化、调整自己的环境适应行为的"皮肤";同时又作为包裹社会"身体"的"皮肤",维持社会整合,防止由于意见过度分裂而引起社会解体。

诺依曼认为,公众舆论可以从静态和动态两方面来看。从静态来看,如果个人认识到他的意见为大多数人所共享,他就很愿意公开地表达意见;而如果他的意见仅仅代表极少数人的观点,他可能就不愿意公开表达。当然,这其中也可能存在两种例外:一是当个人发现,虽然他的意见是少数,但是却有可行性并且将来有可能为大多数人所共享时,他会愿意公开表达;二是一些人也可以不受社会反对的影响,但实际上这样的强硬派为数不多。从动态来看,如果没什么人愿意公开表达不受欢迎的观点,那么随着时间的推移,"大多数人"的观点会更加普遍,被表达的频率更高,而表达频率的不均衡最终会导致"少数人"的沉默。决策者或者缺乏责任,或者出于政治生存的需要,会把被频繁表达的社会观点变成公共政策,从而导致社会变迁,而沉默的思想则没有任何影响。

诺依曼的贡献,在于把社会控制的概念和大众传媒以及人际传播过程相结合。媒介的强大影响已经不止于认知阶段,而是包括了"认知—判断—行动"的全过程。"沉默的螺旋"假说的一个重要观点是,传播媒介提示的"意见环境"未必是社会上意见分布状况的如实反映,而一般社会成员对这种意见分布又处于"多元无知"状态。因此,媒介所暗示或强调的,即便是少数人的意见,也会被人们当作"多数意见"来认知,其结果也会引起社会传播的螺旋化过程。因此可以说,传播媒介具有"创造社会现实"的巨大力量。

四、相关争议

诺依曼的理论一经提出,就引起很多争议。有人认为,"沉默的螺旋"理论与其说是对公众舆论的研究,不如说是对纳粹历史的注解。毫无疑问,在特殊的政治条件下,由于对主宰性政治意见公开表示反对可能带来危险,人们会把沉默当成一种可行的防卫手段。还有一些美国学者则用大规模社会调查的方式来证明或者证伪该理论。争议的焦点主要集中在以下几点:

（1）个人对社会孤立的恐惧导致的趋同行为究竟是绝对的还是受条件制约的？心理学关于群体压力的种种实验证明，人格越独立，对自己意见的确信度越高，其趋同行为的概率就越低。群体中个人发生趋同行为的概率受到支持者人数的影响，只要当场有一个支持者，趋同行为的概率便会大大降低。

（2）"多数意见"的压力会针对所有问题，还是会根据问题的性质而有所不同？有人认为，在有关社会伦理道德或行为规范的争议上，多数意见会产生巨大的社会压力，而在一些技术性、程序性问题上，压力未必有效。同时，争议性问题与自己是否有直接利害关系，也决定了人们对多数意见是服从还是抵制。

（3）"多数意见"的压力是否和社会文化传统、社会发展阶段相关？例如，在单一民族的国家，在传统、保守的社会或在社会秩序安定的时期，"多数意见"的压力会很大，而在多民族、开放型社会或社会秩序变动时期，多数意见未必能左右人们的行动。

（4）媒介效果是否还取决于其他活跃的社会群体？如果舆论形成过程中出现一个强硬的"少数派"，其组织的严密性、意志的坚定性、主张的一贯性和表明态度的坚定性，也可能推动形成重要的舆论，甚至可能对"多数派"产生有力影响，改变社会舆论。

虽然有以上甚至更多争议，但"沉默的螺旋"理论极力强调媒介的强效果，认为媒介效果研究不能在"无菌"的人为的实验室条件下进行，否则必然会低估长期作用的媒介效力。它带动了后来"社会建构论"等一系列研究。

第三节　培养分析

培养分析（cultivation analysis），也被翻译成"教化分析"或"涵化分析"，由美国宾夕法尼亚大学的乔治·格伯纳（George Gerbner）教授在20世纪70年代提出，是迄今为止历时最长的研究理论，论述了媒介的社会角色等宏观问题。

一、《暴力与媒体》研究报告

20 世纪 60 年代后期,美国社会的暴力和犯罪问题十分严重,城市暴动、校园动乱、劫机与暗杀等犯罪行为与反战运动和民权运动相伴而行。1968 年,美国政府专门成立了一个"国家暴力起因与防范委员会"(National Commission on Causes and Prevention of Violence)来研究解决这些问题。一年半之后,该委员会提交了一份研究报告,同时基于其 7 个特派小组和 5 个调查研究组的报告形成了一份 15 卷本的报告,《暴力与媒体》报告是其中之一。该报告除讨论美国言论自由的传统、美国大众媒介的结构与功能外,还专门研究了"电视娱乐与暴力"的问题。格伯纳教授主持的"培养分析"就是专门为该特派小组所进行的研究,其核心内容有二:一是对黄金时段电视节目暴力表现的内容分析;二是关于美国人实际暴力经验的全国性调查。一旦研究完成,就可以对两个"暴力的世界"——电视描绘的世界与实际的经验世界进行比较,并对比媒体判断的准确性。[①]

20 世纪 60 年代,一般美国人平均每天看电视 4 小时,很多人看电视的时间远高于这个数字。格伯纳等人相信,电视已经成为美国社会的文化中心,是所有人的共同体验,是美国人日常生活的重要组成部分。电视大批量复制信息和形象,构成了一个共同的象征性环境。电视中播放的电视剧、广告、新闻和其他节目,把一个由共同的信息和形象组成的、具有相对一致性的世界带入了千家万户。电视跨越了读写能力和迁徙障碍,主要通过娱乐方式,成为千差万别的人群社会化和日常信息的首要共同来源。接触这些共同信息所产生的效果,便是媒介的培养效果,或者说媒介借此培养共同的世界观、角色观和价值观。如果培养分析理论是正确的,那么电视便可能对社会产生重要然而却不受注意的影响。

最初的研究是对经常看电视的人与看电视较少的人进行比较。问卷调查表明,这两类人对一些问题的回答很不同,并且前者的答案和电视反映的情况

[①] 〔美〕希伦·A.洛厄里、梅尔文·L.德弗勒:《大众传播效果研究的里程碑(第三版)》,刘海龙译,中国人民大学出版社 2004 年版,第 271 页。

很接近。例如,关于美国人占世界人口比例的问题,正确答案是6%,而经常看电视的人比不常看电视的人更易高估这一比例,这显然是因为电视娱乐片中的主要角色都是美国人;关于"有多少美国人从事法律工作",正确答案是1%,但经常看电视的人也会高估这一比例,因为电视节目中约20%的角色都和法律有关;关于"一个美国人一周内卷入暴力事件的概率",正确答案是1%,但电视节目里显示的比例约为10%,因此经常看电视的人当然倾向于高估这一比例;在回答"人们是否值得信任"这一问题时,经常看电视的人更倾向于在"如何小心也不为过"这一答案上打勾。由此可以看出,经常看电视的人对外部现实世界有比一般人更强的危险感,电视节目可能正在引导人们感受一个"坏世界"(mean world)。这是否是电视节目所造成的最主要、最有影响的培养效果呢?

二、主流化与共鸣

后来的研究表明,经常看电视的人和不常看电视的人的区别还表现在其他一些重要变量上,如年龄、受教育水平、阅读兴趣和性别等。有人批评说,如果同时考虑这些变量,也许媒介的影响要小很多,因此格伯纳等人又修正了该理论,添加了两个概念,即"主流化"与"共鸣",主要考察经常看电视对不同的社会群体是否会有不同效果。

主流化(mainstreaming)是指经常看电视的不同社会群体的意见趋同。比如,高收入和低收入者中经常看电视的人通常认为,罪行恐惧对个人而言是一个非常严重的问题,但是在不常看电视的高收入者和低收入者之间则不存在这种趋同性。低收入者中不常看电视的人对罪行恐惧的看法,与高收入和低收入者中大量看电视的人的看法一致,而在高收入者中不常看电视的人大多并不认为罪行恐惧是一个问题。

共鸣(resonance)是指在特定的人群中,培养效果非常突出。例如,比起少看电视的人来说,经常看电视的人中无论男女大多都认为,犯罪是严重的社会问题。但是,最赞同这一观点的是经常看电视的女性,因为她们自认为是更容易受到攻击的对象,因此与电视中呈现的高犯罪世界产生了共鸣。

按照以上修正后的观点,电视不再对所有观众都产生一致的影响,而是会和其他因素相互作用。然而,考虑到大多数人长期充分接触电视的累积效果,电视的影响不容忽视。

还有一些调查表明,电视对人们世界观的影响会因节目而异。比如,经常看日间剧的人对利他主义和相信别人等观念赞同感很低,而经常看夜间剧的人则对政治效率赞同感较低,这是因为夜间剧经常反映掌权者如何进行政治操纵。爱看动作片和侦探片的人则更担心自己的安全。比起年龄、性别、社会经济地位等因素,看电视的意向(有计划地看电视)以及电视内容的真实感,是更能预测人们对他人信任度的指标。这也可以证明电视观众是主动者,会积极地对电视内容形成不同的评价。

三、首序信念和次序信念

20 世纪 80 年代,格伯纳等人对培养分析再次修正,把培养效果区分为两种,即首序信念(first-order beliefs)和次序信念(second-order beliefs)。首序信念是指对现实世界的若干事实的认定,比如一年中受暴力犯罪之害的人口比例。次序信念则是指从以上"事实"认定中推论得出的一般看法,比如世界究竟是安全的还是危险的。这两种信念可能相互联系,次序信念是对首序信念的进一步推论。研究表明,常看电视会影响观众的首序信念,但次序信念则可能受到电视和其他因素的影响,比如邻里的影响。

四、新闻折射假说

培养分析理论认为,总体而言,经常看电视可能影响对犯罪率的认知,但是很多批评者认为,这可能更适用于特定类型的电视内容。约翰·麦克劳德(John McLeod)带领研究小组在对犯罪行为的媒介影响研究中,分别测试了以上两种关于总体电视内容和特定类型电视内容与犯罪率的认知相关性,并提出新闻折射假说(news reflection hypothesis)。新闻折射假说提出,比起电视剧等虚构类罪行节目来,观看地方新闻内容可能强烈影响对罪行等问题的理解,因为这类节目具有高度的真实性和现场感,其内容又很有接近性。研究结果支持这一假说,认为总体上充满罪行的地方电视内容最强烈地意味着罪行危机,并促成了人们的虚拟体验。

五、文化指标研究

最初的年度暴力指数(violence index)研究,是从电视网黄金时段内容中抽出一个星期的内容作为样本,分析节目中究竟展示了多少暴力。除此之外,格伯纳小组还将"培养分析"纳入一项更为综合的"文化指标"(cultural index)研究。文化指标研究是对大规模媒介化(mass mediated)公众讯息系统的分析,包括"制度分析""讯息系统分析"和"培养分析"三个部分。[①]

"制度分析"主要分析影响大众传播的信息生产和消费的各种制度性压力,如政策法律管理、企业资本运作、同行竞争与媒介自律以及受众监督等。讯息系统分析则主要揭示由语言、文字、画面、音像等符号所构成的媒介讯息系统的倾向性。比如,美国电视剧中25岁至45岁人口的比例远高于实际人口比例,这反映了把这一年龄层视为主要消费市场的产业界的观点。不仅如此,这一阶层的主人公,还代表了美国的核心价值观,如社会地位、权力、金钱、职业和性的价值观等;而另一方面,电视剧中对老人的描述却多有丑化和弱化之嫌。由此可见,传播媒介所提示的"象征性现实"是按照一定的价值体系结构来构建的。培养分析是讯息系统分析的延伸。换句话说,它揭示了媒介提供的"象征性现实"与客观现实之间的距离,而媒介所提示的"象征性现实"被以"报道事实"和"提供娱乐"的形式传达给受众,潜移默化地影响了人们对世界的认识。

后来的培养分析转而考察其他传媒的培养过程,比如闭路电视和录像机。因为看录像的人很可能看很多同样类型的他们喜欢的片子,所以更可能强化培养效果。研究还扩展到对色情片效果的研究。女权主义研究认为,色情片就是培养者,它对文化中关于女性和性角色的观念有广泛影响。典型的实验

[①] 〔美〕乔治·格伯纳:《走向"文化指标":对大规模中介的公众讯息系统的分析》,转引自〔英〕奥利弗·博伊德-巴雷特、克里斯·纽博尔德编:《媒介研究的进路》,汪凯、刘晓红译,新华出版社2004年版,第175—185页。

室研究集中于短期效果,可能忽略了色情对文化信念的重要影响。研究显示,通过长时间接触性杂志和性电影,受众在有关性别角色、性特征、性感模式和性神话等方面的观念都有所改变。其中,大量接触色情文化的男性更倾向于产生对性别角色、性别特征和性感模式的刻板印象,而大量接触色情文化的女性更反对成见,同时,研究表明,不论男性女性,接触色情文化与接受性神话都无关。

随着培养理论的发展,越来越多的研究利用其思想和框架来研究暴力犯罪以外的电视内容的影响,比如社会刻板印象、对种族主义的态度、对受害的恐惧、对司法的意见等。培养分析常常被看作对大众媒介强效果观的回归。这虽然并非完全错误,但也不能忽视其最初是作为一种批判理论出现的。培养分析不仅仅是对特定媒介的效果分析,也是对电视制度及其社会角色的分析。

第四节 知识沟假说

培根说:"知识就是力量。"按照最简单的理解,掌握更多知识的人应当更有智慧,也更有把握人生的能力。然而,知识也和财富一样,在我们社会中的分配并不均匀,所以现代传媒的作用之一,就是通过广泛、迅捷的信息传递,增强社会成员知情的能力。在人们的一般观念中,传播媒介的普及可以改善知识传播和教育的条件,从而带来整个社会文化水平的提高,并有助于缩小社会差距,推动实现社会平等。但是,美国明尼苏达州立大学的菲利普·蒂奇纳(Phillip Tichenor)教授等人对这种一般观念产生了怀疑,他们用25年的实证研究证明,新闻媒介系统性地向某些人群传递信息,而具有更高社会经济地位的人会比其他人获得更多更好的信息。随着时间的流逝,获得更多信息的群体和获得更少信息的群体间的差异性日益增长,他们之间的知识鸿沟变得越来越宽。

1970年,蒂奇纳等人在一篇名为《大众媒介流与知识的差别性增长》的文章中提出"知识沟假说"(knowledge-gap hypothesis):随着大众传媒向社会传播的信息日益增多,无论社会经济状况好的还是社会经济状况较差的人均能增进知识,但是社会经济状况较好的人将比社会经济状况较差的人以更快的速度获取信息,因此这两类人之间的知识沟将呈扩大而非缩小之势。如图 14-3 所示。

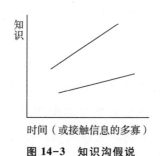

图 14-3 知识沟假说

一、《芝麻街》

与知识沟假说密切相关的是一部名为《芝麻街》的儿童教育片。20 世纪 60 年代的美国民权运动风起云涌。在倡导教育平等的社会浪潮中,学校中贫富学生在学习能力和学习成绩上的显著差距引起了社会的广泛关注。相比贫困家庭的孩子,富裕家庭的孩子通常在进小学之前就接受了较好的学前教育。进入小学之后,两者在学习能力和学习成绩上自然产生差距。这种差距随年龄增加而不断扩大,并导致升学率以及未来职业和社会地位上的两极分化。这种现象是由不平等的社会经济结构造成的,但种族主义者却归因于人种素质问题。

在强大的社会压力下,美国政府推出了补充教育计划,力图通过大众传播和其他手段来改善贫困儿童的受教育条件。1968 年,美国纽约市的一个公共事务节目制作人乔安·库尼(Joan Cooney)发现,尽管教育专家们长期以来坚持认为,学龄前教育对儿童的智力和知识发展非常关键,但是美国有 80% 的三四岁儿童和 25% 的五岁儿童,尤其是家庭经济条件差的儿童,没有接受学前教育。那些不去幼儿教育学校的孩子们经常看电视,而为三至五岁孩子安排的现有节目并不以教育为中心。

于是,库尼女士成立了一个非营利性组织——"儿童电视工作室",从一些联邦机构、私人基金会以及公共广播机构募集了1300万美元,于1969年推出了儿童教育节目《芝麻街》下。该节目一经播出即大受好评和热烈欢迎。许多公共电视台一天播出两次,全国商业电视网也全面播出并重播。当时有1100万家庭每星期收看《芝麻街》,还有83个国家购买播放。《读者文摘》称赞它"为美国电视业创造了一个奇迹"。

美国当时的一些全国性研究表明,小学初级阶段的知识掌握程度与观看《芝麻街》的频率有直接相关性,所有儿童在社交和知识储备上都受益于定期观看这个节目。然而,虽然节目的播出对贫富儿童都产生了良好的教育效果,但中层和上层阶级的儿童的受益程度却高于底层社会的儿童,并且中上层阶级的儿童更多地收看此节目。即使收看频率相同,收入高的家庭的孩子从中获得的知识也更多。因此,节目被指责为更多地针对中上层阶级的孩子,以缩小教育条件差距为目的的这个系列节目实际上却扩大了贫富孩子之间的差距。对此,制作者辩解说,节目的目的是使所有孩子都达到一个好的学前准备层次,而蒂奇诺等人坚持认为,即使大众传播将同样的知识或信息传递给千家万户,即使人们在接触和利用媒介上拥有同等的机会,但实际效果却并不如人们想象的那么简单。

二、导致"知识沟"的可能因素

知识沟假说何以正确呢?蒂奇诺等人提出五个理由:

(1)传播技能上的差异。社会经济状况较好的人与社会经济状况较差的人在传播技能上是有区别的,其文化程度通常存在差异,而获得关于公共事务和科学的知识,需要一定程度的阅读、理解和记忆能力。

(2)已有知识储量的差异。社会经济状况好的人基于其所受的教育,可能对某个问题早有了解,或者也可能通过以往的媒介接触而对此有着更深入的了解。现存信息数量或先前获得的背景知识方面的差异导致知识沟的形成。

(3)社交范围的差异。社会经济状况好的人可能有更多的相关社会关系。比如,他们可能与同样了解公共事务和科技新闻的人有交往,并可能就此类问题展开讨论,因此他们更有可能获得新知。

（4）信息选择的差异。社会经济状况较差的人,可能在成长中接触不到与他们的价值观和态度相协调的涉及公共事务或科技的信息,于是他们可能对此类信息兴趣不大。

（5）大众传播媒介系统的性质。大众传播媒介系统本身可能是有偏向的,传播有一定深度的关于公共事务和科技新闻的主要是印刷媒介,其媒介内容可能以较高社会阶层的人的兴趣和口味为取向。①

在上述几方面中,社会经济地位高的阶层都处于有利地位,这是造成"知识沟"不断扩大的根本原因。研究者收集的其他类型的资料也证明了"知识沟"的存在。比如,对收听总统演讲的广播听众按其社会经济状况进行分组,结果表明,受众数量随家庭经济水平的下降逐渐减少。社会经济状况较差的人较少听演讲,因此对相关公共事务知之甚少。对1976年总统选举的研究表明,最愿意观看大选辩论的人往往是较积极参与政治的人,而且通常是文化程度较高的人。观看辩论使得这些原来知识储备就较好的人获得了更多的信息,而知识储备较少的人则所获甚少。

知识沟假说最初的一种担心是,信息匮乏者不能作为负责任的公民行事,从而影响民主制的顺利运转。但按照精英多元论的观点,一方面权力始终掌握在有影响力的一小群人(精英)手中,另一方面,维持社会、政治和文化多元,使不同群体被赋予平等的地位和代表权,就能实现社会稳定发展。研究证明,政治无知和政治冷漠之间存在强烈的相关性。如果获得信息少的人不参与投票,那他们就不能颠覆整个系统。只要有活跃的、能获得充足信息的少数派精英领导,整个体系就应该能够平稳运作。

三、缩小知识沟

知识沟假说主要由两部分构成。一是信息在社会各阶层中整体分配上的不均衡,其根源在于社会根本性的不平等,是媒体本身无法解决的;二是知识

---

① 参见〔美〕沃纳·赛佛林、小詹姆斯·坦卡德:《传播理论——起源、方法与应用(第四版)》,郭镇之等译,华夏出版社2000年版,第276页。

沟的扩大或缩小有很多种可能性,媒体可能产生若干效果。因此,后来研究人员对明尼苏达州的15个社区进行调查,寻找知识与其他因素的相关性,以集中于缩小甚至消除知识沟的某些条件。格伯纳小组在对调查作出分析的基础上,对知识沟假说作了以下修订:

(1) 当人们感到在某个地方议题上存在矛盾冲突时,相关的"知识沟"会缩小。

(2) 在多元化社区中,由于存在各种各样的信源和渠道,因此知识沟有扩大的趋向;而在同质化社区中,人们的信息渠道相同,因此知识沟扩大的可能性较小。

(3) 当一个问题对本地人有迅速而强烈的影响时,知识沟就很容易缩小。①

总体上,一个议题引起社会关注的程度是一个重要的变量。比如,当1991年美国NBA湖人队球星约翰逊宣布自己HIV测试呈阳性后,针对公众艾滋病认知的一项调查表明,不同文化层次的人在该事件中获得的艾滋病知识不相上下。相关学者认为,著名体育明星发布声明这一事件本身的戏剧性、媒体对约翰逊声明的广泛宣传以及有关艾滋病知识的充分报告,使得低文化层次的人关于艾滋病的知识迅速增长,从而使相关的知识沟缩小了。

通过对收看《芝麻街》的贫困家庭和富裕家庭孩子的测试分析发现,收看得越多,贫困家庭和富裕家庭孩子之间的知识沟缩小得就越明显。实际上,家庭贫困但经常收看该节目的孩子,其进步得分要比家境好但不常看该节目的孩子的进步得分高。总之,知识沟的扩大和缩小是在一定条件下发生的,而在消除知识沟方面,电视有其独到的作用。有些地方社区用电视直播市政府会议及其他活动,以便让政府活动更加公开、透明。对收看市政府会议的观众的调查发现,低文化水平、低收入、少数民族群体和社会经济条件好的群体一样喜欢看该节目,知识沟并没有扩大。这类电视节目的观众既有社会经济状况好的,也有社会经济状况差的,但往往与该社区有利益关系,如长期在该社区生活、隶属于该社区的组织等。

---

① 〔美〕沃纳·赛佛林、小詹姆斯·坦卡德:《传播理论——起源、方法与应用(第四版)》,郭镇之译,华夏出版社2000年版,第280页。

四、上限效果

1977年,詹姆斯·艾蒂玛(James Ettema)和杰拉尔德·克莱因(F. Gerald Kline)提出"上限效果"(ceiling effect)假说。他们认为:个人对特定知识的追求并不是无止境的,达到某一"上限"(饱和点)后,知识量的增加就会减速乃至停滞。社会经济地位高的人获得知识的速度快,其"上限"到来得也早;而社会经济地位低的人虽然知识增加的速度慢,但随着时间的推移,最终能够在"上限"上追上前者。因此,大众传播最终还是会带来社会"知识沟"的缩小而不是扩大。① 如图14-4所示,具体来说有如下理由:

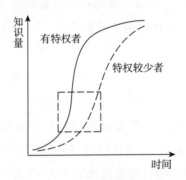

图14-4 "上限效果"图示②

(1)信源的性质决定的"上限"。大众传播传达的不是高深的知识,而是某些范围内、某种程度上的"一般"知识,因此无论社会经济地位高者还是低者,都不可能从大众传播中得到超出这个程度或范围的知识。

(2)受众本身具有的"上限"。受众中的"先驱者"(如社会经济地位高者),在感觉到自己的某种知识已经很充足的时候,会自动减慢或停止对这种知识的追求。

---

① James S. Ettema and F. Gerald Kline, "Deficits, Differences, and Ceilings: Contingent Conditions for Understanding the Knowledge Gap," *Communication Research*, Vol. 4, No. 2, 1976, pp. 179–202. 转引自郭庆光:《传播学教程》,中国人民大学出版社1999年版,第216页。

② 〔英〕丹尼斯·麦奎尔、〔瑞典〕斯文·温德尔:《大众传播模式论》,祝建华、武伟译,上海译文出版社1987年版,第98页。

（3）现有知识已经达到"上限"。如果个人的知识程度已经高于大众传播的内容，便不会再通过大众传播去寻求知识。

五、从"知识沟"到"数字差距"

早期的研究认为，西欧的广播电视公共服务网以及美国的全国电视网能确保电视提供统一来源的国际国内信息。由于电视将基本相同的新闻与信息传递给较大比例的人群，并且电视的内容被普遍认为是真实可信的，因此电视会使社会经济地位低的人获益，从而缩小而不是扩大知识沟。但是随着闭路电视、卫星电视等新传播技术的发展，以及电视频道的多样化和竞争的日益激烈，统一的电视受众消失了。1997 年，加西阿诺（C. Gaziano）对 39 项关于知识沟假说的实证研究回顾认为，媒体对于缩小知识沟的效果仍不确定，但知识沟本身却在继续生成。

在数字技术日益成为主要传播手段的今天，知识沟从更广泛的意义上来说转变成了"数字差距"（digital divide）。有学者用"ABCD"来概括以互联网为代表的数字媒体接触和使用状况的四种差异，即接触（access）、基本技能（basic skill）、内容（content）和意愿（desire）。[①] 社会经济地位高者在新媒体技术的接触和使用技能培养方面显然有突出的优势，但是在内容和意愿动机方面却难以确定。很多研究表明，个人兴趣也是导致知识沟形成的主要因素。

在信息社会里，信息就是资源。在社会信息化的过程中，数字差距不仅存在于贫困和富裕阶层之间，而且广泛表现在不同群体、民族、国家以及文化之间。如何在全社会乃至全球范围内缩小数字差距所导致的鸿沟，逐渐成为传播学研究中的重要课题。

小　结

效果研究是传播学研究中最为重要的一大领域。在效果研究的过程中，研究者的视角发生了很大的变化。两级传播论和创新扩散研究都重视对传播

---

① 参见郭庆光：《传播学教程》（第二版），中国人民大学出版社 2011 年版，第 218 页。

过程的考察,研究者最为关心的是其中的中介因素,特别是人际因素对传播效果的影响。使用与满足研究的最大贡献,是将研究的视角从传播者转向受传者,将传播效果的发生归结于使用者的需求和期待的满足。议程设置研究不仅对媒介报道议程影响公众议程进行了大量考察,而且将研究的触角深向媒介报道框架和铺垫,以证明媒介如何影响人们"头脑中的想象"。沉默的螺旋理论从社会心理学的角度重新定义舆论和舆论过程,并强调媒介通过建构意见环境来影响舆论的重要作用。培养分析则通过长期的媒介受众调查来证明,带有特定倾向性的媒介讯息会以潜移默化的方式影响人们的世界观。知识沟假说打破了有关媒介发展必然缩小社会差别的一般观念,而提醒人们注意,媒介技术的发展有可能导致信息富裕者和信息贫困者的两极分化,从而带来严重的社会问题。

◆ 推荐阅读

1. 〔美〕沃纳·赛佛林、小詹姆斯·坦卡德:《传播理论——起源、方法与应用(第四版)》,郭镇之等译,华夏出版社 2000 年版。
2. 〔英〕丹尼斯·麦奎尔:《麦奎尔大众传播理论(第四版)》,崔保国、李琨译,清华大学出版社 2006 年版。
3. 〔美〕希伦·A. 洛厄里、梅尔文·L. 德弗勒:《大众传播效果研究的里程碑(第三版)》,刘海龙等译,中国人民大学出版社 2004 年版。

◆ 观察与思考

1. 如何理解媒介的议程设置效果?
2. 在"沉默的螺旋"中,媒介如何发挥作用?
3. "培养分析"如何揭示出媒介的强大效果?
4. 如何认识"知识沟"与"数字差距"?

第十五章 传播的社会科学研究方法

本章教学目标：
1. 理解传播学的社会科学研究的基本要求
2. 了解并掌握一般性研究方案的设计
3. 了解几种定性及定量研究的方法
4. 了解内容分析的基本方法

在前面几章，我们介绍了一些比较著名的传播学研究。实际上，在传播领域中，存在着大量的各种类型的研究。有些研究属于私人研究（private research），完全按所有者的意图进行，可以不顾及其他研究者的意见。但有些则属于公共研究（public research），要累积成知识，要公开发表，公开接受检验甚至批评。

从研究目的看，研究又分为应用研究（applied research）和理论研究（theoretical research）。应用研究一般被认为是解决问题式的研究，与媒体的经营管理高度相关，因此有时被称为管理研究。理论研究不能说与管理不相关，而是更注重普遍性，方法也更为多样，因此也称为基础研究（basic research）。理论研究更多依赖社会科学和研究文献而不是媒体实践，其对媒体从业人员的帮助虽然重要但却常常被忽略。

在传播研究中还存在着管理研究与批判研究（critical research）之分。二者的区别在于：管理研究集中于微观的、问题导向性的课题，而不是比较宏观的政治与经济影响等问题。对行政研究者而言,有关政治与经济机构(有时也包括社会和文化机构)的结构、权力集中化、支配—依赖关系特征以及既得利益的诱因等问题,都在研究范围之外。对行政研究的大部分批评来自批判研究者。他们批评行政研究致力于研究某一狭窄主题,从而忽视了深层次的真理,特别是当研究带有商业目的时。批判研究常常着眼于体制层面,从政治与经济影响的角度解释传媒现象。研究者认为政治与经济不平衡关系的变化是重大变化的先决条件。有些批判研究侧重于对媒介内容及其背后的社会政治经济力量进行分析、揭露和批判。

图灵奖得主吉姆·格雷(Jim Gray)将科学研究分为四类范式,即实验归纳、模型推演、仿真模拟和数据密集型科学发现,也就是实验科学、理论科学、计算科学、数据科学。在传播学领域,也正在发生从实验科学向数据科学的转变。与此同时,作为一个跨学科的研究领域,传播学也吸收了大量的人文研究方法。

对于新闻传播专业的本科生来说,虽然距离成为专业的研究者还较遥远,但是了解一些基本的传播研究方法,对于学习和研究却十分有利。作为传播学的基础教材,本章仅仅对与媒体有关的社会科学研究的一般思路和主要方法作简要介绍,同时也欢迎大家尝试性地进行一些个人研究。

第一节　社会科学研究的基本要求

社会科学研究的目的是寻求社会生活的规律,从而满足预知未来环境的需要。虽然人们有时在不了解的情况下也能预测,但在大多数情况下,科学研究显然有助于更准确也更精细地了解和预测,因为科学研究通过观察和推理,回答"是什么""为什么""发生的可能性有多大"等问题,并对事物加以描述,对因果概率(causal and probabilistic)进行推理。

一、社会科学的基础

社会科学研究方法以科学的逻辑实证(logico-empirical)为基础,也就是说,科学对世界的理解必须言之成理,并符合我们的观察。逻辑和观察是科学的两大支柱,二者不可或缺。社会科学研究包括理论(theory)、资料收集(data collection)和资料分析(data analysis)。概括地说,科学理论处理的是科学的逻辑层面的问题;资料收集处理的是观察层面的问题;资料分析则是比较逻辑预期和实际观察,寻找可能的模式。①

社会科学理论的终极目的在于寻求社会生活的规律性。社会科学家虽然也常常研究个体的动机,但研究的对象通常是社会生活中总体的、集体的行为而非个体的行为。关于规律性,虽然一般认为自然科学的研究对象比社会科学更有规律、更少出现反例,但这种看法很可能造成误导。社会中存在大量正式的和非正式的社会规范,它们会在有形无形之中让社会行为具有规律性。有些规律过于明显而显得微不足道,有些规律又因为反例太多而显得不太像普遍规律,特别是社会科学中常常存在人为干预,使得规律被某些人有意识地颠覆,但颠覆并不足以威胁社会科学的观察,反倒促使研究者从更多方面去观察和理解社会规律。总之,社会科学研究的是集体的而非个体的行为,试图理解的是人类社会运作的体系,构成体系的元素是变量而不是个体。

社会科学研究包含了对变量以及变量之间相互关系的研究。变量是属性的逻辑组合。比如,在研究收视率问题时,性别、年龄、受教育程度、收入水平等都是相关变量,每个变量又包含不同的属性,是属性的逻辑组合,比如性别变量的逻辑组合是男性和女性,年龄、收入等变量也是诸多属性的逻辑组合。个人与其所进行的研究的关系,应具备相应的属性。比如,医生的目的是帮助病人康复,因此需要关注所有在他面前的病人。但病理学家关注某一类疾病,只有患有此类疾病的病人才具有特定属性,由此成为他的关注对象。再如,如果研究的对象是儿童节目的收视率,那么非儿童的年龄属性就不太重要。属性和变量之间的关系是科学描述和解释的核心。

科学研究需要观察,而观察总有一个特定的知识的起点。我们常说"站在巨人的肩膀上",就是指知识的传承。知识的传承来自传统和权威,但传统和

---

① 〔美〕艾尔·巴比:《社会研究方法(第十一版)》,邱泽奇译,华夏出版社2018年版,第12页。

权威都是双刃剑,一方面可能指引我们的研究,另一方面也可能让我们误入歧途。我们也常常在研究和观察中犯错。一是因为观察不够准确,因此需要一些测量的手段来避免不准确的观察。二是在有限观察之后,为寻求对事物的理解,而把一些类似的事件当成普遍模式的证据,出现过度概化。保证样本足够多和重复观察都能避免过度概化。三是选择性观察,这也会导致过度概化。通常每项研究设计都会事先设定观察事项,以此作为推论的基础。一旦研究者认为存在某种特别形态,并获得了对该形态的一般理解,就很可能只注意符合该形态的事物或现象,而忽略其他状况,这就很可能导致观察的偏向和过度概化。观察中也容易出现非逻辑推理。比如,当观察到的现象和日常生活中的结论相抵触时,处理的方式之一就是认定为"例外",毕竟没有百分之百的规律。另一种日常生活中常见的不合逻辑的例子是赌徒谬误。统计学家讲概率,但赌徒却相信风水轮流转,输赢靠手气,这显然不合逻辑。人人都难免有非逻辑推理,而科学研究就要有意识地运用逻辑体系来避免普通人的缺陷,确保研究的科学有效性。

科学研究的核心在于实证,也就是说,要力图通过研究,收集到充足的证据,来证明自己的观点。研究者应尽量避免对事物进行简单的对和错、好和坏之类的"价值判断",因为在涉及价值判断时,人们很难有一致的判断标准。因此,科学只能以实证的方式,重点研究事物的内在本质和规律,即"是什么"和"为什么"。假设一对夫妻在激烈地争吵,在各自的眼里,对方都显得那么地不理智、令人愤怒。如果你是一个旁观者,完全不了解他们各自的观点和心路历程,只觉得看到的是两个很不理性的人在彼此叫骂,是不是会觉得他们都应该为这场冲突负责呢?或者会因他们彼此之间不理解而产生同情?在这种情况下,社会科学研究是否能获得真相?如果说争吵的双方都可能是主观的,那旁观者的判断就没有主观性吗?如何最大程度地减少主观判断可能造成的错误认识以获得真知?科学研究因此格外强调实证,强调研究的认识论(epistemology)和方法论(methodology)。

二、社会科学研究中的一些辩证关系

社会科学的研究多种多样,但一般强调以下四种辩证关系:

（1）个案式与通则式解释。个案式（idiographic）一词中 idio- 这个词根所代表的意义是独特的、隔离的、特殊的或明确的。个案式解释试图穷尽某个特定情形或事件的所有原因，但与此同时，我们的视野也局限在个案上。例如，一名一贯表现优秀的大学生突然做出了伤害动物的行为，要找出原因，是比较困难的。也许对某个个案的解释可以部分地应用于其他情况，但研究的意图只是完全地解释某个案例。另一种类型的解释方式被称为通则式（nomothetic）解释，即试图解释某一类情形或事物，而不是某个个案。它只使用少数几个解释因素，因此"很经济"，但只能解释部分，而不是全部。个案式解释和通则式解释对于社会科学研究来说都是有力的工具，前者聚焦个体事物的全部解释，有助于深入理解，后者偏于抽象提炼统计模式，有助于发现共同趋势。

（2）归纳与演绎。归纳（induction）研究是从个别出发以达到一般的研究，即从一系列特定的观察中，发现一种模式，使其在一定程度上代表所有给定事件的秩序。比如，你通过观察，发现男性女性在网络社会化媒体平台参与方面的表现存在差异。要注意的是，发现本身并不能解释原因，因为在你发现之前，不同的差异模式已经存在了。另一种研究方式是演绎（deduction）推理，是从一般到个别的研究，常常需要采取假设验证的研究设计，即在逻辑或理论上假设预期模式，然后观察、检验预期模式是否确实存在。比如，你想找出自己历次考试中取得理想成绩的原因，那么可以有两种研究选择。一是回顾各次考试，列出每一次的成绩，然后努力回想导致成绩好的共同条件和导致成绩差的共同因素，从而形成总体的改进建议，这用的就是归纳模式。二是经过一番思考后，你假定和同学一起复习比自己单独复习更容易取得好成绩，然后尝试一半功课和同学一起复习，另一半功课自己单独复习，以验证这个假定。这就是演绎模式。归纳模式和演绎模式都是科学的研究方法，二者结合更能寻求到对事物完整、有力的解释。

（3）定性与定量。社会科学研究中定量与定性资料的区别就在于是否可以数字化。表面上，每一项观察都是定性的，满意不满意、喜欢不喜欢都不是一开始就数据化的，但研究者可以通过量表赋值的方式，对满意度等指标进行定量测量。定性研究是通过长期的、近距离地观察社会及文化层面的现象，来理解人类活动的"意义",主要以人类学的田野调查为代表。20 世纪 30 年代以来,随着现代统计学以及计算机技术的发展,社会科学中的量化研究开始兴起。这一类研究仿照近代实验科学,借助数理统计手段和计算机信息处理技术,以严格的量化标准确定数据的收集、整理和分析,并提出一些公式化、模型化的研究结论。在传播研究中,定性研究和定量研究都有合理性和实用性,都应该学习和掌握。相对而言,定性研究倾向于个案式解释,而定量研究倾向于通则式解释。在定量研究之前,需要定性研究的准备,定量分析之后,又常常会回到定性式结论。要完全理解一个议题,则常常需要结合这两种方法展开研究。

(4) 理论研究与应用研究。在本章的开篇就谈到了理论研究和应用研究的区分,这是因为社会科学研究从一开始就展现了两种完全不同的动机。一方面,人们着迷于人类社会生活的本质,并试图通过表象去发现其中的意义,因此有以寻求"纯粹的知识"为目的的理论研究;另一方面,出于建设更美好社会的目的,科学家愿以多种方式将知识运用于社会实践,因此需要应用研究来解决实际问题。总之,无论是纯粹的理论研究,还是应用研究,对社会科学研究来说都是重要的。

三、研究伦理

伦理(ethics)是指行为上的对错以及精神上的责任与义务。广义上的研究伦理包括两个方面,一是资料处理,二是参与者的对待方式。二者都受研究者控制,而研究者却很少受到外界的监督,因此研究者必须形成自己的伦理观,承担责任,认清义务。

资料处理中的伦理问题可能产生于研究过程的任何一个环节:从制作测量工具、培训访问员、抽取样本,到数据的输入、清洗和分析,直至研究报告的撰写。研究者应避免通过制作测量工具去"创造"某一结果;研究者应给访问员或资料收集者提供最好的培训,还需要在报告中注明培训的性质和已知的失误之处,以便读者判断是否接受其研究成果;数据样本代表总体,样本抽取应谨慎、规范。如果把随机样本与非随机样本笼统地视为随机样本而不予说明，就属于伦理问题；数据的输入应有一定的规则指导，对输入的数据应进行认真的清洗，而更多的不合乎伦理规范的行为则可能存在于数据分析过程中，比如放宽显著性水平、选择保留或拒绝某些受访者，从而影响研究结果。假设和研究问题应该从一开始就提出，而不应事后假设与搜寻资料，即不应在事实与研究中观察到的结果相符合之后再去建构假设和研究的问题。最终的研究报告应包括研究方法、抽样过程、误差范围、测量以及分析的细节等，以利于后人重复研究。相关资料和文件也应保存三至五年，以便再次研究。

参与者的对待方式中的伦理问题是指公正或不公正地对待参与者。不公正可能发生在实验、调查或者实地观察中，不公正的程度由很轻微到很严重，由人身伤害到情感伤害。研究者必须牢记，人是脆弱而宝贵的，不是研究中任人摆布的棋子，必须保护其尊严。首先，参与者参与研究必须出于自愿。虽然这一原则看似没有争议，但实际操作中并非如此。比如，一个研究者假装参加一个宗教活动，实际上却在进行观察，这时被观察者对他的研究就不完全出于自愿。其次，研究必须对研究对象无害。虽然通常没有人会反对这个准则，但要完全遵守往往相当困难。比如，著名的"斯坦福监狱实验"（Stanford prison experiment）是 1971 年由美国心理学家菲利普·津巴多（Philip Zimbardo）领导的研究小组，在斯坦福大学心理学系大楼地下室的模拟监狱内，进行的一项关于人类对囚禁的反应以及囚禁对监狱中的权威和被监管者行为的影响的心理学研究，充当看守和囚犯的都是斯坦福大学的在校大学生志愿者。本来这个实验计划十四天完成，但到了第七天就宣告终止，原因是扮演囚犯的实验者受到了伤害。目前，有很多研究都需要向伦理审查委员会提交申请，论文发表时也需要附加伦理审查报告。

四、研究方案设计

研究是一个对研究对象进行客观的经验观察和分析总结的累积性的过程。在研究开始之前，需要进行一定的研究设计，写一份研究计划书，以确保研究的顺利进行。很多时候，我们需要凭计划书去申请研究经费，或者找到合作方。

如果没有相关理论或者过去的研究可以参考,我们也需要通过确定问题来寻找相应的研究方法,而最基本的方法就是系统观察研究对象,找出真正的问题所在。比如,某医疗设备企业有一款适合在公共场合应急救援的产品,该企业想面向高校大学生进行推广,但却因为之前的相关研究非常少而遇到很多无形的阻力。这时,研究者不妨从系统观察开始,寻找一些值得研究的问题。

一旦问题确定下来,我们就需要思考用什么方法去观察和分析、解决问题。研究方法多种多样,可以用观察法或批判分析法,也可以用调查法或实验法。有时候,问题本身就会暗示适当的方法,而既有的研究文献也可以帮助我们设计研究方法。最重要的是在了解多种方法的基础上,从问题本身出发,确定适当的观察和收集资料的方法。为了更好地研究问题,也可以尝试使用多种方法。

在研究开始之前,你需要制订一个计划,弄清楚你需要观察什么、分析什么、为什么观察分析以及如何进行。这是研究设计的核心内容。其中最重要的,一是必须明确要发现的东西,二是要选择最合适的研究方法。研究可以是为满足好奇心,或探讨某项研究的可行性的探索性研究,也可以是将观察到的事物或现象仔细加以描述的描述性研究,或者是侧重因果分析的解释性研究。

研究计划书一般包括以下内容:

(1)研究的问题和目的。在计划书中,我们首先需要明确说明研究的议题是什么和该议题为什么值得研究。比如,控烟是一个很大的研究领域,当你在写研究计划时,必须明确你是要研究有关烟民戒烟的问题,还是保护公众免受烟草危害的问题。如果是后者,那么又涉及如何向公众宣传烟草的致病性,从而让他们自觉拒绝吸烟,或者通过向公众宣传争取控烟立法,创建无烟社会。前者涉及的是目标人群的行为改变,而后者则涉及公共政策过程。只有明确了研究的问题,才能围绕问题,寻找并分析相关数据资料,得出相应的研究结论。问题的提出,可能来自对现实的观察,也可能是受他人研究的启发。在明确研究问题的同时,一定要评估研究的意义。研究的意义可以是指实际应用的价值,即在多大程度上能解决实际工作中的问题,也可以是理论价值,即是否能丰富现有的理论知识、修正已有的模型等。

（2）文献综述。一旦确定了研究问题，就必须先搜寻相关的文献，以确认前人是否研究过类似的问题。如果一个问题能够在文献中找到答案，那就不需要重复研究了。如果能发现前人研究的明显不足，比如质疑其研究方法和研究结论的可靠性，或者新的信息能够影响或改变先前的发现，那么就有重新研究的必要。文献检索和综述有助于我们明确一个主题的研究现状，并进一步确定所要研究的问题。文献综述能帮助我们确定研究的起点，在前人研究的基础上做更深入的研究，所以需要有比较清楚的对研究脉络的梳理和对研究不足之处的客观评价，这样才能找到进一步创新的方向。

（3）研究对象。要说明你收集什么事物的资料，可用的数据资源是什么以及如何使用。比如，在一份有关食品安全问题媒体报道的研究计划中，要明确研究对象是哪家媒体的哪类报道，如中央电视台《每周质量报告》中有关食品的记者调查节目，还需要说明如何收集到这些节目，选择分析的是哪些节目，选择的依据是什么。

（4）资料收集方法。要说明如何收集资料。是用实验法还是问卷调查法？是进行实地考察还是对原有统计资料或其他文本进行分析，或者是采用混合式的方法？比如，在一份有关公众食品安全认知调查的计划书中，可以说明调查方法是在线调查，还是在某一地区进行随机抽样入户调查等。

（5）分析。要说明对数据材料进行分析的方法，包括分析目的和分析逻辑。分析方法有很多，如偏于定量统计的内容分析法、偏于意义阐释和批判的话语分析法等。要说明分析是否倾向于详细描述、是否准备解释某些事物在特征上的差异以及事物之所以如此的原因。

（6）时间进度安排。一般说来，研究应该提供一个时间表，说明不同阶段的时间安排。即使没有明确的时间表，研究者自己也应该有所安排，以免陷入困境。

（7）经费预算。如果要申请研究经费，必须提供经费使用计划，注明经费用途，如办公用具、设备费用、交通费、小礼品费等。

在研究计划书完成之后，你就可以开始实施研究了。

第二节 实验研究

实验研究(experimental research)通常让人联想到自然科学。社会科学研究也将实验作为一种科学观察的方法。很多实验都在一定控制条件下的实验室里进行。研究者通常选择一组被试,给他们一些刺激,然后观察他们的反应。和实地观察性研究相比,实验研究更强调对人的行为的操纵和控制,以便更好地观察。这种方法伴随着对实验对象、实验环境和条件的严格限定和控制,因此又称控制实验。本书提到的霍夫兰小组的态度转变研究,大都以控制实验的方式进行。在有关议程设置的研究中,也有用控制实验方法进行的研究。

一、实验研究的目标

实验法是一种能够让研究者探索因果关系的观察方法,更倾向于解释而非描述,特别适合范围有限、界定明确的概念和假设。导致因果关系的变量可能有多个,比如人们喜欢某个电视节目或游戏的原因可能是同伴喜欢,也可能是受其中某个人物的吸引,这些原因构成了对因变量变化的竞争性解释。为了"控制"竞争性解释,研究者倾向于进行变量控制、统计控制、环境控制和抽样控制,从而隔离和观察任何实验变量的影响。总之,控制是实验研究的中心。

变量控制(variable control)有时被称为实验操纵(experimental manipulation)。例如,研究者假定收看广告的频数是研究广告效果的一个变量,为达到实验目的,研究者将被试分成几个组,第一组只看一次该广告,第二组看几次,第三组看很多次,第四组完全不看,这时第四组称为控制组。

统计控制(statistical control)可以被认为是一种特征控制。例如,在测试B对A的影响时,会通过性别、年龄、拥有房产的数量等特征控制,来确保比较组之间的特征可比性。比如,测试控烟广告对青少年的影响时,就可以设置初中组、高中组和大学组等来进行比较。

环境控制(environmental control)是指剔除环境因素的影响。比如,在比较两个班的阅读技巧的提高效果时,差异可能是照明情况造成的,这就需要对这一环境因素加以控制。

抽样控制(sampling control)需要研究者找出参与者的特征,并将其以大致相同的数目分配到各个比较组中,避免某个组的被试出人意料地更有经验或更有某种不受控制的态度倾向等。

效度的问题是实验研究特别关注的。效度又分内在效度(internal validity)和外在效度(external validity)。内在效度是指研究者对事物的测量程度。外在效度是指研究结果可以推及总体。为增强效度,研究者要排除所研究因素之外的任何因素,如意外事件导致的结果、测试及测量工具问题,以及研究参与者的成熟老练程度等。

二、研究过程设计

控制实验的过程大体上有以下几个步骤:

(1) 确定实验课题。实验课题有两类,一类是假说发现型,另一类是假说验证型。在很多情况下,一项实验可能既具有"发现"的目的,也具有"验证"的目的。

(2) 选定实验对象。实验对象可以用抽样方式选出,也可以根据课题需要选择某个具有一定代表性的小群体。例如霍夫兰小组进行关于电影对新兵影响的实验时,就从新兵中进行抽样,而在恐惧诉求实验中的抽样则没有这么明确。

(3) 准备好信息测试材料。可以选择现有的文章、图画、广播录音稿、影像短片等,也可以制作新的测试材料。

(4) 实施测试。将实验对象置于特定的实验控制环境里,按既定程序实施实验,收集反应数据。实施测试的时间有的很短,有的则可能持续几天甚至更长时间。

(5) 形成实验报告。对测试的数据进行整理和分析,并将实验结果与实验课题目标对照检查,得出相应的结论,达到发现新假说或验证既有假说的目的。

一般来说,有三种常见的控制实验类型:

(1) 单一事后控制实验(posttest controlled experiment)。这是将实验对象分成一个实验组和一个控制组,对实验组实施相关信息刺激,而对控制组不实施相关信息刺激,并且对这两组都不进行事前测试而只进行事后测试,目的是观察两组间是否因信息刺激的差异而产生反应差异。

(2) 前后控制实验(pretest-posttest controlled experiment)。这是对实验组和控制组都进行前后两次测试,以比较接受相关信息刺激前后的变化,并且对两组的反应进行对比。霍夫兰小组在进行军队实验时就常采用这种办法:两组实验对象在观看电影之前填写一份问卷,然后分组观看电影,实验组观看《不列颠之战》之类的影片而控制组观看不相关的影片,看完之后再填写一次问卷。研究者可以分别作不同对比,但其中最重要的是比较实验组观看影片前后的态度差别。

(3) "所罗门4组控制实验"(Solomon 4-group controlled experiment)。具体做法是把实验对象随机分成4组,给予不同的实验条件,以对不同的测试结果进行多方面的比较。恐惧诉求实验就采用了这种方法。

以上三种类型只是控制实验的基本类型,在从事具体研究时,可以根据需要进行相应的调整,以设计出更为科学有效的实验方案。

三、实地实验

实验室研究有控制严密的优点,但也有人为性较强的缺点。实地实验(field experiment)是指在实地而非实验室里进行的实验。与实验室研究相比,实地实验有保证真实性的长处,也有控制松散的短处。实验室研究更强调内在效度,而实地实验则强调外在效度。

在典型的实地实验中,研究者一般是在实地环境中插入一个实验变量。比如,研究者找出两个邻近的小镇,它们在人口构成、人均收入和经济发展等方面非常相似。研究者选择一种新产品或服务信息,在A镇由社区意见领袖线下介绍产品,在B镇则在线上平台进行产品介绍,然后比较两种方式的信息接收效果。为了追踪信息的传播情况,研究者可能还需要在两个镇分别进行调查访谈。

第三节　调查研究

调查研究(survey research)中的调查(survey)一词就是指检查或观看,其方法简单地来说,就是找出一些元素或受访者组成一个观察样本,然后收集资料加以研究。如果调查的样本等于总体,那就是普查(census),如人口普查,而单一样本的调查更类似个案研究。有很多调查是基于标准化问卷来进行的,也比较便于进行量化的统计分析。在新闻传播领域,大规模调查始于 20 世纪 30 年代关于广播的收听率调查,目的是吸引广告商,后来又进一步扩展到电视的收视率调查。统计理论的发展带来的样本式调查以及统计技术的计算机化,使调查更省时、省力和高效。但实际上,调查研究的用途非常广泛,也有很多调查是定性的、非量化的,除问卷调查外,本节还将介绍访谈法和田野调查。

一、问卷调查

一个典型的问卷调查,就是明确研究对象,然后利用标准化问卷来进行调查。调查常用于描述大样本特征,问卷调查也有助于意见、态度测量。问卷调查通常依赖个人对问卷的回答,因此分析单位是个体。如果以小群体为研究对象,但却由个人来填调查问卷,研究者就需要事先考虑问卷调查是否为最合适的方法。相对于实地考察,问卷调查法信度高,效度却可能较弱。以往常用的调查方法有邮寄式自填问卷、电话调查和面访调查等,近年来网上调查日益普遍,但条件要求和操作程序不太一样,效果也各异。民意调查也是一种了解公众对某些政治、经济、社会问题的意见和态度的出色工具。最常见的民意调查的基本步骤是:①确定调查课题;②确定调查对象和抽样方案;③设计调查问卷;④发放和回收问卷;⑤对调查资料进行统计分析。一般来讲,最关键的是抽样方案的确定和调查问卷的设计。

(1)抽样方案的确定。

设计方案首先要根据调查课题的目的和要求来确立研究总体和调查范

围,其次是根据调查对象的特点选择抽样方法。比如,某医院要进行患者满意度调查,其调查的总体样本应该是该医院的患者,但因为很难进行全样本调查,因此选择范围缩小为在该医院就医后留下电话号码的人,再从这些号码中随机抽出一定的人组成调查样本。调查可能回复率非常低,如果样本太小就不足以对群体意见形成可靠的估计,因此必须根据调查的目标进行最低程度的数据汇总。

抽样理论的基本假设是个体能够代表典型群体。因为在相似的社会环境下人们可能有相似的意见,所以没有必要和所有人逐个交谈。以民意调查为例。民意调查的目标是通过询问部分成员一些问题,从而得出关于这个群体总体的可靠结论,因此样本必须具有代表性。如何做到这一点呢?首先要根据调查题目选择正确的总体(population)。比如,如果调查的题目与投票行为有关,所有未成年人以及没有政治权利的人就可以排除在外。但如果调查题目与卡通片有关,那么儿童反而是抽样的主要范围。因此,要保证样本的正确性,关键在于选择正确的总体。

总体确定后,接下来就进入抽样环节。关于抽样的问题主要集中在两点:抽样方法与样本的大小。抽样方法可以简单地分为概率抽样和非概率抽样两种。概率抽样又称随机抽样。概率抽样需要有一个总体编号表,即样本框,但是这在多数情况下很难获得。在概率抽样中,在保证"随机"这一前提下,还另外发展出几种抽样法,如简单随机抽样、分层抽样、系统抽样(间隔抽样)、多级抽样和整群抽样等。非概率抽样又称立意抽样,是依人的意志来选取具有典型代表性的样本,原因有二。一是方便性。由于条件所限,研究者只能根据实际情况以自己方便的形式抽取偶然遇到的人群作为调查对象,这种方法不能通过样本推断总体,因此娱乐性强于科学性。二是在特殊情况下,比如总体中各单位元素具有很大的差异性,为确保左右两极及中间的元素都有接受调查的机会,故采用非概率的抽样方式。非概率抽样中较为常见的有方便抽样、判断抽样、配额抽样、滚雪球抽样等几种。关于样本大小则要考虑总体的正确性、精确度以及边际效应等多种因素。

（2）调查问卷的设计。

为准确测定样本和调查目标对相关问题的意见，每一份问卷都要措辞谨慎，题目安排得当。问卷的构成要素一般包括以下几点：

① 开场白。先礼貌地问候对方，以免给人突兀的感觉。

② 自我介绍。表明访员身份并介绍主持调查的机构。

③ 任务介绍。说明调查工作的目的以及如何处理调查资料。

④ 所需资料。扼要说明该调查需要哪一方面的资料。

⑤ 为什么选择对方。说明选择调查对象是基于随机抽样或者受访者条件符合研究需要。

⑥ 受访者基本资料。根据调查目的，请求对方提供必要的个人资料。

⑦ 说明回答方式。

⑧ 热身问题。顾名思义，这是在调查正式开始时最初问的一些问题，主要目的是协助受访者逐步熟悉并切入主要问题。虽然这部分题目从表面上看与主题无直接关系，但分析结果时常能从中获得一些背景资料。

⑨ 主要问题。这是整个问卷调查的重点所在。

⑩ 结尾。问卷结束前，应对受访者表示感谢。如果是邮寄问卷，记得附上回邮地址，如已预付回邮邮资，也可一并说明。

问卷的题目设计有不同的种类，其中封闭性问题和开放性问题比较常用。封闭性问题就是针对问题提供可供选择的答案，被调查者只能在规定的答案范围内进行选择。开放性问题不提供选择答案，而给予受访者较多的自我表达机会。除此之外，渗透式问题也很常用。因为回答者不可能对每一个问题都有观点，渗透式问题可以滤掉那些对问题不知晓或不在意的人。比如"你是否听说或使用过 AED？"回答"没有"的人则不必回答对 AED 的看法。探查式问题寻求对问题的更详尽的理解。比如，在提出某问题后还可能进一步问"还有其他看法吗？"或者如果某人表达了某种观点，进一步澄清的问题就是"为什么如此？"探查式问题可以确保回答者完整解释他们的理由。

在问卷设计中，关于题目的先后顺序是否会影响答案，目前没有实证研究的结论。通行的规则是，将一般性问题放在前面，特定的问题放在后面，或者将简单易答的问题放在前面,而将困难的、需要思考的问题放在后面。如果问题之间有逻辑关系,则将层次最低的或有引导性的问题放在前面,再依逻辑顺序排列其他问题。

问题设计过程中最容易出现的问题有三点。一是问题的立场不公正,甚至有预设答案,强迫受访者从有缺点的答案中勉强选出一项来代表他的意见。二是问题内容会对受访者构成心理困扰或者涉及隐私及禁忌部分,使人们不愿意说出真话。三是问题表述使人难以准确理解和回答,比如术语太多,超出一般人的认知能力,或者用词模糊造成歧义或理解困难。这就有必要改变句子的措辞或顺序以避免回答定式,比如要避免受访人不断重复"是"或"不是"。

二、访谈法

1. 焦点小组访谈

焦点小组(focus group)访谈属于调查法中的一种,是在一种自由放松、无威胁的环境下,通过精心设计、谨慎计划的讨论,来获取人们对某个特定的有兴趣的问题的认识,也称焦点小组讨论。民意调查一般要求被调查者主动回答一系列封闭式问题,而焦点小组访谈则是在一个小组中进行开放性讨论。一般焦点小组会组织6—10人参加,也可以少至4人或多至12人。研究者要根据研究计划,确定组织多少次焦点小组访谈。参与访谈的人可以通过各种方式选择,但一般会像民意调查一样,从目标人群中随机抽样。绝大多数焦点小组访谈都包括某种形式的标准问卷,也会收集最基本的人口及态度信息资料,但讨论遵循一种结构松散的计划,主持人以该计划为参考,以保证在讨论结束时该计划上的主要问题都被提及。焦点小组访谈常常以意想不到但很可能有价值的顺序进行,一般持续一到两个小时。

每一个单独的焦点小组通常由具有特定人口或态度特征的人组成,这样参加者可以在表达他们的观点的时候减少羞涩或防御心理。比如,在分析对性别角色的态度时,研究者把女性和男性分别安排在不同的焦点小组,同时还依据年龄、阶层和职业地位进行分层,组成不同的访谈组。在讨论的结构设计上,研究者一般会把参与讨论的人安排在一个个人的和非正式的场合以使他们放松。如果是在一个公开的和正式的场合,比如大学,则一般会找一个会议室,提供一些茶点,允许人们进行一定程度的自由活动。有时候,讨论还会在研究者或某位讨论者的家中进行。

从焦点小组中获得的信息一般用于定性分析,也可以进行量化的系统性内容分析。焦点小组讨论也常常和其他一些研究方法相联系,比如参与观察、深度访谈、实验以及调查等。这使得焦点小组访谈能缩小定性的解释性研究与传统社会科学量化研究之间的差距。焦点小组访谈的特点就是充分利用群体互动来产生数据和思想。没有群体讨论,这些东西就很难获得。焦点小组访谈越普及,它适于解决的问题就会越清楚。但是,和其他研究方法相比,焦点小组访谈也存在特定的局限性。它的研究场合不如参与观察自然,研究者的控制能力弱于深度访谈或实验研究,研究结果不如调查问卷容易分析和得出结论。

2. 深度访谈

深度访谈(depth interview)常用于定性研究,也就是回答"为什么""怎么做"的问题。深度访谈可以为几种研究方法收集信息,如口述历史和案例分析。深度访谈是研究者与受访者进行一对一的长时间接触(一小时以上),通常也会有一个访谈进度表,同时问题的顺序也是事先拟定的。访谈时间可以有弹性,但是要达到特定的访谈要求。比如,《销售与市场》杂志的编辑在进行有关批发商与零售商关系建立和发展的研究中,就可以尝试深度访谈法。国际频道的编辑希望了解在华外国人对外语节目的看法,也可以通过滚雪球的方法寻找采访对象,然后进行深度访谈。深度访谈的优点是对问题的探讨比较深入,特别是有关意见的调查,但缺点同样是不太容易得出普遍性的结论。

以上这两种方法既可以单独使用,也可以在大范围的问卷调查之前使用,以帮助合理地设计问卷。这两种方法还可以在问卷调查之后使用,以进一步弄清问题。比如,在一项有关在华日资企业中中方雇员与日方雇员人际交流情况的调查中,研究者发现很多人谈到了跨文化冲突。因此,在问卷调查之后,研究者可以进一步开展深度访谈,以具体了解跨文化冲突的性质、原因和后果等。

三、田野调查

1. 田野调查的基本特点

田野调查(field study)又称实地观察,是指研究者要深入实地,进入观察对象的实际生活和工作中进行研究。与旅游者走马观花式的观察不同,科学的观察性研究(observational research)有以下几个特征:①有一定的研究目的或研究方向;②预先有一定的理论准备和较系统的观察计划;③有较系统的观察或测量记录;④观测结果可以被重复验证;⑤观察者受过一定的专业训练。

田野调查的目的不仅仅是收集资料,而且还要尽可能全面、直接地观察与思考一种社会现象。那种到调查对象中发放问卷,收集完之后就回去写研究论文的做法不属于田野调查。田野调查的研究者在调查开始前很少带着需要加以检验的、已明确定义的假设,而是从无法预测的初始观察中发现有意义的东西,然后尝试性地得出一般结论。这些结论又能够启发进一步的观察,然后进一步修改结论。田野调查所获得的资料不容易被化约为数字,因此是非定量的。田野调查特别适合在自然情境下研究态度和行为,能发现其他研究方法可能忽略的一些在态度和行为上的微小差异,比如家庭中不同性别和年龄的人的收视习惯、务工者的手机使用习惯等。田野调查还特别适合跨越时间的社会过程研究。

2. 田野调查的基本方法

观察性研究并不依赖被访者的自我行为报告(尽管研究者会以访谈的方式去检验观察结果),而是直接观察在典型的或自然的社会环境中的人,描述人们的活动和行为。田野调查包括很多种研究范式,主要有以下几种:

(1) 自然主义民族志(naturalism ethnography)关注的是对社会规范和所发生事件的详细、准确的客观性描述而不是解释。阐明这种自然主义研究传统的最早、最著名的研究成果之一是威廉·怀特(William Whyte)的《街角社会——一个意大利人贫民区的社会结构》①。怀特研究的另一重要特征是从

---

① 〔美〕威廉·富特·怀特:《街角社会——一个意大利人贫民区的社会结构》,黄育馥译,商务印书馆1994年版。

观察群体自身的角度来进行报告。目前也有研究者采用虚拟民族志的方法研究网络虚拟空间的社会互动。

（2）常人方法学（ethnomethodology）与自然主义民族志定性观察有比较大的差异。自然主义民族志假设存在客观的社会现实，而且这些现实能够被正确地观察到。常人方法学却认为，真实是被社会性地建构起来的，而不是外在的。人们不是以自然的方式描述世界，而是以一种他们认为有意义的方式来描述世界。比如，怀特书中的"街角帮"常常以他们的方式来描述他们的生活，但却不会告诉我们他们如何以及为什么就是那样的。常人方法学认为，需要一些技巧来解释人们是如何理解日常世界的，因此社会学家加芬克尔和他的学生做了一系列"破坏实验"，通过打破共识的方式，来解释共识的存在。比如，他们将"对话"作为研究对象，关注对话过程中"互动"的潜在模式，以发现这些模式如何控制着我们的日常生活。

（3）扎根理论方法（grounded theory method），又叫扎根理论，是通过比较观察而不是假设检验的方式来得出结论，即通过对来自观察资料的模式、主题和一般分类进行分析，进而得出结论。在定性研究中，研究者一般会综合自然主义和实证主义方法，以达成"程序的系统化模式"。扎根理论的提出者巴尼·格拉泽（Barney Glaser）和安塞尔姆·斯特劳斯（Anselm Strauss）认为，扎根理论可以让研究者在保证科学性的同时具有创造性，只要他们遵循以下准则，如进行比较性思考、获取多种观点、时时反思、保持怀疑的态度和遵循研究程序。扎根理论强调研究程序，其中系统的编码对资料分析的效度和信度尤为重要。因为其对资料秉持的实证主义观点，扎根理论方法注重定性研究和定量研究的结合。

（4）参与行动研究（participatory action research）。一般的观察研究有谨慎观察（unobtrusive observation）与参与观察（participatory observation）之分。二者都是以系统的方式去考察研究对象，区别仅在于谨慎观察的研究者没有成为参与者。谨慎观察的研究者希望保持观察的客观性，认为自身的参与会破坏研究环境，被观察者的行为会因为研究者的参与而发生改变，或者对于自身的参与有其他道德方面的顾虑。与上述两种方法不同的是，参与行动研究中研究者的目的是要为研究对象要出谋划策,以帮助他们更好地争取自己的利益。在这种研究中,处于弱势地位的研究对象要找出自己的问题和诉求,然后研究者设计方案以帮忙他们实现目的。

(5) 个案研究(case studies)。个案研究要运用多种来源的材料,针对特定的情况、事件或现象进行描述。个案研究的价值在于启发性,能提供丰富的资料,特别是当研究者还没有或者还不能确定研究主题时,个案研究有助于研究者发现和找到更多的研究线索和概念,因此个案研究在研究的初期非常重要,并常常和其他研究相结合。但是,个案研究的结果常常是独特的,很难做进一步的推论。有些个案研究过于轻松,似乎没有投入适量的时间和精力,因此也容易被批评缺乏严谨性和科学性。

除了以上几种社会学观察方法外,传播研究中还有许多更具体的研究方法。比如,网络分析(network analysis)主要研究大量人群的行为互动。例如,如果我们对某组织中成员间的沟通模式感兴趣,我们可要求员工们记录下每天与之交谈的人、谈话的时间长度、所使用的交流渠道(电话、电子邮件、面谈等)等,然后研究者可以对此类资料进行分析,确定关键人物是否向他们必须与之沟通的人敞开了沟通渠道,或者确定不同的人在组织中扮演什么样的传播角色。语言编码(verbal coding)和非语言编码(nonverbal coding)是研究者设计各种方案,对语言行为(比如自我展露)和非语言行为(手势、面部表情、服装等)进行编码,以确定互动过程中的行为模式。问卷调查、焦点小组访谈和深度访谈,也会在田野调查中使用。

第四节 内容分析

无论实验研究还是调查研究,研究者都会不同程度地介入研究对象的活动。即使是田野调查者,也会在研究过程中改变研究对象。但是,内容分析可以使研究者不在研究过程中影响到研究对象,因此被称为非介入性研究。非介入性研究可以是定性的,也可以是定量的。虽然非介入性研究存在信度和效度的问题,但可以通过一些小技巧来处理。

一、内容分析的定义

内容分析（content analysis）就是对信息内容进行编码分类，主要考察传播讯息的特征，以了解讯息的效果以及与讯息生产相关的问题。从新闻报道到电视广告，各种文字作品、图片视频以及法律文件、历史文献等，几乎没有不能转换成编码信息或不能计算的。按照贝雷尔森的定义，内容分析是一种对显明的传播内容进行客观、系统和定量描述的研究方法。这一定义突出强调了内容分析的显明性、客观性、系统性、定量性和描述性。

二、内容分析的基本步骤

内容分析一般包括以下九个基本步骤：

① 选择主题。大部分内容分析是描述性的，如果研究主题是理论性的，就需要转换成适合内容分析的主题。比如研究电视广告中的女性形象，可以考察黄金时段广告中的女性形象，究竟是体现了关于传统女性角色的刻板印象，还是提供了新女性的理想标准。选题不同，研究重点就不同。

② 提出假设。在收集数据之前，我们必须提出一些可以通过内容分析加以检验的独特的假设。例如关于女性形象问题，我们可以假定女性角色的传统特征，如顾家、贤惠、孝顺、美丽等，而新女性的形象可能更中性化、事业心强、积极开拓进取等。

③ 明确操作词汇。关键词需要在内容分析开始之前被定义。比如，如何定义"传统女性"或"新女性"。通过制作一个相关词汇表，研究者在开始文本的实际内容分析时就能很明确地知道要寻找什么。比如，镜头中女性的着装、发型体现的是家庭主妇的特征还是职业女性的特征，女性更多出现在家中，还是职场或户外环境中，女性与镜头中其他人的关系特征体现的是亲属关系还是事业伙伴关系等。

④ 确定样本。如果我们对广告中的女性形象感兴趣，我们并不需要看每一条电视广告，因为这样太浪费时间，并且对于检验我们的假设并非必要。我们可以从能代表这一问题的文本中选择一部分样本，比如黄金时段广告等少量的文本进行分析，并将其作为更广泛的结论的基础。

⑤ 编制编码单。如果分析员要恰当地组织数据,一个简单的编码表就非常必要。比如关于女性形象,可以从年龄、相貌、着装、姿态、言语语态、谈论的话题、职业、称呼等方面进行编码,以便于分析。在研究开始之前,分析者需要选择少量的文本进行初步编码,来考察它是否有助于评估更大的样本。

⑥ 训练编码者。在理想状态下,提出前提假设的研究者并不对文章或播音新闻进行编码。编码者需要训练,他们必须知道他们要寻找什么。如果编码者要对在编码中使用相同的工具达成一致,就应当对基本问题有一个共识。

⑦ 进行编码。提出假设和编制编码单的工作完成后,进行编码就相对简单了。有时候不同的编码者在评估相同的文本时会发生较多冲突,这时研究者就必须重新编制编码单,并对样本重新编码。

⑧ 分析数据。编码完成后通常需要借助一些数据分析软件进行分析,如SPSS 数据分析软件。许多相关教材中都有关于计量统计方法的讨论。

⑨ 报告结果。这是内容分析最有意思的部分。研究者可以确定假设是否被证明。

三、其他基于文本内容的分析

内容分析是采用量化方法对文本的结构性分析,除此之外,还有大量与文本相关的分析。

首先是图书馆文献分析,所有的研究都要从图书或文献研究开始,也就是说,在我们开始研究之前,我们先要寻找其他研究者对这个主题曾经做过的研究。我们要运用各种检索工具,检查所有与主题相关的公开发表的资料,包括印刷材料以及其他媒体资料,如影片、录音及录像资料等。

历史性研究要充分利用图书馆及档案馆中留存的书信、笔记和各种人为记录(如敦煌拓片等),也可以包括各种口述史料,以及对历史上重要的传播事件或现象给出的新的解释等。历史研究者要尽可能多地搜索各种可靠的历史记录,厘清历史事实,梳理历史发展脉络,阐明历史发展规律。

批判或修辞研究则需要选择和应用合适的判断标准或准则,来评价传播事件。例如有关媒体"霸权"的研究,就是要考察媒介如何通过意识形态化的讯息来培养霸权以及维持社会权力结构。

法律研究在本质上兼具历史性和批判性,通常将重点放在法律规章的演变及应用上,以寻求了解与明确传播法制环境的发生发展规律。法律研究也非常重视法典、法庭案例、司法意见与行政规章等文献资料。

谈话分析是对谈话记录的分析,通过对谈话的结构功能以及规则和内容的考察,发现人际互动规律。本书在有关人际传播的意义的协调管理理论中讨论了一些谈话分析的方法。

文本分析又称为"接受分析",研究者将受众对媒介内容的体验和理解同媒介内容进行比较,来解释这些内容信息如何被社会化或在文化上被重新构建。这类分析经常被用于对影视剧、新闻和流行小说等的研究。

小 结

本章简要介绍了传播学研究的社会科学基本方法。社会科学研究遵循科学的逻辑实证方法,逻辑和观察是社会科学研究的两大支柱,理论、资料收集和资料分析是社会科学研究的三大基本内容。本章着重介绍了实验研究、调查研究和内容分析,其中包含了方法论层面和方法技巧层面的诸多研究路径,以实现探索、描述和解释等研究目的。

◆ 推荐阅读

1. 〔美〕艾尔·巴比:《社会研究方法(第十一版)》,邱泽奇译,华夏出版社2018年版。
2. 袁方主编、王汉生副主编:《社会研究方法教程》重排本,北京大学出版社2013年版。
3. 〔美〕迈克尔·辛格尔特里:《大众传播研究——现代方法与应用》,刘燕南等译,华夏出版社2002年版。

◆ 观察与思考

1. 选择并浏览几篇中英文学术期刊论文,说明其研究风格与研究发现。
2. 设计一个个案研究方案,看看能否尝试使用相应的研究方法。

参 考 书 目

郭庆光:《传播学教程》(第二版),中国人民大学出版社 2011 年版。
侯玉波编著:《社会心理学》,北京大学出版社 2007 年版。
潘平、明立志编:《胡适说禅》,东方出版社 1993 年版。
许祥鳞、陆广训编著:《大综合舞台艺术的奥秘——中国戏曲探胜》,高等教育出版社 1990年版。
袁方主编、王汉生副主编:《社会研究方法教程》重排本,北京大学出版社 2013 年版。

〔法〕阿芒·马特拉:《世界传播与文化霸权——思想与战略的历史》,陈卫星译,中央编译出版社 2001 年版。
〔法〕罗兰·巴特:《神话——大众文化诠释》,许蔷蔷、许绮玲译,上海人民出版社 1999 年版。
〔加〕哈罗德·伊尼斯:《帝国与传播》,何道宽译,中国人民大学出版社 2003 年版。
〔加〕马歇尔·麦克卢汉:《理解媒介——论人的延伸》,何道宽译,商务印书馆 2000 年版。
〔美〕A. H.马斯洛:《动机与人格》,许金声、程朝翔译,华夏出版社 1987 年版。
〔美〕E. M. 罗杰斯:《传播学史——一种传记式的方法》,殷晓蓉译,上海译文出版社 2002 年版。
〔美〕艾尔·巴比:《社会研究方法(第十一版)》,邱泽奇译,华夏出版社 2018 年版。
〔美〕爱德华·赫尔曼、罗伯特·麦克切斯尼:《全球媒体——全球资本主义的新传教士》,甄春亮等译,天津人民出版社 2001 年版。
〔美〕爱德华·霍尔:《无声的语言》,侯勇译,中国对外翻译出版公司 1995 年版。
〔美〕保罗·阿根狄等:《企业沟通的威力》,李玲译,中国财政经济出版社 2004 年版。
〔美〕戴维·迈尔斯:《社会心理学(第八版)》,侯玉波、乐国安、张智勇等译,人民邮电出版社

2006年版。

〔美〕丹尼尔·杰·切特罗姆:《传播媒介与美国人的思想——从莫尔斯到麦克卢汉》,曹静生、黄艾禾译,中国广播电视出版社1991年版。

〔美〕哈罗德·拉斯韦尔:《世界大战中的宣传技巧》,张洁、田青译,中国人民大学出版社2003年版。

〔美〕海伦·凯勒:《假如给我三天光明》,李汉昭译,华文出版社2002年版。

〔美〕凯瑟琳·米勒:《组织传播(第二版)》,袁军等译,华夏出版社2000年版。

〔美〕雷迅马:《作为意识形态的现代化——社会科学与美国对第三世界政策》,牛可译,中央编译出版社2003年版。

〔美〕罗伯特·福特纳:《国际传播——全球都市的历史、冲突及控制》,刘利群译,华夏出版社2000年版。

〔美〕洛雷塔·A.马兰德罗、拉里·巴克:《非言语交流》,孟小平、单年惠、朱美德译,北京语言学院出版社1991年版。

〔美〕迈克尔·舒德森:《为什么民主需要不可爱的新闻界》,贺文发译,华夏出版社2010年版。

〔美〕迈克尔·辛格尔特里:《大众传播研究——现代方法与应用》,刘燕南等译,华夏出版社2000年版。

〔美〕欧文·戈夫曼:《日常生活中的自我呈现》,冯钢译,北京大学出版社2008年。

〔美〕斯蒂芬·李特约翰:《人类传播理论(第七版)》,史安斌译,清华大学出版社2004年版。

〔美〕斯坦利·J.巴伦:《大众传播概论——媒介认知与文化》,刘鸿英译,中国人民大学出版社2005年版。

〔美〕斯坦利·巴兰、丹尼斯·戴维斯:《大众传播理论:基础、争鸣与未来(第三版)》,曹书乐译,清华大学出版社2004年版。

〔美〕特里·K.甘布尔、迈克尔·甘布尔:《有效传播(第七版)》,熊婷婷译,清华大学出版社2005年版。

〔美〕威尔伯·施拉姆、威廉·波特:《传播学概论》,陈亮、周立方、李启译,新华出版社1984年版。

〔美〕威廉·富特·怀特:《街角社会——一个意大利人贫民区的社会结构》,黄育馥译,商务印书馆1994年版。

〔美〕沃尔特·李普曼:《舆论》,常江、肖寒译,北京大学出版社2018年版。

〔美〕沃纳·赛佛林、小詹姆斯·坦卡德:《传播理论——起源、方法与应用(第四版)》,郭镇之等译,华夏出版社2000年版。

〔美〕希伦·A. 洛厄里、梅尔文·L. 德弗勒:《大众传播效果研究的里程碑(第三版)》,刘海龙等译,中国人民大学出版社 2004 年版。

〔美〕约翰·彼得斯:《对空言说——传播的观念史》,邓建国译,上海译文出版社 2017 年版。

〔美〕约翰·杜威:《我们如何思维》,伍中友译,新华出版社 2010 年版。

〔美〕约翰·费斯克:《传播研究导论——过程与符号》,许静译,北京大学出版社 2008 年版。

〔美〕约书亚·梅罗维茨:《消失的地域——电子媒介对社会行为的影响》,肖志军译,清华大学出版社 2002 年版。

〔英〕奥利弗·博伊德-巴雷特、克里斯·纽博尔德编:《媒介研究的进路》,汪凯、刘晓红译,新华出版社 2004 年版。

〔英〕达雅·屠苏:《国际传播——延续与变革》,董关鹏等译,新华出版社 2004 年版。

〔英〕丹尼斯·麦奎尔:《麦奎尔大众传播理论(第五版)》,崔保国、李琨译,清华大学出版社 2010 年版。

〔英〕丹尼斯·麦奎尔、〔瑞典〕斯文·温德尔:《大众传播模式论》,祝建华、武伟译,上海译文出版社 1987 年版。

〔英〕约翰·密尔:《论自由》,程崇华译,商务印书馆 1982 年版。

Schiller, H., *Mass Communication and American Empire*, Second Revised and Updated Edition, Westview Press, 1992.

Arens, W. F., *Contemporary Advertising*, Irwin/McGraw-Hill, 1999.

Barker, Larry L., *Communication*, 5th ed., Prentice-Hall, 1990.

Bowman, S., and Willis, C., "We Media: How Audiences are Shaping the Future of News and Information," The Media Center at the American Press Institute, 2003.

Cooley, C. H., *Social Organization*, Charles Scribner's Sons, 1909.

Curran, J., et al., eds., *Mass Communication and Society*, Edward Arnold, 1977.

Dewey, J., *How We Think*, Heath, 1933.

Fearn-Banks, K, *Crisis Communications: A Casebook Approach*, Lawrence Erlbaum Associates, 1996.

Hale, J., *Radio Power: Propaganda and International Broadcasting*, Temple University Press, 1975.

Herman, E. S., "The Propaganda Model Revisited," *Monthly Review*, July 1996.

Lerner, D., *The Passing of Traditional Society: Modernizing the Middle East*, Free Press, 1958.

Mansell, G., *Let Truth be Told: 50 Years of BBC External Broadcasting*, Weidenfeld and Nicolson, 1982.

Masmoudi, M., "The New World Information Order," *Journalism of Communication*, Vol. 29, No. 2, 1979.

McChesney, R. W., *Corporate Media and the Threat to Democracy*, Seven Stories, 1997.

National Research Council (U.S.), *Improving Risk Communication*, National Academy Press, 1989.

Nordenstreng, K., et al., *New International Information and Communication Orders*, International Organization of Journalists, 1986.

Rosen, J., "Questions and Answers about Public Journalism," *Journalism Studies*, Vol. 1, No. 4, 2000.

Schramm, W., *Mass Media and National Development: The Role of Information in the Developing Countries*, Stanford University Press, 1964.

Siebert, F., Theodore Peterson and Wilbur Schramm, *Four Theories of the Press*, University of Illinois Press, 1956.

UNESCO, "The New World Information and Communication Order," Resolutions 4/19 in Records of the General Conference Twenty-First Session, Belgrade, 23 September to 28 October, 1980.

Whorf, B. L., "Language, Mind, and Reality," in John B. Carroll, ed., *Language, Thought and Reality*, Wiley, 1956.

后　记

　　传播学是20世纪40年代率先在美国发展起来的一门新兴的社会科学。我国早在20世纪50年代就有关于西方传播学研究的介绍，但正式的较大规模的引入是从20世纪70年代末，借着改革开放之风开始的。1997年，国务院学位委员会正式将新闻传播学列为一级学科，"传播学概论"也成为许多新闻与传播学院各专业学生的必修课。

　　本书是在笔者多年讲授"传播学概论"的基础上整理而成的。它主要面向新闻传播学、广告学等专业的本科生和对传播学感兴趣的非专业人士。作为一门专业基础课，"传播学概论"需要介绍的概念比较多、理论性比较强，而且广泛涉及其他学科，因此同学们在学习时会感觉有一定的难度，或像有些同学说的那样，要付出较大的"思考成本"。考虑到同学们的接受情况和知识需求，笔者尽可能地删繁就简，深入浅出，语言上力求简明生动，以增强可读性。在介绍一些重点理论和概念时，则侧重于对基本思路和研究方法的介绍，以引导思想，开阔眼界，并使同学们意识到传播学研究的重要性。同时，笔者也希望，同学们在学习过程中，将知识学习、实际观察和综合能力提升相结合。首先，通过课外阅读、课堂听讲以及小组讨论等方法，准确把握基本概念和基本理论，并从中体会传播学研究的基本特点；其次，要做有心人，注意观察生活中、工作中的各种传播现象，并尝试结合所学，作进一步的理论分析和探讨；最后，尝试进行一些有趣的调查研究和媒介作品的设计制作，在干中学，体验传播学的有趣和有益之处。

本书是一部概论性课程的教材,而不是研究性著作。笔者试图对传播学学术界的共识性结论和常识性知识做相对全面、完整、准确的介绍,而不是建立某一理论框架或对某一问题进行深入探讨。为了阅读的便利,本书设置了每章末的"推荐阅读"和书末的"参考书目",为有兴趣深入学习的同学提供一定的帮助。在编写过程中,笔者参阅了大量中英文著作及文章,但囿于本人学力及客观条件,疏漏之处在所难免,还望读者见谅。

2023 年 8 月

教师反馈及教辅申请表

北京大学出版社本着"教材优先、学术为本"的出版宗旨,竭诚为广大高等院校师生服务。

本书配有教学课件,获取方法:

第一步,扫描右侧二维码,或直接微信搜索公众号"北大出版社社科图书",进行关注;

第二步,点击菜单栏"教辅资源"—"在线申请",填写相关信息后点击提交。

如果您不使用微信,请填写完整以下表格后拍照发到 ss@pup.cn。我们会在 1—2 个工作日内将相关资料发送到您的邮箱。

书名		书号	978-7-301-	作者	
您的姓名				职称、职务	
学校及院系					
您所讲授的课程名称					
授课学生类型(可多选)	□ 本科一、二年级 □ 高职、高专 □ 其他_____			□ 本科三、四年级 □ 研究生	
每学期学生人数	_____人			学时	
手机号码(必填)				QQ	
电子信箱(必填)					
您对本书的建议:					

我们的联系方式:

北京大学出版社社会科学编辑室

通信地址:北京市海淀区成府路 205 号,100871

电子信箱:ss@pup.cn

电话:010-62753121 / 62765016

微信公众号:北大出版社社科图书(ss_book)

新浪微博:@未名社科-北大图书

网址:http://www.pup.cn